하나님 나라와 五福

구자수 지음

하나님 나라와 五福

2024년 11월 1일 초판 1쇄 인쇄
2024년 11월 1일 초판 1쇄 발행
지은이 | 구자수
펴낸이 | 임연주
펴낸곳 | 낙서당
주소 | 경기도 고양시 일산동구 정발산로 43-20 303호
메일 | nakseodang@gmail.com
전화 | 070-7954-6478
팩스 | 050-4333-7901
등록일 | 2021년 2월 10일
ISBN | 979-11-985682-7-4 (03230)
ⓒ 구자수 2024
이 책의 저작권은 저자와 낙서당이 소유합니다.
신저작권법에 의하여 한국 내에서 보호를 받는 저작물이므로 무단전재와 복제를 금합니다.

신구약 전체에 나타난 하나님의 나라와 다섯 가지 축복

하나님 나라와 五福

The Kingdom of God & Five Blessings

구자수 지음

| 추천의 글 |

그리스도 안에서 동료이며 신학교부터 함께 한 동문인 저자는 지금도 함께 같은 길을 걸어가는 교단의 목회자다. 조금은 일찍 은퇴했지만, 하나님이 자기에게 주신 은사를 따라 이후에도 계속 성경 연구와 선교하며 가르치기, 그리고 글을 쓰는 일에 남은 에너지와 시간을 보내길 원한다고 밝힌 것처럼, 이번에도 또 한 권의 책을 내게 된 일에 대해 박수를 보낸다.

저자는 창세기 1장을 통해서 하나님의 위대하심 속에서 세상과 인류의 기원에 대해서 확실하게 알게 한다. 창세기 1장이 창세기 50권의 해석과 구약 39권, 신약 27권의 내용을 이해하게 한다. 천지창조와 인간 창조의 시작을 모르면 그 뒤에 있는 모든 것을 이해할 수 없다. 그래서 성경을 이해할 때 창세기 1장을 처음 뿌리로 알면 다음의 것은 풀리게 된다. 모든 만물을 지으시고 여섯째 날에 하나님의 형상을 따라 사람을 지으시고 복을 주셨다.

"생육하고 번성하여 땅에 충만하라. 땅을 정복하라. 바다의 물고기와 하늘의 새와 땅에 움직이는 모든 생물을 다스리라 하시니라" (창 1:28)

이렇게 사람에게 복을 주시고 바로 사람이 먹고 살아갈 수 있도록 육신의 양식인 식물과 과일을 주셨다. 그리고 하나님은 사람을 지으시고 복을 주셨고, 창조물을 보시면서 심히 좋다고 만족해하셨다(창 1:31). 사람에게 다섯 가지 복과 명령을 주시고 보실 때 심히 좋다고 하셨다. 이 복이 아담이 타락하기 전에 주신 복이지만, 하나님은 타락한 아담의 후손들에게도 그리스도를 통해서 회복되기를 원하시고, 여자의 몸을 통해서 그리스도가 오셔서 구원하시는 복(창 3:15)과 아울러 제자들을 통해 오복을 성취해 나가시는 일을 지속하셨다.

저자는 이러한 최초 하나님의 복에 대한 것이 구약과 신약을 통해서 어떻게 성취되고 있는지를 성경 전체를 통해서 자세히 밝히고 있다. 이미 받은 복을 누리는 사람에 대해서(시 1:1), 그리고 살면서 어떻게 말씀을 순종해야 약속의 복을 받는 것인가(창12:4; 신 28장), 그리고 예수께서 8복을 말씀하신 것이 창세기 1:28의 오복과 어떠한 차이가 있는지를 밝히고 있다. 모든 복이 육신적인 것만이 아니고, 믿음으로 사는 하나님의 자녀들이 하늘에 속한 복도 구별해야 함을 밝혀주고 있다.

물론 믿는 하나님의 자녀들은 이미 하늘에 속한 모든 신령한 복을 이미 받았다고 했다(엡 1:3) 창세 전에 우리를 그리스도 안에서 택하시고(엡 1:4) 그 피로 우리를 속량하시고(엡 1:7) 약속의 성령으로 인치심을 받은 것(엡 1:13) 등, 믿음으로 이러한 모든 복을 받은 사람들이 육신을 가지고 세상에 살면서 창세기 1:28에서 주신 복을 어떻게 이해하며 받아들여야 하는지 설명하고 있다.

하나님께서 생육하고 번성하는 복을 주셔서 지금 지구상에 살고 있는 사람들이 약 80억이나 된다. 세계 곳곳, 땅에 충만하게 살고 있다. 또한 그리스도 안에서 정복과 다스림이 지금도 보이지 않는 가운데 실현되고 있다는 것을 알게 한다. 에덴동산에서 시작했던 하나님의 나라가 전 세계를 정복해 나가며 그리스도 안에서 다스림이 시행되고 있다.

저자는 처음에 사람을 지으시고 주신 오복이 구약과 신약을 통해 하나님이 부르신 사람들을 통해서 하나님의 나라를 세워나가는 과정 속에 어떻게 역사하고 있는가를 상세하게 조명하고 있다. 신약에 와서도 창세기 1장에서 주신 오복이 그리스도를 통해서 하나님의 나라와 의가 어떻게 완성 되어가는가를 연계해 보여주고 있다. 구원받은 하나님의 자녀들을 통해서 처음 주신 오복이 마지막까지 그리스도 안에서 성취되어 나가는 것을 알게 한다.

창세기의 오복을 주제로 구약의 받은 복을 누리며 사는 길과 앞으로 말씀을 순종함으로 약속한 복을 소망하며 사는 것을 알게 하고, 신약에 예수그리스도 안에서 신령한 복을 받아서 사는 길을 알게 하고 있다. 본서는 복에 대한 개념이 확실하지 않은 이 시대에 성도들에게 하나님께서 처음 주신 오복이 구약과 신약 시대 그리스도를 통해서 어떻게 완성되고 있는지를 알게 하는 책이다.

창세기 1:28의 오복을 가지고 구약 39권의 복의 대한 것과 신약 27권의 복을 바로 알게 하여, 성경 66권의 복의 시작이 누구를 통해서 시작되었으며 누구에게 성취되었으며, 나아가서 하늘에 속한 복과 땅에 사는 사람들에게 주신 복과 주실 복에 대해서 확실하게 정리한 책이다.

본서는 산을 보고 숲을 보고 나무를 보며 하나의 나무가 산과 숲을 어떻게 무성하게 하는지를 알게 하는 책이다. 성경 전체의 복에 대한 것을 한 눈으로 보게 하는 풍성함이 있는 책이다. 독자들에게 복에 대한 궁금증을 시원하게 풀어주는 책으로 주의 종들과 성도들에게 읽히어 신앙의 본질을 올바로 알고 믿는 성장을 기대하게 하는 책으로 기쁘게 추천한다.

김영득 목사(현 대한예수교 장로회 (고려개혁) 총회장, 현 수원동남교회 담임)

본서의 저자 구자수 목사님과는 오랜 시간 동역해 왔습니다. 저는 선교 파트를 주로 맡아 사역했고, 필리핀과 태국, 중국 등 선교지에 구 목사님과 함께 선교하며 기쁨과 감사 그리고 보람을 많이 느꼈습니다. 저는 구 목사님이 목회하면서 성경 말씀을 사랑하며 성경의 본뜻을 알려고 애쓰는 모습을 곁에서 지켜본 산 증인입니다. 다수의 종에게 원어로 성경을 쉽게 해석하는 방법을 오랫동안 가르치는 사역도 했습니다. 인터넷에 구 목사님이 개발한 원어 기초공부 자료가 돌아다니며, 일부 군소신학교에서도 강의자료로 사용하기도 했을 정도입니다. 많이 부족한 제가 구 목사님이 쓰신 책의 추천서를 쓴다는 것이 누가 된다는 생각이지만, 그래도 축하하고 싶은 마음에 용기를 냈습니다.

이전에도 다수의 책을 내셨지만, 이번에 쓰신 '하나님 나라와 오복'에 대한 책은 창세기에 처음 기록한 5가지 문화명령을 성경 전체에 적용하여 설명하는 새로운 성경 신학적 시각으로 재해석한 책으로서, 책을 쓰시기 이전에 먼저 저희에게 간략하게 소개하셨는데, 첫 창조 때 하나님의 복 주심이 5대 문화명령을 따라 어떻게 하나님 나라가 완성되어 가는지를 확인하게 하는 완전히 새로운 내용이었습니다. 새로운 시각으로 성경 전체를 볼 수 있다는 제안에 공감하며 기쁨으로 본 추천서를 씁니다.

"생육하고 번성하여 충만해질 뿐만 아니라 정복과 다스림의 복까지 완성되는 하나님 나라가 이 땅에 세워지려면 반드시 하나님의 복을 받아야 가능하다"라는 창세기 1:28의 말씀이 전혀 새롭게 와 닿았습니다. 하나님의 명령을 수행하려면 하나님으로부터 먼저 복을 받아야 가능하다는 성경의 가르침에 눈이 열렸음을 고백합니다. 명령 혹은 사명의 시각으로만 이해하던 해석을 넘어서서, 하나님의 나라는 역시 하나님의 복으로 시작하여 하나님의 복으로 완성된다는 새로운 시각을 가지고 알파와 오메가 되신 하나님을 찬양하게 합니다.

목회 환경이 극히 어려워진 현실에 안타까운 마음으로 동역자 한국 목사님들과 함께 고통함은 물론 세계 각처 선교지에서 수고하는 여러 선교사님에게 주께서 주신 복이 5대 명령과 함께 새로운 시각으로 전달되기를 소망합니다. 본서가 하나님이 주시는 복과 은혜로 힘 있게 사역을 감당하는 생명력으로 작용하여, 각자 맡은 곳에서 사명을 감당함으로 일어나는 부흥이 있기를 간절히 바랍니다.

조용일 목사(인천 큰빛교회 선교 목사)

구자수 목사님과 저는 오랜 기간 함께 선교했습니다. 구자수 목사님이 필리핀 선교지에 오시면 항상 현지인 필리핀 목회자들과 신학생들을 대상으로 많은 가르침을 주셨습니다. 또한 강의 후 교제 시간에는 항상 저희 선교사 부부와 대화하시면서 우리 부부 선교사를 격려하고 힘을 주시는 데 많은 시간을 할애하셨습니다. 그럴 때마다 대화 중에 감출 수 없는 구 목사님의 본질을 꿰뚫는 통찰력 있는 상담과 방대한 성경 지식, 지혜에 많이 놀라지 않을 수 없었습니다. 선교사인 저는 통역을 담당하면서 구 목사님의 지식과 지혜를 흡수하기에 여념이 없었습니다.

구 목사님이 여러 중요한 성경적 사안에 관해 여러 책을 내셨지만, 이번에 쓰신 "하나님 나라와 5복"에 대한 책은 특별히 문화명령 5가지가 일반적인 하나님의 명령으로만 알고 있었던 우리에게 오복이라는 개념으로 재해석하여 어떻게 하나님 나라가 만들어져 가는지에 관한 내용을 보게 되는 것이었습니다.

"생육하고 번성하려면 생육과 번성하는 복을 받아야 가능하기 때문이다. 인간의 힘으로 생육과 번성이 이루어지지 않는다."라는 명제가 하나님의 명령에 순종하는 선교지에 있는 선교사들에게도 중요한 화두를 전할 수 있다는 생각이 들었습니다. 명령을 수행하려면 하나님의 복을 받아야 가능하므로, 명령(사명)의 시각으로만 보는 해석을 넘어서 복의 개념으로 새로운 시각을 열어줌으로써, 선교지에서 명령으로만 사역하는 것이 아니라, 복의 개념으로 선교하는 통찰력 있는 새로운 선교의 시각을 열어주는 좋은 안내서라고 생각합니다.

하나님께서 인간에게 처음 주신 명령은 인간의 죄 때문에 저주로 끝낼 수 있는 문제가 아닙니다. 역설적으로 그 일조차(사람의 범죄와 저주) 창세 전에 계획하신 하나님의 지혜와 능력 안에서 합력하여 결국 하나님의 뜻이 이루어질 것이며, 인간 전체에게 놀라운 복이 되는 전개가 최종적 하나님 나라의 성취까지 이루어지는 것을 우리가 확인할 것입니다. 특별히 사람에게만 주신 정복하고 다스리라는 명령과 그 일을 감당할 복을 주심은, 참으로 영광스러운 하나님의 은혜가 아닐 수 없다는 생각에 하나님께 감사와 영광을 돌릴 수밖에 없다는 깨달음에 머리가 절로 숙여집니다.

이 오복의 개념은 선교지에서 사명으로만 선교하러 나가는 것이 아니라, 기본적인 복의 프레임으로 선교지에 적용하여 사역하며 최종적으로 하나님 나라를 이루게 되는 개념으로 사용될 수 있을 것입니다.

모쪼록 한국에 계신 목사님들과 선교지에서 수고하는 여러 동역자 선교사님들에게 이 오복이 새로운 시각으로 전달되어, 세계에 흩어져 있는 여러 척박한 선교지에 하나님 나라를 위한 오복을 통해 사명 감당의 부흥이 곳곳에서 일어나기를 간절히 바랍니다.

한용식 목사(현 Pampanga New Hope church 필리핀 GMS 선교사)

모든 사람이 좋아하고 받기 원하는 복에 대해 하나님의 창조 사역에서 그 근원을 찾아 성경 원어적으로 예리하게 밝힌 데 대해 깊은 감명을 받았습니다. 보통 우리는 복을 이야기할 때 신령한 영적인 복에 더 비중을 두고, 세상적이며 육신적인 복은 세상 일반인들이 추구하는 것으로 나누어 생각하는 경향이 없지 않아 있었습니다. 그런데 저자 구자수 목사님은 저서를 통해 성경이 말하는 복의 개념을 통해 우리의 편협된 생각을 바르게 깨우쳐 주고 있습니다.

저자는 하나님의 창조 사역에서 인간에게 복을 주시되 영적 신령한 복은 물론이고, 육적인 축복도 허락하셨음을 세상의 일반적 오복과 연계해서 설명하므로 독자로 하여금 깊이 있고 바른 복의 개념을 깨우쳐 줍니다. 저자는 복을 주시는 분은 복의 근원이신 하나님이심을 인간 창조 사역을 들어 밝힙니다.

"남자와 여자를 만드시고 그들에게 복을 주시며"(창 1:27-28), 또한 민수기 6:23-26에도 "여호와는 네게 복 주시기를 원하며…"라고 말씀하고 있습니다. 이 말씀을 보면 물질적 축복은 영적 의미와 무관한 것으로 이해하지 말아야 함을 알게 합니다. 이런 부분을 저자는 원어를 통해 밝혀주고 있습니다.

성도가 하나님의 복을 받음은 하나님의 능력과 사랑, 그리고 은혜에 대해 세상을 향해 증인의 역할을 잘 수행하도록 물질적 축복도 부여해 주셨음을 뒷받침합니다. 이런 면에서 저자는 세상 일반적 오복과 연계하여 설명함으로 의미가 있습니다. 우리는 보통 마태복음 5장의 예수님이 팔복을 강론하신 말씀에서 "가난한 자, 애통하는 자는 복이 있다…"(마 5:2-10)고 말씀하신 것에서 단순히 세상이 추구하는 복보다, 신령한 복, 즉 영적인 면에 더 비중 있게 생각하는데, 저자 구자수 목사님은 육적, 영적 복을 잘 설명해 주고 있습니다.

요한3서 2절에 "네 영혼이 잘되고, 범사가 잘 되고 강건하기를 원한다"라는 말씀과도 부합함을 설명해 주고 있습니다. 요즈음 교계에 잘못된 기복사상이 혼선을 가져오는데 아무쪼록 저자의 저서를 통해 올바른 기복사상을 갖고 신앙을 정립하고 바르게 전하고 은혜 생활하기를 기원합니다.

저자는 남달리 성경 원어에 관한 연구에 애정을 가지고 오랜 기간 씨름해 왔으며, 어찌하면 주의 종들과 일반 신자들까지도 원어 성경에 쉽게 접근할 수 있을까를 고민해 온 목사입니다. 하나님의 말씀에 충실하려고 몸부림치며 하나님의 도우심으로 다수의 책도 쓰셨고, 지금도 국내와 해외 선교사들(필리핀, 태국, 중국 등)에게 원어에 입각한 성경 해석과 말씀을 전하는 일을 하고 계십니다.

목사님의 저서를 통해 성경 전체를 창조 이후에 사람에게 주신 오복(문화명령을 수행하기 위한)을 신구약 성경 전체에 적용하여 설명하는 새로운 성경 신학적 시각을 보여주었다는 점이 신선했습니다. 아무쪼록 이 책을 읽는 독자들이 성경이 말하는 참된 복의 개념의 그 넓고 깊이 있는 바른 이해로 성경을 이해하는 시각이 확장되기를 바라면서 기쁜 마음으로 본서를 즐거이 추천합니다.

허 벽 목사(대한예수교장로회(고려개혁) 증경 총회장, 과천시 기독교연합회장 역임, 현, 과천제일교회 담임)

목차

들어가며 16

제1부
구약에서의 오복

I. 서론

1. 창세기 1:28을 '문화명령'이라고 부르는 이유 26
   1) 문화명령(cultural mandate)의 개념 26
   2) 모든 생물에게 주신 복 27
   3) 사람에게만 주신 복 28

2. 하나님의 언약으로서 문화명령의 복 33
   1) 사람을 창조하신 목적 34
   2) 하나님의 나라를 건설하려는 것이 하나님의 천지창조 목적이다(클라인). 38

3. 복에 관한 구약의 역사적 흐름과 신약의 흐름 43
   1) 구약의 복의 개념 44
   2) 신약의 복의 개념 45

II. 구약의 오복

1. 생육하라('파라', "열매를 내라"); 아브라함 50
   1) 복의 사람으로 선택 52

2) 아들과 땅의 약속 54
3) 완전을 요구하심 59
4) 아브람의 실수 63
5) 하나님의 전능하심을 가르치심 65
6) 할례를 명하심 67

2. 번성하라('라바', "증가하다") 73
1) 야곱의 인생 여정; 열두 아들 얻음 74
2) 압복 강에서의 씨름 75

3. 충만하라(마레, 가득 채우다); 애굽에서 충만해짐 103
1) 애굽에서의 번성-충만 104
2) 광야의 필요성 110
3) 광야 생활의 이중성 115
4) 광야 생활의 절대성(신 8:1-10) 132
5) 충만을 이루는 양육 과정에서 겪는 위기들 141
6) 이스라엘이 광야에서 만난 위기들 151

4. 정복하라(여호수아서-사사기서); 약속의 땅으로 들어가기 183
1) 가나안 땅 정복에 대한 계시 183
2) 정복의 대상인 함의 후손 185
3) 저주받은 함의 후손의 열매 188
4) 정복 전쟁의 교훈 211
5) 가나안 전쟁의 완성 212

5. 다스려라(열왕기-역대기 그리고 선지서); 하나님의 말씀에 순종함으로 다스리기 218
1) 하나님의 다스림 221
2) 사람의 반역 223
3) 사람(열 왕)의 다스림 225

제2부
신약에서의 오복

Ⅲ. 서론: 신약에서 오복의 역사적 흐름

Ⅳ. 신약의 오복

1. 생육의 복; 예수의 성육신 257
   1) 갓 태어난 아기가 왜 표적인가? 260
   2) 갓난아기가 태어난 것이 무엇의 표적인가? 262
   3) 전능하신 하나님께서 왜 인간의 몸을 입고 오셔야 했는가? 264
   4) 세상을 구원할 종의 사명이 이스라엘에서 예수께로 넘어감 265

2. 번성의 복; 12제자 부르심 271
   1) 제자 삼기 272
   2) 아들의 영(양자의 영) 280

3. 충만의 복; 땅끝까지 증인 노릇 303
   1) 무엇이 그리스도의 충만함인가? 304
   2) 성령 충만의 복 306
   3) 하나님 사랑의 충만 316
   4) 충만한 구원을 이루라 324
   5) 하늘의 별과 같이 331

4. 정복의 복; 선으로 악을 이김 337
   1) 신약에서 외적 정복의 사명과 복 342

2) 신약에서의 내적 정복 전쟁과 복 348
3) 산상수훈에서의 팔복 353
4) 정복 전쟁의 교훈 412
5) 자기를 정복하는 전쟁 417

5. 다스림의 복; 왕 같은 제사장 426
　1) 구약과 신약에서의 다스림의 차이점 428
　2) 구약의 왕들이 다스림에 실패한 이유는 무엇일까? 431
　3) 그렇다면 신약에서 '왕 같은 제사장'으로서 다스림에 성공하려면 어떡해야 할까? 432
　4) 현재 천국에서 다스리는 복 435
　5) 천년왕국에서 다스리는 복 440
　6) 그리스도와 함께 왕 노릇 하려면 448

나가며 453
참고문헌 457

들어가며

복은 좋은 것이다. 복을 싫어하는 사람은 없다. 그 복이 육적인 것이든 영적인 것이든 복은 좋은 것이다. 다만 그리스도인이 영적인 복보다 육적인 복을 더 좋아하고, 심지어 그 복에 '올인'(all-in)한다는 점은 문제가 있는 것이 사실이다. 일반 사회에서 말하는 오복을 정리하자면,

첫째, '수'(壽)로, 인간의 소망이 무엇보다도 장수를 원한다.

둘째, '부'(富)로, 부유하고 풍족하게 살기를 바라는 간절한 소망이다.

셋째, '강녕'(康寧)으로, 일생 건강하고 편안하게 살고자 하는 본능이 있다.

넷째, '유호덕'(攸好德)으로, 이웃이나 다른 사람을 위하여 보람 있는 봉사의 삶을 추구한다. 덕을 좋아한다는 뜻은 오래 살고 풍족하고 몸마저 건강하면, 그다음에는 도덕적 삶을 통해, 선을 권하고 악을 미워하는 인간다운 삶을 추구하는 것으로 생각된다.

마지막으로 '고종명'(考終命)은 제명대로 살다가 편안하게 임종을 맞는 것으로, 모든 사회적인 소망을 달성하고 남을 위하여 봉사한 뒤에는 객지가 아닌 자기 집에서 편안히 일생을 마치기를 바라는 소망이 담겨 있다.

이와 같은 다섯 가지 바람은 소망과는 약간의 차이가 있는 것으로 정치가나 학자 또는 지도계층의 소망이라고 보아야 할 것이다. 민간에서 바라는 오복은 『통속편(通俗編)』에 나오는데 수·부(貴)·귀(貴)·강녕·자손중다(子孫衆多)로, 『서경』에 나오는 오복과 다소 차이가 있다.[1]

흔히 한국 사람들은 '복을 기원한다는 의미'로 쓰이는 기복(祈福)을 부정적인 의미라고 자기 비하를 하는 경향이 있는데, 복은 일단 좋은 것이란 사실을 일부러 부정할 필요는 없다. 누구든 복을 소원한다. 만일 사람이 추구하는 복이 육신적이라서 원색적으로 비하하는 것으로, 그 사람이 괜찮거나 고상해지거나 인격적인 사람이 되는 것은 아니다. 오히려 비판하는 것으로 자기를 내세울 것밖에 없는 가난한 인격으로 보인다. 『서경』에서는 이 오복을 선량한 백성들이 향유할 수 있게 하라고 했다. 위에서 말한 오복을 한 문장으로 서술하면 "눈에 보이는 부와 보이지 않는 덕을 갖추고, 몸 건강히 그리고 맘 편히 오래오래 살다가 천명대로 가고 싶다"일 것이다. 이것은 지극히 평범하고 정상적인 인간 욕구의 표현이다. 현대에서 사용하는 복지(福祉)도 '복-복(福)'에 '복-지(祉)'가 결합한 글자로, '복지사회'란 모든 인간이 위에서 말한 '오복'을 누리는 사회를 말한다. 따라서 '복지사회건설'이란 인간들이 오복을 향유할 수 있는 제반 여건과 마음씨를 확산하는 일이 아닐까?

그럼, 현대인들이 생각하는 '오복'은 무엇일까?

첫 번째가 '건강'이다. 아무리 재물이 많아도 건강치 못하면 무용지물에 불과하기 때문일 것이다. 두 번째는 배우자다. 서로 아끼면서 지내는 배우자를 가지는 복으로 옆에서 서로 돌봐줄 수 있는 배우자가 있으면 당연히 행복하다고 생각한다. 세 번째로는 자식에게 손을 안 벌려도 될 만큼의 재산을 가지는 복이다. 네 번째로 생활의 리듬과 삶의 보람을 가질 수 있는 적당한 일거리를 갖는 복을 바란다. 다섯 번째 나를 알아주는 참된 '친구'를 가지는 것이다. 참된 친구가 있는 사람은 성공한 사람이라고 생각하기 때문이다. 참된 친구는 말년에 외로움을 덜어주고 은퇴 후에 유유자적(悠悠自適)한 삶을 영위케 하는 일에 필요하다고 여긴다. 이러한 것들이 현대사회를 살아가는 데 가장 중요한 오복이라고 생각한다.

이제부터 성경이 말하는 하나님이 주신 '오복'이 무엇인지 차근차근 살펴나가도록 하겠다. 아무쪼록 성경이 말하는 '오복'을 받아 이 세상에 태어난 감사와 기쁨을 만끽하시길 바란다.

"하나님이 가라사대 우리의 형상을 따라 우리의 모양대로 우리가 사람을 만들고 그로 바다의 고기와 공중의 새와 육축과 온 땅과 땅에 기는 모든 것을 다스리게 하자 하시고 하나님이 자기 형상 곧 하나님의 형상대로 사람을 창조하시되 남자와 여자를 창조하시고 하나님이 그들에게 복을 주시며 그들에게 이르시되 생육하고 번성하여 땅에 충만하라, 땅을 정복하라, 바다의 고기와 공중의 새와 땅에 움직이는 모든 생물을 다스리라 하시니라"(창 1:26-28)

여러분, 하나님이 우리 사람을 만드시고 주신 복이 마음이 드는가? 그런데 자세히 보니 사람에게 주신 복이 묘하게 세상에서 말하는 것과 같은 다섯 가지다. 그래서 '오복'이란 용어를 사용하면 오해한다. 무슨 세상의 복을 말하느냐고… 그러나 분명히 성경도 '오복'을 말하고 있지 않은가. 확인해 보자.

① 생육하라
　　② 번성하라
　　③ 땅에 충만하라
　　④ 땅을 정복하라
　　⑤ 바다, 땅, 공중의 모든 생물을 다스리라

　하나님의 말씀은 이렇게 분명하게 언급하고 있다. 그래서 필자는 이 다섯 가지 명령을 수행할 수 있는 '오복'에 관해 설명하려고 한다.

　일반적으로 창세기 1:28에서 하나님의 형상대로 창조된 사람에게 주어진 다섯 가지 명령을 '문화명령'이라고 정의한다. 이 용어는 20세기 초반 개혁주의 신학자들 사이에서 널리 사용되기 시작했다. 이 개념을 체계화하고 신학적으로 설명한 인물은 미국의 신학자 '프란시스 쉐퍼'(Francis Schaeffer)이다. 쉐퍼는 창세기 1:28의 명령을 '문화명령'으로 언급하며, 인간이 하나님의 대리자로서 세상을 다스리고 가꾸는 책임을 가지고 있다고 주장했다.[2] 특히 네덜란드 신학자 아브라함 카이퍼가 이 개념을 강조하며, '문화명령'이라는 용어를 사용하며, 이 명령을 통해 인간이 세상 문화 전반에 참여하고 발전시켜 나가야 한다고 주장했다. 이후 개혁주의 전통에서 이 용어가 널리 사용되면서 보편화되었다.

　그런데 이 문장을 처음 시작할 때 "그들에게 복을 주시되"라고 기록하고 있다. 이때 복과 명령의 관계는 어떻게 되는 것일까? 하나님의 명령이 복이란 의미인가, 아니면 명령과 복은 상호 보조 관계인가? 히브리어에서 명령형(Imperative)은 주로 명령, 요청, 권유 등을 나타내기 위해 사용한다. 직접 명령은 상대방에게 직접적으로 명령을 내릴 때 사용한다. 공손하게 요청할 때도 명령형을 사용할 수 있는데, 이때는 어투나 맥락에 따라 상대방에게 요청으로 받아들여질 수 있다. 그리고 상대방에게 어떤 행동을 제안하거나 권유할 때 사용하기도 한다. 이는 문맥과 발화자의 의도에 따라 그 의미가 달라지므로 주의 깊게 살펴 이해해야 한다.

창세기 1:28에 사용된 모든 동사가 2인칭 복수 명령형으로 사용되었으며, 이는 하나님이 인간에게 주신 명령을 나타내기 위한 것으로 이해된다. 여기서 사용된 명령형은 강력한 권위를 가진 명령으로, 하나님이 인간에게 땅 위에서 해야 할 역할과 책임을 부여하는 문맥으로 이해할 수 있다. 히브리어 문법에서는 명령형 동사가 꼭 부정적인 강제력을 의미하지는 않는다. 창세기 1:28의 경우 명령형은 하나님이 사람에게 주신 임무와 책임을 강조하고, 이를 통해 사람이 하나님으로부터 받은 복을 실현하도록 한다. 하나님이 최초로 사람에게 복을 주시는데, 이때의 복은 단순히 물질적 풍요나 건강을 의미하지 않는다. 그때는 모든 면에 부족함이 없고 질병도 없을 때이기에 그런 적용은 아무런 의미가 없다. 오히려 하나님이 첫 사람 아담에게 부여한 사명과 역할(대리자)을 성공적으로 수행할 수 있는 능력과 복 주심을 나타낸다. 먼저 복을 주시고 이후에 명령하심으로, 받은 복으로 하나님의 명령을 수행할 수 있도록 하셨다는 논리적인 전개가 성립된다.

따라서 하나님이 인간에게 주신 복은 그들이 하나님이 지으신 땅 위에서 생육하고 번성하여 충만해지고, 그로 인해 필요해지는 창조 질서를 유지하며, 땅을 정복하고 모든 피조물을 다스리는 임무를 수행할 수 있게 하는 능력과 권위를 포함한다. 따라서 "복을 주시며"와 "명령"은 상호보완적이라고 말할 수 있겠다. 이에 하나님은 인간에게 단순히 명령만 하신 것이 아니라, 그 명령을 수행할 수 있는 능력과 자원도 함께 주셨음을 알 수 있다. 이에 필자는 하나님의 다섯 가지 명령을 수행할 수 있는 복에 초점을 맞추어 본 글을 전개해 나가려고 한다. 다섯 가지 명령을 수행하는 능력을 각각의 복에 적용하여 오복으로 설명해 나가려고 한다. 왜냐하면 간략하게 살펴보더라도 생육하고 번성하려면 생육과 번성하는 복을 받아야 가능하기 때문이다. 인간의 힘으로 생육과 번성이 이루어지지 않는다. 이에 대해 구약과 신약 전체를 배경으로 찾아 적용하는 방식을 취하려고 한다. 궁극적으로 하나님의 이 명령은 하나님 나라를 완성하는 과정으로 생각하여 살필 것이다.

그래서 먼저 1부에서는 구약에서의 오복이 하나님 나라와 어떤 관계를 가지고 진행해 나갔으며, 옛 언약에서 실패한 이유를 역사적인 기록을 통해 살폈다. 그리고 2부에서는 신약 곧 새 언약에서 오복이 어떤 과정을 통해 완성되어 가는가를 연계하여 다루고자 했다. 그래서 구약에서의 오복과 신약에서의 오복을 어떻게 성경 전체와 연관 지어 설명할 수 있는지를 고민했다.

부족함이 많은 필자에게 추천서를 써 주신 선배와 동료 목사님들에게 감사한다. 무더위가 기승을 부리는 폭염 속에서 난해한 글(필자의 필력이 부족함으로 인하여)을 읽느라고 수고함은 물론 힘이 되어주려는 마음으로 추천서를 써 주신 선배 허벽 목사님, 그리고 총회와 교회의 바쁜 일정 가운데서도 기꺼이 추천서를 써 주신 김영득 총회장님께도 깊은 감사를 드린다. 더구나 타국 필리핀에서 현지인 선교사역에 온 힘을 기울이며 선한 열매를 맺히고 있는 한용식 선교사님께도 감사한 말씀 전한다. 끝으로 항상 고마워서 하는 말이지만, 목회나 기타 선교 그리고 책 작업을 하는 모든 일에 함께 해주며 협력하는 조용일 목사님이 이번에는 추천서까지 써 준 일에 깊은 감사를 보내며, 이 글을 쓰도록 격려해 준 주위 동료와 아내에게 감사한다. 언제나 부족한 종을 사용하시며 오래 참아주시는 우리 아버지 하나님께 존경과 감사, 두 손 들고 항복하는 마음과 찬양을 드린다. 오직 주께만 영광!

2024. 인천에서
구자수 목사

제1부
구약에서의 오복

I. 서론

세상에는 하나님의 창조 교리를 비웃는 사람들이 있다. 하나님을 믿지 않으니 당연한 일이다. 그들은 "만약 이 세계가 하나님께 필요했다면 그분은 무엇인가 부족한 것이 있었으니 완전한 하나님일 리 없다. 만약 필요하지 않았는데도 이 세계를 만들었다면 헛된 일을 했기 때문에 그는 하나님일 리 없다."라고 나름의 논리를 편다. 인간 생각의 한계를 드러내는 일이지만 피조물의 한계이니 어찌하겠는가?

우리는 인류 역사에서 종종 천재성을 지닌 탁월한 예술가들이 있었다는 것을 잘 알고 있다. 어떤 사람은 그림을 그림으로써 자신의 예술혼을 드러내고, 어떤 사람은 불후의 명곡을 남기기도 한다. 또 어떤 이는 모든 인류가 사랑하는 위대한 조각품을 만들기도 한다. 그들은 자신이 만든 작품이 자신에게 '필요했기 때문에' 만든 것이었을까? 자신이 만든 작품이 없으면 자기의 삶에 뭔가 모자라는 것이 있어서 그렇게 한 일이라고 생각하는가? 그렇지 않다. 자신이 만든 작품이 없어도 그들은 그 자신으로 충분하게 살아갈 수 있다. 그들이 그런 작품을 만든 이유는 오히려 다른 사람들보다 더 충만한 예술혼이 있었기에, 그러한 작품을 통해 자기 안의 예술혼을 발산하려는 마음이 발동한 것이다. 그러므로 창조된 세계는 하나님께서 뭔가 충족하지 못한 분이라는 사실을 입증하는 것이 아니라, 오히려 완전하고 부족함이 없는 분이라는 사실을 보여주는 역설적 증거다. 또 어떤 사람들은 이렇게 질문한다.

"만약 하나님께서 완전하신 분이고, 스스로 다함이 없는 행복이라면, 무엇 때문에 인간을 만들어서 자신보다 훨씬 못한 그들과 관계를 맺는가? 이것은 하나님께 무엇인가 모자라는 것이 있기 때문이 아닌가?"[3]

하나님이 천지 만물을 창조하신 가장 핵심적인 목적이라면, 하나님을 드러내고자 하심이다(하나님의 자기 증명). 다른 말로 하면 하나님의 영광을 나타내고자 하심이란 말이다. 하나님은 영이시기에 보이지 않는다. 그런 하나님을 하나님의 형상대로 지은 육을 가진 사람을 통해 하나님의 존재를 나타냄은 물론(참고. 요 14:7-11), 창조주 하나님께 찬송과 영광을 돌리게 하실 목적이란 것이다. 주께서도 성경을 기록한 목적에 대해 성경은 나를 위해 기록했다고 말했다(눅 24:27; 요 5:39). 하나님께서 사람을 창조하시고 관계를 맺는 것은, 반복해서 말하지만, 하나님이 뭔가 부족하여 그 필요를 채우기 위함이 아니다. '사랑'이신 하나님의 속성 자체가 끊임없이 관계를 맺고자 하는 성향이기 때문에, 하나님께서는 우리를 지속적으로 사랑의 관계 속으로 초청하는 것이다. 그리고 하나님께서는 그 모든 일을 통해 찬송과 영광을 받으려는 것이다. 천지창조의 목적은 이 정도로 요약하고,[4] 이제 문화명령으로 불리는 내용을 생각하려고 한다.

1. 창세기 1:28을 '문화명령'이라고 부르는 이유

문화(文化, culture)라는 용어는 라틴어에서 파생한 말로 본래의 뜻은 '경작'(耕作)이나 '재배'(栽培)였는데, 넓은 의미로 "인류의 지식, 신념, 행위의 총체"를 말하며, 좁은 의미로 "교양, 예술" 등의 뜻을 가지게 되었다. 성경은 문화의 근원을 창조주 하나님께 둔다(창 1:1-2:25).

1) 문화명령(cultural mandate)의 개념

하나님을 위해서 땅을 정복하고 다스려서 하나님을 영화롭게 하는 문화를 개발시키라는 명령이다(창 1:28-30). 창세기 1:28의 말씀을 하나님께서 창조하신 인간에 대한 하나님의 축복이며, 동시에 인간에게 무엇을 위해서 어떻게 살아야 하는지를 규정해 주시는 명령이라는 의미에서 '문화명령'으로 이해해 왔다.

2) 모든 생물에게 주신 복

'생육하라', '번성하라', '충만하라'의 세 가지는 물고기와 새들에게도 주어진 명령이자 복이다(창 1:22). 하나님의 복은 선포 혹은 명령의 형태를 띤다. 왜냐면 하나님은 말씀하시면 그대로 실행되기 때문이다(사 45:23; 55:11). 하나님이 복을 선언하시면 복이 되고, 저주를 선언하시면 저주가 된다. 하나님은 자신이 창조하신 모든 생물이 생육하고, 번성하고, 충만하기를 원하셨다. 따라서 이 생육-번성-충만의 세 가지 복(명령)은 사람에게만 주어진 복이 아니다.

"생육하고 번성하여 땅에 충만"(창 1:28) 하라고 복을 주신 때는, 세상에 사람이라고는 아담과 하와 두 사람뿐이었다. 이후에 노아의 홍수로 모든 사람이 죽고 세상에는 노아의 여덟 식구만이 남았을 때도, 하나님께서는 "생육하고 번성하여 땅에 충만"하라고 명령하셨다(창 9:2). 따라서 이 세 가지 복(선포)은 세상에 사람이 많지 않을 때 주신 첫 명령으로서의 복이다.

그러나 여기서 우리가 알아야 할 사실은, 창세기 1:28에서 "하나님이 그들에게 복을 주시며"라고 말씀하실 때, '다섯 가지' 명령을 염두에 두고 복을 선언하셨다는 점이다. 이 말은 하나님이 주신 복은 이후의 명령을 수행하게 될 기준과 근거가 되는 에너지요 힘이다. 다시 말해서 하나님이 복 주시지 않으면 생육-번성-충만하라는 명령의 성취도 없다는 이야기다. 그리고 창세기 1:22에서는 다섯째 날에 창조하신 공중의 새와 바다의 생물들 곧 물고기에게도 '삼복'을 주셨다고 기록하고 있다. 따라서 '삼복'(생육-번성-충만)은 모든 생물(궁극적으로 사람도 포함한다)에게 주신 복이다. 이는 히브리어로 '네페쉬 하야'(살아 숨 쉬는 존재)란 공통점이 있다. 그러니까 하나님의 본래 뜻은 모든 생물이 지구에 생육-번성-충만해지는 것이 었다.

3) 사람에게만 주신 복

그러나 다른 생물과 구별되게 사람에게만 주신 명령이 있는데, 그것은 '정복'과 '다스림'이며 그 일을 수행하는 데 필요한 복을 사람에게 주셨다. 만물은 모두 하나님의 소유다(시 24:1). 그러나 "하늘은 여호와의 하늘이라도 땅은 인생에게 주셨다"(시 115:16)라는 말씀에서 알 수 있듯이 사람에게는 땅을 주셨다. 여기서 사람에게 주신 "땅을 정복하라"(창 1:28)는 말씀은 폭력을 사용한 '억압'의 형태가 아니라 복종시키라는 의미로 받아들여야 한다. 그리고 "경작할 사람이 없었으므로"(창 2:5)라는 말씀과 연관지어 경작(Culture, Cultivate)이라는 활동까지 포함한다.

"모든 생물을 다스리라"(창 1:28)라는 말씀은 뒤에 나오는 "그것을 다스리고 지키게 하시며"(창 2:15)라는 말씀과 연관 지어 생각해야 한다. 하나님의 형상을 닮게 지으신 사람은 '하나님의 대리자'라는 의미가 있다(골 1:15; 3:10). 따라서 하나님께서 지으신 창조 세계를 사람이 대신해서 하나님의 뜻대로 다스리기를 원하신 것이다(창 2:15).

"모든 생물을 다스리라"(창 1:28)라는 명령은 그 앞에 나오는 '생육하라', '번성하라', '충만하라', '정복하라'라는 네 가지 명령의 최종 목적을 나타낸다. 사람을 하나님의 모양을 따라 그의 형상대로 만드신 이유가 여기에 있다. 이 명령에 근거하여 사람은 하나님의 대리자로 창조되었다고 말하는 것이다.

(1) 창세기 1:26에서 하나님의 형상대로 사람을 창조하려는 하나님의 계획이 다스림이란 사실을 알 수 있다.

"하나님이 가라사대 우리의 모양을 따라 우리의 형상대로 우리가 사람을 만들고 그로 바다의 고기와 공중의 새와 육축과 온 땅과 땅에 기는 모든 것을 다스리게 하자 하시고" (창 1:26)

(2) 창세기 1:27-28에서 하나님의 계획이 실현되는 것을 알 수 있다.

"하나님이 자기 형상 곧 하나님의 형상대로 사람을 창조하시되 남자와 여자를 창조하시고 하나님이 그들에게 복을 주시며 그들에게 이르시되 생육하고 번성하여 땅에 충만하라, 땅을 정복하라, 바다의 고기와 공중의 새와 땅에 움직이는 모든 생물을 다스리라 하시니라" (창 1:27-28)

(3) 시편 8:5-8에서 그 근거를 찾을 수 있다.

"저를 천사(하나님)보다 조금 못하게 하시고 영화와 존귀로 관을 씌우셨나이다 주의 손으로 만드신 것을 다스리게 하시고 만물을 그 발아래 두셨으니 곧 모든 우양과 들짐승이며 공중의 새와 바다의 어족과 해로에 다니는 것이니이다" (시 8:5-8)

다윗은 목자로서 늘 양을 돌보고 때로는 밤을 지새며 깨달은 밤하늘의 위대한 신비에, 성령께서 주신 깊은 사색과 감탄의 경험담을 노래했다. 다윗은 주님이 만드신 하늘과 그곳에 펼쳐진 달과 별들을 신기한 눈으로 바라보면서 감격에 겨워 주께서 왜 사람을 생각하고 인자(사람의 아들)가 무엇이기에 주께서 돌보시는 것인지 감탄하면서, 사람에게 영광과 존귀의 관을 씌워 창조주께서 만드신 모든 만물을 사람이 다스리게 하시고, 모든 가축과 들짐승, 공중의 새와 물고기, 모든 바다 생물이 그의 발아래 복종하게 하신 것을 찬양한다. 이 사실을 깨닫지 못하는 인생에게 욥기 38-41장을 통해 친절하게 설명하셨다.

시편 8:5-8은 창세기 1:26-28에서 인류의 대표자 아담에게 주셨던 '문화명령'을 염두에 둔 찬양으로서 우리는 여기에서 하나님께서 하늘과 땅과 바다의 모든 생물을 인간의 정복과 다스림 아래에 두셨다는 사실을 발견하게 된다(G. Knight). 통치(다스림)는 원래 하나님의 권한에 속한 것이나 사람을 하나님의 형상대로 지으시고 하나님이 하실 일을 맡기신 것이다. "정복하고 다스리라"라는 것은 강제와 억압만이 아니라 아담이 각 생물의 특성에 맞게 이름을 지어준 것에서 알 수 있듯이, 각 생물의 특성에 맞게 지식을 따라 다스리라는 명령이다.

이 같은 문화명령은 사람이 범죄하고 에덴동산으로부터 쫓겨난 이후에도 무효화 되거나 변경되지 않았고, 다만 시간이 늦춰졌을 뿐이었다(새 언약의 성취로 인한 하나님의 형상을 회복한 새 피조물 곧 새사람이 되기까지, 롬 8:19). 그것은 노아와 맺은 언약(창 9:1-7)을 통해 확인할 수 있다. 노아에게 내린 명령에서 나타나는 복의 지속은 생육-번성-충만의 '삼복' 뿐이었다. 만물에게 허락된 일반적인 복과 같았다는 이야기다. 사람에게만 주셨던 정복과 다스림의 복은 사탄과의 영적 전쟁(최초의 짐승과 전쟁)에서 피해 빼앗긴 채(눅 4:5-6; 벧후 2:9) 죄의 종으로 전락하고 말았다(요 8:34; 롬 6:16-17, 20). 왜냐하면 최초의 인류는 이미 죄로 인해 저주받아 하나님과 관계가 끊어져, 하나님으로부터 만물을 정복하고 다스려야 할 좋은 것(능력, 은혜와 진리, 지혜 등)을 지속적으로 공급받지 못하게 되었고,[5] 하나님의 형상은 파괴되었고 잃어버렸으며, 그에 따라 사람은 다른 생물들과 같은 '네페쉬 하야'(흙의 사람)로 전락했기 때문이었다. 사람은 처음부터 '네페쉬 하야'(다른 생물들과 다름없는)로 만들어졌으나 하나님의 형상으로 인한 존귀와 영광이 있었다. 그러나 범죄함으로 인하여 그 존귀를 잃어버리고 다른 생물과 같은 수준으로 떨어졌다는 의미다. 그때부터 땅을 포함한 만물이 사람에게 복종하는 상태가 아닌 저항하는 고통과 위협의 대상이 되었다. 땅은 가시와 엉겅퀴(잡초)를 내어 사람의 양식이 되는 채소와 과일의 소산물 생산을 방해했고, 짐승은 사람에게 순종하여 길들여지기를 거부하는 들짐승(야생동물)이 되어 사람의 생존과 평화를 방해하고 위협했다. 그렇게 사람은 땅을 정복하고 다스리는 권세를 잃어버렸고, 사람과 관계는 물론 만물과의 평화도 모두 깨졌다.

이 정복과 다스림의 복은 둘째 아담이신 우리 주 예수 그리스도를 통해서 온전히 회복될 것이었다. 그때까지는 사람이 만물을 다스릴 능력을 실질적으로 잃은 것이다. 지혜로 만물을 정복하고 다스리는 것이 아니라 폭력과 파괴를 일삼는 정복과 다스림이 허락된 것(약육강식의 원리에 충실한 '네페쉬 하야' 존재)뿐이었다. 그것은 그만큼 사람은 약해졌고, 짐승같이 흙 사람에 속한 본능에만 충실한 존재로 전락했다는 증거이며, 그래서 하나님은 사람이 살아남아 존속하기 위한 최후의 수단으로 동물을 양식으로 먹도록 허락하셨다. 우리 주 예수 그리스도를 통한 '구속의 완성'과 새 피조물로서 새 창조되는 '새 언약의 시대'가 완성되기 전까지는 만물과 사람의 관계가 약육강식으로 서로 물고 물리는 악순환의 관계일 수밖에 없다. 사람이 만물을 자기 이익을 따라 정복(파괴)하니 자연은 그에 보복이라도 하듯이 각종 재난과 재앙으로 반격한다. 기후 재앙, 각종 전염병 바이러스 발생 등이 그 증거다.

그래서 성경은 천년왕국의 때를 노래하며 가르친다. 모든 만물이 회복되는 때가 천년왕국이라고 한다. 그 나라가 임하기 전까지는 피조물(모든 만물)도 탄식하며 하나님의 아들들이 나타나기를 고대한다고 바울도 말했다(롬 8:19-22). 따라서 우리 하나님의 아들들은 지금 피조물이 바라는 것이 무엇인지 알아야 한다.

"피조물의 고대하는 바는 하나님의 아들들이 나타나는 것이니 피조물이 허무한 데 굴복하는 것은 자기 뜻이 아니요 오직 굴복하게 하시는 이로 말미암음이라 **그 바라는 것은 피조물도 썩어짐의 종노릇 하던 자리에서 해방되어 하나님 자녀들이 영광의 자유에 이르는 것이니라** 피조물이 다 이제까지 함께 탄식하며 함께 고통하는 것을 우리가 아나니"(롬 8:19-22)

구약에서 이사야는 천년왕국의 상태를 노래했다. 메시아가 오신 후에 있을 아름다운 세상의 회복을 노래하며 예언한 것이다(사 11:6-9). 그때는 공의와 성실로 주께서 다스리는 나라가 될 것이다. 이것이 복음서에 나타나는 가르침의 핵심인 하나님 나라요, 우리 주께서 지상에 계실 때 가르치셨던 천국이 임했다고 하신 말씀의 내용이다.[6] 그때까지는 생육-번성-충만의 복으로 세상을 채우며 살되, 메시아의 강림을 고대하는 길밖에는 달리 대책이 없는 것이 범죄한 인생의 절망적인 형편이었다.

그런데 주께서 초림하여 분명히 천국이 임했다고 선포하셨음에도(마 3:2; 4:17), 여전히 온전한 회복은 이루어지지 않은 것 같은 현실은 어찌된 일인가? 주의 초림으로 이루어진 천국(하나님 나라)은 '현재 천국'으로 영적인 회복의 시대이기 때문에 중생(영이 살아남)한 자들에게만 임하는 다스림의 때다. 물론 지금도 모든 생물에게 주신 '삼복'은 진행형이다(약 3:7). 하나님의 나라는 점진적으로 완성되어 가는 나라이기 때문에 만물의 회복과 육체의 부활은 최종적으로 이루어질 일이다. 그때라야 온전한 하나님 나라 곧 창세 때 하나님이 계획하신 모든 일이 이루어지고 완성된다(천년왕국). 그러나 온전한 정복(심판하는 권세)과 다스림의 복은 우리가 예수 그리스도 안에 있을 때만 완전하게 성취될 수 있는 대명령이요 (Calvin; 고전 15:27-28) 궁극적인 복이다(마 19:28; 계 20:4). 그 일은 우리 주께서 현재 영적 통치로 임하시지만, 최종적으로는 재림하신 후에 완성될 궁극적 하나님 나라이다.

2. 하나님의 언약으로서 문화명령의 복

이제부터 진짜 '오복'에 관한 내용의 비밀이 밝혀지는 순서로 진행하고자 한다. 가장 중요하고 핵심적인 출발점은 하나님께서 왜 천지를 창조하시고 사람을 창조하셨는가를 확정하는 일이다. '오복'을 주신 목적을 다른 말로 하면, '사람 사용 설명서' 혹은 '인생사용 설명서'라고 말해도 과언이 아니다. 하나님이 만드신 범죄하기 이전의 사람 사용 설명서 말이다.

1) 사람을 창조하신 목적

이 사실을 아는 것은 하나님이 만드신 사람 사용법을 제대로 아는 것이다. 하나님께서는 자신의 형상을 닮은 인간을 이 땅에 창조하실 목적을 가지고 계셨다(창 1:26-28). 그 이유를 성경 여러 곳에 나누어 가르치셨다. 하나님을 위하여 창조하신 것은 맞는데, 하나님을 찬송하고, 교제하며, 사랑하는 자로 만드실 계획이었다. 다만 우리는 하나님께서 인간을 창조하신 다음, 인간을 어떻게 대우하셨고, 어떤 관계를 맺으시고, 또 어떻게 살아가게 하셨는가를 살펴보고, 하나님께서 인간을 창조하신 목적을 연결해 가면서 깨닫고 알아나가는 것이다.

"하나님은 왜 사람을 창조하셨는가?"에 대한 짧은 대답은 하나님의 뜻인 "그분의 기쁨(영광, 찬송)을 위해서"이다(계 4:11). 하나님이 창조하신 다른 모든 피조물과 마찬가지로, 사람도 절대 사람 자신을 위해 창조된 존재가 아니란 사실만큼은 명심해야 한다(골 1:16). 이 사실을 잊는 순간, 흙의 사람(네페쉬 하야) 첫 아담처럼 자기의 생각을 좇다가 저주받고 비참한 인생을 살게 된다. 사람이 하나님의 기쁨을 위해 창조되었다는 말은, 사람 생각에 맞도록 하나님을 즐겁게 하거나 오락적인 즐거움을 제공하기 위해 지어졌다는 뜻이 아니다(소위 '기쁨조'가 아니다). 하나님은 인격적이며 창조적인 존재이시기에 스스로 창조의 즐거움을 누리며 만족하신다. 하나님은 인격적인 존재이시기에 다른 존재들과 진정한 관계를 갖게 될 때 즐거워하신다.

사람은 하나님의 모양을 따라 그의 형상대로 지어진 존재이기에(창 1:27), 하나님을 알고, 사랑하고, 경배하고, 섬기고, 그분과 교제하는 능력이 있을 뿐만 아니라 그때 사람도 행복과 만족을 얻을 수 있다. 다만 첫 사람 아담은 '네페쉬 하야'로서의 한계가 있는 대상이기 때문에 실패할 수밖에 없는 존재였다(창세 전 작정<엡 1장>을 참고하라). 하나님은 사람이 필요했기 때문에 사람을 창조하신 것이 아니다. 삼위 하나님은 스스로 자존하시면서 아무것도 필요하지 않으시다. 영원한 과거 속에서 그분은 전혀 외로움을 느끼지 않으셨다. 따라서 '친구'를 찾으신 것도 아니다. 그분은 우리를 사랑하시는데, 이는 우리를 필요로 하는 것과는 다르다. 우리가 존재하지 않았더라도, 결코 하나님은 여전히 하나님으로서 변함이 없으신 존재이시며 스스로 만족하시는 분이다(말 3:6). "스스로 존재하시는 그분"(출 3:14)은 자신의 영원한 존재에 대하여 결코 불만족을 느끼신 때가 없었다. 그분이 우주를 만드셨을 때 자신의 즐거움을 위해 창조하셨고, 또 하나님은 완전하시기에 그분의 행함은 선하고 완전했다.

또 하나님은 자신과 동등한 '동료'나 '협력자'를 창조하지도 않으셨다. 논리적으로 그분은 그렇게 할 수 없다. 만일 하나님이 동등한 능력과 지식과 완전성을 가진 또 다른 존재를 창조하셨다면, 두 신이 존재하게 될 것인데, 그렇다면 그 단순한 이유로 그분은 참되고 유일하신 한 분 하나님이 되실 수 없을 것이다. 그래서 그런 창조는 불가능한 일이다.

"여호와는 하나님이시오, 그 외에는 다른 신이 없다." (신 4:35)

하나님에 의해 창조된 것들은 필연적으로 하나님보다 부족해야 정상이다. 지어진 것은 결코 그것을 지은 존재와 같거나 더 뛰어날 수 없다. 이런 기준과 전제하에 우주와 사람은 창조되었다. 태초에 하나님께서는 하나님의 형상을 따라 사람을 창조하신 다음(영적인 존재로 창조; 이것이 다른 생물들(네페쉬 하야)과의 차이점이다), 그들이 거처하기 좋은 최상의 장소로 동방의 에덴에 동산을 창설하시고, 그곳에서 행복하게 살아가도록 최고의 환경과 복을 주셨다(창 2:8-14). 그리고 하나님께서는 그 에덴의 동산에서 인간을 만나시고 인격적 교제를 나누시며, 사람이 하나님과 교제하며 섬기면서 하나님의 성품을 닮아가게 하셨다. 그리고 창조주 하나님께 순종하며 동행하면서 하나님을 찬양하고, 신령한 생명력을 공급받으면서, 이 땅 위에 하나님의 뜻이 실현되는 하나님 나라를 건설하길 원하셨다.

> "이 백성은 내가 나를 위해 지었나니 나를 찬송하게 하려 함이니라." (사 43:21)

그래서 육체를 가진 사람을 통해 같은 차원(흙에 속한)의 세상 만물을 지키며 다스리게 하시되, 오복을 주시며 모든 생물을 다스리라(창 1:28)고 말씀하시면서 사람에게 만물을 다스리는 권세를 주셨다. 따라서 하나님께서 사람을 창조하신 목적은 사람이 하나님과 인격적 교제를 나누게 하시고, 하나님의 뜻을 따라 세상 만물을 다스리는 일이었다. 그리고 더 나아가 하나님께서 베푸신 은총을 감사하며, 하나님을 영화롭게 하고, 그를 영원토록 즐거워하는 삶을 살게 하기 위한 것이었다고 말할 수가 있다.[7]

하지만 이런 사람의 창조 목적은, 다만 생명의 근원이신 하나님과 정상적인 관계를 유지할 수 있을 때만 이룰 수 있는 은혜의 선물이다.

"나는 포도나무요 너희는 가지라 그가 내 안에 내가 그 안에 거하면 사람이 열매를 많이 맺나니 나를 떠나서는 너희가 아무것도 할 수 없음이라"
(요 15:5)

하나님과 정상적인 관계를 유지하기 위한 수단(手段)으로 하나님께서는 동산 중앙에 선악을 알게 하는 나무와 생명나무를 준비해 놓으셨다.

"여호와 하나님이 그 땅에서 보기에 아름답고 먹기에 좋은 나무가 나게 하시니 동산 가운데에는 생명나무와 선악을 알게 하는 나무도 있더라."
(창 2:9)

사람은 본질적으로 피조물로서의 위치와 책임을 항상 마음속에 새기면서 하나님의 말씀에 순종하는 삶을 살고, 또 이 세상에서 하나님의 뜻을 이루어 나갈 수 있을 때, 비로소 마음의 평강을 누리며 행복한 삶을 살 수 있도록 창조되었다. 따라서 하나님께서는 이 나무들을 통해 사람이 반드시 지켜야 할 책임이 무엇인가를 분명히 보여주시고, 또 사람이 해야 할 일과 해서는 안 될 일이 무엇인가를 엄히 경고하셨다.

"여호와 하나님이 그 사람에게 명하여 이르시되, 동산 각종 나무의 열매는 네가 임의로 먹되 선악을 알게 하는 나무의 열매는 먹지 말라. 네가 먹는 날에는 반드시 죽으리라 하시니라." (창 2:16-17)

"선악을 알게 하는 나무의 실과는 먹지 말라"고 하신 이 말씀은 하나님께서 사람(아담)과 맺은 최초의 행위계약으로써 신학적으로는 '도덕 명령' 또는 '종교명령'이라고도 한다. 하나님께서는 사람이 "선악의 지식나무"를 바라보면서, 자기 자신은 하나님의 말씀에 순종해야 생명을 유지할 수 있는 존재(흙의 사람)라는 사실을 항상 의식(意識)하게 할 목적으로 명령하셨다. 그리고 생명나무를 바라보면서는 '네페쉬 하야'(흙으로 빚어진 생명체)도 영생할 수 있는 길이 있음을 깨닫고(궁극적으로는 새 언약 아래에서 그리스도를 통해) 영원(永遠)을 사모하게 의도하셨다. 따라서 사람은 하나님의 말씀에 순종하여 영적으로 하나님과 정상적인 관계를 유지할 수 있어야 온전한 생명을 유지할 수 있다. 그리고 그 심령은 생명의 본체(本體)로부터 나오는 말씀으로 충만히 채워져서 영원한 생명력을 계속 공급받을 수 있어야만 한다. 왜냐면 그렇게 함으로써 하나님께서 사람을 이 땅에 창조하신 목적을 이루어 나갈 수 있기 때문이다.

2) 하나님의 나라를 건설하려는 것이 하나님의 천지창조 목적이다(클라인).

절대자이시며 만유의 왕이신 하나님께서 그분의 완전한 통치 가운데 모든 만물을 지으셨으니, 이 세상 만물이 하나님의 통치를 받는 하나님의 나라라고 할 수 있다. 삼위 하나님이 창조하신 세상을 첫 사람 아담이 망가뜨렸는데, 우리는 처음 창조 때처럼 말씀과 성령의 능력만이 타락한 세상을 회복시킬 수 있다는 것을 알아야 한다. 하나님께서는 지금도 하나님 아버지의 계획을 따라 말씀과 성령으로 세상을 회복시켜 나가고 계신다. 이런 내용이 창세기 1장의 창조가 새 창조를 암시하는 연계 고리(그림자, 비밀)가 있다고 생각하는 것이다.

하나님이 세우신 나라는 질서의 나라다(고전 14:40). 하나님이 창조하신 과정을 보면 첫 번째 날부터 셋째 날까지 피조물들이 존재할 수 있는 공간적 배경을 마련하시고(빛, 하늘과 바다, 땅), 이에 대응하는 넷째 날부터 여섯째 날까지는 그 공간적인 배경에 채워질 피조물들이 만들어진 것을 알 수 있다. 아주 구조적이고 체계적으로 세상이 지어진 것을 알 수 있다. 그리고 제일 마지막에 그 창조 세계를 누리며 다스릴 수 있는 사람을 지으셨다. 정말 순리에 맞고 질서정연하게 하나님 나라가 세워지는 모습을 보게 된다.

하나님께서 혼돈과 공허로 가득했던 지구를 각종 생명체가 충만한 나라로 창조하셨다. 창세기 1:31에서 하나님은 그 지으신 그 모든 것을 보시고 "심히 좋았다"라고 말씀하셨다. 창세기 1:2에 혼돈하고 공허했던 세상이 6일간의 창조 사역을 통해서 아름다운 하나님의 나라가 되었다. 창세기 2:2을 보면 하나님께서 일곱째 날에 그가 하시던 모든 창조의 일을 그치고 "안식"하셨다고 한다. 우리는 하나님께서 6일 동안 세상을 다 지으신 후, 7일째 되는 날에 무슨 일이 일어났는지 주목해야 한다. 일곱째 날에 하나님께서 안식하시는 것까지 하나님 나라를 지으시는 사역으로 이해해야 한다. 하나님께서 일곱째 날에 쉬셨다고 할 때, 하나님이 6일 동안 세상을 지으시고 지치고 피곤하셔서 7일째 쉰 것인가? 그럴 수 없다. 왜냐면 그분은 피곤을 모르시는 분이고, 사람과 같지 않기 때문이다(사 40:28-29). 6일까지 하나님께서 만유를 지으셨고, 7일째는 '그날'을 복 주기 위해 안식하신 것이다. 주님은 새 언약 시대에 들어와서 안식일임에도 일하고 계시는데(요 5:16-17), 지금은 성령과 함께 새 창조의 사역을 하고 계신다.

그래서 7일째에는 아주 특별한 사역을 하셨다. 2:3을 보시면 "하나님이 그 일곱째 날을 복되게 하사 거룩하게 하셨으니"라고 말씀하고, 그다음 "창조하시던 모든 일을 마치시고 그날에 안식"하셨다고 말씀한다. 7일째의 이 사역을 우리는 하나님의 "안식 사역"이라고 말할 수 있을 것이다. 우리가 아는 대로는 하나님은 안식일에도 일하신다. 하나님의 안식 사역의 핵심은 "그 '날'을 복되게 하사 거룩하게" 하시는 일이다. 그리고 거룩함이 추구하는 궁극적인 목표는 바로 '하나님의 영광'이다. 이것(거룩함)이 없이는 하나님을 뵐 수 없다(히 12:14)고 강조하실 정도로 중요한 것이 안식의 복이 가지는 핵심이다. 하나님은 우리의 유익을 위해 그의 거룩하심에 참여하게 하시려고 우리에게 징계를 허락하신다(히 12:10). 하나님께서는 모든 생물에게 복을 주셔서 번성하고 충만하게 하시고, 그 복을 선언하신 명령대로 이루어짐으로 하나님께 영광을 돌리도록 하셨다.

특별히 하나님의 형상대로 창조된 사람이 복을 받고 거룩하게 되는 일은 모든 일의 중심이다. 고대 근동에서 복을 주는 것은 왕이 충신에게 하사하는 일이다. 하나님은 하나님 나라의 왕으로서 그 휘하의 모든 대상(사람을 포함한 생물들)에게 복을 주신다. 하나님께서 피조물에게 복을 베푸시는 것은 곧 통치 행위이며, 하나님의 나라를 운영하시는 방식이다. 만약에 첫째 날부터 여섯째 날까지 만물을 충만하게 지어놓고, 여섯째 날에 지은 사람에게 통치권을 다 맡기면 이 나라는 누구의 나라인가? 그렇게 되면 이 나라는 사람의 나라가 된다. 하지만 하나님께서 6일 동안 만유를 지으시고 7일째에 안식 사역을 하심으로써 이 나라가 하나님의 통치를 받는 하나님의 나라가 되도록 설계하셨다.

인류는 하나님이 정하신 안식하는 날에 하나님의 안식 사역 안으로 들어가야 한다. 하나님께 위임받은 자신의 통치를 잠깐 멈추고 하나님의 통치 방식인 복을 받아야 한다. 그렇게 복의 날로 지정된 안식일에 들어가 하나님께 복을 받고 거룩함을 입어야, 남은 다른 날들에 하나님의 뜻에 따라서 올바른 사역을 할 수 있다. 그런 단계를 거치며 하나님께 받은 대리통치권을 하나님의 뜻 가운데 올바르게 사용할 수 있다. 그래서 하나님의 나라가 충만한 나라라고 할 때, 일곱째 날이 그 핵심이라고 할 수 있다. 일곱째 날이 아니면 복을 받을 수 없고, 복을 받지 못하면 생육하고 번성할 수 없음은 물론 맡겨주신 사명도 감사와 기쁨으로 감당할 수 없다. 그래서 그날(안식일)을 복 주는 날로 정하신 것이다. 이것이 하나님의 통치 방식이다. 일곱째 날 하나님의 안식 사역을 통해 하나님의 나라가 충만한 나라로 세워져 나가는 것이다. 하나님으로부터 복을 받음으로써 하나님의 대리 통치자가 하나님의 뜻대로 그의 나라와 의를 구하며 다스릴 수 있는 지혜와 능력을 얻는 이 놀랍고 신비한 원리를 알아야 한다.

신자가 추구해야 하는 안식은 자기 마음대로 쉬고 노는 그런 안식이 아니다. 우리의 왕 되신 하나님께 은혜의 복을 받아 거룩하게 되는 안식이다. 하나님의 통치를 이해하여 왕께 경배와 찬송을 드리며, 은혜와 힘을 충전하는 시간으로서 이 복을 받지 못하면 전원공급이 끊긴 냉장고처럼 기능을 잃고 내부에 있는 것이 모두 부패해진다. 7일 안식일에 하나님의 통치 방식인 거룩함과 안식의 복을 받아(안식일은 사람을 위해 있다, 막 2:27), 세상 가운데서 우리가 생육하고 번성하여 충만해지며 다스릴 수 있는 빛을 얻는 것이다. 바로 그 일을 준비하는 복을 공급받는 날이 7일 안식일이다.

생육하고 번성하는 것은 생물학적으로 출산을 많이 한다는 이야기도 된다. 그래서 우리는 다음 세대를 이어갈 수 있는 중생한 신자가 많이 생겨나길 힘써야 한다. 이 의미 외에 이 생육하고 번성한다는 의미는 무엇일까? 생육하고 번성한다는 이 표현이 사도행전에서는 "하나님의 말씀이 흥왕하고 더해지는" 의미로 쓰였다. 누가는 이같이 사도행전에서 창세기의 생육과 번성을 말씀의 생육과 번성으로 보았다. 이것이 옛 언약과 새 언약의 차이다.

오늘날에는 우리가 주일에 하나님께 경배하며 주로부터 말씀의 복을 받고, 세상의 현실 삶 가운데서 말씀의 통치를 받아 살아내는 순종의 삶을 살면, 그때 각 신자로부터 '부활 생명'의 역사가 나타나는데, 그것이 말씀이 생육하고 번성한다는 뜻이다. 신자가 사는 삶의 현장에서 말씀에 순종하고 말씀의 원리대로 살 때, 생명의 말씀을 통한 하나님 나라 건설의 능력이 충만하게 나타난다는 말이다. 그 능력의 역사가 신자들이 가는 곳마다 힘 있게 나타나 하나님 나라의 충만함이 이뤄지게 되는 것이다. 그래서 주일 예배를 소홀히 하면, 주님으로부터 흘러나오는 신령한 복을 받지 못하고, 생명의 역사가 나타나지 않는 것이다.

3. 복에 관한 구약의 역사적 흐름과 신약의 흐름

오복이 처음 쓰인 말씀을 다시 보자.

"하나님이 그들에게 복을 주시며, 그들에게 이르시되 <u>생육하고 번성하여 땅에 충만하라, 땅을 정복하라</u>, 바다의 고기와 공중의 새와 땅에 움직이는 모든 생물을 다스리라 하시니라" (창 1:28)

이 가운데 가장 중요한 핵심적인 복은 '다스림'에 나타난다(26절). 그런데 그 다스림이 언제 이루어지느냐 하면, 생육-번성-충만-정복 후에 이루어지는 것으로 기록되어 있다는 점에 주목해야 한다. 여기서 우리가 반드시 구분해서 생각해야 할 것은 복의 변천사이다. 구약의 복과 신약의 복의 개념이 점진적으로 달라진다는 점에 유의해야 한다. 복은 분명히 좋은 것이며, 하나님이 친히 복 주시겠다고 말씀하셨으므로 선한 것이 분명하다. 다만 복이란 개념이 현재 우리 인간이 생각하는 "그런 복(육신의 복)이 전부냐?"라고 질문할 때, 성경의 대답은 "아니"라고 부인한다는 점이다. 그럼 '오복'의 흐름을 다루기 전에 구약의 복과 신약의 복이 어떻게 발전했으며 달라졌느냐는 점부터 파악하고 진행해야 우리 영의 눈이 밝히 떠질 줄 안다. 구약에서 먹지 말라는 선악과를 먹고 '육의 눈'이 밝아진 것처럼, 신약에서는 생명과 되신 예수를 먹고 '영의 눈'이 밝아지는 복을 받는 것이 중요하다.

1) 구약의 복의 개념

구약과 신약을 살필 때 염두에 두어야 할 부분은 구약은 어린아이 때이고, 신약은 장성한 때의 이야기를 다룬다는 차이가 있다는 점을 인식하는 것이다. 그래서 구약은 모형과 그림자로 설명하고 다루는 내용이 많다(히 8:5).[8] 반면에 신약은 그 모형의 실체가 오셔서 실질적으로 완성하는 내용이다. 쉽게 설명하자면 구약은 우리를 그리스도께로 인도하는 가정교사(몽학[9]선생) 노릇을 하는 율법의 가르침을 따라 어린 양으로 제사하는 것으로 설명하지만, 신약에서는 그 어린 양의 실체인 예수가 오셔서(요 1:29) 실제 십자가에서 죽는 완성으로 나타난다. 구약에서는 눈에 보이는 천막 성전인 성막(출 25:8-9)과 돌 성전인 예루살렘 성전으로 묘사하지만, 신약에서는 성도들의 몸이 성전(고전 6:19)이라고 말하는 것이 대표적이다. 이것을 한마디로 정리하자면 옛 언약과 새 언약으로 구분한다.

구약에서의 복을 의미하는 대표적인 단어가 '바라크'(창 2:3)와 '에쉐르'(시 1:1)이다. '바라크'는 복을 빌어주는 "축복"의 의미이고, '에쉐르'는 이미 복을 누리는 "행복"의 개념이다. 그래서 사람이 하나님을 향하여 "복을 비는"(바라크) 행동에 대해서는 '찬송'이란 의미로 쓰인다(창 24:27). 창세기 48-49장에 걸쳐 야곱이 12 아들을 향하여 축복할 때 '바라크' 단어를 사용했다. 또 복을 말할 때 구약에서 가장 흔히 쓰이는 부분이 어디인가? 신명기 28장일 것이다. 이때 쓰인 복도 '바라크'이다. 따라서 바라크는 복을 빌어주는 것이 주목적이지, 이미 복을 받아 누리는 상태를 묘사하는 단어는 아니다.

그러나 알아야 할 것은, 구약의 복에 대해 신앙이 좋다는 신자들이 일방적으로 깎아내리기 쉬운 육적인 복을 의외로 하나님이 말씀하셨다는 점을 기억해야 한다. 그러므로 육적인 복도 좋고 선한 복으로서, 연약한 육체를 가진 인생들이 세상을 살아내는 일에는 때로 유익하고 좋은 것이란 점을 인정해야 한다. 다만 육신의 수준에 머물러 있거나 육의 복만을 추구하는 것은, 어린아이와 같은 수준으로 오히려 재앙이 될 수도 있다는 점은 아울러 주의해야 할 점이다. 그리고 하나님 아버지는 당신의 자녀들이 어린아이 수준으로 머물러 있으면 기뻐하지 않으신다는 점도 명심할 일이다. 우리가 어린아이 같아야 할 때가 있는가 하면(마 18:1-4), 장성한 자가 되어야 할 부분도 있다는 점을 알고(고전 14:20), 좌로나 우로 치우치지 말고 하나님이 주시는 복을 받기 바라며(신 5:32-33), 영육이 잘 조화를 이루며, 항상 더 좋은 편을 분별하여 때를 따라 택할 줄 아는(눅 10:42) 지혜로운 신자들이 되어야 한다.

2) 신약의 복의 개념

구약적 복의 개념을 알았으니 이제 신약적 복의 개념도 알아야 성경의 복을 이해하는데 치우침이 없을 것이다. 구약의 '바라크' 축복에 대비되는 신약의 복은 '율로게오'(축복)이다(45회 사용, 마 5:44; 14:19). 사람이 하나님을 향하여 이 단어를 사용할 때는 구약과 마찬가지로 찬송의 의미로 쓰인다(마 21:9). 그럼 구약의 '에쉐르'와 같은 개념을 가진 신약의 복은 무엇일까? '마카리오스'(행복)이다(50회 사용). 이 복은 대표적으로 산상수훈에서 팔복을 말씀하는 가운데 사용했다(마 5:3-11).

그런데 구약과 달라진 신약의 복 개념은 새 언약 아래에서 성취된 복음에 참여하는 복이다. 이 복의 개념을 적용할 경우, 육적으로 주어진 모든 좋은 것을 버려두고 주를 좇는 것을 장려하며(마 19:21), 그것이 참된 복이라고 설명한다는 점이다.[10] 구약에서는 아들을 낳는 일을 복이라 여기고 그렇게 아들을 낳으려고 여자들이 싸웠다면, 신약은 이미 그 아들의 계대를 통해 진짜 메시아이신 예수께서 여자의 후손으로 오셔서 구약의 모든 언약을 다 이루셨기 때문에, 더 이상 구약적 복의 개념은 많이 약화되었고 일부는 사라졌다. 신약에서는 구약의 육적 개념들의 많은 부분이 영적인 개념으로 승화 내지는 변경되었다는 점을 인식해야 한다. 대표적으로 계대를 잇는 문제도 구약에서는 아들을 낳으려고 했다면, 신약에서는 주를 영접하는 자가 하나님의 자녀가 되는(혹은 양자가 되는) 방법으로 말씀한다.[11]

그래서 바울의 신앙고백을 들어보면, 신약에서의 보화가 무엇인지 충분히 짐작할 수 있다. 바울이 바울 되기 이전 사울이었을 때(즉 율법 아래 있었을 때) 그가 자랑하며 내세웠던 복된 요소들을, 주를 만난 새 언약 아래에서는 배설물로 여긴다고 선언한다. 그가 율법으로 자랑하며 앞세웠던 시절에 좋은 것들이 왜 갑자기 배설물로 심지어는 해로운 것으로 여기게 되었을까 생각해 보라. '자기를 위하여' 인가, '주를 위하여' 인가의 방향이 바뀌었기 때문이라고 고백한다.

"그러나 <u>무엇이든지 내게 유익하던 것을 내가 그리스도를 위하여 다 해로 여길 뿐더러 또한 모든 것을 해로 여김은, 내 주 그리스도 예수를 아는 지식이 가장 고상함을 인함이라 내가 그를 위하여 모든 것을 잃어버리고 배설물로 여김은</u> 그리스도를 얻고 그 안에서 발견되려 함이니 내가 가진 의는 율법에서 난 것이 아니요 오직 그리스도를 믿음으로 말미암은 것이니 곧 믿음으로 하나님께로서 난 의라 내가 그리스도와 그 부활의 권능과 그 고난에 참여함을 알려 하여 그의 죽으심을 본받아 어찌하든지 죽은 자 가운데서 부활에 이르려 하노니 내가 이미 얻었다 함도 아니요 온전히 이루었다 함도 아니라 오직 내가 그리스도 예수께 잡힌 바 된 그것을 잡으려고 좇아가노라"(빌 3:7-12)

바울과 같은 고백은 구약의 하박국 선지자도 이미 했다는 사실은 성경을 통해 확인할 수 있다.

"비록 무화과나무가 무성치 못하며, 포도나무에 열매가 없으며, 감람나무에 소출이 없으며, 밭에 식물이 없으며, 우리에 양이 없으며, 외양간에 소가 없을지라도 나는 여호와를 인하여 즐거워하며 나의 구원의 하나님을 인하여 기뻐하리로다"(합 3:17-18)

그리고 주님은 이제 둘 가운데 하나를 선택하라고 압박하신다.

"한 사람이 두 주인을 섬기지 못할 것이니 혹 이를 미워하며 저를 사랑하거나 혹 이를 중히 여기며 저를 경히 여김이라 너희가 하나님과 재물을 겸하여 섬기지 못하느니라"(마 6:24)

이런 선택의 압박은 구약에도 여러 번 나타났다(여호수아, 수 24:14-15; 엘리야, 왕상 18:21). 따라서 구약이든 신약이든 근본적인 복의 개념은 변하지 않는다. 다만 그 복의 선택에서 하나님과 대척점에서 등장하는 대상이 구약은 주로 우상숭배와 연관되었고, 신약은 그 우상이 형태를 달리하여 나타난다는 차이가 있다. 그래서 신자의 선택에 대해 시기와 때를 따라 강조점이 다르고, 계시의 정도와 신앙의 수준에 따라 허락하는 정도가 다를 뿐이다. 하나님은 오래 참으시는 하나님의 사랑으로 우리의 믿음이 장성한 수준까지 자라기를 기다리신다. 그렇다고 해서 연약한 우리를 위해 오래 참으시는 하나님을 '만홀히'(등한히 여기고 소홀히 하다) 여겨서는 안 된다.

이제는 하나님 나라를 건설해 가는 과정에서의 오복의 흐름을 살펴보려고 한다. 먼저 구약에서의 역사적인 흐름을 알아보자. 이 역사적인 흐름을 살핌으로 하나님께서 사람에게 문화명령의 수행을 위한 오복을 주심으로 하나님 나라가 어떻게 건설되어 나가는지 추적할 수 있을 것이다.

Ⅱ. 구약의 오복

구약에서의 역사적 흐름 가운데 나타나는 오복의 내용을 살펴보기 전에, 처음 오복을 말씀하시는 내용을 다시 상기하고 진행하도록 하자.

"하나님이 그들에게 축복하시며 이르시되 '생육하고 번성하여 땅에 충만하라, 땅을 정복하라, 바다의 고기와 공중의 새와 땅에 움직이는 모든 생물을 다스리라' 하시니라"(창 1:28)

1. 생육하라('파라', "열매를 내라"); 아브라함

이 복은 "결실"하는 의미로서 사람에게 적용하면 자녀 생산을 가리킨다. 자녀 생산의 목적은 대를 잇는 데 있으며, 단생(單生)인 사람의 생애를 계속 이어 나가는 방법이기도 하다. 하나님 나라 건설도 이렇게 시작은 '하나'(씨, 단수)로 시작한다(참고. 창 3:15; 갈 3:16). "한 알의 밀이 땅에 떨어져 죽으면 많은 열매"를 맺는다(요 12:24)는 원리가 여기서 나온 것이다. 아담 하나에서 나오는 열매를 통해 생육(生育)이 시작된다. 그럼, 성경 역사에서 하나님 나라가 세워지는 생육의 단계가 어디인가?

창세기에서 아담으로 시작된 인류의 원 역사(1-11장)가 연속 실패로 끝나고, 12장에서 아브람을 부르는 소명에서 드디어 하나님 나라의 생육이 시작된다. 물론 이때부터 하나님 나라의 모형인 선민 이스라엘의 역사가 구체적으로 시작하게 된다. 원 역사는 창조부터 창세기 11장까지 인류의 보편 역사를 가리킨다. 창세기 12장부터 선민 역사로 넘어가는데, 그때부터 보편적 인류의 세속사는 성경에서 자취를 감추는 것같이 보인다. 하나님은 창세기 11장까지 인류의 보편 역사 가운데 일하시고, 12장 이후 더 이상 세상 역사 가운데에서는 일하시지 않는 듯이 보인다. 하지만 그것은 하나님의 경륜이 달라진 것을 보지 못할 뿐이다. 동일하신 하나님이 다른 역사 무대(선민 이스라엘을 중심한)에서 일하고 계신 것이다. 달리 말해서 인류 역사가 하나님의 섭리에서 벗어난다는 이야기가 아니라, 하나님이 개입하시는 여부가 다르게 전개된다는 의미다. 모든 세상 역사가 하나님의 섭리를 벗어날 수는 없다. 단지 세상 역사를 성경에 기록하지 않고, 하나님 나라 건설에 부름 받은 대상을 중심으로 기록하며 전개해 나간다는 이야기다. 성경 기록의 초점이 선민 이스라엘로 집중되는 차원에서 세속 역사가 드러나지 않을 뿐이란 말이다.

그러나 알 것은 하나님이 개입하시는 무대가 이스라엘로 집약되더라도 일하시는 목적 -하나님 나라의 건설- 은 변함이 없다. 그런 의미에서 인류 역사 가운데 하나님 나라는 구속의 은총을 받은 백성만 그 나라 시민이 될 수 있는 제한을 보인다. 보편 인류 가운데 한 민족이 택함을 받고, 하나님 나라의 건설을 위해 쓰임 받게 되는데 그 나라가 이스라엘이다. 그 결과 동일한 하나님은 보편 인류 역사와 선민 역사 두 무대에서 동시적으로 일하신다. 이것이 구약이 설명하는 하나님의 영역 주권 사상이다. 아브람을 부르사 생육이 시작되었다고 했는데, 그는 100세가 되기까지 아무도 생산하지 못했다. 그러다가 하나님의 간섭으로 약속의 자녀 이삭을 낳으므로 드디어 선민 이스라엘의 역사가 싹이 나기 시작한다. 이런 과정을 거치게 하신 이유는, 하나님의 나라 백성은 반드시 하나님에 의해 낳는(하나님께로서 난자라야 한다) 자라야 한다는 원리를 가르치고자 하심이다(요 1:12-13). 하나님 나라의 백성은 생물학적인 부부 사이에서 일반적인 관계를 통해 낳는 자녀(혈통)로 구성되는 것이 아니란 의미다. 그렇게 하나님의 선택과 약속에 의한 섭리로 하나님 나라의 생육이 시작된다. 대표적인 인물로 성경이 자주 오르내리는 **믿음의 조상 아브라함의 선택과 양육**이다.

1) 복의 사람으로 선택

하나님 나라의 모형인 이스라엘이 생육하는 역사의 과정을 좀 더 살펴보자면, 하나님 나라의 백성이 될 선민으로서 한 사람을 부를 때, 갈대아(이방 바벨론) 출신 아브람을 선택하여 본토-친척-아비 집을 떠나라는 명령과 함께 시작하셨다(창 12:1). 그리고 그에게 소위 '아브라함의 언약'이라고 불리는 축복을 선언하신다.

> "내가 너로 큰 민족을 이루고 네게 복을 주어 네 이름을 창대케 하리니 <u>너는 복이 될지라</u> 너를 축복하는 자에게는 내가 복을 내리고 너를 저주하는 자에게는 내가 저주하리니 <u>땅의 모든 족속이 너를 인하여 복을 얻을 것이니라</u> 하신지라"(창 12:2-3)

이 축복의 내용을 살펴보면, 아브람 개인에게 복을 약속하시는 것 같지만, 그 궁극적인 목적은 '온 세상'이라는 사실을 알 수 있다. 아브람에게 "너는 복"이란 놀라운 축복을 선언하시는 목적이 열방이 복을 받게 함이라고 하신다. 여기서 우리는 창세기 1:28의 복을 떠올리게 된다. 먼저 복을 주시는 하나님의 속성상 아브람을 선택하셔서 그에게 복의 사람이 되게 하시고 그 복을 만민에게 주시는 단계를 밟았던 것처럼, 먼저 아담(사람)에게 복을 주시고 그로 인해 생육-번성-충만-정복-다스림의 복으로 만물이 복을 받게 하시는 하나님의 속성을 그대로 닮았다는 사실을 발견하게 된다. 결과적으로 하나님의 나라는 장차 세워질 이스라엘에 국한되지 않을 것을 처음부터 계획하셨고 계시하신 것이다. 아브람을 선택하신 목적, 아브람에게 복을 주시겠다는 이유, 그리고 훗날 이스라엘의 존재 목적까지 밝히 드러내신 것이다. 따라서 하나님의 나라는 '온 세상'이라는 범위를 처음 아브람을 부르실 때부터, 그리고 언약을 주실 때부터 이미 드러난 진실이다.

그래서 복이란 절대 자기 혼자만 누리는 것이 목적이 아니다. 하나님의 뜻은 복을 먼저 받은 사람이 많은 사람에게 베풀고 함께 누리는 것이어야 한다. 따라서 하나님께서는 처음부터 사람에게 주시는 복은(육적인 복이든 영적인 복이든) 모두가 함께 누리도록 설계하셨다는 사실을 알아야 한다. 그런데 그 시작은 하나님이 선택하신 한 사람으로 출발한다는 것, 이 또한 하나님의 계획이다. 그러므로 먼저 복을 받는 사람은 절대 자기 혼자 하나님의 복을 소유하려는 욕심을 버리고 함께 나누며 베풀어야 한다. 그래서 먼저 복을 받은 사람은 그 복을 나누어야 할 사람들(고아와 과부 그리고 나그네 같은 가난하고 힘없으며 의지할 자가 없는 대상<이방인 포함>)에게 베푸는 소명 받은 자라는 사실을 명심해야 한다(눅 6:38). 그런 사명을 깨닫고 순종하는 그 사람에게 <u>지속적으로 복을 부어주셔서</u>(이것이 영생 혹은 장수의 복이 가진 의미) 선한 일을 편만하게 하려는 계획이 하나님의 사랑이요 은혜를 베푸시는 뜻이다.

> "주라. 그리하면 너희에게 줄 것이니 곧 후히 되어 누르고 흔들어 넘치도록 하여 너희에게 안겨 주리라 너희의 헤아리는 그 헤아림으로 너희도 헤아림을 도로 받을 것이니라" (눅 6:38)

생각해 보면 남에게 줄 것이 있다는 사실 자체가 복이 아닌가. 이런 깨달음을 가진 신자는 지혜롭게 베풀고 나눌 수 있는 대상을 눈에 불을 켜고 찾는다. 그러면 그런 지혜롭고 선한 마음에 주께서 항상 함께 계신다. 이런 내용이 기록된 성경 가운데 시편 112편이 가장 복되다(시 112:1-10). 꼭 읽어보고 실천하여 아브라함처럼 복의 존재가 되어 그 복을 나누는 사람이 되길 바란다.

"가난한 자를 불쌍히 여기는 것은 여호와께 꾸이는 것이니 그 선행을 갚아 주시리라"(잠 19:17)

2) 아들과 땅의 약속

그렇게 하나님의 선택과 소명 받은 아브람은 놀라운 약속을 받은 채, 하나님이 지시하는 땅을 향하여 여호와의 말씀을 좇아갔다. 그런데 말씀을 좇아 본토와 아비 집을 떠나 가나안에 도착한 아브람에게 하나님이 약속하신 것은 '땅과 씨'였다.

"여호와께서 아브람에게 나타나 가라사대 내가 이 땅을 네 자손(제라; 씨)에게 주리라 하신지라. 그가 자기에게 나타나신 여호와를 위하여 그곳에 단을 쌓고"(창 12:7)

이렇게 아브람과 하나님의 관계는 한 걸음씩 순종을 통해 깊어지는 사이가 된다. 처음부터 모든 계획을 다 알려주시는 것이 아니라, 하나씩 단계적으로 계시하신다. 처음에는 넓고 큰 하나님의 계획을 말씀하시고, 이후에 말씀 순종을 근거로 하나씩 세부적인 계획을 풀어가시며 다음 단계로 나아가신다. 이것이 하나님이 자기 종을 부르시며 함께 일하시는 방법이다. 이는 신약에서도 마찬가지다. 하나님이 아브람에게 땅과 후손을 약속하시니 아브람은 단을 쌓아 하나님의 이름을 부르는 것으로 화답한다. 하나님과의 교제가 본격적으로 시작되는 모습이다. 남녀가 데이트하며 남자가 구애할 때 모습을 잘 연상해 보라. 그러면 이런 설명에 이해가 빠를 것이다. 남자의 약속과 그 약속을 믿고 따르는 여자의 신뢰와 순종, 그리고 상호 간에 깊어 가는 신뢰와 알아감 등이 느껴지지 않는가.

어쨌든 그렇게 시작한 아브람과 하나님의 관계는 여러 가지 우여곡절을 겪으며 발전해 가는데, 아브람에게 결정적인 문제는 하나님이 하신 약속을 신뢰한다고 할지라도 가나안 땅을 이어받을 후손, 자세히 말하자면 약속하신 기업을 이어받을 아들이 없다는 것이었다. 땅의 기업을 이야기하기 전에 당장 아들이 하나라도 있어야 할 것이 아닌가. 그런데 아브람은 무자(無子)했다. 하나님이 인도하시고 약속하신 땅은 밟았고 확인했는데, 정작 그 땅을 이어받을 아들이 없으니, 이대로 아브람의 생이 끝난다면 하나님의 약속은 무용지물이 되는 것이 아닌가. 그래서 아브람의 생애에 이어지는 사건은 대부분이 후사(아들)에 관계된 문제였다. 결국 성경이 말하고자 하는 것은, 하나님의 기업(약속)을 잇는 아들 문제 곧 **약속의 성취에 대해 누가 주도권을 쥐고 그 일을 이루느냐** 하는 문제였다.

아브람의 생애를 추적하다 보면, 아브람이 자기 힘으로(곧 생물학적인 힘) 아들을 낳느냐, 아니면 하나님의 능력으로 낳느냐(초자연적인 하나님의 능력) 하는 문제가 가장 큰 이슈로 등장하는 것을 보게 된다. 아이러니하게도 하나님께서는 아들을 낳기 전에 이상하게 이름부터 바꿔주셨다. 왜 그러셨을까? 더구나 개명한 아브람 부부 이름의 의미가 사람이 생각하는 개념을 바꾸시는 의미로 주어진다는 것을 알 수 있다.

(1) 아브람의 개명(改名)

아브람-아브라함(창 17:3-5)으로, 사래-사라(창 17:15-16)로 개명하게 하셨다. 그 이름의 의미가 무엇이기에 개명(改名)이 중요하게 제시되는가? 그동안 불렀던 두 사람의 이름 곧 아브람은 "고귀한 아버지, 높음의 아버지" 혹은 "큰아버지"란 의미이고, 사래는 "나의 공주, 나의 여주인"이란 의미이다. 그럼 개명한 이름과 차이가 무엇인가?

먼저 '아브람'(אַבְרָם)과 '아브라함'(אַבְרָהָם)의 차이는 무엇인가?

'아브람'은 Av(아브)와 Ram(람)의 합성어로 직역하면 "아버지는 높으시다"라는 뜻이다. 이것은 고귀한 이름이지만 때로는 "거만하다"라는 의미로 해석되어, 새로운 민족의 선조에게는 어울리지 않는 이름이다. 한편 '아브라함'은 Av(아브)와 Hamon(하몬)의 합성어로 창세기 17:5의 말씀 "이는 내가 너로 **열국의 아비**가 되게 함이니라"와 연관되어 있다. 유일한 차이점은 히브리어의 한 문자 ה(발음: 헤이)다. 이 문자는 ram(람)이라는 단어의 중간에 삽입되어 "높은"에서 "다수, 많은 무리"라는 의미로 그 뜻을 바꾸어 놓는다. 이것은 중요한 변화다. <u>더 이상 한 개인에게만 국한되지 않고, 모든 열국에로의 관심의 변화를 강조하는 것</u>이기 때문이다.

그래서 처음 아브람을 부르실 때부터 이 같은 하나님의 의중은 이미 드러났었다. "네 이름을 크게(위대하게) 해 주겠다"(창 12:2)와 "너로 인하여 열국(땅의 모든 민족)이 복을 받을 것이다"(창 12:3)라고 밝히셨다. 다만 사람이 그런 하나님의 뜻을 알아채지 못하는 무지와 무능이 한계일 뿐이다.

그런데 여기서 이상한 것은 이미 아브람이란 이름의 의미가 본래 "높다, 크다, 위대하다" 등의 의미가 있는데, 새삼스럽게 "네 이름을 크게 해 줄 것"이라는 약속이 무슨 의미가 있는가? 아브람이란 이름은 누가 지었을까? 아브람의 생물학적인 아비 데라가 지었을 가능성이 높다. 그러나 그런 이름 지음은 그렇게 만들 능력이 없는 생물학적인 아비의 바람이나 기대이지 실제로 그렇게 될 가능성은 희박하다. 하지만 하나님이 지으시는 이름은 반드시 그렇게 될 것이고, 내가 반드시 그렇게 만들 것이라는 하나님의 의지가 담긴 이름이란 차이가 있다. 그 사실 여부는 앞으로 아브람이 하나님과 계속되는 교제 가운데 배우며 경험하는 인생을 통해서 알아나가게 될 것이다. 생육은 이렇게 시작하는 것이다. 이제 싹이 나는 단계이다. 이 싹이 나는 생명의 태동은 하나님의 빛에 의해 싹이 튼다는 특징을 가지고 있다(참고. 셋째 날, 창 1:11-13).

(2) 사래의 개명(改名)

하나님은 아브람의 이름만 바꾸시는 계시를 통해 일하셔도 충분할 것 같은데, 왜 그의 아내 사래의 이름까지 바꾸신 것일까? 이는 아브라함의 역할에 사래가 반드시 협력해야 하며 그 사역이 또한 중요하다는 인상을 갖게 한다.

'사래'는 "공주" 또는 "귀부인"을 의미하며, '사라'는 "여주인" 또는 "많은 민족의 어머니"를 의미한다. 따라서 하나님께서 사라에게 새로운 이름을 주심으로써 그녀에게 새로운 역할과 사명을 부여하신 것이다. 이는 남편의 이름이 '아브람'에서 '아브라함'으로 이름이 바뀐 것과 같은 맥락이다. 또 이어지는 말씀을 통해서 하나님은 아브라함과 사라를 통해 많은 민족과 왕들이 나오게 하실 것을 약속하셨다(창 17:16). 이는 사라가 한 민족의 어머니에서 여러 민족의 어머니로 그 역할이 확대되는 것을 나타낸다.

그리고 창세기 3:15에서 언급된 '여자의 후손'은 메시아, 즉 예수 그리스도를 예표 하는 계시로 해석한다. 사라로 이름을 바꾼 배경으로 가장 중요하게 여겨지는 것은, 여자의 후손을 약속하신 하나님의 언약이 아브라함과 그의 후손에게서 성취될 것임을 보여주는 하나의 계시란 점이다. 그래서 사라는 생물학적 방법이 아닌 초자연적인 역사로 태어난 '약속의 자녀' 이삭을 통해 예수 그리스도의 모형인 계보를 이어가게 된다. 하나님은 이같이 사라를 통해 아브라함과 맺은 언약이 계속해서 이어질 것을 보증하셨다. 사라를 통해 낳은 아들 이삭은 하나님의 언약의 상속자로서 중요한 역할을 하며, 그 후손을 통해 결국 메시아가 오게 된다. 따라서 사라의 새로운 이름은 그녀가 이 중요한 언약의 계보를 이어갈 원시복음(창 3:15)의 '여자' 역할의 모형으로 선택받았음을 강조한다(즉 예수의 어머니 마리아의 모형). 그에 따르는 사라의 믿음과 순종은, 그녀가 하나님 언약의 계보를 이어가는 중요한 인물임을 상징적으로 보여준다(창 15:4). 이는 하나님의 언약이 인간의 한계를 초월해 이루어질 것임을 강력하게 보여주는 큰 그림이다.

따라서 하나님의 선택을 받고 소명 받은 인생은 그때부터 개인의 인생을 사는 게 아니고, 자기로 인해 많은 사람의 복이 좌우되는 인생이란 사실을 깨달아야 한다. 이 깨달음을 깊이 묵상하면 하나님의 선택과 복이 얼마나 대단한 복인지 알게 되어 하나님을 찬송하고 감사할 것이다. 이것이 우리 모든 신자(이면적 아브라함의 후손)가 받은 하나님의 자녀로서의 권세이기도 하다(요 1:12; 갈 3:14, 29).

3) 완전을 요구하심

지금 오복 가운데 첫째 복인 '생육'의 복을 생각하면서 왜 이렇게 아브라함과 사라의 문제를 집요하게 다루는지 아는가? 그 부부에게 너무나 중요한 진리가 담겨져 있기 때문이다. 잘 생각해 보라. 지금 하나님께서 아브람이 99세가 되었을 때 갑자기 나타나셔서 무슨 말로 시작하는가. "너는 내 앞에서 완전하라"(창 17:1)라고 명하신다. 그리고는 "내가 내 언약을 너와 세워 너를 번성하게 해 주겠다"(17:2)라고도 약속하신다. 아니 갑자기 나타나셔서 공수표를 남발하시는 것도 아니고 이 무슨 상황인가? 그래서 아브라함의 생애를 꼼꼼하게 살펴야 하나님의 깊은 뜻을 깨닫게 된다. 그냥 의미 없이 성경 읽기를 하면 중요한 부분을 놓치고 수박 겉핥기만 하다가 끝난다. 성경을 읽을 때 지나치게 스토리텔링에 빠지지 말라. 왜 그 상황에 하나님이 나타나셨고, 왜 그런 말씀을 하시는지 묵상해야 한다.

창세기 17장 이전에 있었던 사건을 되짚어 보라. 아브람의 여정이 그래서 중요하다.

* 창세기 12장; 하나님의 부르심 - 기근의 시험 실패
* 창세기 13장; 친척(롯)과 헤어지는 마지막 순종-믿음의 눈을 뜨기 시작
  (창 13:14-15) 본토-친척-아비 집을 떠나라는 명령의 완성 단계.

* 창세기 14장; 조카 롯을 구하기 위한 전쟁에서 승리 - 멜기세덱을 만나 축복받음

* 창세기 15장; 하나님을 믿음으로 칭의를 얻음(창 15:6) - 횃불 언약을 맺음

아브람이 하나님의 약속을 기다리다 못해 하나님께 묻는다. 이때 추측하건대 아브람이 마음이 심히 상한 상태였을 것이다. 왜냐면 약속만 해 놓고 허송세월하고 있는 것같이 느껴졌을 테니 하는 말이다.

"아브람이 가로되 주 여호와여 무엇을 내게 주시렵니까? 나는 무자하오니 나의 상속자는 이 다메섹 엘리에셀입니다. 아브람이 또 가로되 주께서 내게 씨를 아니 주셨으니 내 집에서 길리운 자가 나의 후사가 될 것입니다. 여호와의 말씀이 그에게 임하여 가라사대 그 사람은 너의 후사가 아니라 네 몸에서 날 자가 네 후사가 되리라 하시고, 그를 이끌고 밖으로 나가 가라사대 하늘을 우러러 뭇별을 셀 수 있나 보라 또 그에게 이르시되 네 자손이 이와 같으리라"(창 15:2-5)

그런데 이상하게 언약을 맺을 때마다 후렴구처럼 따라붙는 말씀이 있는데, "네 자손이 하늘의 별과 같이 많아질 것이며, 가나안 땅을 주겠다"(15:5)라고 하신다. 이상하지 않은가? 왜 하나님은 자꾸 이 언약만 반복하시는 것일까? 가나안 땅에 도착하시면서부터 롯과 헤어질 때도(창 13:14-16), 이제 횃불 언약을 맺을 때도… 계속된다. 그런데 정작 기업을 이을 아들은 없다. 도대체 말장난도 아니고 세월은 무심하게 흘러만 가는데, 도대체 언제 그 약속을 이루시려고 말로만 공수표를 남발하시는 것일까?

그런데 아브람은 하나님이 또다시 반복되는 약속만 하시니까 또 그냥 믿는다고 한다. 그러니까 하나님은 아브람의 그런 믿음을 보시고 의롭다고 칭하신다. 하나님과 아브람의 죽이 잘 맞는다.[12] 하지만 잘 생각해 보면 그건 아닌 것 같다. 아브람의 입장에서는 어찌할 도리가 없으니, 하나님의 말씀(약속)에 맞장구를 칠 수밖에 다른 도리가 없지 않은가 생각한다. 어차피 칼자루는 하나님이 쥐고 있는 것이 아닌가. 아브람은 사실 하나님의 약속을 믿고 갈 바를 알지 못한 채(히 11:8), 하나님의 명령을 따라 말씀만 의지하여 고향을 떠났다(창 12:4). 이렇게 하나님이 약속하신 땅으로 주의 인도를 따라가긴 가는데, 어찌할 바를 모른 채 무작정 떠난 것이 하나님을 알고 경험하는 일의 첫걸음이었다. 사람에게 비유하자면 이제 첫걸음마를 뗀 것이나 다름이 없다. 그때는 부모의 손을 잡고 발을 떼야 하는 단계다. 철저하게 부모를 의지하지 않으면 넘어지기 일쑤다. 그런데 언제 약속의 땅에 도착했다는 것을 알게 되는가? 롯과 헤어졌을 때다.

"롯이 아브람을 떠난 후에 여호와께서 아브람에게 이르시되 너는 눈을 들어 너 있는 곳에서 동서남북을 바라보라 보이는 땅을 내가 너와 네 자손에게 주리니 영원히 이르리라 내가 네 자손으로 땅의 티끌 같게 하리니 사람이 땅의 티끌을 능히 셀 수 있을진대 네 자손도 세리라 너는 일어나 그 땅을 종과 횡으로 행하여 보라. 내가 그것을 네게 주리라" (창 13:14-17)

다시 말해서 하나님의 첫 명령인 본토(갈대아)-친척(롯)-아비 집(데라의 집)을 떠나라는 명령이 다 이루어졌을 때, 비로소 약속의 땅이 어딘지 드러나고 알게 된다는 가르침이다. 그 이전에는 자기가 도착한 곳이 어딘지 잘 알지 못한다. 하나님이 지시한 땅에 이미 도착했어도 알지 못한다. 지시할 땅은 그렇게 해결되었다.

다음 문제는 그 약속의 땅(기업)을 유업으로 이을 '씨'(후손)의 문제다. 그런데 자식은 없고 생길 기미도 보이지 않으니, 처음에는 조카 롯을 양자로 입양해 후손을 이으려는 생각도 할 수 있었을 텐데, 함께 하기 어려운 상황이 전개되어 헤어지게 되었고, 그다음에는 자기 집에서 어려서부터 기른 종 엘리에셀을 입양하여 대를 이을까도 생각했던 것을 아브람의 고백을 통해 알 수 있다(창 15:2). 그런데 하나님은 다 아니라고 하시며 "네 몸에서 나야 할 자"(창 15:4)라야 한다고 고집하신다. 그러면서 어떻게 아들을 낳게 하실 것인지는 일절 함구하면서, 또 하늘의 뭇별처럼 많게 해 주신다는 공수표(?)를 남발하시는 것 같다. 하나님이 아브람을 이렇게 다루시는 깜짝 놀랄 비밀이 잠시 후에 밝혀진다.

* 창세기 16장; 첩 하갈을 통해 이스마엘을 낳음

사람이 얼마나 연약한지 하나님의 말씀을 이해하고 해석하는 일에, 망가진 이성으로 인하여 얼마나 착각을 잘하고 왜곡시키는지 모른다. 하나님의 말씀을 자기 임의대로, 자기 편하게 해석하여 문제를 일으키는 경우가 허다하다. 하나님은 매일 우리의 철부지 같은 헛된 짓으로 인한 쓰레기 같은 찌꺼기를 치워야 하는 뒤치다꺼리하기 바쁘시다. 물론 자기는 잘한다고 하는 짓이고, 하나님의 일을 한다고 하는 것이며, 하나님의 뜻을 이루는 일에 일조한다고 생각하여 이런저런 열심을 내지만, 알 것은 정말 하나도 도움이 안 된다. 오히려 뒤치다꺼리할 일만 만드니 차라리 제발 가만히 있는 것이 하나님을 돕는 것이다(출 14:13-14). 신자는 그냥 하나님이 시키는 일만 그대로 순종하는 것이 가장 잘하는 일이다(예수의 본을 배워야 한다. 요 17:4). 절대 자기 생각을 앞세워 나서지 않는 게 좋은 신앙이다. 하나님이 기뻐하시는 주의 일은 하나님 나라의 질서를 따라 각자 자기 믿음의 분수를 따라 자기 위치를 지키며 순종하는 일이다(참고. 롬 12:3, 8-21).

4) 아브람의 실수

하나님이 후손 약속만 하고 정작 아들을 주시지 않으시니 아브람 부부는 기다리다 못해 무슨 일을 저질렀는가? 아내 사래의 말을 듣고 첩을 취한 것이다. 아브람도 할 말은 있을 것이다. 하나님이 주신다는 자식은 안 주시고 매일 만나면 후손을 많이 주겠다는 공허한 것 같은 약속만 하시고, 이제는 기다리다 지쳤다. 자기들이 처한 현실이 갈 바를 알지 못했다는 말씀에 부합한 상황을 다시 상기하게 하며 경험하기에 이르렀다. 언제, 어떤 방법으로 하나님이 말씀하신 그 목적지(아들을 얻는 것)에 도달할 수 있을지, 전혀 감을 잡지 못하는 현실이기에 더욱 그랬다. 왜냐면 자기들의 몸을 생각하면 이제 하나님의 약속을 신뢰하기 어려울 지경까지 왔기 때문이다. 아브람의 나이가 99세다. 소위 자식을 낳을 정기가 없고 아내 사라도 90세라 이미 경수가 끊어져 아이를 낳을 수 없는 몸이 되었기 때문이다. 그런 상황에서 아내의 가슴 아픈 충고, '나는 괜찮으니, 첩을 얻어 자식을 낳으라'고 양보한 것이다. 그때 명분이 무엇인지 아는가? "네 몸에서 날 자"라야 한다는 하나님의 말씀이다. 자기들은 말씀대로 한 것이라고 변명할 수 있는 근거가 하나님의 말씀이다. 아브람의 '씨'면 되지 않느냐는 생각 말이다.

하지만 이런 곳에서 성경 해석의 문제가 발생하는 것이다. 아브람의 몸이면 무엇을 가리키는 것인가? 아브람의 '씨'가 핵심이 아니다. 성경적으로 볼 때 아브람의 몸은 누구인가? 그의 아내 사래다. 이는 창세기에서 이미 확실하게 밝혀진 진리다(창 2:23-24). 그런데 범죄한 인간의 이성이 망가져서 제대로 깨닫지 못하고 꼭 일을 저지른다. 그래서 만들어진 존재가 '이스마엘' 아닌가. 씨는 인간의 씨가 아니라 하나님의 씨여야 한다. 이것이 '하나님께로부터 난 자'(요 1:13)란 의미에 담긴 중요한 메시지다. 즉 말씀이 육신이 된 사람 말이다(요 1:14). 이때 '씨'는 하나님의 말씀을 비유한 것을 우리는 신약을 통해서 안다. 하나님은 여자를 통한 후손을 계시하셨던 것이지(창 3:15), 아브람의 씨(혈통적 씨)를 필요로 한 것이 아니다. 그래서 아브람이 혈통적으로 완전히 폐기 처분될 때까지(100세) 기다리신 것이다. 누구든지 하나님의 의도(뜻)를 깨닫지 못하면 인간적인 생각과 열심으로 꼭 쓰레기를 만들게 된다.

이스마엘은 역사적으로 태어나지 않아야 좋았을 사람이었다. 왜냐면 아브람 부부의 육신적인 생각으로 인한 하나님 말씀의 왜곡된 해석은, 끝내 이스라엘의 대적을 만들어 내고야 말았기 때문이다. 육신의 자식과 약속의 자녀 사이의 끝없는 싸움은, 오늘날까지도 그의 후손들의 전쟁으로 이어지고 있기에 하는 말이다. 참 안타까운 일이다. 그러니 절대 인간적인 생각으로 열심 내다가 하나님의 일을 망치고(롬 10:2-3), 대적하지 않기를 정말 기도한다. 훗날 똑같은 잘못을 이삭의 아내 리브가도 저지른다(창 27:13). 참, 사람은 어쩔 수 없다고 느껴진다.[13] 인간 생각을 앞세우거나 사람의 일을 생각하면, 좋은 뜻으로 했다고 하더라도 주님으로부터 사탄 소리를 들었던 베드로의 '사람의 일을 생각하는 것'에 대한 책망의 교훈을 잊지 말라(마 16:21-23). 우리는 하나님과 그의 보내신 자 예수를 몰라도 정말 모른다는 생각이다. 하나님을 알고 그의 보내신 자 예수를 아는 일이 '영생'이라고 정의한 사실이 그래서 다시 우리의 생각을 새롭게 한다(요 17:3).

5) 하나님의 전능하심을 가르치심

자, 이런 배경을 알고 나서 창세기 17:1을 읽어보자.

"아브람의 99세 때에 여호와께서 아브람에게 나타나서 그에게 이르시되 나는 전능한 하나님이라 너는 내 앞에서 행하여 완전하라"(창 17:1)

왜 하나님이 아브람에게 나타나셔서 이름을 바꾸어 주고, "나는 전능한 하나님이라"라고 말씀하셨는지 드디어 감이 잡히지 않는가. 아브람이 이스마엘을 낳고 13년이 지난 후, 곧 아브람의 나이 99세 때 하나님이 나타나셨다. 이때가 하나님이 일하실 때이고, 하나님이 개입하기로 작정하신 날이다. 이런 때를 신약의 헬라어로 '카이로스'(작정한 때)라고 부른다. 일반적인 나날을 보내는 때는 '크로노스'라고 부른다.[14] 하나님이 하신 약속은 24년이 지나도록 아무런 징조도 안 보이는 상황에서(아브람이 하란을 떠날 때 나이가 75세였다. 창 12:4) 나타나셔서, "너는 내 앞에서 완전"하라고 말씀하신다. 이 정도면 적반하장(賊反荷杖)이 아닌가? '완전하라'라는 말의 본래 뜻은 "순결하라, 흠이 없이 올바르게" 행동하라는 의미다.

여기서 중요한 것은 아브람에게 그런 명령하기 이전에 하신 말씀이다. 우리가 너무 잘 알고 있는 말씀, 곧 "나는 전능한 하나님"이라는 말씀이다. 왜 하나님은 갑자기 자신의 전능함을 부각(浮刻)하는 것일까? 아들 하나 얻기를 바라고 참아온 세월이 25년 남짓인데, 기껏 나타나셔서 하시는 말씀이 "내 앞에서 완전하게 행하라"고요. 정말 어이없고 기막힌 일이 아닌가? 오늘날의 우리 같으면 약속해 놓고 25년을 기다렸는데도 하나님으로부터 약속을 이행할 아무런 소식이나 조짐이 안 보이면 어떻게 행동할 것 같은가? 그래서 다른 대안으로 첩을 통해 아들을 얻었는데, 그것을 지적하시며 오히려 "너는 내 앞에서 완전하라"고 하시니 난감한 상황에서 할 말을 잃는 것이다. 도대체 하나님의 의중은 무엇인가?

하나님은 아브람에게 하나님의 능력으로 못하실 일이 없다는 것을 가르쳐야 했던 것이다(참고. 마 19:26; 막 10:27). 그래서 "나는 전능한 하나님"이라는 사실을 다시 각인시키는 것이다. 우리가 하나님을 알아나가는 일에서 하나님의 한 가지 속성에 대해 깨닫기까지의 세월이 얼마나 오래 걸리고 어려운지 아는가. 지금 누가 더 힘이 들 것 같은가. 하나님인가, 아브람인가? 몰라서 답답한 기다림과 알고도 말하지 못하는 답답함, 어느 쪽이 힘들 것 같은가? 우리가 창세기 22장에서 아브라함이 주저하지 않고 독생자 이삭을 제물로 바치라는 명령에 순종하는 사건에서 감동하고 감격하는데, 그런 일이 어떻게 가능하다고 생각하는가? 아이를 낳지 못하던 부부가 독자 이삭을 100세에 얻는 인간의 상식을 벗어난 말도 안 되는 체험(하나님을 아는 체험)이 아브라함을 그렇게 만든 것이다. 하나님의 약속과 전능을 체험한 후 나타날 수 있는 행동이다. 물론 그런 체험을 한 후에도 그런 순종의 행동을 보이지 못하는 신자도 이 세상에는 가득하다.

아브라함은 하나님의 부르심을 받은 이후 일생을 통해, 비로소 하나님의 약속과 말씀의 진면목(眞面目) 가운데 하나를 체험하며 알게 된 것이다. 바로 이것이 하나님의 양육 방법인데, 그런 신자 하나를 만들어 내는 것이 '생육의 복'이다. 하나님은 정말 해산의 수고를 하신 것이다. 오랫동안(25년 동안) 아브람을 품고(임신에 비유) 해산하는 날까지 정작 고생하신 분은 누구인가. 잘 생각해 보라. 그래서 십계명에 "네 부모를 공경"(5계명)하라고 명하신 것이다. 어리석은 자식들이 자기 잘난 줄 알고 부모에게 반항하지만, 정말 부모의 마음을 안다면 그럴 수 없다. 그래서 하나님은 아브라함을 누구라고 하는가? 나의 친구(벗)라고 주저 없이 말씀하신다(약 2:23).[15] 이런 맥락에서 우리는 하나님과 어떤 관계인가 자문할 필요가 있다. 정말 여러분은 하나님을 아는가?

6) 할례를 명하심

여기서 하나님을 알리는 일에 한 단계 더 나아가신다. 아예 더 이상 사람의 입을 확실하게 틀어막아야 할 정도로 완전하게 대못을 박아 버리는 사건이 전개된다. 그것이 할례를 명하신 사건이다. 우리가 보통 알고 있는 할례의 의미(깨끗하게 한다, 정결)를 넘어서는 내용을 계시하는 것이다. 그래서 할례받지 않은 자는 이스라엘에서 끊어진다고 엄히 말씀하신 것이다(할례 언약, 창 17:13-14). 하나님께서 아브람을 아브라함으로 이름을 바꾸신 때가 99세다. 그리고 그때 할례를 행하라고 명하신다. 그 당시 아브라함에게는 자식으로 말하자면 아들은커녕 딸도 없는 형편이었다 (서자는 있었으나 하나님이 인정하지 않았다). 여러분, 할례를 어떻게 이해하고 있는가? 구약적으로 이해하자면 남자만 받는 예식이고, 남자 성기의 표피를 잘라내는 의식이다. 그런데 성경은 그런 간단한 의식으로 보이는 할례를 얼마나 중시하는가? 이는 할례에 담긴 깊은 의미 때문이다. 껍데기 할례의 의식에 따른 의미만 생각하면 알 것을 다 알지 못하게 된다. 즉, 깨끗하게 하는 정결 의식이라고 이해한다든지… 하지만 하나님은 할례를 명하면서 굉장히 중요하게 말씀하신다. 기껏 정결례를 이같이 영원한 언약이라고 말씀하시기까지 중요하게 다루겠는가?

"내가 내 언약을 나와 너와 네 대대 후손의 사이에 세워서 영원한 언약을 삼고 **너와 네 후손의 하나님이 되리라**"(창 17:7)

"하나님이 또 아브라함에게 이르시되 그런즉 너는 내 언약을 지키고 네 후손도 대대로 지키라"(창 17:9)

"할례를 받지 아니한 남자 곧 그 양피를 베지 아니한 자는 백성 중에서 끊어지리니 그가 내 언약을 배반하였음이니라"(창 17:14)

할례는 외부적으로 행하는 의식의 모습에서 알리고자 한 본래의 의미는 남자의 성기를 잘라내는 것을 상징한다. 그러니까 영적으로는 내시와 같고, 고자가 되었다는 의미다. 하지만 실제로 잘라내면 안 되기 때문에 표피 일부만 제거하는 의식을 명하신 것이다. '할례'라는 단어(히; 물)의 의미(자르다)가 "언약"이란 말과 뜻이 통한다. '언약'이란 단어(베리트)의 의미도 "자르다"라는 의미이기 때문이다. 언약을 맺을 때 고기를 자르고 그 사이로 지나가던 횃불 언약을 기억하는가? 거기서 유래하기 때문이다.

그런데 할례를 행하시는 진정한 목적을 아는가? 물론 하나님의 백성으로 구별하기 위함이다. 그런데 어떻게 구별하느냐는 것이다. 하나님과 연합이다. 할례를 통해 어떻게 연합되는가? 할례는 단어의 뜻이 "자르다"라는 의미라고 했는데, 외부적으로는 단순하게 성기 표피를 일부 잘라내는 것으로 의식화했지만, 영적으로는 완전히 남자의 성기를 자르는 의미라고 했다. 이는 어떤 의미를 가지는가? 생물학적인 남자의 역할 곧 씨를 포기하는 것이다. 그럼, 후손은 어떻게 퍼뜨리는가? 하나님 나라를 건설하기 위한 수많은 후손은 어떻게 생산하는가. 하늘의 별, 바닷가의 모래 같이 많게 해 주겠다고 하신 하나님의 약속은 어떻게 성취되는가? 여기에 하나님의 신비와 비밀이 있다. 그래서 아브라함의 생애가 중요하다고 앞서 언급한 것이다. 하나님의 선택된 백성의 확산은 생물학적인 방법으로 이어지는 후손이 아니란 점을 가르치는 방편이 아브라함의 생애에서 나타난 '할례의 중요성'이다.

잘 생각해 보라. 아브라함이 할례를 받으면 그 이후 어떻게 되는가? 하나님은 분명하게 말씀하시기를 "네 몸에서 날 자라야 네 후사"가 될 것이라고 강조하셨다. 그런데 아브라함은 할례를 받아 영적으로 성기가 잘린 내시가 되었다. 이미 나이 99세까지 친아들(적자; 嫡子)이 없었으며(그래서 아내 사라를 석녀(石女)로 만드신 것이다), 그 나이로는 생물학적인 자녀를 더 이상 둘 수 없었다(창 25:1-6). 생물학적인 아들은 애굽 여인(첩) 하갈을 통해 얻은 이스마엘과 나중에 후처 그두라를 통해 얻은 6명의 자녀는 서자(庶子)이다.[16] 그러나 이스마엘은 하나님의 나라에 참여할 수 없는 '사생자'(집에서 쫓겨났기 때문에)가 되어 사실상 아브라함의 족보에서 떨어져 나갔다. 하나님의 자녀는 오직 아브라함의 몸에서 난 자라야 하는데, 99세의 나이인 아브라함에게서 생물학적으로는 희망이 없었다. 그래서 아예 희망의 싹을 잘라내기 위해서 할례 곧 성기를 자른다는 개념의 의식을 명하신 것이다. 1년 후에 주실 아들은 절대 생물학적 자식이 아니란 점을 분명히 하기 위해서였다. 그런 하나님의 치밀한 계획하에 아브라함의 나이 100세에 태어난 아들이 있었는데, 그가 하나님이 예고하신 약속의 자녀 '이삭'이다. 아브라함이 남자의 기능이 사라진 상황에서 아들을 낳았다면, 이는 다른 방법에 의해 태어난 자식이 분명하지 않은가. 그렇다면… 여기서 하나님의 전능하심이 마침내 빛을 발하는 것이다. 바로 이것이다. 그래서 창세기 17:1에서 "나는 전능한 하나님이니, 너는 내 앞에서 완전하라"라고 요구하신 것이다. 이제 하나님이 그렇게 말씀하신 상황이 이해되는가? 성경은 이렇게 태어난 이삭을 '약속의 자녀'(하나님께로부터 난 자)라고 부른다(롬 9:8-9). 생물학적으로 태어난 자녀가 아니라, 하나님의 언약과 능력으로 태어난 존재(곧 예수를 상징, 모든 하나님의 자녀들<형제>)라는 말이다.

이런 방법 그대로 우리 주 예수께서도 이 땅에 오셨다. 예수의 육신의 아비가 요셉이 아니던가. 그러나 요셉은 예수가 이 땅에 오는 과정에서 생물학적으로 아무런 역할을 하지 못했다. 왜냐면 예수는 약속의 자녀로서 '여자의 후손'으로 오셔야 했기에(창 3:15) 남자의 역할이 필요 없는 상태에서 태어나야 했기 때문이다. 그래서 처녀 마리아의 몸에 잉태하는 과정에서 성령으로 잉태했다고 성경은 분명하게 가르치고 있다(마 1:18). 그래서 그의 후손들(하나님의 자녀들, 하나님의 아들들) 역시 물과 성령으로 나야 한다고 가르치신다(요 3:5-7). 그리고 성경은 하나님의 자녀는 "하나님께로서 난 자들"이라고 분명하게 선언한다(요 1:13). 따라서 부정모혈(父精

母血)로 난 자들은 육일 뿐이며, 그래서 육적인 이스라엘은 하나님 백성(자녀, 아들들)의 그림자(모형)에 불과할 뿐인데(롬 9:6-8), 육신의 이스라엘은 이런 사실을 깨닫지 못해 크게 오해했다(롬 8:28-29). 그 결과 안타깝게도 자기들이 선민이라고 헛된 자만심에 빠져 예수를 거부하여 참 감람나무로부터 잘려 나간 것이다(롬 11:20).

약속의 자녀! 곧 하나님께로서 난 자라야 하나님의 자녀가 된다는 메시지가 아브라함의 생애를 통해 가르치신 아주 중요한 진리다. 할례의 의미가 이렇게 중요한 내용을 담고 있는 의식이다. 그저 남자 성기 표피를 잘라내는 정도로 정결례로서의 의식이 중요한 것이 아니었다(그것은 외부적인 '언약의 표시'일 뿐이다. 창 17:11). 그래서 할례받지 않는 자는 내 백성에서 끊어질 것이라고 엄히 말씀하신 것이다. 그런 의미에서 할례 언약은 영원한 언약이다. 할례받지 못한 자는 물론, 할례받지 않은 자로부터 출생한 자녀 역시 하나님의 백성이 될 수 없다. 그래서 하나님의 선민 이스라엘 백성이라면 누구든지 난지 8일 만에 할례를 받아야 했다.

만일 하나님의 선택받은 신자들이 아브라함 이전의 아브람처럼 "높음의 아버지"로 개인적인 영광을 추구하고, 또 하나님께 복을 받아 육신적으로 별 탈이 없는 것으로 만족하며 사는 인생이라면(욥과 같이), 우리는 그저 별 볼 일 없는 사람으로 이 땅에 와서 그냥 이름도 없이 살다 간 풀이나 안개 같은 인생(벧전 1:24; 약 4:14)으로 끝날 것이다. 그런 인생은 다섯째 날과 여섯째 날에 창조된 삼복의 생물들과 다를 바 없는 인생에 불과하다(창 1:20-25). 그러나 하나님은 우리가 다섯째 날에 삼복을 받은 창조물들(바다와 공중의 생물들; 창 1:20-21)과 여섯째 날에 삼복을 받은 창조물들(땅의 생물들; 창 1:24-25)을 다스려야 할 자들로 선택하셨다는 점을 절대로 간과해서는 안 된다.[17] 하나님의 자녀들은 '네페쉬 하야'(흙의 사람, 호흡하는 생물)로 살다가 끝낼 인생이 아니다. 그래서 하나님은 우리를 자기 백성, 나아가서는 자기 자녀로 삼아(요 1:12, 양자로 입양, 롬 8:15) 다른 사람들과 구별되기를 원하시며, 거룩하게 살길 원하신다. 그저 일신상의 안일함으로 만족하지 않고 더 크고 원대한 하나님의 뜻(하나님의 나라를 세우며 다스리는)을 품고 사는 하나님의 자녀가 되길 바라신다는 이야기다. 그래서 이름도 바꾸고, 할례도 행하게 하시며 가르치는 것이다. 아브라함에게는 이때가 가장 중요한 전환기이다. 드디어 하나님이 정하신 때가 되었다는 의미다. 아브람을 불러 25년간 양육하며 가르친 마지막 코스의 교육이다. 그리고 마침내 창세기 22장의 시험(이삭을 바치라는 시험)을 치르고 합격하면 끝난다. 드디어 하나님을 닮은 친 백성이 출생하는 것이다. 이것이 진정한 생육의 복이다. 영적인 하나님의 자녀, 친구, 신부, 동역자가 탄생하는 것이다.

그리스도인이 그저 개인의 안위만 살피고, 자기의 문제만 해결되면 그것으로 다 되었다고 생각하는 수준으로 산다면 그는 정말 가련한 사람이다. 변화 산 위의 베드로가 그런 수준이 아니었던가.[18] 주를 따라다니면서 각종 하늘(天上)의 가르침과 놀라운 체험을 하면서도 여전히 옛사람 시몬(갈대)의 수준에서 벗어나지 못했다(참고. 요 1:42). 그도 역시 게바(베드로)로 개명한 진정한 수준에 이르러야 한다.[19] 시몬이나 아브람의 수준에 머물며 만족하는 신자라면, 하나님의 놀랍고도 신비한 세계의 풍요로움을 맛볼 수 없고, 전능한 하나님의 능력을 경험할 수 없으며, 그것은 하나님을 아는 영생의 자리에 도달하지 못한다는 이야기다.

개인의 복을 넘어 다른 사람들도 복 받게 하는 사람이 되는 것, 아브라함의 자손(이면적 유대인)을 통하여 세계 모든 사람이 복 받는 자가 되게 하려는 하나님의 비전을 품고, 세상에 도전하길 바라시는 하나님의 뜻을 알고 순종하여, 하나님 나라를 힘 있게 세워나가는 진정한 하나님의 아들들이 되어야 할 것이다.

"하나님 아버지! 부족한 저를 통해 복되게 할 사람이 누구입니까?"

2. 번성하라('라바', "증가하다")

이 복은 양육하고 성장하는 복을 가리킨다. 30배, 60배, 100배의 복을 받아 생명의 역사가 계속 이어지고, 충분한 성장을 뒷받침하게 하는 열매가 나타나는 것이다. 성경 역사를 통해 설명하자면, 이방 땅(갈대아 우르)에서 아브람을 선택하여 이스라엘을 만들어 가는 과정이 번성이다. 아브람-이삭-야곱을 거치면서 마침내 하나님의 계획인 이스라엘이 만들어진다(창 35:10). 약속의 자녀인 이삭의 때는 아버지 아브라함의 모습을 재연하는 것 같은 삶이 전개되며, 주위 민족들과 싸우지 않고 할 수 있으면 양보하며 주위에 선한 영향력을 나타낸다. 그래서 이삭은 '순종의 사람'으로 기록되었다. 그러나 야곱의 때는 태중에서부터 싸워 쟁취하려는 모습으로 기록되어, 그의 일생 자체가 험악한 세월을 보냈다(창 47:9)고 고백하는 것같이 질풍노도(疾風怒濤)의 삶이 전개된다. "험악하다"라고 번역한 히브리어는 '라아'로서 구약에서 "악"을 표현하는 대표적인 단어이다. 이 단어의 쓰임새는 여러 가지가 있는데, "역경, 고난, 나쁜, 재난, 불쾌함, 걱정, 사악한(사람, 일), 비탄, 해로움, 쓰라린 상처, 악한(악을 좋아하는), 비참함,

슬픔, 고생, 짜증, 잘못된" 등으로 사람이 일생 살면서 겪는 각종 좋지 않은 모든 느낌이나 경험을 총망라하는 단어다. 로마서 5:3에서 '환란'으로 말씀한 내용이 이에 해당한다. 따라서 야곱의 삶은 이 환란의 삶을 대표하는 삶의 모습을 보여주는 모델이다. 야곱의 삶이 우리 신자들의 삶의 현실을 대변해 주는 아주 좋은 사례다. 이때는 인내와 연단의 삶을 사는 때로서 어떻게 해서든지 주와 온전한 연합을 이루는 때이며 즐거움으로 감내해야 하는 연단의 때다.

1) 야곱의 인생 여정; 열두 아들 얻음

야곱이 복잡다단한 일생을 보내는 가운데 아주 중요한 사건으로 꼽을 수 있다면, 그가 열두 아들을 낳아 번성이 시작됐다는 점이다. 조부 아

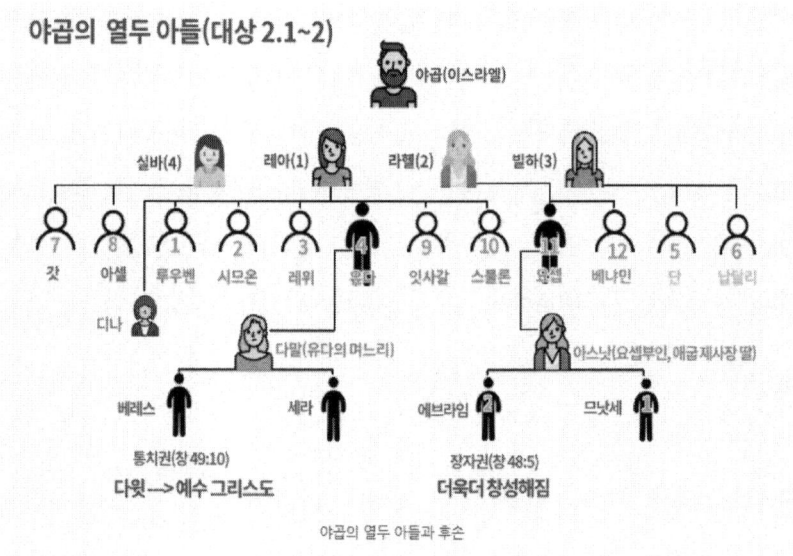

야곱의 열두 아들과 후손

브라함 때는 유일하게 독자 이삭을 낳아 생육이 시작되었다면, 이삭은 쌍둥이를 낳아 아주 힘겹게 번성의 어떤 징조를 보였고(한 사람<에서>은 약속의 계열에서 떨어져 나감), 드디어 야곱에 이르러서는 열두 아들을 낳아 번성이 시작되었음을 보여준다. 그리고 하나님이 야곱의 입술을 통해 그의 열두 아들들 곧 이스라엘의 후손들에게 일일이 제각각의 복을 선언하셨다(창 49장). 여기서 우리의 관심은 열두 아들 가운데 복의 언약을 이을 장자가 누구인가의 문제다. 열한 번째 아들 요셉과 넷째 아들 유다가 선택되었다. 요셉은 온 가정을 책임지는 역할과 두 몫을 받는(므낫세와 에브라임) 육적 계열의 장자가 되었고(창 48:12-20), 유다는 영적 계열의 장자가 되어 유다 지파에서 메시아 곧 예수 그리스도가 나오셨다. 그렇게 야곱의 육적 장자인 요셉이 애굽으로 내려가 국무총리가 됨으로 이스라엘의 번성이 마침내 충만의 단계로 나가는 발판을 만들게 된다. 이는 또한 이스라엘이라는 나라가 세워지는 출발점이 된 것이다. 이스라엘은 하나님 나라의 상징적인 국가이기에 하나님은 이스라엘을 건국하는 과정을 통해, 하나님 나라가 어떻게 생육-번성-충만으로 나아가는지를 구약 내내 보여주신다.

2) 얍복 강에서의 씨름

이제 다시 야곱의 사건으로 돌아와서 야곱에게서 번성의 복을 생각해 보자. 야곱의 번성을 다룰 때, 야곱이 하나님의 명령을 따라 라반의 집을 떠나 다시 가나안으로 돌아가는 과정에서 겪은 얍복 강가의 씨름을 생각하지 않을 수 없다. 그 가운데 씨름하던 남자로부터 개명의 복을 받는 것이 압권이다.

> "그 사람이 가로되 네 이름을 다시는 야곱이라 부를 것이 아니요 이스라엘이라 부를 것이니 이는 <u>네가 하나님과 사람으로 더불어 겨루어 이기었음이니라</u>"(창 32:28)

여기서 야곱이 이스라엘로 이름이 바뀌는 과정에서 "하나님과 겨루어" 이겼다는 표현에 대해 말이 많다. 감히 사람이 하나님과 겨룬다는 발상 자체가 말이 안 되고, 거기에 더하여 사람이 하나님을 이겼다니 더 말이 되지 않는 망언이라고 생각하기 때문일 것이다. 이런 발상은 신약시대 바리새인들이 예수의 발언(나와 아버지는 하나이니라, 요 10:30)에 대해 "참람"(분수에 넘쳐 너무 지나치다)하다고 반발하여 끝내 십자가로 끌고 갔던 일과 유사하다. 그렇다면 이 표현의 진의는 무엇일까?

"겨루다"(히; 사라ㅎ, 헬; 헤게모니아)로 번역한 단어의 의미는 누가 '헤게모니'(Hegemony, 주도권, 권력)[20]를 쥐는가의 경쟁(씨름)을 의미한다. 무슨 육체적인 씨름을 연상하면 안 된다. 물론 외적으로는 먼지가 날 정도로 격렬하게 몸싸움하는 단어(아바크)를 사용했다. 그러나 실제는 하나님과 야곱 사이의 주도권을 쥐기 위해 서로 힘겨루기를 한 것이란 의미다. 야곱도 사느냐 죽느냐 하는 양보할 수 없는 상황이 벌어진 현실의 막다른 골목에서, 남자의 모습으로 현현한 천사(예수 그리스도의 상징; 보고도 죽지 않았기 때문)를 만난 것이다. 그런데 야곱에게 왜 그런 현실이 일어났느냐는 문제는 야곱이 잔꾀를 쓴 결과(형을 속이고 장자의 복을 가로챈 일)를 그때 결산해야 할 상황을 맞이한 결과이기에 사실은 야곱의 잘못이 크다. 그는 하나님의 명을 따라 돌아오는 길에서조차도, 잔머리(인간의 지혜)를 굴리는 자기 계획을 꾸미는 등 전혀 달라지지 않은 모습을 보였다.

그럼 어떤 문제로 주도권 싸움이 벌어진 것인지 구체적으로 시나리오를 생각해 보자. 소설이나 시나리오를 쓸 때도 어느 정도는 진실이 가미될 때 더욱 실감이 나게 마련일 것이다. 야곱은 과거에 아비 집을 떠나 외삼촌의 집이 있는 밧단아람으로 가는 길목에서 처음으로 하나님을 만났을 때 하나님이 야곱에게 약속한 복이 있다. 그것을 기록한 내용이 창세기 28장이다. 그때까지의 상황을 간략하게 설명하면, 외적으로는 야곱의 입장에서 사실 어쩔 수 없는 상황이 많았다. 아버지를 속인 것도 자기의 계획이 아닌 순전히 어머니의 극성 때문에 어쩔 수 없이 따른 일이 아니던가. 예나 지금이나 어머니의 지나친 극성(치맛바람)이 문제이긴 하다. 야곱은 아버지를 속여 축복받는 것을 두려워했다(창 27:12). 형 '에서'와 자기는 생김새부터 너무 달랐기 때문에(창 27:11) 금방 들통이 날 것으로 생각했기 때문이다. 그러나 워낙 어머니 리브가의 결심이 강력했기 때문에 (창 27:13) 거절하지 못하고 따랐다. 그래서 리브가의 사례를 통해 개인에 대한 하나님의 뜻을 안다는 것이 때로는 얼마나 위험한지 알아야 한다. 리브가는 자기가 임신했을 때 하나님으로부터 받은 계시로 인해 강한 확신을 가지고 그리 행동한 것으로 여겨진다. 하나님의 뜻을 거스르는 남편의 잘못을 바로잡아야 한다는 사명감을 가지고 그런 일을 계획했을 것으로 생각한다.[21] 하나님이 하실 일을 사람이 올바로 고치겠다고 덤벼들어 항상 평지풍파를 일으킨다.

(1) 하나님과의 첫 조우(遭遇)와 놀라운 약속

야곱은 어머니의 계략으로 인해 원치 않게 형과 원수가 되었고(창 27:41), 그리고 아버지의 강력한 권유와(출 28:1-4) 아내를 얻는다는 명분으로 집을 떠나는 신세가 되었다. 더구나 그때 상황으로 그냥 집에 머물렀다가는 복수심에 이를 가는 형에게 어떤 일을 당할지 모르는 일이기도 했다(창 27:42-45). 그러나 돌이켜보면 그 모든 일이 자업자득이었다. 어쨌든 그런 배경에서 집을 떠나 처량한 신세가 된 야곱이 들판에서 돌을 베개 삼아 잠을 청해야 하는 때, 하나님이 꿈에 나타나셔서 약속하셨다. 그 사건을 기록한 것이 창세기 28:12-15이다.

> "꿈에 본즉 사닥다리가 땅 위에 섰는데 그 꼭대기가 하늘에 닿았고 또 본즉 하나님의 사자가 그 위에서 오르락내리락하고 또 본즉 여호와께서 그 위에 서서 가라사대 나는 여호와니 <u>너의 조부 아브라함의 하나님이요 이삭의 하나님이라</u> 너 누운 땅을 내가 너와 네 자손에게 주리니 네 자손이 땅의 티끌같이 되어서 동서남북에 편만할지며 땅의 모든 족속이 너와 네 자손을 인하여 복을 얻으리라 내가 너와 함께 있어 네가 어디로 가든지 너를 지키며 너를 이끌어 이 땅으로 돌아오게 할지라 내가 네게 허락한 것을 다 이루기까지 너를 떠나지 아니하리라 하신지라"(창 28:12-15)

하나님이 정말 기가 막힌 약속을 주신다. 야곱의 처지에서 자기는 잘한 것이 없어 책망을 들어도 모자란 상황이고, 도망자 신세를 한탄하는 상황인데, 하나님이 나타나셔서 이런 생각지도 못한 복을 약속하시다니, 도대체 무슨 말로 기쁨을 표현해야 할지 모를 지경이었을 것이다. 우리는 이때 하나님이 야곱에게 하신 약속을 잘 기억할 필요가 있다. 왜냐면 야곱이 돌아올 때 얍복 강 나루터에서의 씨름을 풀어야 하기 때문이다. 창세기 28장에서 야곱에게 주신 하나님의 언약이 아주 중요한 힌트가 된다.

(2) 야곱과 하나님의 헤게모니 쟁탈전

자, 이제 이런 성경적 배경을 가지고 오늘의 사건에 대해 프로파일링 [22] 해보자. 하나님과 야곱의 주도권 다툼의 내용을 추론해 보기로 하자. '한 남자'(천사, 성육신 이전의 예수 그리스도로 추정)가 야곱에게 먼저 씨름을 걸어왔다(창 32:24). 그런데 이 씨름이 끝난 후 야곱은 그 사람을 하나님으로 인식했다(창 32:30). 구약에서는 하나님이 사람으로 현현하시는 모습이 자주 등장한다(창 18:1-4). 두 사람의 씨름은 치열하여 밤새도록 진행되었다고 성경은 기록하고 있다.

그런데 한글 성경이 '씨름'으로 번역하여 한국의 신자들이 오해할 여지가 있는데 원문의 뜻은 "붙잡다"이다(이 단어는 이곳에만 쓰였다). 그래서 유대인은 그레꼬로망형 레슬링으로 이해한다고 한다. 한국형 샅빠 씨름이 아니다. 따라서 이 단어 자체의 의미는 먼지가 날 정도로 격렬하게 붙잡고 필사적인 몸싸움을 하는 격투기 정도의 의미로 쓰였다고 생각한다.

조금 풀어서 말하자면, 야곱이 영·육 간에 모든 힘을 쏟아부으며 상대를 붙잡고 늘어진 것을 묘사한다. 그래서 많은 신자가 이 부분을 막다른 골목을 만난 처지인 야곱의 물러날 수 없는 간절한 매달림(기도)으로 이해한다. 그러나 앞에서 말했듯이 이는 야곱과 하나님의 주도권 싸움이다. "누가 인생의 주인공이며 왕의 권력을 가지느냐?", 즉 서로 패권을 소유하려는 '기' 싸움을 한 것이다. 성경 전체에서 나타나는 사람과 하나님의 싸움은 모두 이 하나에 집결되어 있다. 그 씨름이 외적으로 기도의 형태를 띠든지 아니면 다른 형태를 띠든지 상관없이 그 내용이 중요하다. 아담의 사건에서부터 오늘날까지 말이다. 그럼, 이제부터 본격적으로 이 주도권 싸움을 프로파일링해 보자. 어떤 남자가 나타나 먼저 싸움을 걸었으니 그냥 '남자'로 호칭하겠다.

야곱은 하나님께서 명하시고 보장하신 길을 떠났음에도 불구하고 어려운 일을 여러 번 당했다. 그래서 돌아올 때 그는 우선 자기와 함께한 종들과 양들과 소들과 약대들을 두 떼로 나누었다. 에서가 와서 한 떼를 치면 남은 한 떼라도 피하게 하기 위함이었다. 자기 나름대로 머리를 써서 피해를 최소화하려는 계획이었던 것으로 여겨진다. 그리고 자기 생각을 내놓는다.

> 야곱; 나의 조부 아브라함의 하나님, 나의 아버지 이삭의 하나님 여호와여, 주께서 전에 내게 명하시기를 네 고향, 네 족속에게로 돌아가라. 내가 네게 은혜를 베풀리라 하셨나이다. (9절)

야곱이 이전에 하나님이 자기에게 하신 명령을 내세우며 기도하고 있다. 그러면서 자기의 무가치함과 하나님의 은혜를 찬송하며 자기가 왜 두려워하는지, 무엇 때문에 두려워하는지 솔직하게 고백한다. 여기서 주의 깊게 살펴야 할 문제는 하나님이 자기(야곱)를 지켜주신 체험이 현재의 두려운 상황에 아무 영향을 끼치지 못하고 있다는 점이다. 일반적인 생각을 따른다면, 체험을 통해 하나님을 향한 확고한 신뢰가 쌓였어야 마땅하지 않은가. 야곱은 아직도 하나님을 온전히 신뢰하지 못함과 그래서 자기 생사화복의 주도권을 하나님께 내어드리지 못하고 있는 상태임을 보여준다. 여러 해 하나님의 은혜와 복을 경험했음에도 말이다.

남자: 야곱아, 이제 네가 떠났던 고향으로 돌아가기 전에 과거와는 달라진 신앙으로 새롭게 출발해야 하지 않겠느냐? 이제는 네 생각을 버리고 나에게 네 삶의 주도권을 넘겨라.

야곱: 아니요. 과거와 같이 현재 제게 일어난 사느냐 죽느냐 하는 심각한 문제부터 먼저 해결해 주세요.

남자: 그래 알았다. 그런데 그 문제를 해결하는 방법이 나에게 주도권을 넘기는 것이다.

야곱; 알았어요. 그러니 제가 걱정하고 두려워하는 이 문제를 먼저 해결해 주시라니까요.

남자: 너는 내가 너를 쫓던 외삼촌 라반에게서 구한 것을 벌써 잊었느냐?

야곱: 잘 압니다. 그것은 감사하게 생각합니다. 그러나 지금은 또 다른 심각한 문제요 난관이 아닙니까?

남자: 그래서 라반과 잘 화해하고 그를 돌려보낸 후, 내가 너를 지키며 보호하고 있다는 것을 보여주기 위해 내 사자들을 너에게 미리 보여주지 않았느냐(창 32:1-2)?

야곱: 네, 그래서 제가 '마하나임'(하나님의 군대)이라고 이름까지 지었습니다.

남자: 그런데 왜 형의 군대 400명 때문에 두려워하느냐?

야곱: 하나님의 사자들은 현실적으로 눈에 보이지 않고, 형의 군대는 눈에 보이기 때문에 솔직히 두려움과 위압감을 느낍니다.

남자: 그럼 너는 언제라야 나를 믿고 네 삶의 주도권을 나에게 넘기겠느냐?

야곱: 당장 급한 제 문제부터 해결해 주시면 당신 뜻대로 하겠습니다.

남자: 그게 어떻게 나에게 네 삶의 주도권을 넘기는 것이냐? 내가 네 인생을 내 뜻대로 주장할 수 있도록 주도권을 넘기려면 너의 그 생각부터 포

기해라.

야곱: 내가 죽으면 주도권을 가져가신들 무슨 소용입니까? 내가 살아야 주도권도 의미가 있지 않겠습니까?

남자: 그래. 그 문제는 내가 알아서 할테니 너는 지금 네가 요구하는 그 문제, 그 생각부터 내려놓고 나에게 생사의 주도권을 넘겨라.

야곱: 아니요. 저와 제 식솔들을 먼저 살려주시면 그때부터 제가 제 삶의 모든 주도권을 다 넘겨드리겠습니다.

남자: 야곱아, 네가 나에게 서원한 것을 잊었느냐(창 28:20-22)?

야곱: 아니요. 잘 기억하고 있습니다. 그 서원을 갚기 위해서라도 저희를 살려주셔야 하지 않겠습니까?

남자: 누가 너를 죽인다고 했느냐? 그러니까 너의 생사화복을 나에게 전적으로 맡기라는 것 아니냐? 왜 너의 그 얄팍한 꾀를 내어 인간의 수단/방법으로 살 궁리를 모색하느냐 그 말이다.

야곱: 아니 그래도 최선을 다해서 사람의 지혜를 사용하는 것이 뭐가 잘못입니까?

남자: 네가 네 힘으로 살 궁리를 하며 꾀를 내는 자체가, 내가 그럴 능력도 없는 존재로 생각하는 게 아니냐? 그게 나를 무시하고 믿지 못하는 행위다.

야곱: 저는 제가 할 최선을 다하고 나머지는 하나님께 맡긴다고 생각한 것입니다.

남자: 내가 너에게 약속한 것을 지키지 않은 게 있느냐(창 28:13-15)? 너에게 고향으로 돌아가라고 명한 것이 누구냐(창 31:3)? 그럼, 그 명령을 지키려는 너를 내가 죽이도록 내버려 두겠느냐, 생각해 보라.

야곱: 그 말씀을 다 믿는다고 하더라도 지금은 제가 너무 두렵고 불안합니다.

어떤가? 끝이 보이지 않는 이 씨름의 모습이 우리와 너무 닮지 않았는가?

이런 일은 신약에서도 반복되는 논쟁이다. 주께서는 우리에게 필요한 것은 무엇이든지 하나님 아버지께서 먼저 알고 계신다고 말씀하신다(마 6:8). 성경은 우리의 필요(먹을까 마실까 입을까 염려하는 육신에 속한 모든 일들, 마 6:25-32)와 생사화복을 주관하시는[23] 하나님에 대해 가르친다(신 32:39). 그러므로 그런 일들에 대해서는 세상 사람들(이방인들)처럼 염려하거나 구하지 말라고 하신다. 그러면 우리가 할 일은 무엇인가? 오직 우리의 할 일은 하나님의 나라와 그의 의를 구하는 일이라고 하신다(마 6:33). 그리고 육신의 필요를 구하는 신자들에게 "믿음이 적은 자들"(마 6:30)이라고 책망하신다.

(3) 야곱의 환도뼈가 부러지다.

우리도 야곱과 같이 일생에 하나님과 이 주도권 싸움을 벌이고 있으면서도 깨닫지 못하는 일이 다반사다. 언제까지? 환도뼈가 "위골" 될 때까지다(한글 개역). 그럼 환도뼈가 무엇일까? 문자적으로는 '엉덩이의 우묵한 구멍', 곧 넓적다리와 연결된 부분의 움푹 패인 곳을 가리킨다. 원래 환도뼈는 둔부(엉덩이) 아래쪽에 있는 좌골(坐骨)로 엉덩이의 골반을 형성하는 좌우 한 쌍의 뼈를 뜻한다(창 24:2). 환도뼈는 사람의 몸을 받쳐주는 물리적 힘의 생성(生成) 부분으로 종종 생명과 힘의 근원을 상징한다(창 35:11; 46:26; 히 7:10). 이는 하나님의 약속인 생육-번성의 복을 육신적으로 상기시키는 부분이다.

야곱의 사례를 통해 생각할 때, 하나님의 복을 받기로 선택된 자에게서 이것이 깨져나가야 하나님을 이길 수 있다고 하니 이 정체를 아는 것은 너무 중요하다. 이 사건의 일차적인 의미는 문자적으로 야곱의 환도뼈를 쳐서 비틀어진 것은 사실이다(창 32:32). 그러나 성경의 기록은 역사적 사건을 통해 영적인 의미를 전달하는 것이 더 크고 중요한 목적이라고 생각한다. 여기서 "위골되었다"고 번역한 단어(야카)는 문자적으로 "틀어지다, 빼다"란 의미다. 그런데 이 단어가 쓰인 성경의 용례를 살펴보면 "목매달아 죽이다, 아주 싫어하다, 마음이 떠나다, 죽이다" 등으로 번역되었다.[24] 다른 한글 번역 성경들을 보면 "어긋나다(개역 개정), 엉덩이뼈를 다쳤다(표준 새번역)" 등으로 번역했다. 영어 번역을 참고하면 다음과 같다.

NIV

so that his hip was wrenched as he wrestled with the man.
남자와 씨름하는 동안 엉덩이가 비틀어졌습니다.

ESV

Jacob's hip was put out of joint as he wrestled with him.
야곱의 엉덩이는 그와 씨름하는 동안 관절이 부러졌습니다.

KJV

the hollow of Jacob's thigh was out of joint, as he wrestled with him.
야곱이 씨름할 때 야곱의 허벅지가 힘이 빠져 있었습니다.

NASB

the socket of Jacob's hip was dislocated while he wrestled with him.
야곱과 씨름하는 동안 야곱의 고관절 구멍이 탈구되었습니다.

CEV

he struck Jacob on the hip and threw it out of joint.
야곱의 엉덩이를 때려서 관절을 부러뜨렸습니다.

> **JPS**
> the hollow of Jacob's thigh was strained, as he wrestled with him.
> 야곱이 씨름할 때 야곱의 허벅지 안쪽이 <u>무리해서 뒤틀렸</u>습니다.

따라서 환도뼈가 가진 의미는 사람의 힘이 나오는 근원을 가리킨다. 사람의 힘은 어디서 나오는가? 머리 곧 생각이다. 보통 정상적인 사람이라면 생각하는 대로 움직이는 것이 육체(몸)다. 그렇다면 도대체 영적인 면에서 사람에게서 무엇이 비틀어지고 깨져나가야 하나님을 이길 수 있다는 것일까? 하나님이 야곱의 환도뼈를 친 목적은, 지금까지 사람 생각을 앞세우며 인간의 수단/방법에 의지해 살아왔던 '야곱'(교활한 자, 경쟁자, 다투기를 좋아하는 자)의 힘이 나오는 근원을 완전히 꺾음으로써, 이후로는 사람의 술수를 버리고 하나님만 의지케 하려는 의도이다. 결국엔 사람의 힘이 나오는 부분이 깨져나가야 하고, 죽어야 하며, 아주 싫어서 떠나야 한다. 신약적으로 말하면 옛사람의 생각을 죽여야 한다는 가르침이다. 옛사람의 생각은 육신의 생각으로서 이는 하나님과 원수가 된다고 정죄한다(롬 8:5-8). 사람의 일을 생각하던 베드로는 주님에게서 "사탄아, 물러가라"라는 소리까지 들으며 책망받았던 사건도 기억해야 한다(마 16:21-23). 그러므로 사람의 생각 곧 옛사람의 생각이며 육신의 생각(정과 욕심)을 십자가에 못을 박아 죽이는 일(갈 5:24)과 우리의 생각을 그리스도께 복종시키는 일을 날마다 싸워나가야 한다(고후 10:3-5). 이것이 성경이 가르치는 영적 전쟁이다. 따라서 야곱의 씨름은 육체적인 씨름으로 묘사되었지만, 실제로는 영적인 전쟁을 의미하는 것으로 이해해야 한다. 그것도 하나님과 영적 씨름을 하는 것 말이다. 사탄과 영적 전쟁을 치르는 문제와는 다르다.

야곱과 쌍둥이 형인 '에서'가 모든 인류를 대표하는 모습이라면, 야곱은 인간적인 면에서는 형과 다를 바 없지만, 하나님의 선택을 받아 이스라엘로 이름이 바뀐다. 쌍둥이라는 점에서는 같지만 두 사람의 운명이 갈리는 부분이 하나님의 선택에 있다는 점을 보여준다. 한쪽은 세상의 방식을 따라 임의로 선택하며 스스로 살아가야 하지만, 다른 한쪽은 아버지의 축복으로 살아가는 운명으로 갈린다. 그러나 두 사람 모두 세상에서 자녀들을 낳아 번성한다. 하지만 큰 자가 작은 자를 섬기도록 예정된 운명은 벗어날 수 없다. 이것은 윗대 이삭과 이스마엘 사이에서도 나타났던 선택과 언약의 결과다(창 17:20). 이 작정을 따라 에서가 먼저 자리를 잡고 커지지만(참고. 창 36:1-7), 영적으로는 야곱-이스라엘을 섬기는 위치를 피할 수는 없다. 이것이 궁극적으로 야곱이 낳은 유다 지파에서 메시아가 나올 것이기 때문에 주어진 예언이다.

(4) 야곱이 이스라엘로 개명됨

그런데 천사와 야곱의 주도권 싸움에서 누가 이겼는가? 성경의 기록으로는 야곱이 이겨서 '이스라엘'이라는 이름을 얻은 것으로 되어 있다. 과연 그런가?

이스라엘이라는 이름은 하나님이 보내신 사자의 설명대로, 과연 야곱이 하나님과 사람들로 더불어 겨루어 이겼기 때문에 주어진 이름인가. 야곱은 하나님의 복을 사모한 간절함으로 '에서'나 '라반'을 이겼을 뿐만 아니라, 하나님의 사자도 이긴 것으로 성경은 기록하고 있다. 호세아 12:3-4에서는 "야곱은 태에서 그 형의 발뒤꿈치를 잡았고 또 장년에 하나님과 힘을 겨루되 천사와 힘을 겨루어서 이기고 울며 그에게 간구하였으며"라고 기록하고 있다. 그렇다면 성경이 말하는 "하나님과 겨루어 이겼다"라는 말의 의미는 무엇을 뜻하는 것일까? 사실 하나님과 겨루어서 이길 존재가 누구인가? 논리적으로나 상식적으로 있을 수 없다. 하지만 성경은 또 거짓말하지 못한다.

여기서 하나님과 싸워서 이겼다는 의미를, 일반적으로는 신자가 자기가 원하는 것을 얻기 위해서 하나님께 끈질기고 치열하게 기도하되 환도뼈가 부러질 정도가 되어야 하나님께서 신자가 원하는 것을 들어주신다는 의미로 이해한다. 또 그것이 하나님과 겨루어 이긴 것이라고 잘못 이해한다. 이렇게 되면 '신앙'이라는 것이, 무엇이 되었든지 신자가 자기의 필요를 앞세워 하나님께 목숨 걸고 자기가 얻고자 하는 목표를 얻어낼 때까지(환도뼈가 부러지도록) 싸워서(땡깡을 쓰더라도) 얻어내야 하는 하나님과의 대결로 곡해하게 된다. 24절이 말하고자 하는 기본의미는 야곱이 하나님께 기도하고 있는 것이 아니다. 왜냐면 처음부터 야곱이 씨름을 건 것이 아니기 때문이다.

이 싸움은 야곱이 건 싸움이 아니라 '한 남자'(이쉬)가 건 싸움이다. 달리 말해서 야곱이 씨름을 주도하고 있는 게 아니란 말이다. 씨름을 주도하고 있는 자는 외부적으로 볼 때 '어떤 남자'다. 또 25절에서 "자기가 야곱을 이기지 못함을 보고"라고 기록하고 있다. 즉 누구의 관점으로 씨름이 묘사되는가 하면 야곱이 아닌 '어떤 사람'이다. 그렇다면 이제 한 남자의 관점에서 '야곱의 씨름'이 무엇에 관한 내용이며 의미인가를 생각해 봐야 한다. 30절을 통하여 우리는 '어떤 남자'가 바로 하나님이셨다는 사실을 알게 된다. 그렇다면 왜 하나님은 야곱에게 싸움(씨름)을 거신 걸까? 그리고 무엇을 목적으로 싸움을 거신 것일까?

먼저 야곱이 "하나님과 사람을 이겼다"라는 성경의 진술에서 "사람을 이겼다"라고 할 때 어떤 사람을 이긴 것일까? 형 '에서'와 아버지 '이삭'을 이긴 것을 가리킨다. 어떻게 그들을 이겼는가? 모두 인간의 술수를 써서 자기 목적을 달성했기에 이겼다고 묘사한 것이다. 상대의 약점(형의 배고픈 상태, 아버지의 눈먼 상태)을 이용하여 자기의 목적을 이룬 행위를 지적한 것이다. 그런데 이제 하나님까지도 그런 방식으로 이기려고 한다는 고발이다. 바로 야곱의 그런 '인간적인 궤휼'(인간에게서 나오는 힘의 근거인 육신의 생각)을 깨뜨리는 것이 환도뼈를 위골시킨 것으로 표현한 것이다. 과거에 사람을 이길 때는 야곱이 주도권을 가지고 그들을 이겼지만, 이번에는 다르다는 점을 보이신 것이다. 사람으로 현현하신 하나님이 먼저 힘겨루기를 시작하신 것이다. 그런 의미에서 얍복 강의 씨름은 야곱의 간절한 기도가 아니다. '이제는 달라져야 한다'라는 전환기에 결단하신 하나님의 간섭이다. 사람은 절대 스스로 변하지 않는다. 하나님의 강력한 간섭, 도전 그리고 위력(威力)이 개입되어야 비로소 사람은 변화의 길을 걷게 된다(사도 바울을 생각하라. 행 9:1-22). 성경의 인물들을 상고해 보라. 하나같이 하나님의 간섭이 없었던 사람이 없다. 그래서 히브리서 11장에 기록된 신앙의 인물들에 대해 기록한 것을 '하나님의 작품'이라고 말하는 것이다.

하나님께서는 야곱이 답답함과 두려움, 그리고 근심에 싸여 홀로 남아 있을 때 찾아오셨다. 일행들과 분리되어 혼자 있을 때 나타나셨다. 이런 하나님의 등장은 가나안의 본토를 떠나 밧단아람으로 갈 때도, 혼자 처량하게 돌 베개하고 누웠을 때 찾아오신 것과 같다. 돌아올 때 나타나심은 믿음의 점검이다. 떠날 때와 돌아올 때 얼마나 신앙이 변화되었는지 점검하는 싸움이 얍복 강가의 씨름이다. 그런데 하나도 달라지지 않은 것이다. 그것을 야곱이 조금도 지지 않고 하나님과 힘겨루기하는 모습에서 확인할 수 있다고 성경은 기록하고 있다. 해가 동녘에 뜰 때까지도 항복하지 않은 것이다. 이에 하나님은 어쩔 수 없는 인간 야곱에게 손을 대서서 그의 환도뼈를 칠 수밖에 없는 지경에 이른 것이다. 이는 마치 신약에서 다메섹 도상에서 바울에게 나타나 그를 치시고 눈이 멀게 하여, 그가 영적으로 소경 상태라는 사실을 깨닫게 하시고 돌아서게 하신 주님의 방법과 같은 사건의 모습이다.

(5) 하나님과 겨룬 결과

그럼, 사람과 하나님의 힘겨루기에서 이긴다는 말이 무엇을 의미하는지 생각해 보자. 야곱이 끝까지 하나님께 항복하지 않고 있는 것이 무엇인가도 알아보자. 이 부분을 이해하기 위해서 앞에서 언급했던 호세아 12:3-4을 주의 깊게 분석할 필요가 있다. 호세아 선지자가 왜 조상 야곱에 관한 이야기를 끄집어내어 말하는 것일까?

"야곱은 태에서 그 형의 발뒤꿈치를 잡았고, 또 <u>장년에는 하나님과 힘을 겨루되 천사와 힘을 겨루어 이겼고</u>, 울며 그에게 간구하였으며 하나님은 벧엘에서 저를 만나셨고, 거기서 우리에게 말씀하셨나니"(호 12:3-4)

야곱이 모태에서는 그의 형의 발뒤꿈치를 잡았고, 또 장년이 되어서는 하나님과 다투는 자였다고 말한다. 이 말은 그의 일생이 경쟁과 다툼으로 일관된 삶이란 점을 강력하게 시사하는 내용이다. 그리고 4절에서는 천사와 힘을 겨루어 이겼다고 하는데, 여기서 "이겼다"라는 말은 "압도하다, 우위를 점하다"라는 뜻으로 하나님을 압도할 정도로 주도권을 내놓지 않고 고집스러운 모습을 보인다. 야곱의 이런 모습은 오만불손한 모습으로 이는 우상에게 절하는 것과 같다고 지적한다(참고. 삼상 15:23). 그런데 이상한 것은 아니 그렇게 항복하지 않고 하나님까지도 정복하고 이겼다고 하면서, 왜 울며(애통하다, 통곡하다) 그에게 간구했다고 하는가? 이상하지 않은가. 번역이 문제다. 그래서 다시 번역하자면 다음과 같이 할 수 있겠다.

"그가 통곡하며 불쌍히 여겨달라고 매달렸다"

"간구했다"라고 번역한 단어는 자칫 간절한 기도처럼 여겨지기 때문에 문제가 있다. 이 단어(하난)의 기본의미는 "구부리다"이고, 사역적인 의미로 쓰일 때는 "애걸하다"란 의미이다. 그런데 이 단어는 문법적으로 히트파엘형[25]으로 쓰여 야곱의 강력한 의지적 강조가 담겨있는 표현이다. 호세아 12:3-4은 야곱의 잘못을 지적하며, 하나님께서 경고와 책망을 하는 내용이다. 1-2절을 보면 하나님께서 유다와 논쟁하시고, 또 에브라임의 죄악을 지적하신다. 그래서 그 행실대로(그가 행한대로) 벌하며 보응하시겠다고 경고하고 있다. 그런데 그 예로 등장하는 대표적인 인물이 그의 조상 야곱이다. 이 의미는 너희는 너희 조상 야곱과 같은 자라고 지적하시는 것이다. 이것은 야곱이 하나님 앞에 온전하지 못했던 것처럼, 너희도 그렇다는 말이다. 그렇기에 하나님께서는 이스라엘의 그런 상태 그대로 그냥 놔두지 않으시고 벌하시며(야곱의 환도뼈를 쳐서 위골시킨 것처럼) 그 행위대로 갚아 줄 것이라고 경고하신다.

따라서 얍복 강 나루터에서의 씨름이 가리키는 것은, 야곱의 삶은 하나님께 전혀 인정받을 수 없는 삶이었다는 지적이다. 그는 늘 사람들과는 속고 속이며 경쟁하는 자였고, 하나님과는 끊임없이 다투며 순종을 거부하는 자라는 메시지다. 하나님께서 얍복 강에서 야곱에게 찾아와 싸움을 거시는 이유가 바로 이것이다. 야곱은 벧엘(돌을 베개 삼아 들판에 누웠을 때, 하나님을 만났던 곳을 야곱이 지은 이름)에서 하나님을 만났을 때나 지금 다시 벧엘로 돌아오는 과정에서나 조금도 달라지지 않았다는 이야기다. 그래서 하나님은 그의 환도뼈를 쳐서라도 가르치려고 하신 것이다. 환도뼈는 생식기와 연관이 되어 있을 뿐만 아니라 맹세하는 부분으로 쓰였다(창 24:2, 9). 이 부분은 맹세와 더불어 자손을 번식하는 데 있어서 중요한 상징적인 부분으로 힘의 근원이다. 즉 야곱에게서 나오는 힘의 근원과 남자의 생식(번식을 위해 필수적인 부분) 근원을 치신 것이다.

다시 창세기 32:26을 보면 하나님께서 떠나려고 하는 제스처를 하신 것으로 보인다. "나로 가게 하라"라고 번역된 단어의 진짜 의미는 "놔라"(피엘 명령)라는 말이다. 아주 강력한 명령을 하신 것이다. 이에 야곱은 "그 사람을 붙잡고 늘어지며 내게 축복하지 아니하면 놓지(칼미완료) 않겠다"라고 애원하는 모습을 보인다.[26] 그러니까 계속해서 붙잡고 늘어지는 모습을 나타낸다. 다시 말해서 강력하고도 끈질긴 기도로 붙잡고 늘어지는 것이 아니라 환도뼈를 얻어맞아 장애가 된 상태에서 확 정신이 돌아온 것이다. 그래서 26절은 겉으로 드러난 사건이 아니라, 야곱의 내면에 어떤 변화가 있었다는 행간을 읽어야 올바른 의미 파악이 가능하다는 점을 보여준다. 야곱은 환도뼈를 얻어맞고야 그 남자가 누구인지를 깨달은 것이며, 그분에게 축복해 달라고 애원하는 것이다. 자기의 환도뼈가 위골되고 하나님은 더 이상 항복하지 않는 야곱을 떠나려고 하실 때, 야곱은 비로소 하나님이 자신에게 어떠한 분이신지를 깨달았는데, 만일 자기 인생에 하나님이 함께 동행하지 않았다면, 자신의 인생이 어땠을지를 그제야 깨닫고 정신을 차리게 된 것이다. 그런 스토리 전개를 호세아는 애통하며 구걸했다고 표현한 것이다. 야곱은 그런 과정을 겪고 나서야 하나님이 누구신지, 또 자신이 어떤 자인지를 알게 된 것이다. 야곱의 내면에 갑작스럽고도 강력한 변화가 일어난 사실을 그의 행동을 통해 아주 잘 나타내고 있다. 그 변화의 자세한 내용은 본인만 알겠지만, 야곱은 얍복 나루터 사건으로 분명히 달라졌다.

그리고 이어지는 27절에서 야곱과 힘겨루기를 했던 '그 남자'가 묻는다. "네 이름이 무엇이냐?"고. 그러자 야곱은 "야곱입니다"라고 공손하게 답한다. 야곱이 자기 이름 그대로 야곱이라고 대답한 것이 무슨 특별한 의미가 있는가? 당연히 있다. 얍복 나루터에서 힘겨루기 이전에 야곱이 자기 이름을 야곱이라고 대답하는 것과 씨름 후에 자기 이름을 야곱이라고 대답하는 것에는 엄청난 차이가 있다. 27절은 하나님께서 야곱에게 자신이 누구인지를 스스로 고백하게 만든 것이다. 성경에 나타나는 하나님의 질문에는 아주 특별한 이유와 목적이 있다. 참된 회개는 자신이 누구이며 어떤 상태인지를 정확하게 직시하여, 하나님 앞에서 영과 혼은 물론 관절과 골수까지 모두 찔러 쪼개져서 벌거벗겨져야 한다. 마음의 생각과 뜻을 감찰하시는 하나님께 아무것도 숨기는 것이 없이 자신의 모든 면을 드러내며 시인해야 한다는 말이다.

"하나님의 말씀은 살았고 운동력이 있어 좌우에 날선 어떤 검보다도 예리하여 혼과 영과 및 관절과 골수를 찔러 쪼개기까지 하며 또 마음의 생각과 뜻을 감찰하나니 지으신 것이 하나라도 그 앞에 나타나지 않음이 없고 <u>오직 만물이 우리를 상관하시는 자의 눈앞에 벌거벗은 것같이 드러나느니라</u>"(히 4:12-13)

하나님은 인간의 모든 부분을 다 아시는 분이시며, 어떤 죄와 연약함과 부끄러움도 용서하실 뿐만 아니라 그의 전인(全人)을 품으실 무한한 사랑과 긍휼의 아버지다. 하나님께서 야곱의 이름을 몰라서 묻는 것이 아니다. 그 자신 스스로 자기가 어떤 자인지에 대해 고백하며 알게 만드는 것이다. 하나님은 상한 심령, 애통하는 자를 불쌍히 여기시며 찾으신다(시 34:18; 51:17). 성경에서 이름은 그 사람의 인격과 성품 혹은 그 사람 됨됨이(사명) 등을 나타낸다. 야곱은 그의 이름처럼 뒷발꿈치를 잡고 경쟁하며 속여서 자기 뜻을 이루려고 다투는 자이다. 그래서 야곱이 "내 이름은 야곱입니다"라고 고백한 것은 "나는 그렇게 이름대로 살아온 자"라는 자백이다. 그러나 하나님은 '자기 백성'(선택된 자)과 다투는 자와 다투시고, 신자와 다투는 자와 싸우시는 분이다(창 12:3; 시 35:1).

이런 야곱에게 하나님께서는 다른 이름을 주셨다(28절).

"네 이름을 다시는 야곱이라 부를 것이 아니요 <u>이스라엘이라 부를 것이니</u> 이는 네가 하나님과 및 사람들과 겨루어 이겼음이니라"

하나님께서 야곱에게 '이스라엘'이라는 새 이름을 주셨다. 본래 새 이름은 이기는 자에게 주시는 귀한 영예요, 선물이다(계 2:17). '이스라엘'이라는 이름의 뜻은 "하나님과 주도권 싸움을 한 자"라는 뜻이다. 그런데 한글 성경은 "네가 하나님과 및 사람들과 겨루어 이겼다"라고 번역했다.

여기서 "야곱이 이겼다"라는 말은 야곱과 힘겨루기에서 하나님의 뜻과 계획이 꺾였다는 말이 아니다. 왜냐면 실제로는 그가 오히려 붙잡고 놓지 않으면서 축복해 달라고 울며 애걸했기 때문이다. 정확하게 말하자면 야곱이 굴복했다. 이 태도가 그나마 하나님을 이기는 비결이다. 실제 야곱이 하나님과 힘겨루기를 해서 이긴 것이 아니라, 하나님께 항복하고 그의 다스림에 굴복할 때 비로소 "이겼다고 여겨주는 것"이라는 믿음의 방법과 결과를 가르친 것이다(창 15:6; 롬 4:5). 문자적으로는 그에게 네가 하나님과 사람과 더불어 주도권 싸움에 우세 "할 수 있다"(야콜)[27]라는 뉘앙스를 풍기는 의미로 번역한 것은, 결과적으로 하나님이 그렇게 생각하시고, 그렇게 여기셨다는 의미이다. 그는 이후에 하나님의 약속을 성취할 것이며, 하나님의 계획을 이룬 자로서 승리자가 될 것이다. 그러므로 이스라엘이라는 이름은 하나님의 뜻을 저버리고 자기의 뜻을 이룬 승리자란 뜻이 아니라, 하나님의 계획과 뜻을 성취할 자라고 여기셨다(계산, 인정)는 뜻을 가지는 것이다.

그런데 이 부분에서 오해가 많이 발생하는 이유는, 28절에서 "이는 네가 하나님과 및 사람들과 겨루어 이겼기" 때문이라고 하면서, 이스라엘이라는 새 이름을 지어준 것처럼 번역하는 바람에 '이스라엘'이라는 이름을 주신 이유가 마치 "야곱이 하나님을 이겼다"라는 뜻으로 곡해되었다. 그런데 단어의 뜻만 분석해 본다면 그 반대의 뜻을 가졌다. 이스라엘이라는 단어에는 "야곱이 이겼다"라는 의미가 전혀 없다. 오히려 정반대로 '이스라엘'이라는 단어의 뜻만 가지고 말하자면 "하나님께서 이기셨다"라는 뜻이다.

이스라엘이라는 단어를 분석하는 일, 특히 이름의 '앞부분'에 대한 해석이 다양하다. 즉 '이스라'의 원형이 무엇인가에 대한 논란이다. 다양한 어원들을 제시하면서 해석하는데, 그 가운데 가장 많이 쓰는 어원이 '이스라'(이기다, 다스리다, 지배하다, 주장하다)이다. 그리고 '엘'은 "하나님"이란 의미로서 합치면 "하나님이 이기셨다"가 된다. 다른 견해로는 '샤리트'(고군분투하다, 영향을 미치다, 승리하다)라는 단어에서 왔다는 견해가 있고, 또 '야쇠르'(뜻을 곧고 정직하게, 명예롭게, 법을 준수하는 것)에서 유래했다고 주장하는 등 다양하다. '야쇠르'는 성경적 용례에서 "올바르고, 신을 두려워하는 사람"을 의미하여 좋게 여기고 기뻐한다는 의미로 쓰이기도 한다(삼상 18:20; 시 119:128). 반면, 야곱은 "속이다, 다투다"라는 뜻이기에 속임과 잔꾀에 능한 야곱을 올바른 이스라엘로 만드신다는 의미로 이해하기도 한다.[28] 그런데 중요한 것은 이스라엘에 대한 다양한 원어의 해석이 아니라, <u>이 단어의 '주격'이 무엇이냐를 아는 것이 가장 중요하다.</u>

이스라엘에서 '엘'(하나님)이 주격이 아니라 목적격이 된다면, 해석이 이상해지고 혼란스러워지는데, 지금 한글 성경이 그런 꼴이다. '엘'을 목적격으로 보고 야곱을 주격으로 해석하면 "야곱이 하나님을 이겼다"라는 뜻이 되어 정반대의 해석이 된다. 그러나 성경에서 '엘'이 들어간 모든 단어에서는 '엘'(하나님)이 주격이다. 즉 '이스라'가 무슨 뜻이든지 간에 '엘' 곧 하나님이 이기신 것이고, 하나님이 곧으신 것이고, 하나님이 정직하신 것이고, 하나님이 승리하신 것이란 뜻이다. 그렇게 해야 올바른 이해가 된다. 그럼 '엘'이 들어가는 구약의 이름 몇 가지만 사례로 들어보자.

* '사무엘'을 "하나님께서 들어주셨다"는 뜻으로 해석해야지, "사무엘이 하나님을 들어주었다"라고 해석하면 문제 아닌가.

* '다니엘'을 "하나님께서 판단하셨다"라고 해석해야지 주격이 바뀌어서 "다니엘이 하나님을 판단했다"라고 해석하는 것은 문맥이나 용법에 맞지 않는다.

마찬가지로 '이스라엘'은 "하나님이 이기셨다"라고 해야 올바른 의미가 되지, "야곱이 하나님을 이겼다"라고 해석하는 것은 성경의 원리에 전혀 맞지 않는다. 정반대다. 따라서 반복하지만 '이스라엘'은 "하나님이 이기셨다"라는 뜻으로서 '엘'(하나님)이 들어가는 단어는 어떤 해석이든지 하나님께서 주격이어야 한다. 히브리 사전으로 권위 있는 BDB 히브리 사전(Brown-Driver-Briggs Hebrew and English Lexicon)에도 하나님을 주격으로 해석하고 있다.[29]

또 다른 해석은 28절의 이 문장을 과거형으로 해석하는 방법이다. 문법적으로 와우접속사를 사용하여 '완료'로 해석이 가능하기 때문이다. 즉 지금까지는 네가 하나님과 사람을 대하여 주도권 싸움에서 권력을 잡으려고 애를 썼는데, 이제부터는 내가 너를 다스리겠다(하나님이 주도권을 쥐고 일하시겠다)고 말씀하셨다는 것이다. "그래, 네가 네 인생의 주도권을 쥐고 그렇게 몸부림치며 살려고 애를 쓰는데(야곱), 이제부터는 내가 너를 다스리는 주도권을 가지겠다(이스라엘)"라는 말씀으로 해석하는 것이다. 이는 마치 신약에서 주님이 베드로에게 이르신 말씀을 떠오르게 한다(참고. 요 21:18). 하나님은 이같이 신자의 인생을 다루시는 일에 시간을 두고 오래 참으시며, 기회를 주시고, 은혜를 베푸시되, 때가 되면 인생에 개입하사 씨름을 거시며 주도권을 다투시고 마침내 굴복시켜 새 사람이 되는 복을 주신다. 따라서 필자는 이스라엘이라는 이름의 의미를 '엘'이 주어가 되는 해석과 28절의 문장을 과거로 해석하는 방식을 취한다. 그래야 문맥이나 문장이나 기타 단어의 뜻 등 모든 면에서 일치되는 해석을 할 수 있다. 그러자 야곱도 찍소리하지 않고 잠잠해졌다. 오히려 하나님을 대면하고도 죽지 않은 일에 감사하며 그곳을 '브니엘'이라고 이름까지 짓는다.

그런데 이상한 일은 창세기 35장에서 다시 야곱에게 나타난 하나님이 "네 이름을 이스라엘이라고 하라"고 말씀하신다. 그 이유가 무엇일까? 그 이야기는 이미 얍복 강가에서 끝난 일이 아닌가? 그리곤 다시 그의 조상 아브라함과 이삭에게 주셨던 축복을 재차 반복하시며 확증하신다. 다시 말해서 장자의 명분이 야곱에게 이어진 것임을 확증하셨다는 이야기다. 아브라함-이삭-야곱으로 이어지는 축복의 계대가 하나님의 직접 언급하시는 말씀을 통해 그렇게 완성된 것이다.

> "야곱이 밧단아람에서 돌아오매 하나님이 다시 야곱에게 나타나사 그에게 복을 주시고 그에게 이르시되 네 이름이 야곱이다마는 네 이름을 다시는 야곱이라 부르지 않겠고 이스라엘이 네 이름이 되리라 하시고, 그가 그의 이름을 이스라엘이라 부르시고 그에게 이르시되 나는 전능한 하나님이니라 생육하며 번성하라 국민과 많은 국민이 네게서 나고 왕들이 네 허리에서 나오리라 내가 아브라함과 이삭에게 준 땅을 네게 주고 내가 네 후손에게도 그 땅을 주리라 하시고 하나님이 그와 말씀하시던 곳에서 그를 떠나 올라가시는지라" (창 35:9-13)

32장에서 이미 이스라엘이라고 개명해 주셨는데, 여기서 왜 다시 반복하여 말씀하시는 것일까? 창세기 32장에서는 자신의 정체를 숨기셨던 하나님이 벧엘에서는 자신을 드러내셨다. 그러니까 야곱을 꿈에서 처음 만났던 곳, 하나님이 야곱에게 약속하셨던 그곳에서 이번에는 꿈이 아닌 실체로 나타나시는 설정이다. 따라서 '브니엘'(얍복 강)에서 분명하게 자기 정체를 드러내시지 않은 이유가 '벧엘'(처음 만났던 장소, 약속하신 장소, 창 28:10-22)에서 자신을 드러내려고 계획하셨기 때문이다. 이를 비교하면 다음과 같이 정리할 수 있겠다.

* 벧엘 – 꿈에서 만남

이때는 일방적인 약속을 할 수밖에 없는 이유가 야곱이 하나님을 잘 모르기 때문이다. 그래서 자신이 누구인지부터 소개하시며 조부 아브라함에게 했던 약속을 그대로 다시 하신다. 번성-충만의 약속을 주신다. 그 가운데 야곱에게 하신 직접적인 약속이 28:15이다. 왜냐면 그래야 하나님을 알고 신뢰할 수 있기 때문이다.

"내가 너와 함께 있어 네가 어디로 가든지 너를 지키며 너를 이끌어 이 땅으로 돌아오게 할지라 내가 네게 허락한 것을 다 이루기까지 너를 떠나지 아니하리라 하신지라" (창 28:15)

* 브니엘 – 한 남자(천사의 현현)로 만남

이때는 야곱이 아직 처음에 만났던 약속 장소까지 도착하지 않은 관계로 하나님이 자기 정체를 온전히 드러내지 않았다. 들판에서 돌베개하며 자다가 ①꿈에서 만난 하나님을 ②천사의 현현을 통해 만나고, 야곱이 마침내 20여년의 세월을 지내고, 다시 벧엘로 돌아온 후에는 ③실체를 만나게 되는 과정을 설계하신 것이다. 그렇게 하나님을 알아나가는 것이고, 하나님을 신뢰하는 믿음의 관계가 자라나는 것이다.

그렇게 벧엘에서 다시 상봉(相逢)하게 된 야곱에게 '나는 너와 약속을 다 지킨 전능하신 하나님'이라는 사실을 확실하게 인지시키시기 위해 이번에는 꿈이 아닌 '실체'(물론 이런 표현은 영이신 하나님이 사람의 모습으로 현현한 것을 가리킨다)로 나타나 축복하신 것이다. 그리고 구약의 대표적인 3대 족장으로 불리는 아브라함-이삭-야곱에게 똑같은 복(번성과 충만)을 선언하신다. 야곱은 비록 꿈속이었지만 하나님을 처음 만났던 장소(벧엘, 창 28:10-22)에 다시 나타나신 하나님께 출발할 때와 동일하게 자기가 서원한 대로 제사(예배)를 드렸다. 이렇게 야곱은 하나님과의 관계에서 새롭게 태어나는(새 이름을 주시는 이유) 체험과 함께 하나님을 알아나가는 영생의 믿음을 소유하는 복을 받게 되었다.

이렇게 야곱이 하나님과 만남 이후, 36장에서는 '에서'의 후손들과 37장에서는 '야곱'의 계보를 말하면서 요셉의 사건을 기록하고 있다. '에서'의 계보 기록방식과 다르다. 그리고 그 유명한 유다의 사건이 38장에 기록되어 있다. 이해하기 어려운 기록방식이요, 별로 유쾌하지 않은 사건을 그 위치에 삽입할 이유가 무엇일까? 39장에서 다시 요셉의 사건이 이어지고 있기에 삽입 장이라고 부른다.

야곱까지는 어떻게 해서든지 이방 결혼을 피하여 친족 결혼했는데, 야곱 이후의 열두 아들들 가운데는 이방 결혼한 자들이 나온다. 아이러니하게도 이스라엘의 대표적인 두 인물 유다(영적 장자)와 요셉(육적 장자)[30] 이 모두 이방 결혼하게 된다(창 38:1-5; 41:45, 50-52). 유다는 가나안 친구들을 사귀었고, 아내도 그 가운데서 취했으며, 요셉이 죽임을 당하는 것보다는 살려서 애굽의 종으로 팔자는 생각을 제안한 사람이다. 유독 유다의 이야기(사건)를 요셉 사건 사이에 삽입한 것은 이방화 되어 가는 당시 야곱의 후손 모습을 적나라하게 드러냄과 동시에 메시아의 족보가 어떻게 형성되어 가는지를 보여준다고 생각할 수 있겠다. 각종 지저분한 내용으로 채워진 유다의 이야기를 통해, 혈통적 이스라엘은 하나님의 뜻에 합한 하나님 나라는 아니란 사실과 이방인이 그리스도의 계보에 합류하게 되는 구원을 아울러 보여준다고 하겠다. 그래서 신약에서는 이면적 유대인을 언급하며, 혈통적 유대인을 배제하고 있다. 이방인이 하나님의 백성으로 유입되는 그 일에 요셉을 사용하신 하나님의 뜻이 그와 함께 계셔서 형통한 자가 되게 하신 요셉의 생애를 통해 보여주셨다. 그래서 번성의 복은 야곱의 아들 요셉을 통해 성취되는 그림을 보여주셨다. 요셉을 향해 '형통한 자'가 되었다는 표현이 이를 뒷받침한다.

> "여호와께서 요셉과 함께 계시므로 <u>그가 형통한 자가 되어</u> 그 주인 애굽 사람의 집에 있으니" (창 39:2)

"형통한 자"의 히브리어는 '이쉬 마츠리아흐'인데, 이는 "사람"이라는 '이쉬'와 "번성하다"는 '마츠리아흐'가 합쳐진 단어로서. 그 의미는 "번성의 사람", "생명을 주는 사람"이라는 뜻이다. 성경은 요셉이 어떤 사람이라고 기록하고 있는가? 복의 사람이다. 요셉을 형통한 사람이라고 하는 것은, 하나님이 함께 있는 사람이란 의미와 함께 요셉이 하나님을 기쁘시게 함으로 하나님의 뜻을 성취하게 하는 사람이라는 뜻이다. 그래서 요셉이 가는 곳마다 사람들이 복을 받게 되는 것이다. 그걸 요셉의 집주인 보디발도 아는 사실이다(창 39:23). 창세기 39:3과 5절을 더 보라.

"그 주인이 여호와께서 그와 함께 계심을 보며 또 여호와께서 그의 범사에 형통케 하심을 보았더라"(창 39:3)

여기서 주인 보디발이 '보았다'라는 표현은 "알았다" 혹은 "인지했다, 분별했다"라는 의미다. 이렇게 복의 사람은 이방인이 보아도 인지할 수 있다는 사실을 보여준다.

"그가 요셉에게 자기 집과 그 모든 소유물을 주관하게 한 때부터, 여호와께서 요셉을 위하여 그 애굽 사람의 집에 복을 내리시므로 여호와의 복이 그의 집과 밭에 있는 모든 소유에 미친지라"(창 39:5)

요셉은 하나님의 복을 나누어 주는 복의 사람이 된 것이다. 그 복을 누구에게 나누어 주는가 하면 하나님의 백성들(야곱의 아들들)뿐만 아니라 이방인(당시 애굽과 주위 국가)에게도 나누어 준다. 그래서 요셉이 가는 곳마다 사람들이 하나님의 복을 받게 되는 것이다. 창세기 12장을 보면 아브라함을 선택할 때 복의 사람으로 만들어 주겠다고 하셨다. "너로 인하여 만민이 복을 받게 될 것"이라고 예언하신 것처럼(창 12:1-3), 요셉이 그 말씀을 성취하는 번성의 사람이 된 것이다. 이같이 하나님은 그의 말씀을 통해 자기의 뜻을 표현한다. 그러므로 그의 말씀은 헛되지 않고 그 성취에 있어서 형통할 것이다(사 55:11). '찰라흐'의 히필형(마츠리아흐)은 의도했던 바를 만족스럽게 성취하는 것을 의미한다. 따라서 진정한 번성은 하나님을 전심으로 구하는 요셉의 생애 속에 하나님께서 역사하심으로써 성취한다.[31]

"저[웃시야]가 여호와를 구할 동안에는 하나님이 형통케 하셨더라"(대하 26:5)

아브라함의 언약을 요셉을 통해 성취하고 있는 모습이다. 아브라함의 언약이 요셉을 통해서 드러나고 있다는 말이다. 이 일이 궁극적으로 신약으로 오면 예수 그리스도를 통해 이루시며, 온 세상 만민에게 퍼져나가게 된다. 예수는 살려주는 영으로 애굽과 같은 이 땅으로 오셨다(계 11:8). 그래서 예수는 자기 백성들은 물론 땅끝(이방)까지 복음을 전하라는 사명을 제자들에게 당부하시며 명하셨다(마 28:18-20; 행 1:8). 그 결과 예수와 복음이 가는 곳마다 죽은 자가 살아나고 생명이 번성해지는 역사가 나타났다(참고. 사도행전).

역사적으로는 이런저런 우여곡절 끝에 야곱의 식솔들이 애굽으로 내려가는 것으로 야곱의 사명은 끝나는 것으로 기록한다. 그들의 수를 70명이라고 성경은 말한다(출 1:1-5). 여기까지가 번성의 복이 어떻게 이루어지는가를 나타내는 이야기로서 하나님의 언약은 변치 않는다는 점을 보여주고 있다(창 46:26-27). 아브라함에게 주신 생육-번성의 복(창 22:17), 이삭에게 주신 생육-번성의 복(창 26:2-5), 야곱에게 주신 생육-번성의 복(창 28:3-4, 14)으로 이어져 마침내 야곱의 열한 번째 아들 요셉을 통해 성취된다. 이 생육-번성의 복이 이스라엘(야곱을 포함한 그의 후손 70인)이 애굽으로 내려가면서 장차 외적인 '충만'의 복으로 이어진다(출 1:7). 훗날 이스라엘 백성의 범죄에 질리신 하나님이, 모세에게 이 백성(이스라엘)을 다 쓸어버리고 너를 통해 다시 생육-번성-충만하게 하여 큰 나라를 세우시겠다고 하실 때, 모세가 아브라함-이삭-야곱에게 하신 언약을 회상하며 하나님께 기도하여, 하나님께서 이스라엘을 향해 하늘의 별과 같이 많게 해 주시겠다는 '충만'의 약속을 상기시키는 모습을 보게 된다(출 32:13; 참고. 왕상 4:20).

이렇게 '생육의 복'도 하나님의 손길에 의해서, '번성의 복'도 하나님의 손길에 의해서 이루어졌다. 그럼 '충만의 복'은 어떨까 기대하며 이스라엘의 새 이름을 받은(참고. 계 2:17) 야곱과 함께 애굽으로 내려가 보자.

3. 충만하라(마레, 가득 채우다); 애굽에서 충만해짐

하나님은 세상이 의인(자기 백성)으로 가득 찬 하나님의 나라로 채워지기를 바라지만, 세상은 항상 하나님의 뜻과는 거리가 먼 죄악으로 가득 찬 악인들로 채워진다(창 6:5; 요일 5:19). 그래서 세상은 항상 하나님의 진노를 불러와 멸망의 길로 치닫는다. 선민 이스라엘 역시 끊임없이 하나님을 배반하며 대적하여 하나님의 진노를 부르지만, 하나님은 일찍이 그들의 조상에게 약속한 언약을 기억하시며, 그들을 완전히 진멸하지 않고 오래 참으시며 당신의 언약을 성실하게 이루어 가신다. 하나님의 이런 성품이 없었다면 인간은 진즉 멸망하고 말았을 것이다. 물론 이 모든 일은 창세 전에 하나님이 그렇게 작정하신 시나리오대로 흘러가는 역사란 점은 부인할 수 없다(엡 1:4-6). 그래야 그리스도가 오셔서 구속을 이루시고 그리스도 안에서 모든 완성을 이루실 수 있기 때문이다.

1) 애굽에서의 번성-충만

이스라엘이 애굽에서 4대 만에 나올 때 그들의 수는 유아 외에 보행하는 장정이 60만 명이라고 했다(출 12:37). 여기서 '장정'이라고 번역한 히브리어는 '게베르'로서 본래 "용맹한 용사"를 가리킨다. 그러나 일반적으로는 "사람, 건장한 남자"를 가리킨다. 그래서 출애굽 당시의 이스라엘 인구 전체의 수를 남자, 여자, 아이까지 합하여 대략 200만으로 추정한다. 이는 이스라엘(야곱)의 후손 70명이 애굽으로 내려가 번성하여 4대(약 430년) 만에 충만한 상태가 되었음을 보여준다.

그런데 이즈음에 와서 생각하고 넘어가야 할 것이 있다. 이미 살펴본 성경에서 다루지 않은 '살인' 문제를 '충만'의 부분에서 다루려고 한다. 하나님이 축복하신 생육-번성-충만이 이루어지려면, 이 문제를 짚고 넘어가지 않을 수 없기 때문이다. 하나님은 인간의 죄가 세상에 가득하여 그들을 지면에서 쓸어버리는 심판을 결단하지 않을 수 없었다(창 6:5-7). 하지만 그들을 완전히 멸하지 않으신 하나님의 자비와 사랑으로 인하여 노아의 8식구를 통해 다시 땅에서 생육-번성-충만에 이르기까지 번식할 수 있는 은혜를 입게 되었다.

그러나 하나님은 홍수 심판으로 그치지 않으시고, 홍수 이후에 산 동물을 사람의 식물로 허락하시는 명령을 내리셨다(창 9:1-4). 바로 이 부분에서 문제가 발생하기 시작했다. 전 세계적인 홍수로 인하여 생물이 살아갈 수 있는 행성 지구에 큰 변화가 생긴 것이다. 대표적으로 땅이 저주받아 먹거리가 부족해지는 사태가 발생했고, 인간의 생존을 위해 산 동물을 식물로 허락하셨지만, 그로 인해 사람과 다른 생물 사이에 먹고 먹히는 약육강식 그리고 생존경쟁을 벌여야 하는 악순환이 발생한 것이다.

하나님께서는 처음에 사람과 동물이 다 채식만 해도 충분히 살 수 있도록 창조하셨고 보시기에 선했다고 흡족해하셨다. 본래 사람에게는 채소와 나무의 열매를 먹을 것으로 주시고(창 1:29), 동물에게는 풀을 먹이로 주심은(창 1:30), 이는 채식으로 몸에 필요한 영양분을 다 섭취하고 건강을 잘 유지할 수 있었다는 의미였다. 사람은 본래 채식하도록 창조되었으나, 대홍수 이후에는 우리 몸과 지구의 생태계에 어떤 변화가 생기는 관계로 육식으로 보완해야 하는 상황이 된 것으로 이해한다. 그래서 하나님께서는 사람의 생존을 위해 육식을 허락하셨으며, 그때부터 사람은 잡식할 수 있는 존재가 된 것이다.

(1) 노아 시대의 대격변

노아 시대의 대홍수 사건은 상상을 초월하는 엄청난 격변이었다. 그때 인류는 DNA가 손상을 입게 되어 수명 단축뿐만 아니라, 대사 장애를 일으켜 채식만으로는 건강을 유지하기 어렵게 되었을 가능성이 크다. 하나님께서는 사람과 동물을 창조하시면서 각각 먹거리를 정해주셨고, 대홍수 이후에는 노아를 통해서 인간의 생존을 위한 부족한 부분을 보충하도록 자상하게 안내하신다. 또 출애굽 한 이후에도 모세를 통해서 율법을 주시되, 먹을 수 있는 것과 먹지 못할 종류에 대하여 지정하시며(레 11장), 생육-번성-충만의 복을 이어가도록 배려하셨다.

홍수 이전에는 지구를 궁창(하늘, 이층천) 위에 물의 층이 둘러싸고 있었기에 태양으로부터 해로움을 막아주어 큰 영향을 받지 않았는데, 지구를 둘러싸고 있던 물이 노아 홍수로 인해 모두 지상으로 쏟아지게 되었다(창 7:11-12).[32] 그 결과 사람이 벌거벗고 살아도 문제가 없었고(다만 죄로 인한 수치로 간단한 옷을 입었다고 생각함), 사계절이 뚜렷하지 않은 생태계가 조성됨으로 1년 내내 먹거리가 풍성했던 지구에 대변혁이 일어난 것이다. 세상에 죄악이 관영한 결과로 최초의 생태계가 파괴된 것이다. 대홍수로 인하여 태양으로부터 지구를 지키던 보호막인 물의 층이 사라져 버린 지구는 태양으로부터 직접적인 영향을 받기 시작했고, 이러한 변화는 생태계에 커다란 영향을 미치게 되었다. 모든 생물 특히 사람이 생존하는 일에도 치명적인 문제가 발생하게 되었고, 이로부터 사람을 보호하기 위해 육식을 허락하셨다고 과학자들은 추론하고 있다. 홍수 이후 사람의 수명이 급격히 줄어들었다는 것도 이러한 추론을 가능하게 하는 증거 가운데 하나다. 그래서 하나님께서는 다시는 물로 이 세상을 심판하지 않으시겠다고 언약하시면서 무지개를 언약의 증거로 삼으셨다(창 9:9-17). 이 모든 조처는 하나님의 계획과 뜻, 곧 모든 생물에게 허락하신 생육-번성-충만의 복을 성취하기 위해서 허락하시는 보호조치로서 연약한 사람에게는 당연히 필요한 안전망이었다.

인간의 죄로 인해 땅은 물론 모든 피조물이 창조 본연의 모습에서 멀어졌다. 하나님께서 홍수 이후 새롭게 변한 상황 속에서 사람을 위해 산 동물을 양식으로 주셨지만, 인간은 동물의 생명을 경시하다 못해 이제는 같은 사람의 생명까지도 경시하는 지경에 이르렀다. 그래서 피 채 먹지 말라(창 9:4)는 말씀이나 다른 생명체의 피를 흘리는 자에게 동일한 징계를 말씀하신 의도는(창 9:5-6) 생육-번성-충만의 뜻을 펼치시려는 하나님의 의도를 드러낸다. 사람이나 동물의 피를 마구잡이로 흘리게 하면 번성-충만의 복을 언제 이룰 것인가? 따라서 하나님이 노아에게 생육-번성-충만의 복을 주셨다는 것을 반복하면서(창 9:1, 7), 그 복을 누릴 수 있는 조건이 바로 "사람의 피를 흘리지 말아야" 한다는 메시지를 선포하신다.

(2) 살인 금지

인류를 향한 하나님의 마음은 이 땅에서 "생육하고 번성하고 충만해지는" 것이다. 그런데 하나님은 사람들이 점점 증가하면서 발생하는 문제도 미리 아시고 사람끼리는 서로 피를 흘리지 말라고 경고하셨다. 사람의 피를 흘리게 하는 행위는 생육-번성-충만하라는 하나님의 뜻과 명령을 정면으로 거역하는 악행이다. 이 세상의 만물(사람도 포함)은 하나님으로부터 나왔다(요 1:3; 롬 11:36). 그래서 누가 누구를 해할 권리는 사람에게 주어진 적이 없다. 그것은 곧 하나님께 죄를 짓는 행위이다. 이런 의미로 다른 사람의 피를 흘리게 한다는 말의 넓은 뜻은, 삶의 중심이 육신의 생각으로 가득한 삶을 말하고, 인류를 위한 이타주의의 삶과 반대되는 '나 중심'의 이기주의의 삶이라고 설명할 수 있을 것이다. 하나님은 "사람의 피를 흘리지 말라"고 명령하면서 짐승과 달리 사람은 영이신 '하나님의 형상'으로 지음 받았음을 상기시키고 있다(창 9:6). 이것은 곧 인간은 육적 존재가 아니라 영적 존재라는 말이다. 따라서 "생육하고 번성하고 충만하라" 하시는 하나님의 복은, 사람이 영적인 존재로 살 때 누릴 수 있는 하나님의 창조 원리이다. 심지어 바울은 만물 안에도 하나님의 능력과 신성이 보인다고 말하지 않았는가(롬 1:20).

'하나님의 형상'인 사람을 해하는 것은, 하나님의 형상을 훼손함으로써, 하나님께 대한 직접적이고 적대적인 도전이 되기 때문이다. 그래서 하나님은 다른 사람의 피를 흘리게 하고 그 피를 취한 사람에게 반드시 그 피 값을 묻겠다고 강력하게 경고하신 것이다. 그래서 성경은 피를 생명과 일치된 것으로(신 12:23) 설명한다. 세상에서 육적인 생명의 번성과 충만은 하나님의 약속과 섭리(경륜, 하나님의 일하심)로 죄와 상관없이 이루어질 수 있다. 그러나 영적인 충만은 절대 불가하다. 반드시 하나님의 뜻에 맞아야 가능한 것이 영적 충만이다. 따라서 세상의 만물이 충만해지는 것은 하나님의 일반적인 은총에 의한 것이고, 영적인 충만은 특별은총에 속한다. 그러므로 외적이며 육적인 면을 보고 판단하지 말아야 한다(하나님은 용모와 신장을 보지 않으신다. 삼상 16:7). 사람의 숫자가 많은 것(인구가 많은 것, 교인 수가 많은 것 등)이 하나님이 주신 충만의 복으로 된 것이라는 생각, 땅이 큰 것이 하나님께 충만의 복을 받은 것으로 일방적으로 생각하면 안 된다. 그런 현상에 대해 세상적이며 일반적인 은총이라면 말이 되겠지만, 특별은총으로서의 충만이라고 일방적으로 판단한다면 하나님의 섭리를 왜곡하는 것이며 스스로 속는 것이다. 만일 그렇게 눈에 보이는 외적인 것을 중심으로 약속하신 복이라면, 왜 택한 백성 이스라엘에게 그렇게 작은 땅을 주셨고, 또 세상적으로도 열방보다 많은 인구를 허락하시지 않았는가? 그 이유는 육적 이스라엘이 아니라 이면적 이스라엘을 계획하신 것이기에, 보이는 외적인 것으로 판단하지 않아야 한다는 것을 가르치기 위함이다. 오늘날 이면적 아브라함의 자손을 보라. 전 세계적으로 얼마나 많은 수의 후손이 있는가. 과연 하늘의 별과 같이 많지 않은가!

대홍수 이후에 사람에게 식량으로 주어진 동물들은 그날 이후로 사람을 무서워하고 두려워하게 되었다(창 9:2). 그러나 성경이 말하는 이 표현은 그저 달라진 인간과 짐승의 관계를 표현하는 것 이상의 의미가 있다. 하나님이 산 동물을 사람에게 양식(고기-살)으로 주셨듯, 영적인 면에서 하나님은 가나안 사람들을 이스라엘의 '밥'으로 주셨다(민 14:9). 그래서 여호수아는 가나안땅 사람들을 가리켜 '그들은 우리의 밥'이라고 외쳤다. 창세기 6:3에서 홍수 심판 이전에, 하나님을 떠난 패악한 자들(하나님의 아들들)을 향해 하나님은 그들이 '육체'가 되었다고 하셨는데, 그때 '육체'라고 번역된 히브리어 '바사르'는 새롭게 식량으로 허락된 "고기"와 같은 단어로서 "살"이란 의미다.

이것은 또한 사람이 동물의 수준으로 전락하여 동물의 세계처럼 살아남기 위해 다투어야 하는 수준이 되었다는 점을 시사한다. 사람이 처음 창조되었을 때는 모든 짐승이 사람을 대하여 온순하게 순종했고, 사람도 짐승에게 선하게 대하는 관계였으나 이 관계가 다 깨져나간 것이다. 이제는 내가 살기 위해 상대를 죽여야 하는 생존경쟁의 관계가 되었다. 그래서 오늘날의 자연계를 보라. 멸종된 동물이 얼마나 많은가. 사람이 편안하게 살기 위해 각종 살충제, 동물을 잡아 우리에 가두고 구경하는 동물원을 만드는 등의 인간 우위의 삶을 누리며, 사람을 스스로 만물의 영장이라고 말하지 않는가. 이렇게 자연이 파괴된 것이다. 그래서 주께서 오셔서 죄로 인하여 망가질 대로 망가진 그런 세상의 모든 질서와 관계를 회복하기 위해 화목제물이 되신 것이다. 그래서 이사야 선지자는 메시아의 도래로 인한 하나님의 나라가 건설되는 만물의 회복을 노래하며 예언했다(사 11:6-9). 세상의 모든 피조물이 그래서 하나님의 아들들(예수를 닮은 하나님의 자녀들, 히 2:10-12)이 나오기를 고대한다고 말하는 것이다(롬 8:19-22). 이것이 하나님이 계획하신 하나님 나라의 진정한 모습이다. 이런 하나님의 아들들로 가득 채워지는 하나님의 나라를 건설하고자, 그렇게 오랜 세월을 인내하시며 당신의 백성들, 당신의 자녀들을 생육하고 번성하게 하여 온 세상에 충만하도록 역사해 오신 것이다. 그 하나님은 오늘 곧 지금도 동일한 목적을 가지고 일하고 계신다.

어쨌든 가시적으로는 야곱의 자손 70명이 애굽으로 내려가 먼저 자리 잡은 요셉의 장자 역할에 힘입어 이스라엘은 마침내 충만해져서(숫자적으로) 이제는 하나의 국가가 될 만큼 백성으로서의 준비를 충족하게 되었다. 남은 것은 땅이었다. 하나의 국가가 성립되려면 가장 기본적인 땅과 백성이 있어야 하는데, 이제 이스라엘이라는 하나의 국가가 성립되기 위해 백성의 수는 충만하게 채워졌으나 그 백성을 수용할 땅과 주권이 필요하게 되었다. 그래서 하나님은 앞서 광야에서 준비시킨 모세를 앞세워 그들을 애굽에서 빼내어 가나안 땅으로 인도하도록 작업하신 것이 출애굽 대장정이다. 이것은 마치 벼를 모판에서 논으로 옮겨 심어 알곡으로 자라게 하려는 작업과 같다고 할 수 있다.

2) 광야의 필요성

이제 진정한 충만으로 이루어지는 영적인 하나님 나라는 어떻게 진행되는가를 생각해 보자. 이 '충만'의 작업이 이루어져야 다음 단계인 땅을 '정복'하는 과정으로 나아갈 수 있기에 이 부분을 살피는 것은 중요한 일이다. 우리가 먼저 알아야 할 것은 '충만'이라고 하니까 외적인 양적인 부분 곧 크기에 꽂혀 사람의 숫자나 땅의 크기로만 오해할 위험성이 커지는데, 그게 바로 성경이 경고하고 크게 경계하는 육신의 생각이다. 하나님의 나라는 사람의 생각처럼 외모로 판단하는 그런 세상 나라가 아니다(요 18:36). 다만 이스라엘이라는 모형을 통해 보여주며 가르치는 것뿐이다. 하나님이 계획하신 실질적인 하나님 나라는 '**어떤 사람들**'로 채워져야 진정한 하나님 나라가 만들어지는지를 알아야 한다. 하나님의 나라 구성원(백성)에 합당한 자격은, 하나님을 절대적으로 신뢰하고 그분의 말씀에 목숨을 걸고 순종하는 자들이다. 이런 사실을 안다면 외적으로 무슨 일을 얼마나 크게 했느냐가 중요한 것이 아니라, 어떤 사람이 되었느냐가 가장 중요한 기준이란 사실을 알게 될 것이다(벧후 3:11-14).

이렇게 하나님 마음에 합한 사람을 만들어 가는 과정이 구약에서는 광야 생활로 나타난다. 약속의 땅 가나안을 향해 나아가는 과정에서 하나님의 백성으로서 자격을 갖추어 가야 한다는 이야기다. 달리 말해서 약속의 땅 가나안을 정복하고 다스릴 수 있는 자격을 갖추어야 한다는 말이다. 이 과정까지가 충만의 과정이다. 따라서 성경이 가르치는 진정한 충만의 과정을 알기 위해서는, 하나님이 선택하신 이스라엘 백성의 광야 생활에 초점을 맞추어 살펴야 한다. 성경에 기록된 대로 광야의 목적은 비우고 낮아지는 데 있다. 비워야 하나님의 생명으로 충만하게 채울 수 있기 때문이다. 이 사실을 모르면 원망·불평으로 일생을 허비하다가 결국 출애굽 1세대처럼 망한다. 그럼, 이스라엘의 삶에서 무엇을 비워야 하는가? 애굽에서 종살이하던 때의 정신과 습성을 비워내야 한다. 또 어떤 면에서 낮아져야 하는가? 신명기 8:1-6을 보라.

"네 하나님 여호와께서 이 <u>40년 동안에 너로 광야의 길을 걷게 하신 것을 기억하라</u> **이는 너를 낮추시며 너를 시험하사** 네 마음이 어떠한지 그 명령을 지키는지 아니 지키는지 알려 하심이라 <u>너를 낮추시며 너로 주리게 하시며 또 너도 알지 못하며 네 열조도 알지 못하던 만나를 네게 먹이신 것은 사람이 떡으로만 사는 것이 아니요 여호와의 입에서 나오는 모든 말씀으로 사는 줄을 너로 알게 하려 하심이니라</u> 이 40년 동안에 네 의복이 해어지지 아니하였고 네 발이 부르트지 아니하였느니라 너는 사람이 그 아들을 징계함같이 네 하나님 여호와께서 너를 징계하시는 줄 마음에 생각하고 네 하나님 여호와의 명령을 지켜 그 도를 행하며 그를 경외할

지니라"(신 8:2-6)

외모만 보고 판단하는 어리석은 인간의 본성(우리는 메뚜기 같고 저들은 거인이다)과 싸워 깨뜨리지 못하면 가나안땅을 정복하지 못한다. 가나안 원주민의 거대한 크기에 눌리고, 그들의 압도적인 무기에 눌려서 두려워한다면 어찌 가나안을 정복할 수 있겠는가? 광야 생활 40년이면 오늘날 우리네 삶의 기간과 다르지 않다. 현대의 인간은 대략 20~30세까지 공부하고 어쩌고 하면서 시간을 보내고, 그 이후부터 사회생활에 나서서 결혼-직장생활 혹은 사업한다고 40년간 지내면 60~70세이다. 그러면 인생 후반기에 접어들어 마지막 여생만 남겨놓고 노후를 걱정해야 하는 때가 되는 것이 아닌가(시 90:9-12). 그래서 이스라엘의 실패한 광야 생활을 거울로 삼아 잘 준비하지 못하면, 오늘의 우리도 그들과 다를 바 없는 실패하는 인생이 될 것이라고 말하는 것이다.

이에 대해 신약에서 아주 잘 묘사한 사건이 기록되어 있다. 요한복음 5장에 나오는 38년 된 병자에 관한 기술이다. 왜 하필이면 38년 된 병자가 주께서 안식일에 병을 고쳐준 모델로 발탁되었을까? 38년 된 병자는 누구를 가리키는 모형인가? 모진 목숨 끊지도 못하고 아무 소망이 없어 보이는 병자가 혹시나 하는 마음으로 베데스다 연못에 나와 다른 사람이 치유 받는 모습만 바라볼 수밖에 없는 세월을 언제까지 계속할 것인가? 베데스다란 이름은 "은혜의 집"이란 뜻인데, 그 누구도 은혜는커녕 앞다투어 자기의 병을 치료하려고 눈에 불을 켜고 기회만 노리는 사람으로 가득 찬 곳으로 묘사되고 있다. <u>영적으로 말하자면, 말이 은혜이지 '각자도생'(各自圖生)하는 곳, 종교적으로 말하자면 율법이 득세하는 곳이란 의미다.</u> 그럼 그런 곳에서 누군가의 도움이 없이는 절대 병의 치료를 받을 수 없는 불쌍한 인생을 대표하는 38년 된 병자는 도대체 누구를 가리키는 것일까?

직접적으로는 유대인이요, 신약시대 신자들이다. 유대인은 율법을 통해 의로워진다고 믿는 자들이다. 율법을 오해해도 한참 오해한 유대인의 구원관은 행위로 의로워질 수 있다고 믿는 율법적 구원관이다. 특히 구약에서 출애굽 한 1세대로서 율법을 받았으나 끝까지 불신앙으로 가나안에 들어가지 못한 세대를 가리킨다.

"가데스바네아에서 떠나 세렛 시내를 건너기까지 38년 동안이라 이때는 그 시대의 모든 군인이 여호와께서 그들에게 맹세하신 대로 진중에서 다 멸절되었나니 여호와께서 손으로 그들을 치사 진중에서 멸하신 고로 다 멸절되었느니라"(신 2:14-15)

따라서 38년이란 기간은 범죄한 이스라엘이 하나님께 징계받는 기간이었으며, 하나님은 오래 참으시는 기간이었다(행 13:18). 그들에게 약속의 땅 가나안을 눈앞에 두고도 들어가지 못하는 처지와 똑같음을 38년 된 병자를 통해 보여주며 확인시키고 있다. 결국 가나안 땅은 유대인이 그렇게 자랑하고 내세우는 모세가 아니라 다른 사람 곧 여호수아(예수)를 통해 들어갈 수 있다는 사실을 깨달아야 했다. 따라서 모세가 언급한 "나와 같은 선지자"(신 18:15)란 모형으로는 여호수아였고(참고. 수 1:7-9), 실체는 예수 그리스도이었다. 이런 사실을 보여주는 사건이 38년 된 병자를 고치시는 사건이다. 이런 병자 상태에서 구원받고 놓임을 받은 대표적인 인물이 사도 바울이다.

"그러나 나도 육체를 신뢰할 만하니 만일 누구든지 다른 이가 육체를 신뢰할 것이 있는 줄로 생각하면 나는 더욱 그러하리니 내가 팔 일 만에 할례를 받고 이스라엘의 족속이요 베냐민의 지파요 히브리인 중의 히브리인이요 율법으로는 바리새인이요 열심으로는 교회를 핍박하고 율법의 의로는 흠이 없는 자로라 그러나 <u>무엇이든지 내게 유익하던 것을 내가 그리스도를 위하여 다 해로 여길뿐더러</u> 또한 모든 것을 해로 여김은 내 주 그리스도 예수를 아는 지식이 가장 고상함을 인함이라 <u>내가 그를 위하여 모든 것을 잃어버리고 배설물로 여김</u>은 그리스도를 얻고 그 안에서 발견되려 함이니 내가 가진 의는 율법에서 난 것이 아니요 오직 그리스도를 믿음으로 말미암은 것이니 곧 믿음으로 하나님께로서 난 의라"(빌 3:4-9)

바울이 율법의 세계에 몸담고 있을 때 자랑스럽게 여기던 것들을 몽땅 배설물처럼 여겨, 미련 없이 내어버릴 수 있는 상태가 자기를 비우는 작업이다. 참 예수를 만나야 비로소 이런 깨달음과 분별의 눈이 열린다. 이스라엘에게는 애굽에서 종살이하던 때 가졌던 모든 생각과 습성들(애굽에서 400여년간 보고 듣고 배운 것들, 삶으로 체득된 습관과 정신)을 철저하게 빼내는 것이 자기를 비우는 작업이다. 이런 작업이 충만의 복을 받기 위해 반드시 거쳐야 할 중요한 일이다. 그러기 위해서는 광야와 같은 연단이 필수적이다. 바울도 개종한 후 아라비아에서 3년을 지내며(갈 1:17-18)[33] 복음을 전했고, 자기가 율법적으로 자랑할 수 있는 요소들을 내어버리는 상징적인 시간을 함께 보냈다(나는 날마다 죽노라. 고전 15:30-31). 이는 오직 그리스도로 충만해지기 위해 바울이 택한 길이었다(빌 3:8).

바울은 회심 후 예루살렘으로 가지 않고 아라비아로 갔다가 다시 다메섹으로 돌아갔다고 기록하고 있으며(이 시점은 행 9:19의 중간), "그리고 3

년 후"에 예루살렘으로 올라갔다(이 시점은 행 9:23-29). 따라서 3년은 아라비아 광야에서 보낸 기간이 아니라 다메섹(다마스쿠스)에서 보낸 기간을 말하며, 이 기간에 바울은 담대하게 예수의 이름과 그리스도를 전파하여 그분이 하나님의 아들이심을 증언한 기간으로 본다(행 9:20, 27). "그 후 여러 날이 지나서"(행 9:23) 유대인들이 바울을 죽이려 했기에 다메섹에서 탈출하여 예루살렘으로 간 것이다. "여러 날이 지났다"라는 것을 갈라디아서 1:18에서 "3년 후에"라고 말씀하고 있다.[34]

3) 광야 생활의 이중성

애굽이란 장소는 자유롭게 하나님을 알아나가는 일을 할 수 없는 환경이었다. 그곳은 자유도 없고, 그저 하루-하루 먹고 사는 일을 하며 종살이하는 곳이다. 구차한 목숨을 연명하기 위해 노예처럼 눈치 보며 참고 견뎌야 살 수 있는 곳이다. 그럴지라도 하나님이 "살라"고 하시니 사는 곳이 애굽이다. 마치 오늘날 현실을 살아내느라고 아등바등하는 모습의 현대인을 떠오르게 한다. 그때라도 하나님이 은밀하게 도우시며 번성케 하셨다. 그들이 핍박과 학대를 받으면서도 이상하게 더욱 번성하여 애굽 사람보다 많은 숫자로 늘어났다고 성경은 기록하고 있다(출 1:12). 이스라엘의 인구가 애굽의 왕 바로가 인정할 만큼 많아졌고(출 5:5), 두려워할 만큼 늘어난 것을 보면 하나님의 역사가 보이지 않게 진행되었음을 알 수 있지 않은가(출 1:7-10). 그래서 하나님을 알지 못하는 애굽 왕 바로는 학대와 핍박으로 이스라엘을 종 삼으며 다른 꿈을 꾸지 못하도록 탄압하는 정책을 편 것이다. 그럼에도 여전히 하나님이 외적으로는 간섭하지 않으시고(마치 하나님이 안 계신 것처럼 침묵하신 기간), 하나님의 때가 되기까지는 일절 하나님의 계시도 없고 선지자도 없었으니, 이스라엘이 하나님을 알래야 알 수 없는 환경으로 변해간 것이다.

그러다가 마침내 하나님의 정하신 때가 되어(애굽의 핍박이 도를 넘고 이스라엘의 고통이 심해져 가는 때, 외적으로 충만해져 떠나야 하는 때, 출 1:20) 이제는 애굽을 떠날 때가 가까워졌다는 사인(징조)이 나타난 것이다. 그때 광야에서 하나님의 훈련을 받던 모세를 애굽 땅으로 보내어 이스라엘을 꺼내는 일을 시작하셨다. 먼저 모세를 가나안으로 이끌 이스라엘의 인도자로 40년간 광야에서 훈련하신 후, 마침내 하나님께서 이스라엘을 애굽에서 해방하기 위해 호렙산 떨기나무 아래로 모세를 불러 사명을 주셨다. 그렇게 이스라엘은 모세의 인도를 받으며 홍해를 건넜고, 그때부터는 종에서 해방된 자유인의 신분으로 하나님이 바라시는 '내적인 충만'의 복을 향해 힘차게 광야에 발을 디디게 된 것이다. 외적인 충만(숫자 개념)은 400여 년간 이미 이루어졌다. 그러나 광야의 내적 충만이 필요한 이유는 이스라엘에 약속한 기업인 가나안땅 정복이란 대과제가 남아 있기 때문이며, 이를 위해 400년간 뿌리박힌 애굽의 DNA(종의 근성)를 제거할 필요가 있었다. 그렇게 광야에서의 온유한 성품(온유; 하나님을 알아 그분의 뜻에 순종하는 자세, 길들여지는 마음)의 훈련은 약속의 땅을 받는 일에 절대 필요한 일이었다(마 5:5). 이런 점에서 충만의 복이 우리의 일반적인 생각과 얼마나 다른가를 잘 생각해야 할 것이다.

한글 성경에서 '신 광야'로 번역된 곳은(출 16:1) 히브리어로는 '미드바르 씬'으로서, 이스라엘 백성이 가나안 땅으로 가기 위해 통과한 광야다. 이 광야는 팔레스타인의 남쪽(애굽의 국경에 가까운)과 경계를 이루고 있다

(민 13:21). 이곳에 가데스-바네아가 있다(민 20:1). 그러므로 신 광야는 바란 광야와 접해 있는 곳으로 이해하면 좋을 것이다(민 13:26). 또 "아그랍빔 비탈 남쪽으로 지나 신에 이르고"(수 15:3)라는 말씀을 통해, 신 광야는 약속의 땅 가나안의 남쪽에 있는 것을 알 수 있다. 팔레스타인 지역에서 가장 불모지 광야를 형성하고 있는 이곳은, 어느 시대에도 농사를 지었던 흔적이 없다. 풀과 나무가 거의 없는 거친 모래와 암석, 밋밋한 검붉은 바위 산으로 이어진 생명체가 별로 눈에 띄지 않는 메마른 땅이고, 낮에는 무덥고 밤에는 추위에 온몸이 떨리는 사람이 정착하여 살기 어려운 곳, 고립된 산, 분지 등의 착잡하고 음산한 광야의 모습이 신 광야의 상황이다.

그런데 광야는 이처럼 생존에 부적합한 환경이라는 부정적 측면과 더불어 하나님을 체험하는 긍정적 측면의 두 얼굴을 지닌 곳이다. 억압의 땅 애굽과 약속의 땅 가나안 사이에 있는 광야는, 하나님께서 해방하신 이스라엘 백성의 자유와 삶을 뿌리부터 위협하는 각종 요소를 겪게 하며, 때로는 그들의 절박한 문제를 해결해 주시면서 그들을 성숙시키는 훈련의 자리이자 연단의 자리다. 곧 인간은 불모의 땅 광야에서 스스로의 힘으로는 어찌할 수 없다는 무력함을 깨달아야 했고(신 8:2-6), 생명의 하나님만 바라보며 그분의 말씀에 귀를 기울이고, 그분의 자비를 갈망하면서 하나님을 알며 체험할 기회를 얻는 곳이다. 그러므로 아이러니하게도 일면으로는(외적으로) 죽음의 땅 광야가 하나님의 현존을 체험하는(영적으로) 생명의 땅이 될 수 있는 이중성을 내포하고 있다. 죽어야 산다는 기독교의 진리를 가장 잘 체험하고 확인할 수 있는 장소가 광야라는 역설을 잘 보여주는 장소라고 말할 수 있겠다.

(1) 광야에서의 충만이란?

따라서 성경이 말하는 진정한 충만의 복은 결코 외적인 사람의 머릿수로 계산하는 육신적인 복이 아님을 미루어 짐작할 수 있다. 사람의 숫자가 많아져 땅을 가득 채웠다는 것으로, 성경이 가르치고자 하는 충만의 복이 완성된 것이 아니다. 그것은 일반 은총으로도 주어질 수 있는 '번성'의 복이다. 이스라엘의 입장에서 보면, 하나님이 이스라엘의 조상 아브라함-이삭-야곱의 대를 이어가며 약속하셨던 번성의 복은 이미 출애굽 하기 이전에 다 완성되었다(출 1:7). 그럼, 오복 가운데 세 번째 복인 충만의 복으로 이어져야 하는데 그 충만의 복은 언제 받는 것인가? 출애굽 한 이후에 이어지는 광야 생활에서 비로소 주어진다. 이에 대한 자세한 내용은 출애굽기-레위기-민수기-신명기에 자세히 기록되지 않았는가? 충만이 얼마나 중요하기에 이렇게 여러 성경을 거치며 다루는가? 모세오경 가운데 생육-번성을 다룬 창세기를 제외하곤 대부분 '충만'의 복을 다루고 있다. 그에 비해 생육-번성의 복은 너무 짧고 단순하게 기록하고 있다는 점을 염두에 두기 바란다. 그런데 우리는 솔직하게 어디에 방점을 두는 경향이 많은가. 외적으로 많아지고 커지는 번성-충만의 복에 관심이 더 많은 것이 사실 아닌가.

우리는 여기서 신약의 도움을 받아야 성경이 궁극적으로 가르치는 충만의 복에 대해 더 확실한 증거를 찾을 수 있을 것이다. 사도 바울은 로마에 있는 교회를 향해 "내가 너희에게 나아갈 때 '그리스도의 복'(인정, 칭찬)의 충만함으로 갈 줄을 아노라"(롬 15:29)라고 말했다. 바울 사도의 말은 모든 신자가 알아야 하고, 반드시 받아야 할 하나님의 인정과 칭찬이 따르는 충만의 복에 대해 강조하고 있다. 그것은 하나님의 나라가 도래한 현재(현재 천국) 반드시 받아 누려야 할 충만의 복, 곧 하나님의 인정과 칭찬을 받는 일이다. 새 언약하에 있는 신자는 하나님께 속한 복의 충만함으로 나아가려는 목표를 가지고 있다. 하지만 어떤 그리스도인은 이런 복에는 전혀 관심도 없고 아예 무지한 지경이며, 오직 육신적 번성의 복에만 만족하고 안주하는 형편이다. 이런 자들이 '네페쉬 하야'(육신의 생명, 땅에 속한 사람)에 속한 자들이다. 다시 말해서 그리스도 안에서 육신에 속한 자들(고전 3:1-3)이란 이야기다. 신약의 오복에서 다룰 사도 바울의 계속되는 충만의 복에 관해 생각해 보자.

"그러므로 너희에게 구하노니 너희를 위한 나의 여러 환난에 대하여 낙심치 말라 이는 너희의 영광이니라 이러하므로 내가 하늘과 땅에 있는 각 족속에게 이름을 주신 아버지 앞에 무릎을 꿇고 비노니 그 영광의 풍성을 따라 그의 성령으로 말미암아 너희 속 사람을 능력으로 강건하게 하옵시며 믿음으로 말미암아 그리스도께서 너희 마음에 계시게 하옵시고 너희가 사랑 가운데서 뿌리가 박히고 터가 굳어져서 <u>능히 모든 성도와 함께 지식에 넘치는 그리스도의 사랑을 알아 그 넓이와 길이와 높이와 깊이가 어떠함을 깨달아 하나님의 모든 충만하신 것으로 너희에게 충만하게 하시기를 구하노라</u> 우리 가운데서 역사하시는 능력대로 <u>우리의 온갖 구하는 것이나 생각하는 것에 더 넘치도록 능히 하실 이에게</u> 교회 안에서와 그리스도 예수 안에서 영광이 대대로 영원무궁하기를 원하노라. 아멘." (엡 3:13-21)

"그가 혹은 사도로, 혹은 선지자로, 혹은 복음 전하는 자로, 혹은 목사와 교사로 주셨으니 이는 성도를 온전케 하며 봉사의 일을 하게 하며 그리스도의 몸을 세우려 하심이라 <u>우리가 다 하나님의 아들을 믿는 것과 아는 일에 하나가 되어 온전한 사람을 이루어 그리스도의 장성한 분량이 충만한 데까지 이르리니</u>" (엡 4:11-13)

이상의 구절에서 '충만'이라는 단어에 주목하라. 바울이 사용한 충만의 헬라어(플레로마) 의미는 "가득 채우는 일을 완성"하는 일이다. 그것은 하나님께서 주신 우리의 삶에 그리스도의 축복 곧 하나님을 아는 일(영생)에 충만해지기를 구하는 일이라고 말할 수 있다. 그럼 이런 충만의 복이 신자 각 사람에게 어떻게 이루어지는가. 이것에 대해 바울은 "우리가 믿는 하나님은 한 분이신데, 곧 만유의 아버지시다. 그분은 만유 위에 계시고 만유를 통일하시고 만유 안에"(엡 4:4-6) 계신다고 말한다. 달리 말하자면, "하나님 아버지와 그의 아들 그리고 성령께서 모든 자녀 가운데" 계신다고 풀이할 수 있다. 예수께서는 "우리가 그에게 가서 거처를 그와 함께 하리라"라고 말씀하셨다(요 14:23).

바울의 삶에서 그가 받은 '그리스도의 복'의 놀라운 정도를 고백한 일을 기억해 보라. 그는 그리스도로부터 직접 계시를 받았다. 물론 그가 받은 계시로 그가 완벽한 사람으로 바뀐 것은 아니다. 하지만 그가 분명히 알고 있었던 것은, '그리스도의 충만'의 복이 자기에게 더 이상 이전에 자랑으로 여기던 것들(세상의 스펙들)은 배설물처럼 여기고, 오직 그리스도의 부활에 참여하는 것만이 소원으로 남는 인생이 되었다는 사실이다(빌 3:7-12). 그 목적을 향해 달음질하는 일에는 어떤 것도 방해되지 않는다고 강조한다. 그것이 일체의 비결을 배웠다는 고백으로 나타난다(빌 4:11-14).

"하나님으로 충만하라" 이 말은 곧 하나님 한 분만으로 만족하는 삶을 가리킨다(합 3:17-18). 어떻게 그럴 수 있을까? 하나님으로 충만해졌기 때문이다. 하나님으로 심령이 가득 채워졌기 때문이다.

"비록 무화과나무가 무성치 못하며 포도나무에 열매가 없으며 감람나무에 소출이 없으며 밭에 식물이 없으며 우리에 양이 없으며 외양간에 소가 없을지라도 나는 여호와를 인하여 즐거워하며 나의 구원의 하나님을 인하여 기뻐하리로다"(합 3:17-18)

이 '충만'의 복이 완성되지 않으면 사실 정복은 한낱 '꿈'에 불과해진다. 하나님으로 충만해지는 복을 받은 신자는, 자기가 살고 죽는 것은 하나님께 달렸으니, 생사화복을 주께 맡기고 자기는 안에서 명령하시는 주의 지시를 따라 죽기까지 복종하고 따르는 그런 삶이 사실화되는 모습이 나타난다. 이런 '복의 사람'(온유한 자가 되는 내적 충만의 신자)을 만드시기 위해 하나님은 아브람을 부르신 이후 이스라엘이라는 선민(하나님의 선택된 백성)을 만드시고, 어둠(악, 사탄)에 속한 세상을 정복하고 다스리기까지 쉬지 않고 일하시는 것이다. 이런 사실을 안다면 우리의 삶의 태도가 달라져야 하지 않을까 기대해 본다. 그런데 필자가 생각하기에는 생육-번성의 복은 받았다고 여겨지는데, 이 '충만'의 복을 올바로 깨닫지 못해 헛된 충만(거짓 충만)에 미혹되어 방황하며 세월을 낭비하는 것 같아서 심히 안타까운 마음이다.

거짓 충만에 속하는 부류로는 '감정 충만'에 속아 흥분된 감정으로 주를 부르면서 거짓 확신에 차서 "이루어질 줄로 믿습니다"를 연발하며, 스스로 자기 이성을 세뇌하는 말을 반복하여 결과적으로는 이성을 마비시키는 행위가 일어난다. 또는 거짓된 성령 충만으로 신비주의와 각종 신비한 체험을 강조하며, 모든 영의 역사를 분별없이 마구잡이로 받아들여 따르는 어리석은 자들이, 잘못된 이단 사이비의 가르침을 받아들이고, 왜곡된 종말론에 빠져 거짓 예언에 사회를 혼란케 만드는 일을 '자기 확신', 혹은 확증 편향적인 태도를 가지고 서슴없이 행동하기도 한다. 그래서 성경이 가르치는 진정한 충만의 복을 아는 것이 얼마나 복된 일인지. 그러려면 광야의 훈련과 연단을 잘 받아 자기를 비우고, 애통하며, 온유한 성품의 사람으로 자라나야 한다. 그래서 어떤 이는 이 광야의 때를 일컬어 '뷰티풀 광야'라고 이름을 짓기까지 했다.[35]

참으로 어린아이의 신앙에서 장성한 자의 신앙으로 자라나는 충만의 복을 받아서 어린아이 때의 일을 벗어나(히 6:1-2) 장성한 자(완전한 상태)로 나아가는 것이 충만의 복이다. 믿음의 사람은 하나님으로 채워가는 충만의 복을 받아야 모든 삶의 문제가 해결된다는 의미가 무엇인지 체험하게 된다(빌 4:12). 바울이 언급한 빈부귀천의 일체의 비결을 배우는 능력을 얻고, 질병의 문제로 고통을 받다가 그것이 낫게 되기를 간절히 기도했어도 응답받지 못했을 때, "내 은혜가 네게 족하다"란 말씀과 함께 하나님의 능력이 오히려 본인이 연약할 때 머물며, 자신이 그 능력으로 채워져 하나님의 충만으로 다 해결 받고 기뻐할 수 있는 자로 변했음을 고백한다(고후 12:7-10). 이런 자라야 세상을 이기고 정복할 수 있다(참고. 히 11:32-38). 우리의 인생에 각종 문제가 발생하여 고통당하는 이유는, 애초에 우리의 중심이 하나님으로 충만하지 않아서 그 모든 문제가 우리 삶에 들어왔다는 사실을 기억해야 한다. 그러므로 하나님으로 충만케 되는 복을 도모하면서 인생의 각종 문제를 그리스도의 충만으로 풀어내야만 비로소 풀어지게 되는 진리(이치)를 깨달아야 한다. 이 이치를 깨닫고 배우는 장소가 광야다. 그런 면에서 광야는 얼마나 아름다운 곳인가. 그런데 광야를 빨리 통과해야만 할 저주스러운 장소, 사람이 거주할 수 없는 장소라고만 치부하며 회피할 생각만 한다면 언제 성장하고 충만의 복을 맛볼 것인가? 그곳이 오히려 우리를 하나님으로 충만하게 하는 장소라는 생각의 전환이 필요하지 않을까. 따라서 우리 그리스도인에게 충만의 복이 성취되는 때는 우리 안에 오신 성령으로 충만해지는 것이 해답이다.

그렇기 때문에 모든 신자는 누구나 하나님으로 충만해지는 충만의 복을 사모해야 하며, 그 일을 위해 주어진 광야에서 환경의 불편함과 생활에 필요한 소비품의 부족으로 인한 불평과 원망, 그리고 육신의 만족을 위해 주의 종(혹은 하나님)을 비난하고 대적하면 안 된다. 불평과 원망과 시비로 일관하던 그들에게도 하나님의 자비와 인자로 모든 필요를 해결해 주셨지만(물과 양식 그리고 고기), 그로 인한 충만의 복을 잃어버린 이스라엘을 향해 성경은 다음과 같이 그들의 어리석음과 무지를 힐난한다.

"저희가 그의 행사를 빠르게 잊어버리며 그 가르침을 기다리지 아니하고 광야에서 욕심을 크게 발하며 사막에서 하나님을 시험하였도다. <u>여호와께서 저희의 요구한 것을 주셨을지라도 그 영혼은 쇠약하게 하셨도다</u>"(시 106:13-15)

광야는 육신의 필요를 채우고 만족시키는 장소가 아니다. 이는 신약에서 광야를 교회에 비유한 것같이(행 7:38) 오늘날의 교회 생활도 마찬가지다. 저희가 깨닫지 못해 무시하다가 잃어버린 '영혼의 핍절' 상태를 하나님으로 채우는 충만의 복을 받아야 할 장소가 광야이며 또한 교회다. 광야에서 하나님으로 충만하게 채우는 복을 받기 위해서는 주의 행사를 꼼꼼하게 기억하며 되돌아보고(나를 구원하시기 위해 주께서 행하신 이적들, 세상에서 나를 건지신 능력, 충분하지는 않았다고 할지라도 나의 필요에 때를 따라 채워주신 손길 등), 현재의 고단함이나 불편함을 잘 참고 기다리는 훈련과 연단이 필요하다. 그런데 욕심이 앞서 조급하게 생각하고 행동하는 것이 화를 부른다. 그것이 하나님을 믿지 않고 시험하는 결과를 낳아 죄로 정죄당하고, 얻어야 할 복을 얻지 못한 채 광야에서 죽어가고 만다. 이것이 광야 생활의 비극이다. 결국엔 광야에서 충만의 복을 얻을 것이냐, 멸망할 것이냐가 좌우된다고 말할 수 있겠다.

그러므로 너무 능력-능력을 부르짖지 말고 하나님으로 충만해지려는 소원과 함께 잘 견디고 현재를 감당해 내는 인내를 배워야 할 것이다. 하나님의 때가 되기까지 불편을 감수하고 원망과 불평을 일절 금하는 것이 우리의 할 일이다. 그 방법이 예수 그리스도께서 보여주신 삶의 모범이며 승리의 비결이기도 하다. 그래서 바울은 신자를 향한 하나님의 뜻을 말할 때, 범사에 감사하고 항상 기뻐할 것을 말하고 있는 것이다(살전 5:16-18). 예수 그리스도 하면 떠올려야 할 이미지가 바로 하나님으로 충만한 모습이다. 그리고 그런 충만만이 세상과 사탄을 이기는 승리의 길이니, 우리는 범사에 예수 그리스도처럼 하나님으로 충만하여 말하며 행하려고 소망해야 한다. 우리가 하나님으로 충만하여 말하는 것이 곧 철저하게 기록된 말씀을 중심으로 사는 신앙이다(마 4:4, 7, 10). 그것이 입만 열면 하나님의 생각과 뜻에 맞추어 말하려는 노력으로 나타난다. 그래서 나의 말과 행위가 하나님을 나타내는 삶으로 보여주는 곧 하나님의 증인 된 삶으로 증명이 되어야 한다(요 14:9-11). 이런 모습이 충만의 복을 받은 자의 모습이다. 그 모델은 당연히 우리 주님이시고… 그러므로 광야 생활이 끝나기 전에 내적인 충만을 도모하여 정복자로서의 준비를 완성하면 좋을 것이다. 그래야만 하나님이 약속하신 땅을 기업으로 받을 수 있다.

"하나님은 볼 수 있게 존재하시는 분이 아니지만, 그분의 충만함으로 채워질 때 보여질 수밖에 없는데도 불구하고, 많은 사람은 그분의 충만함은 아랑곳하지 않고, 그가 주시는 1차원적인 복에만 매달리다가 참된 길을 찾지 못하고 만다." (인도의 선다 씽)

그래서 욥이 고백했듯이 하나님의 말씀이란 듣는 것으로 만족하기보다는, 볼 수 있도록 행위로 나타내는 것이 하나님이 주고자 하시는 고난의 목적이라고 말할 수 있다(욥 42:5). 신약에서도 하나님의 말씀은 말로 끝나지 않고 행위의 열매로 그 진실을 증명하라고 요구한다(약 1:22; 2:17, 18, 20). 그렇게 친히 삶으로 나타내 보여준 본이 바로 예수 그리스도의 생애였다. 이것을 분별할 수 있는 자들이 바로 알곡 신자이다. 예수의 제자인 사도들도 그 '보이는 말씀'(예수 그리스도)에 대하여 설명했다(요일 1:1-3). 그들은 심지어 말씀을 듣고 보고 만지기도 했다고 증언한다. 이같이 말씀을 실체로 보고 듣고 만질 정도로 체험하며 잘 아는 자들은 모두 '충만의 복'을 받지 않을 수 없다.

그래서 인간이 겪는 세상의 모든 힘들고 어려운 문제는, 한결같이 하나님의 부족 현상(하나님으로 충만하지 않은 상태)이라고 스스로 진단을 내려야 옳다. 그리고 즉시 하나님의 충만으로 채우는 충만의 복을 향해 진정한 치료를 시작해야 한다. 성경적 충만을 위한 노력은 하지 않으면서 육신적 혹은 현실적인 치료에만 갈급한 인생들이 많은 것은 시각장애인이요 청각장애 신자란 증거일 뿐이다. 하지만 반대로 하나님으로 충만해지면 '언제 그런 것이 문제였느냐?'라고 생각할 만큼 너무 신기하게도, 현실에서 문제로 생각되던 것들이 감사와 찬송으로 바뀌어 버린다. 시편을 읽고 묵상해 보라. 하나님으로 충만했던 믿음의 선배들의 신앙고백이 어떠했는가를 잘 배울 수 있을 것이다. 충만해진 만큼 문제는 사라지고 감사와 찬송의 '정도'(程度)가 결정되는 것을 간접적으로라도 체험할 수 있

Ⅱ. 구약의 오복

다. 그러니 세상의 모든 문제해결은 '하나님의 충만'으로 자신을 채우는 길만이 모든 문제의 궁극적인 해답이라고 말하는 것이다. 그때 비로소 세상이 감당할 수 없는 강력한 하나님의 사람이 되는 것은 물론(히 11:32-38), 세상을 정복하는 일 또한 너무 쉬워질 것이다.

(2) 광야를 잘 통과하는 지혜

약속의 땅 가나안을 목전에 둔 모압 평지까지 이스라엘 백성들의 광야 생활 여정을 기록해 놓은 책이 민수기이다. 민수기의 히브리어 책명은 '봐예다베르'(그리고 그가 말씀하셨다)이다. 그러나 책의 내용을 잘 드러내는 '베미드바르'(광야에서)를 부제로 사용하여 현재는 더 많이 사용되는 히브리어 책명이 되었다. 시내 산에서 모압 평지까지는 실제로 얼마 되지 않는 짧은 거리였지만, 이스라엘 백성들은 1차 정탐의 기회에 실패한 이후 무려 38여 년을 광야에서 떠돌다가 출애굽 1세대가 거의 다 죽고, 출애굽 2세대가 겨우 도달할 수 있었다. 그 이유는 출애굽 1세대가 하나님을 믿지 못하고 원망했던 죄(민 13-14장)로 인한 결과였다. 그들의 껍데기 몸은 출애굽 했지만, 마음(속)은 여전히 세상의 종살이하던 상태 그대로 노예근성을 버리지 못했다. 그래서 광야 생활 내내 많은 원망과 불평으로 자기들을 약속의 땅으로 인도하느라고 수고하는 모세를 힘들게 만들었고 또 하나님의 진노를 불러일으켰다. 한 마디로 그들은 '충만'(내적인 보화이신 하나님으로 채우는 일)의 복[36]에 이르는 여정에 실패한 것이다. 자기들 속에 무엇으로 충만하게 채워야 하는지 전혀 깨닫지 못한 것이다. 이는 하나님을 향한 원망과 불평 그리고 불순종의 선민을 순종의 사람들(온유한 자)로 다듬어 가시는 여정이 광야의 목적이었던 사실을 깨닫지 못한 비극이다. 외적으로 창세기의 '생육의 복'과 애굽에서의 외적인 '번성-충만의 복'과 함께 하나님의 백성에게 주어진 '율법'과 '성막' 그리고 레위기의 제사를 통해서 하나님 나라의 틀을 잡아가는 삶에 관해 다루면서, 충만의 복을 받는다는 의미가 무엇인지를 민수기를 통해 광야에서 이루어진 하나님 백성들의 훈련과 연단의 과정으로 이야기하고 있다.

민수기는 선민 이스라엘 백성들이 하나님의 임재의 상징인 성막과 더불어 동행하는 법을, 율법을 통해 배워가면서 하나님을 알아가는 과정을 기술하고 있는데, 이 <u>하나님을 알아나가는 것이 '충만의 복'이라고 설명</u>하는 것이다. 거룩하신 하나님이 어떤 분이신지(성막), 그리고 그분과 동행하는 삶이 어떠해야 하는지(율법-토라)를 배우며, 그 지식으로 온통 자기를 채워 하나님께 절대 순종하는 사람으로 만들어져 가는 훈련 과정을 보여주고 있다. 불순종하면 징계를 받아 가며 어렵게 배우는 과정이 광야 생활이다.

사실 민수기의 기록은 이스라엘 백성들이 하나님의 바람대로 훈련의 목적에 합한 삶을 살지 못했음을 보여주고 있다. "광야"를 나타내는 히브리어는 '미드바르'이다. 이 단어는 히브리어 '다바르'(말씀)에서 유래하여 본래 "목초지, 넓은 들"을 의미했다. 그러나 실제 환경은 가축을 몰며 목축하기에는 부적합한 조건이었다. 그런데 왜 하나님은 자기 백성을 그런 악조건의 목축지로 몰아간 것일까? 육신적이며 세상적인 목축이 아니란 것을 가르치기 위함으로 생각한다. 사방을 둘러봐도 아무런 도움을 받을 수 없는 광야라는 환경과 조건에서는 하나님의 말씀에 전적으로 순종해야만 살아갈 수 있다는 사실을 가르쳐야 했기 때문이다. 이것이 진정한 영적 생명으로 양육 받는 방법이요 지름길이다. 그동안 이스라엘은 애굽이란 환경에서 종이 되어 시키는 일만 하면 육신은 겨우 먹고 살 수 있었다. 그러나 하나님의 백성 이스라엘은 그렇게 살라고 선택한 민족이 아니다. 하나님이 능력이 부족하여 자기 백성을 그렇게 살 수밖에 없는 형편으로 방치했거나 종살이하라고 내몬 것도 아니다.

아브라함의 생애를 통한 생육의 복을 돌아봐도 생육은 철저하게 하나님의 뜻과 선택으로 된다는 사실을 보여주었다면, 번성은 야곱을 통해 하나님의 뜻과 허락하에 구별된 장소에서 이루어지는 것을 알 수 있다. 특히 번성하기 좋은 애굽의 고센 땅에서 자기 백성을 번성케 하시는 하나님의 은혜와 섭리를 보게 된다. 그리고 이제 그들을 애굽에서 빼내어 본격적인 양육(교육)의 단계에 들어서서 친히 양육하는 모습을 광야에서 펼치고 계신다. 하나님의 백성은 말씀으로 사는 존재라는 사실을 교육하기 위해, 마치 양 떼를 모는 목자처럼 목초지인 '광야'("말씀으로 사는 곳으로 몰다"란 이미지)로 내몰아 시험을 치르며 가르치고 연단하시는 것이다.

우리 예수께서도 공생애를 앞두고 광야의 시험을 통과하셨다(마 4:1). 따라서 광야는 에덴의 동산같이 편안을 추구하거나, 사람에게 필요한 것들이나, 바라는 요소를 모두 갖추었거나, 제공하거나, 누리는 곳이 아니다. 오히려 성령의 인도를 따라 각종 시험을 받아야 하는 곳이며, 육체적으로 불편함과 부족함이 가득한 환경이다. 심지어 신약에서 광야는 '마귀가 기다리고 있는 곳'이라고 부언한다. 이때 마귀는 하나님이 자기 자녀를 훈련하는 조교로 사용하는 도구다. 그래서 이 광야를 거치지 않으면 약속의 땅을 정복하는 승리는 없다. 이 광야의 시험에서 이겨야 비로소 가나안을 정복할 수 있기에 가나안을 약속받은 이스라엘에게는 필수 코스다. 예수의 공생애는 자기 십자가를 지고 죄와 세상을 이기는(정복하는) 정복 전쟁이었다. 그래서 세워지는 나라가 하나님 나라(현재 천국)다. 그런데 그 싸움은 육적 전쟁이 아니라 영적 전쟁이었기에 사람들이 분별하지 못했다. 이런 흐름은 오늘날도 여전히 똑같이 진행되고 있는 것 같아 심히 안타깝다.

사람이 하나님으로 만족하고, 하나님으로 자기를 채우며, 하나님의 말씀으로 살고 죽는 줄 알기까지 얼마나 많은 세월이 필요할까? 출애굽 1세대는 38년 동안 광야를 돌고 돌았어도 끝내 실패로 끝났다. 사람을 변화시키는 일이 이렇게도 힘이 드는데(거의 불가능하다고 말해도 과언이 아니다), 하나님은 왜 그런 무모한 선택을 하신 것일까? 어쩔 수 없는 인간이란 사실을 알면서도 하나님은 고집하신다. 하나님은 전능하셔서 하나님으로는 능히 할 수 있기 때문이다(막 10:26-27). 이는 마치 짐승을 사람으로 변화시키는 일보다 힘든 일이다. 사람이 짐승(뱀)에게 영적 전쟁에서 진 후에 사람은 짐승처럼 변했다(롬 1:22-23). 사람이 짐승처럼 변하니 본래 짐승으로 만들어진 존재들보다 더 사악하고 교활한 괴물이 되었다고 해도 과언이 아니다. 왜냐면 본능은 짐승처럼 변했는데(하나님의 형상을 잃어버린 관계로) 머리(IQ)는 있기 때문이다. 한마디로 금수(禽獸)만도 못한 존재가 되어 버린 것이다. 그러나 하나님은 말씀하신다.

"내 생각은 너희 생각보다 높고 크다" (사 55:8-9)

"사람으로서는 할 수 없으되 하나님으로서는 할 수 있다" (막 10:26-27)

하나님을 알아나가는 충만의 복을 얻는 과정 중에 있었던 이스라엘 백성들은, 광야에서 어려움이 닥칠 때마다 원망과 불평의 노예가 되었다. 그리고 다시는 돌아봐서는 안 되는 애굽에서의 종살이에 대한 향수를 품는 불순종의 모습들을 보여주곤 했다.[37] 아직 여호와 하나님에 대한 지식이 온전하지 못했고, 그분을 알아나가는 과정 중에 있었기 때문이었다. 광야에서 불순종의 모습은 언약 백성들에게 나타나야 할 삶의 모습은 아니었다. 이스라엘 백성들에게는 광야에서 하나님을 알아나가는 수많은 훈련과 연단을 통한 긴 배움의 시간이 필요했다. 이렇듯 충만의 복은 하나님이 일방적으로 생육의 복을 주시고, 번성의 복을 주실 때와는 다르다는 점을 깨달아야 한다. 구약성경에서 생육의 복이나 번성의 복은 3대 족장에게 언약으로 반복하셨지만[38], 충만의 복은 별도로 말씀하거나 약속하시는 것을 찾아보기 어렵다.

이스라엘 백성들은 출애굽 직후에 "애굽에 매장지가 없어서 당신이 우리를 여기까지 끌어내어 이 광야에서 죽게 만드느냐?"(출 14:11)고 불평했다. 출애굽 이후에 이스라엘 백성들이 하나님을 향해 원망하고 불평했던 성경의 기록은 12번 정도인데, 그 모든 불평이 출애굽 초기 2년 안에 집중되어 있음을 알 수 있다. 하나님을 향한 이스라엘 백성들의 불평과 불만은 그들이 오랫동안(400여년) 관계가 없었던 하나님을 다시금 알아가고 체험해 나가는 첫 과정에서 비롯되었다. 그리고 이스라엘 백성들이 하나님의 놀라운 간섭을 통해 애굽의 강한 군대를 제압하는 모습을 자기들 눈으로 확인했지만, 원망이나 불평의 시작은 애굽에서 함께 따라나온 자들(잡족)로부터 시작했음을 또한 확인할 수 있다(민 11:4). 이들은 사실 이스라엘 백성이 아니었다. 민수기는 "여호와의 불을 그들 중에 붙여서 진영 끝을 사르게 하시매"(11:1)라고 기록하고 있는데, 이 말씀은 악한 말로 원망한 자들은 진 끝에 있었음을 암시하고 있다. 옆에 있는 다른 사람들에게 쉽게 전이되는 특성을 가진 불평과 불만을 시작한 자들은, 지도자와 함께 앞에 서서 하나님의 사역을 적극적으로 감당해 나가는 사람들이 아니었을 것으로 미루어 짐작하게 한다. 항상 가시적인 하나님의 나라는 가라지가 함께 있다는 점을 기억할 때(마 13:24-30), 그런 자들에게 휩쓸리지 않고 믿음의 중심을 지켜나가야 그 나라의 질서를 바로 세워 나갈 수 있다.

특히 광야 생활에서 살필 부분은 시내 산을 떠날 때 시행되었던 이스라엘 백성들의 인구조사 수와 모압 평원에 이르러서 실행된 두 번째 인구조사의 수가 거의 비슷했다는 점이다. 이는 이스라엘 백성들의 끊임없는 반항과 불순종에도 불구하고, 친히 하신 언약을 이루어 가시는 하나님의 신실하심을 분명하게 보여주는 증거다. 아브라함의 씨(생육)가 큰 무리로 늘어나서(번성) 가나안 땅을 유업으로 받을 것(정복)을 약속하신, 언약에 신실하신 하나님의 속성을 확인할 수 있는 부분이다. 이런 언약에 신실하신 하나님의 모습은 민수기에 나타나는 발람의 세 차례에 걸친 이스라엘을 위한 축복에서도 그대로 드러난다(22-24장). 이스라엘 백성들의 불순종에도 불구하고 그들에 대한 하나님의 사랑과 그들을 통해 이루시고자 하는 하나님의 목적을 친히 이루어 가시는 하나님의 변함없는 사랑과 뚝심(주권)을 분명히 보여주고 있다.

"하나님은 사람이 아니시니 거짓말을 하지 않으시고, 인생이 아니시니 후회가 없으시도다. 어찌 그 말씀하신 바를 행하지 않으시며, 하신 말씀을 실행하지 않으시랴" (민 23:19)

우리는 출애굽 1세대가 광야에서 모두 죽은 것(여호수아와 갈렙을 제외하고)에 대해서, '그들의 구원 문제는 어떻게 되는 걸까'에 관한 분명한 대답을 찾을 수는 없다. 피상적인 대답은 그들이 하나님이 약속하신 가나안 땅을 악평하고 믿지 않음을 인하여(민 13:32) 그에 따른 징벌을 받은 결과로 이해하는 것이 전부다. 그래서 우리는 말을 함부로 하지 않아야 한다(민 14:1-4; 약 3:2-10). 그들의 말대로 되어 그들 모두가 광야에서 죽었다. 이스라엘 백성들은 출애굽부터 하나님의 은혜로 구원(해방)받은 민족이었고, 그들에게 율법을 지키라고 명했던 것은 하나님이 베푸신 은혜 안에 머물도록 하기 위함이었다. 그러나 이것을 깨닫지 못한 연약한 이스라엘, 곧 광야에서 실패하고 죽어간 저들의 구원 문제는 "감추어진 일은 우리 하나님 여호와께 속하였기 때문"(신 29:29)이라고 하는 말씀과 같이 하나님께 속한 일이 분명하다.

4) 광야 생활의 절대성(신 8:1-10)

우리가 충만의 복에 이르려면 광야는 필수적인 코스라고 했다. 하나님의 백성들이 애굽에서 출발하여 약속의 땅 가나안을 향해 가는 길에는, 즐거운 찬송을 부를 일만 있을 줄 알았다(홍해 바다를 멋있게 가르고 건널 때까지는). 그러나 정작 그들을 기다리고 있는 것은 '꽃길'이 아니라 부족함과 불편함이 가득하고 애굽에서의 생활에도 미치지 못하는 수준이었다. 대중가요에 나오는 가사처럼 정말 '알고는 못 갈' 길이었다. 그들은 축복의 땅, 젖과 꿀이 흐르는 약속의 땅으로 가고 있었지만, 그곳까지 가는 여정은 때로는 낙심하고, 때로는 좌절하며, 하나님을 원망하기도 하며, 차라리 애굽으로 다시 돌아가고 싶은 마음이 생길 정도로 열악했다.

그럼, 왜 하나님은 자기 백성들을 불평과 원망이 난무하는 갈등의 땅 광야로 인도하셨을까? 하나님께서 왜 광야를 지나야만 하는 순례자로서의 삶을 우리에게 주셨는지 그 이유를 알지 못하므로, 더욱 신앙의 갈등이 심화하는 경향이 현대 신자들의 믿음의 세계에서도 나타난다. 신앙의 목표를 잘못 설정했거나 그로 인해 의욕과 믿음의 동기를 상실하게 되어, 저 옛날 광야에서의 이스라엘과 다름없는 삶을 살아가게 된다. 하나님은 이스라엘 백성들의 유익을 위해서 광야를 통과하게 하셨듯이, 그리스도인들의 유익을 위해서도 광야 같은 인생을 걷게 하신다. 하지만 그것은 하나님의 생각이고, 사람 생각은 그렇지 못하니 갈등이 생기는 것이 아닌가? 그래서 개혁주의에서는 구원 이후의 성화는 '그리스도와의 연합'이라고 말한다.[39] 외적이며 법적인 연합(칭의) 말고 실제적 연합(성화, 곧 성령으로 하나 되는)을 말하는 것이다. 이 연합이 완성된 모습은 신자가 거룩해진다기보다 생각과 뜻이 그리스도와 일치(하나된 증거)된 모습이다. 신자 대부분은 이것을 그리스도와 연합된 자로서의 어떤 자격과 수준을 확인하려고 하지만, 그러나 신자가 실제 삶의 현장에서 확인하는 것은 우리의 아직 완성되지 않은, 그래서 아직도 부족한 현실로 인해서 우리가 저지르는 실패와 실수와 넘어짐에 예수께서 친히 당신 자신을 묶으셨다는 사실을 보여준다. 그러므로 성화란 신자의 신앙생활이 나아지거나 안 나아지는 가시적인 어떤 결과보다 더 크게, 이제부터 신자는 혼자가 아니라는 확신으로 주와 연합되는 것으로 이해하는 것이 '개혁주의의 성화관'이다.[40] 한번 하나님의 자녀로 부르심을 받으면, 그가 믿어 하나님의 자녀가 된 그 순간부터 하나님의 백성(자녀)은 혼자가 아니다. 그래서 이스라엘이 광야 생활에서 끊임없이 '하나님이 과연 우리와 함께 계시는 것이 맞느냐?'는 저들의 불신에 하나님은 함께 하신다는 증거를 보여주며(저들이 불신하여 불평하거나 원망할 때마다 응답하시는 것) 저들을 인도하셨다. 하나님의 임재 곧 연합을 인지한 신자라면 반드시 순종으로 열매가 나타나게 마련이다. 따라서 성화는 하나님과의 연합으로 이루어지는 신자의 순종으로 나타난다.

하나님은 '모든 일이 합력하여 선(하나님의 뜻)을 이루시는' 분이다. 마치 독수리가 자기 새끼를 높은 절벽 위에서 반복적으로 떨어뜨리는 행동을 하는 이유는, 그 새끼를 죽이기 위해서가 아니라 자기 새끼가 살겠다고 젖 먹던 힘을 다해 날갯짓하게 만듦으로, 날개에 힘을 얻게 해서 하늘의 제왕 노릇 할 준비를 하라고 훈련하는 것처럼, 신자의 인생에 어떤 어려운 시련 속에서도 살아갈 수 있는 용기와 능력과 지혜를 배양키 위해 광야 같은 시련을 허락하시는 것이다(시 119:71). 그러므로 우리가 왜 하나님께서 이스라엘에게 광야를 통과하도록 인도해서 시련과 갈등을 겪을 수밖에 없는 일들을 만나게 하셨는지 깨닫는다면, 우리의 광야 같은 인생길에서 만나는 어려움과 시련 속에서도, 오히려 찬송을 부르며 기쁨으로 통과하게 되는 축복의 광야가 될 것이다(참고. 행 5:41). 이 과정을 지혜롭게 잘 통과하면 마침내 신자에게 이루어지는 '하나님으로 충만해지는 복'을 받은 하나님의 사람으로 완성된 모습에 뿌듯해 할 것이다. 이제 광야 생활의 절대성에 대해 몇 가지로 생각해 보자. 그 교훈 그대로 오늘날의 그리스도인들은 왜 광야 같은 인생을 살아내야 하는지 아울러 깨닫는 은혜를 얻으면 좋겠다.

(1) 시련을 통해 충만의 복에 이르는 과정(1-2절)

이스라엘은 애굽에서 해방되어 약속의 땅 가나안까지 많이 걸려도 불과 일주일이면 도착할 수 있는 거리를 무려 40년이라는 긴 세월 동안 머물러야 했다. 하나님께서 이스라엘을 광야에서 40년 동안이나 머물게 하신 것은, 가나안 땅 자체보다도 하나님의 '약속의 가치'와 하나님의 '은혜의 필요성'을 깊이 깨닫기를 원하셨기 때문이다. 또 하나님은 그들이 고난을 통해서 '하나님의 은혜'의 가치를 깨닫기를 원하셨다. 그것은 곧 하나님은 진주를 개나 돼지에게 주시기를 기뻐하지 않으셨던 것과 일맥상통(一脈相通)한 진리(마 7:6)라고 말할 수 있을 것이다.

하나님께서 이스라엘 백성들로 광야의 길을 걷게 하신 이유는,

첫째, 그들을 낮추고 시험하기 위함이셨다(올무에 빠뜨리기 위한 유혹이 아니라 진리를 깨닫게 하기 위한 테스트, 신 8:2-3). 그 기간이 징계의 기간으로서(히 12:5-13) 무려 40년이었다.

둘째, 하나님을 향한 그들의 마음이 어떠한지를 시험하기 위해서였다. 사람이란 극한 상황에 처하면 그 사람의 본심을 알 수 있다. 즉 이스라엘은 자기들의 실체를 객관적으로 알아야 할 필요성이 있었다. 하나님은 광야 생활에서 사람의 생존에 필요한 기초적인 의식주 부족을 통해, 그들 스스로를 의지하지 않고 오직 하나님만 의지하도록 인도하셨다.

셋째, 하나님의 말씀에 대한 순종 여부를 시험하기 위함이었다. 바로 이것이 하나님의 부르심을 받은 백성에게 가장 중요한 성화의 과정이며, 충만에 이르는 과정이다. 이 과정이야말로 오직 하나님으로만 만족하며

순종해야 산다는 사실을 배우는 최고의 학교다.

마지막으로, 하나님은 그들이 교만하지 않고 겸손하게 하나님을 의지하기를 원하셨다. 우리가 어떤 예상치 못한 일들을 만나든지 혹은 어려운 시련을 만난다면, 그것은 하나님께서 우리 삶에 간섭하시는 증거라는 사실을 깨달아야 한다. 이것은 성숙한 성도(오직 순종)로 양육하기 위한 하나님의 배려였다.

아브라함이 이삭을 드렸을 때 하나님의 증거는 "내가 이제야 네가 하나님을 경외하는 줄을 알았다"(창 22:12)라고 반응하셨다. 하나님은 아브라함이 그의 독자 이삭을 얼마나 사랑하는지 알고 계셨다. 그래서 하나님은 아브라함이 가장 귀하게 여기는 아브라함의 독자 이삭을 들어 아브라함을 시험하셨다.

(2) 모든 근원이 하나님께 있다는 것을 배우는 과정(3-4절)

하나님은 이스라엘을 낮추며 주리게 하셨다(3절). 사람은 주릴 때, 즉 배가 고플 때 인생의 실체를 발견하기 쉬워진다. 하나님은 이스라엘도 알지 못했고, 그들의 조상들도 알지 못했던 만나를 먹게 하셨다(3절; 신 8:16). 그때까지 하늘에서 내리는 만나에 대한 정보를 알고 있는 사람은 아무도 없었다. 그러므로 '만나'가 사람이 인위적으로 만들어 냈다든가 자연적으로 내린 것이 아니라(일부 학자의 주장처럼)는 헛소리와 달리, 하나님께서 자기 백성들을 위해서 준비하신 '하늘 양식'이었다. 만나는 그 누구도(창세 이후로) 일찍이 먹어본 사람이 없는 아주 희귀한 양식이었으며, 이는 광야가 아니고는 경험할 수 없는 특별한 은혜였다.

이 하늘 양식 만나는 40년 동안 매일 같이 하루도 빠짐없이 말씀하신 규칙을 따라 일정한 시간에 내렸다. 다만 안식일에는 내리지 않았다. 이 원칙이 40년 동안 한 번도 지켜지지 않은 날이 없었다. 하나님께서 만나를 내려주셨을 때, 이스라엘은 이구동성으로 "이것이 무엇이냐?"(what is this?)"(출 16:15)라고 말했다. 하나님께서 그들에게 양식을 내려주시겠다고 말씀하신 것 외에 그들이 알고 있는 것이 없었다. 그러므로 그들은 서로를 향하여 물었는데, "이게 뭐지?"라는 말이 '만나'라는 이름이 된 것이다.

하나님께서 그들에게 '만나'라고 하는 특정한 하늘 양식을 매일 아침에 내려주신 목적이 어디 있었을까? "이것이 무엇이냐?"라고 이구동성으로 외쳤던 것처럼 이스라엘이 하나님이 날마다 주시는 하늘의 신비한 양식의 공급과 환희 가운데 살면서 하나님의 임재와 은혜를 알게 하게 하기 위함이었다. 하나님께서 이스라엘 백성들에게 아침마다 만나를 공급하신 이유는, 하나님의 은혜와 약속성취의 중요성을 발견하여, 하나님이 하신 언약을 실제 성취할 능력이 없으면 사람은 살 수 없다는 것을 깨닫게 하기 위함이었다. 단순히 광야에서 이스라엘에게 경작할 땅과 시간이 없었기 때문이 아니라, "사람이 떡으로만 사는 것이 아니요. 여호와의 입에서 나오는 모든 말씀으로 사는 줄을 알게 하려고" 그리하신 것이다. 즉 하나님은 자기 백성들에게 하나님의 말씀을 따라 사는 삶이 어떤 것인지를 가르치기 위하여, 그들을 낮추며 주리게 하셨으며, 또한 매일 비가 내림 같이 만나를 하늘로부터 내려주셨다.

이스라엘의 광야 생활 40년 동안 나타난 하나님이 베푸신 은혜의 증거들을 제시하는데(신 8:4), 그들의 의복이 해어지지 않았으며, 발이 부르트지 않았으며, 이스라엘이 광야 생활하는 기간에 그들은 씨를 뿌려 추수하지 않았지만 부족한 것이 없었다고 증언한다. 광야 생활 40년 동안 먹을 것이 없어 굶어 죽은 사람이 한 사람도 없었다. 이것은 그들에게 얼마나 귀중한 교훈인가? 분명히 상식적이고 일반적인 자연의 진리는 열심히 씨를 뿌리고 거두어야만 식물을 얻을 수 있게 되어 있다. 이는 하나님이 세우신 질서다. 사람이 심은 대로 거둔다는 원리가 어디서든지 적용된다. 그러나 이스라엘에게 이와 같은 일반적인 원리를 뒤집는 은혜의 역사가 나타난 것은 무슨 의미일까? 인생의 근본적인 만족과 생사화복이 인간들의 노력 여하에 있는 것이 아니라, 하나님의 말씀(약속)을 의지하는 여부에 있다는 것을 가르치기 위함이었다. 하나님은 그 원하시는 사람들에게 얼마든지 필요를 채우실 수 있는 분이라는 사실을, 자기 백성들이 광야의 경험을 통해서 배우기를 원하셨다는 말이다.

(3) 하나님의 징계를 통해 양육하는 과정(5-6절)

광야는 길이 일정하게 정해져 있지 않은 땅이다. 지금처럼 사회 기반 시설이 갖추어져 있거나, 고속도로가 뚫려 있다거나, 지도나 나침반이 있어서 방향을 잡고 목표를 정하여 찾아갈 수 있는 길이 아니었다. 모세가 이스라엘을 인도해야 하는 광야에 대해 "너를 인도하여 그 광대하고 위험한 광야 곧 불 뱀과 전갈이 있고 물이 없는 건조한 땅을 지나게 하셨으며"(신 8:15)라고 증언하는 것을 보라. 광야는 낮에는 견딜 수 없도록 덥고, 밤에는 또 견딜 수 없도록 추운 곳이다. 물이 필요하다고 할지라도 아무 데서나 구할 수 없는 곳이다. 때때로 불어오는 열풍과 사막의 모래바람은 행군은커녕 가만히 있어도 견디기 힘든 곳이 광야다. 이와 같은 환경의 광야를 꼭 통과해야만 했던 것일까? 성경은 가르치기를 광야 수업은 이스라엘 백성들에게 반드시 통과해야 하는 필수과목이라고 말한다. 그들이 광야에서 훈련을 잘 받는다면, 광야는 저주의 땅이 아니라 축복의 땅이며 은총의 땅으로 화답하는 곳이라고 역설한다. 그러므로 폴란드 출신의 유대인으로 이스라엘의 초대 총리를 지낸 벤구리온은 "지혜를 얻으려면 광야로 가라"라고 말하기도 했다.[41]

하나님께서 이스라엘을 그 조상들에게 약속하신 땅으로 인도하시기 위해서, 그 백성들이 약속의 땅을 기업으로 얻기에 합당한 자들로 양육하시는 것이 필요했다. 그것은 모세처럼 광야의 연단을 잘 받아(40년) 온유한 자가 되는 길이다(마 5:5). 한 마디로 하나님의 가르침에 잘 길들여지는 것이 온유다(민 12:3). 하나님은 때때로 이스라엘이 잘못하고 범죄했기 때문에 징계하시지만, 더러는 더 중요한 일을 앞두고 그들을 연단시키기 위해서라도 시련의 교육을 허락하신다.[42] 그러므로 이스라엘은 하나님의 은혜 가운데 거하기 위해 하나님의 징계목적을 아는 것이 필요했다(5절). 징계란 하나님의 말씀에 순종하도록 조치한 모든 교육과정을 말한다. 하나님의 징계 특성은 "아비가 아들을 징계함같이"이다. 신약에서는 징계가 없으면 사생자라고 말한다(히 12:8). 또 하나님의 징계 목적(필요성)은 "네 하나님 여호와의 명령을 지켜 그의 길을 따라가며 그를 경외"하는 데 있다고 가르친다(6절).

오늘날 징계를 통한 교육이 사라진 교육환경과 시대정신으로 인하여 가정과 사회 전반에 걸쳐 얼마나 불행한 일이 많은가? 사회가 점점 더 무질서해지고, 교회 안에서도 어른 역할이 사라지고 있으며, 그래서 인권 운운하며 자녀 교육을 망치고 있다는 사실을 망각하고 있다(예: 지나친

학생인권조례로 교권이 무너져 교사가 자살하는 사건이 발생할 정도로<2023년>).[43] 하나님 사랑의 특성은 항상 공의와 자비가 함께 조화를 이룬다. 즉, 사랑은 반드시 징계를 동반한다. 하나님은 자기 백성들(자녀들)을 특별한 사랑으로 인도하시지만, 다른 한편 그들을 위해서 징계도 서슴지 않으신다(잠 13:24). 그러나 이런 사랑의 깊이와 넓이를 신자들이 알지 못하기에 원망과 불평이 생기는 것이다.

(4) 약속의 기업을 얻기 위한 필수적인 과정(7-10절)

이스라엘에게 기업으로 주시기로 약속하신 땅은 광야를 건너지 않으면 갈 수 없는 지리적 위치에 있었다. 또 그 땅은 가보나 마나 보잘것없는 그런 땅이 아니었다. 하나님께서 약속하신 아름다운 땅, 그 땅의 특성에 대해 한마디로 "젖과 꿀이 흐르는 땅"으로 묘사하고 있다.[44] 하나님께서 이스라엘에게 약속하시고 인도하시는 땅에 관한 대표적인 묘사는 "아름다운 땅"(7절)이다. 그 땅은 골짜기든지 산지든지 시내와 분천(힘차게 솟아오르는 샘)과 샘이 흐르는 땅이다. 밀과 보리의 소산지요 포도와 무화과와 석류와 감람나무와 꿀의 소산지이다(8절). 광야와 비교할 때 먹을 것에 모자람이 없고, 사람에게 아무 부족함이 없는 땅이다(9절). 또 그 땅의 돌은 철이요, 산에서는 동을 캘 수 있는 자원이 풍부한 땅이다(9절). 그뿐만 아니라 "먹어서 배부르고 하나님 여호와께서 옥토를 네게 주셨음으로 말미암아 그를 찬송하게 되는 땅"으로 소개하고 있다(10절). 이는 이스라엘이 지나온 광야와 비교할 때 낙원이다.

이같이 하나님께서 약속하신 땅, 하나님께서 예비하신 기업을 얻기 위하여 이스라엘은 필연적으로 광야를 통과해야만 했다. 광야는 본래 나그네로서 그냥 지나가는 땅이지 그곳에 정착할 땅은 아니다. 그러기에 고난을 동반한 땅이라고 하더라도 크게 개의치 않아도 될 땅이다. 그러나 그들에게 예비하신 은혜를 입기 위해 그들은 광야를 통과하지 않으면 안 되었다. 우리에게 고난과 각종 위험과 불편이 따라서 괴롭고 불평이 생기는가? 그때 생각해야 할 것은 우리에게 주시는 하나님의 은혜를 입기 위해 우리가 필연적으로 통과해야만 하는 과정이라는 사실을 기억하는 일이다(롬 8:16-18). 이같이 이스라엘이 통과해야만 하는 연단의 땅이 광야이듯이, 성도들이 하나님께서 예비하신 충만의 은혜를 얻기 위해 반드시 통과하지 않으면 안 될 현대의 광야가 무엇인지를 묵상해서 잘 통과해야 할 것이다. 하나님으로 충만해지는 길! 그곳이 광야의 훈련이요 필요성이다.

5) 충만을 이루는 양육 과정에서 겪는 위기들

충만에 이르는 과정은 순탄치 않다. 충만의 복은 저절로 얻어지는 일이 아니기 때문이다. 이는 숫자에 이르는 충만이 목적이 아니기 때문이다. 사실 외적인 숫자가 늘어나는 것은 '번성'으로 족하다고 했다. "땅에 충만하라"라는 복은 땅에 가득 채워야 할 것이 무엇이냐에 따라 달라진다. 하나님의 사람으로 가득 채워져야 하는데(롬 8:19), 그 하나님의 사람이란 어떤 자인가? 혈통적인 이스라엘이 아니지 않은가. 그저 교회에 출석하는 자들이 아니지 않은가. 그렇다면 하나님의 사람으로 불리는 대상의 정체성은 어떤 것일까(딤전 6:3-12)?

하나님의 사람은 현실을 살면서, 주변 환경이나 인물들과 관계를 맺어가면서 그 정체성의 위기에 직면할 수 있다. 자칫 현실에 안주하여 자신을 성찰하는 일에 게으르게 되면 무늬만 하나님의 사람이 될 수도 있다. 그러므로 하나님의 사람들은 끊임없이 자신의 정체성에 질문을 던지며 점검을 게을리해서는 안 된다. 신약 디모데전서의 내용은 하나님의 사람이 그 정체성을 지키기 위해 꼭 지켜나가야 할 것이 무엇인지 명료하게 가르치고 있다. 피조물조차도 하나님의 아들들(하나님의 사람들)이 나오기를 기다린다고 바울은 말한다(롬 8:19-21).

하나님의 사람이 갖추어야 할 조건을 몇 가지로 요약하자면 다음과 같이 말할 수 있을 것이다.

(1) 경제면에서 자족하는 법을 배워야 한다.

사도 바울은 경제적인 문제에 대해서도 일체의 비결을 배웠다고 하면서, 이런 일은 능력 주시는 자 안에서 이룰 수 있는 일이라고 선언한다(빌 4:11-13). 그 핵심은 부하려 하지 않는 마음을 갖는 것이다(딤전 6:9-10). 삶에 꼭 필요한 것들만 있으면 그것으로 만족해하며 살아가라고 권면한다(딤전 6:6-8). 바울은 그 필요를 먹을 것과 입을 것이라는 단 두 가지로 설명하고 있다. 그렇다고 해서 주거지(집)가 필요 없다는 이야기가 아니다. 또 이러한 가르침이 경제적 부 자체를 죄악시하거나 경시하는 철학에 근거한 것도 아니다. 바울이 경계하려는 것은 공동체 전체의 풍요한 삶을 위한 부의 창조 활동이 아니라 이기적인 부의 축적 행위이다. 하나님의 사람은 주어진 능력에 따라 부를 열심히 창출하되, 자신을 위해서는 하나님이 맡기신 사명을 감당하는 일에 꼭 필요한 만큼만 쓰는 삶을 살아야 한다는 의미다. 그 나머지는 모두 하나님과 주의 일을 위해 그리고 어려운 이웃의 복지나 생산적 재투자를 위해 사용해야 한다고 가르친다. 우리의 부패한 사회현실에 극명하게 드러나 있듯이 사회의 모든 악의 뿌리를 찾아보면, 그 끝이 결국 돈을 사랑하는 마음에 닿아 있음을 쉽게 발견할 수 있다(10절). 이기적인 부를 추구할 때 하나님의 사람은 그 정체성에 치명적 상처를 입고, 결국 맘몬의 사람으로 변질되는 나락으로 떨어지고 만다.

디모데전서 6:19에 잘 표현되어 있듯이 가난한 이웃을 위해 부를 나누는 선한 삶을 더욱 풍성하게 만들기 위하여 돈을 벌 필요는 있다(엡 4:28). 우리 곁에는 항상 가난한 사람들이 도움을 기다리는 모습으로(요 12:8) 살고 있다는 점을 하나님의 사람들은 잊어서는 안 된다. 잠언은 가난한 자를 돕는 일은 하나님이 채무자가 되는 일이라고 장려하고 있다(잠 19:17). 다시 말해서 하나님이 갚으신다는 의미다.

(2) 의·경건·믿음·사랑·인내·온유를 좇으라(11下).

이 여섯 가지는 하나님의 사람이 갖추어야 할 정체성을 규정하는 중요한 덕목들이다. 이는 마치 여러 과일즙을 섞어 만든 주스처럼 한 신앙 인격 안에 함께 어우러져 있다. 칭의(義)란 그리스도 보혈의 은혜를 믿음으로 받아들임으로써 죄를 용서받아서 의롭다 함을 얻는 것이요, 성화는 주와 연합을 통한 성령의 힘을 의지해 선하고 의로운 삶을 살아내는 것(순종)을 말한다. 이 둘은 동전의 양면과 같다. 성경에서 의의 핵심은 사회적 약자(고아, 과부, 나그네 등)의 권익을 보호하는 것으로 말한다. 그런 흐름 속에서 목회 서신도 과부를 돌보는 것(딤전 5:3)과 나그네를 대접하며, 환란 당한 자를 구제하는 경건한 삶(딤전 5:10)의 중요성을 강조하고 있다.

이러한 의에 이르려면 '경건'과 '거룩'이 따라야 한다. 경건이란 매우 포괄적인 의미를 함축하고 있지만, 하나님과 깊은 교제를 누리는 삶이 그 핵심이라고 말할 수 있다. 경건은 연약한 이웃을 돌보는 삶을 포함한다(약 1:27). 은밀하게 주와 교제하는 기도와 말씀 묵상의 시간을 가짐으로, 진정한 하나님을 만나는 아름다운 경건의 깊이를 쌓아가며, 의로운 삶을 살아갈 수 있는 영적인 힘을 축적할 수 있게 될 것이다. 예수께서는 필요를 따라 한적한 곳에서 혹은 산에서 기도하심으로 그 아름다운 모범을 보여주셨다. 참된 경건은 믿음에서 나온다. 믿음이 없이는 하나님을 볼 수도 만날 수도 없다. 하나님에 대한 단순한 지식의 축적만으로는 경건해질 수 없다. 믿음이 결여된 상태라면 우리의 마음과 삶은 여전히 세속적인 것들로 가득 찰 수밖에 없다. 하나님과 인간은 인격적인 존재이기 때문에, 우리가 하나님을 믿지 않는다면 하나님과 깊은 교제의 길은 열리지 않는다. 믿음은 매우 주관적일 수 있기에 객관적인 잣대가 필요한데, 그것이 바로 성경을 사랑하는 마음과 성경적 사랑의 실천이다. 자기의 주관적인 열렬한 믿음(열정, 헌신)이 역사와 성경을 통해 계시 된 그 하나님에 대한 것인지, 아니면 개인의 마음 안에 만들어진 각자 다른 신(神)에 대한 신념인지를 가늠해 주는 것이 하나님 사랑이다. 열광적 믿음은 있어 보이는데 그 열광적 믿음이 사랑의 삶으로 표현되지 않는다면(참고. 고전 13:1-3), 그 믿음은 다른 복음에 의한 것일 수 있다는 위험이 있다.

성경이 가르치는 참사랑의 삶을 살아가려면 무엇보다도 오래 참는 인내가 필요하다. 예수께서 선한 일에 힘썼음에도 깨닫지 못하고, 배반하며 비난하는 어리석은 자들과 제자들로 인해 얼마나 마음고생이 심했었을는지 생각이라도 해본 사람이라면, 하나님의 사랑에 대한 정의는 간단하게 내려진다. 제자 한 사람, 한 사람을 세우기 위해 진실하게 사랑하는 일에 주님은 수많은 인내의 깊은 골짜기를 통과해야 했다. 주님은 인생들의 죄를 위하여 십자가에 못 박히신 것이건만, 그들은 오히려 예수를 십자가에 못 박으라고 아우성치는 악하고 무지함을 보였다(마 27:22-23). 주님의 인내는 십자가 위에서 드린 기도에서 그 아름다운 절정을 이루고 있다.

"아버지여, 저희를 사하여 주옵소서! 자기의 하는 것을 알지 못함이니이다" (눅 23:34)

이러한 인내는 온유하고 겸손한 인격에서 나온다(마 11:29). 온유는 하나님을 순종하는 잘 길들여진 순한 양과 같이 마음으로부터 용납하는 능력이다. 그래서 죄인 혹은 원수를 미워하며 그가 망하기를 기대하기보다는 오히려 죄의 길에서 벗어나 의인이 되기를 간절히 열망하는 내적 너그러움이 온유다. 이러한 온유가 없이 억지로 참기만 하는 것은, 참 온유나 인내가 아니고 오히려 마음에 쓴 뿌리가 생길 위험이 많아, 어느 순간에 분노가 폭발할 수밖에 없게 될 시한폭탄을 안고 사는 것과 같다. 그래서 인위적으로 이를 악물고 억지로 참는 것이 아니라, 그리스도의 마음을 품고, 그리스도를 생각함으로 참고 견디는 것이다(벧전 2:19). 사람이 성을 내면 하나님의 의를 이룰 수 없다(약 1:20)는 말씀을 늘 상기하면서 말이다. 온유한 사람만이 폭력으로는 성취할 수 없는 하나님 나라의 진정한 정의를 실현할 수 있는 능력을 얻게 된다. 이렇게 해서 맨 처음의 덕목으로 다시 돌아가게 된다. 바울이 제시하고 있는 여섯 가지 덕목은 이같이 서로 도우며 함께 자라 가는 것들이다. 그러므로 동시에 진행하는 선순환을 추구해야 한다.

(3) 선한 싸움을 싸워야 한다.

바울은 디모데에게 '하나님의 사람'이라는 칭호를 사용했다. '하나님의 사람'이라는 호칭은 구약성경을 보면 모세에게 나타났고(신 33:1; 시 90:1), 사무엘(삼상 9:8)과 엘리야(왕상 17:18), 엘리사(왕하 4:7), 그리고 무명의 선지자(삼상 2:27; 왕상 13:1) 등에게 사용된 호칭이다. 신약 성경에서는 넓은 의미로 하나님의 영을 받은 모든 하나님의 자녀들에게 붙여진 호칭이기도 하다. 그런 의미에서 모든 성도는 하나님의 사람이다. 이는 곧 성령으로 거듭난 자 즉 중생한 자를 일컫는다. 사도행전 11:26에 '그리스도인'이라는 단어가 나오는데, 이는 "그리스도의 사람", "그리스도에게 속한 자"라는 의미이다. 이는 다른 말로 '그리스도 예수의 사람'(갈 5:24), '새 사람'(엡 2:15)이라고 부를 수 있다. 따라서 하나님의 사람은 결코 자신의 만족을 위해 사는 사람이 아니고, 결코 자신의 욕망을 추구하며 사는 사람이 아니다. 하나님이 분부하신 모든 목적을 이루어 드려야 할 사명에 따라 움직이는 특별한 자이다. 구약적 용어로 하나님의 '특별한 소유'임을 확인하는 호칭이다(말 3:17). 하나님 보시기에 귀하고 특별한 존재라는 의미다(시 16:3; 사 49:5).

결국 '하나님의 사람'의 정체성을 지켜나가는 것은 믿음의 선한 싸움을 요구하는 자리로 이끈다. 어찌 내적인 영적 전쟁 없이 시대정신이나 맘몬의 그 달콤한 유혹을 이길 수 있겠는가. 어찌 피 흘리는 투쟁 없이 의·경건·믿음·사랑·인내·온유라는 위대한 덕목을 쌓아 나갈 수 있겠는가. 그러나 이 싸움은 힘들기만 한 것은 아니다. 이 싸움은 자기 힘만으로 홀로 싸우는 것이 아니라 믿음으로 싸우는 것이며, 신자를 도우시는 성령의 능력으로 이길 수 있는 싸움이기 때문이다. 우리의 대장 예수께서 우리의 믿음에 응답하여 때로는 우리 앞서 싸우시고(수 5:14), 때로는 우리의 팔을 붙들어 주신다. 성령을 보내셔서 성령의 능력으로 일하게 하심으로 힘을 돋우어 주신다.

바울은 디모데를 '하나님의 사람'이라고 부르면서 네 가지를 명령하고 있다. "피하라", "좇으라", "싸우라", "취하라"가 그것이다. 하나님의 사람으로서 따라야 할 덕목 네 가지를 잠시 살펴보자. 이 덕목을 취하는 싸움이 영적 전쟁 곧 선한 싸움의 본질이다. 우리가 정복해야 할 대상, 목적이 분명해야 영적 전쟁에서 승리할 수 있다.

① **피하라**(휴고, 딤전 6:11 上)

"이것들을 피하고"라고 했는데, 하나님의 사람이 피할 것들이 있다는 이야기다. 멀리 도망해야 할 것이 있다. 여러 가지가 있겠지만 본문을 중심으로 생각하자면 두 가지를 말하고 있다. 3-5절에 이단자들과의 변론을 피하라는 것과 다른 하나는 돈을 사랑하는 탐심을 피하라는 것이다. 여기 '이것들'이라고 한 지시대명사는 이단자들의 악덕(3-5절)을 가리키는데, 구체적으로는 거짓 교사들의 '다른 교훈'을 말한다(유다서 참고). 교만하고 변론과 언쟁을 좋아하고, 투기와 분쟁과 훼방과 악한 생각을 하며, 경건을 이익의 재료로 생각하는 자들의 행동들을 의미한다. 하나님의 사람들은 이것들을 멀리하며 논쟁에 휩싸이면 안 된다. 그리스도와 벨리알이 함께 할 수 없듯이 하나님의 사람들은 이런 자들과 상종하지 말아야 한다.

두 번째로 돈에 대한 사랑과 욕심을 피해야 한다. 오늘날 세계인의 최고 관심사는 경제요 돈이다. 이념도, 사상도, 국가도 돈을 중심으로 움직인다. 과연 주의 말씀대로 맘몬과 하나님을 겸하여 섬길 수 없다(마 6:24; 눅 16:13)고 하신 말씀을 고민해야 하는 때가 온 것이다. 세상은 모든 가치를 돈으로 평가한다. 한 국가의 수장(대통령, 총리 등)을 선택하는 일도 오직 경제적 성공을 공약하고, 국민의 경제를 살리는 자에게 집중된다. 부동산도 "평당 1,000만원" 하면 금방 그 땅의 가치를 알아듣는다. 이 집의 설계가 얼마나 잘 되었고, 위치와 전경이 얼마나 좋은지 설명해도 확 와 닿지 않다가도 "500억짜리 집"이라고 하면 바로 알아듣고 탐낸다. 그 외에도 얼마나 좋은 옷인가는 옷값을 얘기하면 되고, 골프장 회원권이나 점포의 권리금처럼 무형의 이권들도 모두 돈으로 환산되는 값으로 가치를 매길 수 있다. 심지어 인간의 신체(비주얼)나 재능도 이미 상업적인 돈으로 값이 매겨지는 시대다. 광고모델, 배우의 출연료, 가수의 행사 비용 등 모두 돈으로 그 사람의 가치가 결정된다. 씨름 선수의 체격과 힘이 연봉으로 매겨지고, 야구 선수의 가치는 타율과 승수가 돈으로 환산된다. 머리에 들어있는 지식의 가치도 돈으로 환산된다. 자본주의나 사회주의 할 것 없이 모든 국가에서 돈은 강력한 힘이 있고 매력이 있는 권력이요 가치다. 그런데 10절 말씀은 그 강력한 돈에 대해 뭐라고 하는가?

"돈을 사랑함이 일만 악의 뿌리가 되나니, 이것을 사모하는 자들이 미혹을 받아 믿음에서 떠나 많은 근심으로 자기를 찔렀도다"

성경의 이 가르침에 동의하는가?

② 좇으라(디오코, 딤전 6:11下)

"의와 경건과 믿음과 사랑과 인내와 온유를 좇으며" 한 마디로 돈이 안 되는 것들이다. 앞서 피해야 할 것, 도망해야 할 것을 다루었다면 이번에는 반대로 추구해야 할 것이 무엇인지 말한다. 여기 "좇는다"라는 말은 일정한 목표를 설정하고, 그 목표에 자기의 인생 전부를 쏟아붓는 것을 의미한다. 즉 "추구하고 갈망"한다는 뜻이다. 하나님의 사람으로서 마땅히 추구해야 할 것으로 6가지를 설명하고 있다. 이에 대해서는 앞에서 이미 자세히 설명했으니 참고 바란다.

③ 싸우라(아고니조마이, 딤전 6:12上)

"믿음의 선한 싸움을 싸우라" 여기서 "싸우다"라는 말은 경기장에서 상을 얻기 위해 힘쓰는 행위를 가리킨다. 우리가 세상에서 하나님의 사람으로 살려면 무엇과 싸우며, 어떨 때 하나님이 상 주시는지를 알아야 한다. 법대로 경기하지 않으면 상은 없고(딤후 2:5) 오히려 불법으로 지적당해 퇴장당한다는 사실을 알고 싸워야 한다. 무조건 적이라고 해서 마구잡이로 싸우는 것이 아니다. 심판자이신 하나님이 정하신 법대로 싸워 이겨야 한다. 즉 선으로 악을 이기는 싸움을 해야 한다(롬 12:21). 사단과 또는 죄와 싸울 때도 마찬가지다. 그래서 이 싸움이 어렵고 지식 없는 싸움은 상 받기가 쉽지 않다. 알 것은 하나님이 기뻐하시는 선한 일을 행할 때, 그것이 바로 적극적인 의미의 싸움이다.

"선한 일을 행하고, 선한 사업에 부하고, 나누어 주기를 좋아하며, 동정하는 자가 되게 하라"(18절)

이것이 바울이 가르치는 "싸우라"라고 권한 방향성이다. 따라서 "싸우라"라는 말은 다른 것으로 싸우지 말고, 우리의 인격이 주님 앞에서 어떻게 다듬어져 가고 있는지를 생각하면서, 하나님이 기뻐하시는 선한 일에 힘쓰고 수고하는 싸움을 싸우라는 말이다. 선을 행함으로 악을 이기는 싸움을 싸우라는 말이다. 이는 우리 힘으로는 사실상 불가능하기에 성화 과정은 주와의 연합을 말하는 것이다(갈 2:20). 악한 옛사람의 속성을 함께 가진 신자의 이중성으로 인해 그 사이에서 갈등하며 선택하며 싸워야 하는 정말 어려운 싸움인 것은 분명해 보인다.

④ 취하라(에필람바노마이, 딤전 6:12 中)

"영생을 취하라" 여기서 "취하라"는 말은 놓치지 않고 꽉 붙잡는 것을 의미한다. "도움, 목표 달성, 그밖의 것을 위하여, 문자적 혹은 상징적으로 굳게 하다, 붙잡다"란 의미다. 바울이 이전에 가치성을 부여하던 모든 것을 배설물로 여기고 주의 부활에 동참하는 일을 목표삼은 이유가 이것이다(빌 3:7-14). 이때의 영생은 믿음의 선한 싸움에서 얻어지는 전리품이다. "취하라"는 명령은 하나님이 주신 영생을 소유하고 누리는 신자의 수용 자세를 가리키는 말이다. 영생을 놓지 않고 붙잡는 것은 하나님의 사람으로서 진정한 목적이요, 하늘의 기업을 확보하는 일이다. 오늘날 세상 사람들은 돈과 권세, 명예 때문에 죄악 가운데서 악한 싸움을 많이 싸우지만, 우리는 영생을 누리며 풍성하게 하기 위한 선한 싸움을 싸워야 한다. 승리는 싸우는 사람에게만 주어지는 용어요, 대가이다. 승리하여 상을 받으려면 일단 경기에 나가 시합해야 금이든 은이든 메달의 결과를 얻을 수 있는 것이다(예; 올림픽). 영원한 상급과 축복, 승리하는 삶을 위해서 우리는 선한 싸움을 싸우겠다는 마음의 각오와 결심을 해야 한다.

"우리 주 예수 그리스도 나타나실 때까지 점도 없고 책망받을 것도 없이 이 명령을 지키라"(딤전 6:14)

"선한 일을 행하고 선한 사업에 부하고 나눠 주기를 좋아하며 동정하는 자가 되게 하라 이것이 장래에 자기를 위하여 좋은 터를 쌓아 참된 생명(영생)을 취하는 것이니라"(딤전 6:18-19)

이상이 하나님의 사람으로서 갖추어야 할 덕목과 싸움의 일이다. 이에 구약에서 이스라엘이 광야를 통과하면서 겪은 위기(충만을 위한 과정에서 겪어야 할 일들)를 돌아보면, 이스라엘이 겪은 상황과는 별 관계가 없다는 것을 알게 된다. 중요한 것은 하나님과 관계성 정립이다. 하나님을 얼마나 신뢰하느냐의 문제가 가장 중요한 관건이다. 이 관계성 문제는 아무리 기적을 많이 체험했어도 크게 효과적이지 않았다는 것이 구약성경의 가르침이다. 하나님을 아는 일에 충만해져야 하는데, 기적 같은 능력을 체험하는 것(부차적인 문제)보다 하나님께서 언약(약속)을 얼마나 잘 지키느냐와 그 하나님을 얼마나 신뢰하느냐의 문제다.

6) 이스라엘이 광야에서 만난 위기들

(1) 첫 번째 위기; 물로 인한 위기(출 15:22-27)

이스라엘 백성은 출애굽 한 이후에 사흘 길을 가면서도 마실 물을 발견하지 못했다. 마침내 물을 발견하지만, 이번에는 그 물이 써서 마실 수가 없었다. 그리하여 그 이름을 '마라'(쓰다)라고 부르게 된다.

"마침내 '마라'에 다다랐지만, 그곳 '마라'의 물이 써서 마실 수가 없었다. 그리하여 그 이름을 '마라'라 하였다." (출 15:23)

이스라엘 백성이 느낀 참담함을 '마라'라는 표현을 세 번이나 언급하여 표현한다. 이스라엘 백성은 '마라'에서 쓴 물맛을 보고 난 후, 모세에게 도대체 우리에게 무엇을 마시라는 말이냐고 불평한다. 이때 광야의 주요 주제인 '불평'이 처음 등장한다. 모세가 하나님께 부르짖으니, 주께서 나무 하나를 보여주셨고, 그 나무를 물에 넣으니 마실 수 있는 단물이 되어 마실 수 있었다고 성경은 기록한다. 주께서는 불평하는 백성을 처벌하지 않으시고, 오히려 쓴 물을 단물로 바꿔주시며 생존을 위협하는 '목마름'이라는 현실 문제를 해결해 주셨다. 또 조금만 참고 더 갔으면 '엘림'(오아시스, 종려나무가 70 그루 있는 곳)을 만날 수 있었는데(민 33:8-9), 그새를 참지 못하고 원망 불평한 것이다. 물론 이는 한치 앞도 알 수 없는 연약한 인생의 단면을 드러내는 당연한 모습이기도 하다. 마라는 물의 쓴맛뿐만 아니라 인생의 슬픔이나 괴로움을 나타내는 단어다(룻 1:20). 이런 경험은 출애굽 한 이후 얼마 지나지 않고도(불과 3일 길 만에) 경험하는 맛인 줄 알아야 한다(민 33:8).

그런데 물이 육체의 생명 보존에 필수 요소이듯이, 하나님의 '규정과 법' 또한 신앙의 공동체가 존속하는 데에 필수 요소이다. 그래서 <u>주께서는 '그곳(마라)에서' 이스라엘 백성에게 물과 함께 당신의 '규정과 법'을 주시며(출 15:25-26), 그들이 당신의 말을 듣고 잘 지키는지 여부를 시험하신다.</u> 광야에서 처음 겪은 이 마라 사건은 앞으로 펼쳐질 광야의 모든 여정과 시내 산에서 있을 사건 전체를 예시한다. 하나님께서는 이스라엘 백성에게 당신의 말씀에 귀를 기울이고 당신이 주신 모든 규정을 지킬 때,

이 광야 여정에서 살아남을 수 있다는 약속과 경고를 함께 주셨다. 이 첫 위기에서 하나님이 가르치고자 하신 교훈은 기껏 육신의 목마름이나 해결해 주고자 하심이 아니다. 하나님의 간섭은 사람이 세상에 태어나 광야 같은 인생을 살면서 겪는 육신의 문제를 해결하는 데 있지 않다. 왜냐면 마라의 사건을 해결한 이후에 주시는 말씀이 이를 증명한다.

> "가라사대 너희가 너희 하나님 나 여호와의 말을 청종하고, 나의 보기에 의를 행하며, 내 계명에 귀를 기울이며, 내 모든 규례를 지키면, <u>내가 애굽 사람에게 내린 모든 질병의 하나도 너희에게 내리지 아니하리니</u> 나는 너희를 치료하는 여호와임이니라"(출 15:26)

'마라'의 "물의 쓴맛, 괴로움"을 치료한 나무는 히브리어로 '에츠'다. 이 '에츠'는 사람의 생명을 살리는(혹은 유지하게 하는) 양식을 공급하는 나무를 일컬을 때 쓰인 단어다(창 1:11). 그러나 먹지 말라는 나무의 열매를 먹으면 죽는다(창 2:9). 이는 나무 자체의 문제가 아니라 하나님의 명령을 불순종하는 사람의 문제라는 점을 알려준다. 계시록에는 창세 때 천사에 의해 길이 막혔고 감추어졌던 생명나무가 다시 등장하여 12가지 열매를 맺으며, 그 잎사귀는 만국을 치료하기 위해 존재한다고 알리고 있다(계 22:2). 따라서 출애굽기 15:23에 나오는 나무는 사람의 생명을 살리는 생명나무의 역할을 함으로 예수를 상징하는 나무라고 생각된다. 쓴 물을 달게 만드는 사건을 통해 치료하시는 하나님을 가르친 것이다.

(2) 두 번째 위기; 양식으로 인한 위기(출 16:1-36)

'엘림'을 떠난 이스라엘 공동체는 애굽을 떠나온 지 한 달째인 둘째 달 보름날에 엘림과 시내 산 사이에 있는 신 광야에 도착하게 된다. 이스라엘 백성이 이번에는 먹을 양식이 없어 불평한다. 하나님께서는 이스라엘 백성들의 불평을 듣고 당신이 직접 하늘에서 양식을 비처럼 내려주겠노라고 모세에게 말씀하셨다. 주께서는 저녁에는 메추라기를 보내주시고, 아침에는 "땅에 내린 서리처럼 작은 알갱이들"(출 16:14) 곧 '만나'(출 16:31)를 주신다. 여기에는 한 가지 조건이 수반되는데, 평소보다 갑절을 거두어들이는 여섯째 날을 제외하고는 하루 먹을 만큼의 '일용할 양식'만 거두어들이라는 것이다. 이스라엘 자손들은 정착지에 다다를 때까지 40년 동안 하늘 양식인 이 만나를 먹는다. 이처럼 만나와 메추라기의 형태로 주어지는 양식을 통해 하나님께서 이스라엘 백성과 함께 하시며 돌보신다는 것을 보여주셨다. 하나님께서는 이스라엘의 자손들이 볼 수 있도록 만나 한 오멜을 항아리에 넣어 '증거 판'(십계명이 기록된 두 돌판) 앞에 놓아 보관하라고 명하셨다(출 16:33-34). 만나를 증거 판 앞에 보관하는 것은 일상의 삶(만나)과 신앙생활(증거 판)의 일치를 상징하는 것으로 볼 수 있다. 이스라엘 백성은 일곱째 날, 곧 "안식의 날, 주님을 위한 거룩한 안식일"(창 2:3; 출 16:23)을 지켜야 했다. 이 모든 조건은 이스라엘 백성이 주님의 지시를 잘 따르는지 살펴보는 시험이었다. 그러나 저들은 이 시험에서도 실패한다(출 16:28).

(3) 세 번째 위기; 두 번째 마실 물로 인한 위기(출 17:1-7)

신 광야를 떠난 이스라엘 자손들의 공동체는 '르비딤'(휴식처, 빛)에 이른다. 그런데 지역 이름처럼 쉬는 곳이어야 하는데, 물이 없어 쉴 수가 없게 되자 이곳에서 또다시 "마실 물"이 없다는 문제로 불평하는 세 번째 위기를 만난다. 이 위기는 얼핏 물의 문제라는 '마라' 사건(출 15:22-25)과 비슷해 보이지만 정도가 한층 심해진다. 다시 말하면 이미 원망과 불평이 학습된 것이다. "원망·불평하면 해결해 주더라"는 식의 못된 습성이 각인되었다는 말이다. 자식들과 가축들이 죽을 위기에 처하자, 지금까지 하나님이 자기들에게 어떻게 물을 마시게 했으며 양식을 먹게 했는지는 일부러 잊으려는 듯이, 백성들은 모세에게 불평을 넘어 시비를 건다. 모세는 "이 백성에게 제가 더 이상 무엇을 해야 합니까?"(출 17:4)하고 하나님께 부르짖었다. 하나님께서는 모세에게 나일강을 친 지팡이로 '호렙의 바위'를 치면 물이 터져 나와 백성이 마시게 될 것이라고 해결책을 제시하셨다. 이곳에서 이스라엘 백성이 하나님의 의도와 능력을 의문시하면서, 그분의 현존(임재) 여부를 시험하였다고 해서 '맛사'(시험하다), 혹은 백성이 하나님과 다투었다고 해서 '므리바'(불평하다, 화나게 하다)라고도 부른다(출 17:7).

불신은 하나님을 시험하는 악이다. 하나님이 사람의 필요나 문제를 해결해 주지 않는다고 하더라도 하나님은 하나님이시다. 그 선을 넘으면 죄가 되고 하나님을 진노하게 만든다. 병행 기사가 기록된 민수기 20장에서는 '가데스'로 부르고 있다. 그런데 의미심장한 것은 이곳에서 이스라엘이 불평할 때 '아말렉'이 공격해 왔다는 점이다(출 17:8). 이는 하나님의 진노를 나타냄과 동시에 이스라엘이 "빛나다, 등불"이란 뜻의 유래를 가진 '르비딤'에서 원망하자, 어둠의 세력인 하나님의 원수 아말렉이 쳐들어온 것으로 해석할 수 있다. 그래서 신약에서는 "무엇을 먹을까, 무엇을 마실까 염려하지 말라"고 권면하는 것이다(마 6:31-32). 모든 원망, 불평의 문제와 염려의 근원이 먹고 마시는 문제에서 비롯되기 때문이다. 오늘날에도 가장 아우성치는 문제가 사람의 가장 기초생활인 먹고 마시는 문제가 아닌가. 그러나 이 문제는 하나님이 먼저 아시고 준비하신다고 하시지 않았는가. 그러므로 "하나님을 믿으라"고 하는 이 메시지가 해결책이고 유일한 대답이다.

(4) 네 번째 위기; 전쟁의 위기(출 17:8-16)

이스라엘 백성은 르비딤에서 처음으로 이민족(베두윈족)인 아멜렉과 전쟁한다. 이 전쟁의 원인 혹은 발단이라고 할 수 있는 것은 물로 인한 이스라엘 백성의 시험과 원망 불평에 있다. 따라서 아말렉과의 전쟁은 이스라엘이 광야에서 보여준 불신의 행동에 대한 종합적인 문제점을 드러낸다. 아말렉은 야곱의 형 '에서'의 아들인 엘리바스가 첩 딤나에게서 얻은 아말렉의 후손으로(창 36:12, 16), 에돔에 속해 있다가 독립하여 팔레스타인 서남쪽 광야와 시내 반도 일원에서 유목 생활을 하던 족속이다 (민 13:29). 모세의 시종이며[45] 장차 그 후계자가 될(민 27:18-23) 여호수아는 모세가 지시한 대로 아말렉과 싸우러 나가고, 모세는 하나님의 지팡이를 손에 잡고 아론과 훌과 함께 언덕으로 올라간다. 모세가 지팡이를 쥔 손을 들면 이스라엘이 우세하였기에, 아론과 훌은 양쪽에서 그의 팔을 해가 질 때까지 떠받쳤고, 여호수아는 이들의 수고에 힘입어 아말렉족을 무찌른다. 손을 쳐든 모세의 행동은 하나님의 도움을 청하는 동시에 하나님께서 주시는 힘과 복을 전투 중인 이스라엘 사람들에게 전한 중보자의 자세를 취한 것으로 볼 수 있다. 이는 곧 전쟁에서의 승리는 하나님에 의해서 결정되는 것임을 보여주는 모습이다(삼상 17:47). 오합지졸이요 전쟁을 해본 경험이 전무한 이스라엘이 잔인하며 훈련이 잘된(신 25:18; 삼상 15:33) 아말렉과 전쟁에서 이긴 비결은, 이스라엘이 역할 분담을 하고, 하나님께 기도하는 일에 힘을 합쳤기 때문이 아니다. 전쟁은 하나님께 속했다는 사실을 보여주고 가르치기 위한 경험이 필요해서 일어난 사건이다. 왜냐면 앞으로 이스라엘이 가나안 땅을 점령하기 위해서는 전쟁이 필요했기 때문에 미리 맛보기로 경험시키고 가르치시는 것이다. 전쟁에서 어떻게 해야 이길 수 있는지를…

아말렉과 이스라엘에 얽힌 문제는 중요하기에 좀 더 세부적으로 다루자.

① 하나님과 이스라엘의 원수가 된 아말렉(참고, 창 3:15)

그럼, 광야에서 이스라엘을 제일 먼저 공격한 아말렉은 누구일까? 이스라엘이 약속의 땅 가나안을 정복하는 일에 경계해야 할 대상은 원주민 일곱 족속(신 7:1)만이 아니었다. 아말렉, 에돔, 모압, 암몬 등은 약속의 땅으로 가는 길목에서 많은 장애와 고통을 안겨주었다. 약속의 땅에 들어가서는 미디안과 블레셋 등이 이스라엘 백성들을 괴롭혔다. 그러므로 이스라엘은 어떤 경우에라도 이들을 조심해야 했으며, 이들의 신과 종교 풍습이 '올무'가 되지 않도록 경계해야 했다(출 34:11-12). 이 중에서도 경계를 넘어 멸절의 대상으로 여겼던 불구대천의 원수가 바로 아말렉이다. 출애굽 한 이스라엘 백성들이 신 광야를 떠나 르비딤에 이르렀을 때 처음으로 아말렉이 이스라엘을 공격했다(출 17:8-16). 약속의 땅으로 가는 여정에서의 첫 번째 전투, 그것도 아직 출애굽 한 이스라엘이 하나님과 언약을 맺기도 전에 공격을 가해온 족속이다. 그들은 이스라엘의 행렬에서 뒤쳐진 약자를 공격했고, 하나님을 두려워하지 않았다. 그래서 신명기에서는 이들의 죄와 악행을 영원히 잊지 말라고 기록하고 있다(신 25:17-19). 아말렉 족속은 이스라엘 백성들의 기억 속에 영원히 잊어서는 안 될 불구대천의 원수로 각인되었다.

a. 성경에 나타난 최초의 아말렉족

성경에서 아말렉이 처음 등장하는 것은 창세기 14장에 나타난 최초의 국제전쟁인데, 그돌라오멜 동맹군이 소돔 왕 동맹군을 격파하면서 가데스 근처에서 아말렉 족속을 친 기록이 있다(창 14:7). 이스라엘은 훗날 이곳 가데스 바네아의 정탐 보고 사건에서 믿음으로 승리하지 못하여 하나님의 진노로 인해 광야로 되돌아가 모두 죽어야 하는 통한의 실패를 겪는다(민 14:1-38). 아브라함 이야기와 관련한 창세기 14:7에 언급된 아말렉은 그들이 사해 남서쪽 땅을 거주지로 삼고 있었다는 것을 보여준다. 모세의 인도 아래 이루어진 출애굽 시대에도 그들은 여전히 같은 지역을 차지하고 있으면서 다른 주변 지역으로 뻗어 나갔다. 이스라엘 백성들은 사해 남쪽에서 300km나 떨어진 지역인 아라비아 북서쪽 끝에서 아말렉에 의해 공격을 받았다. 그리고 아말렉은 그때 가나안 땅의 일부도 차지하고 있었다. 모세가 12명의 정탐꾼을 가나안 땅으로 보냈을 때, 정탐꾼들은 아말렉이 그 땅의 남쪽을 차지하고 있었다고 보고하였다(민 13:29).[46]

b. 육에 속한 계보에서 나온 에서의 후손

창세기 36:12에서는 아말렉이 야곱과 대치되는 에서의 아들인 엘리바스의 첩 딤나를 통해 낳은 아들로 소개하고 있다. 이삭과 리브가 사이에서 쌍둥이로 태어났어도 영적 후손인 야곱과 육적 후손으로 나누어지는 상징적 인물인 '에서'의 후손이다. 에서는 약속의 계보에서 떨어져 나간 육신의 장자였다. 그로 인해 그의 후손들이 약속의 자녀인 이스라엘을 증오하고 미워할 수도 있었을 것이다. 아브라함의 서자이며, 육신의 혈통인 오늘날의 이스마엘 후손인 아랍인과 같이…

c. 하나님의 백성들이 하나님의 뜻에 역행할 때 징계의 도구로 사용하신다.

민수기 14장은 가데스 바네아에서 정탐군 12인을 보냈을 때, 그곳에 거주하는 아말렉 족속과 가나안 족속들을 보게 된다. 이스라엘 백성이 믿음이 없는 부정적인 정탐꾼 10인의 말만 듣고 가나안 입성을 포기했다가 불신의 주동자들에게 재앙이 내린 후, 다시 가나안 입성을 시도하지만, 하나님이 함께 하지 않는 상황에서 가나안 족속과 아말렉 족속에게 패하고 만다(민 14:40-45).

d. 하나님이 없는 이방 세력의 시작이자 대표성을 가진다.

민수기 24:20에서 발람이 말하기를 "아말렉은 열국 중 으뜸" 혹은 "이방 나라들 가운데 첫째(시작)"라고 설명하고 있다. 이는 이방의 대표적인 족속이란 의미로서, 공중의 권세 잡은 자(사탄)의 대표적인 수하라는 이야기다. 따라서 구약에서 사탄이 부리는 악한 족속이 아말렉이다. 그래서 저들은 이스라엘로부터 무엇인가 자기들의 유익(재물 약탈)을 위하여 공격한 것이 아니라(일반적으로는 베두윈 족의 삶이 이를 목적으로 한다), 하나님을 대적하여 방해하는 짓을 저지른 것으로 설명이 가능하다. 그런 의미에서는 아말렉 같은 사탄의 수하로부터 자기의 신앙을 관리하는 것(딤전 4:5)이 영적 전쟁이요, 신앙생활이라고 말할 수 있을 것이다. 쉴 틈이 없이 빠르게 변하는 인생사에서 마음을 어떻게 지켜 내느냐에 따라 생명이 살아서 움직이는 역동적인 삶을 누릴 수도 있고, 살아 있으나 마치 죽은 것처럼 어둠과 절망의 삶을 살 수도 있다. 솔로몬은 생명이 각 사람의 마음 상태에 달려 있다고 밝힘으로써(잠 16:32), 마음을 지키는 일이 신앙생활에서 대단히 중요함을 강조하고 있다(잠 4:23).

e. 하나님을 두려워하지 않는다.

신명기 25:17-19은 출애굽기 17:8 이하에 기록된 아말렉 전쟁의 배경 설명이 기록되었다. 이들의 특징은 하나님을 두려워하지 않는 것이며(신 25:17 上), 이스라엘이 광야에서 약속의 땅을 향해 행진해 나갈 때, 피곤함으로 본 대열을 따라가지 못하는 후방의 연약한 사람들을 공격하는 교활한 자들로서(신 25:17 下), 영락없는 야생의 맹수를 연상하게 한다. 하나님을 두려워하지 않는 아말렉은 하나님의 백성을 공격할 기회만 호시탐탐 노리고 있다. 조금이라도 지친 기색을 보이면, 언제든지 가장 약한 부분부터 공격해 들어온다. 맹수는 힘이 강해서 두려워할 상대자가 없기에 안하무인의 특징이 있고, 먹잇감을 노릴 때도 항상 무리에서 쳐지거나 이탈한 자, 어리고 약한 것들을 공격한다. 고대 전쟁에도 지켜야 할 불문율이 있었다고 하는데, 그것은 무리에서 뒤쳐진 자들을 공격하지 않고, 목숨만은 살려 준다는 것이다.[47] 그런데 아말렉은 이스라엘 백성의 꼬리(후미), 즉 무리에서 뒤쳐진 연약한 자들만 주 타깃삼아 공격했다. 이는 당연히 지켜야 했던 규칙마저 무시한 무자비한 행동으로 들짐승과 다를 바 없던 행동이었다. 그래서 하나님은 이스라엘이 가나안에 정착한 후에 패악한 "아말렉의 이름을 천하에서 도말하라"고 명하시며, 절대 이 명령을 잊지 말라고 당부하셨다(신 25:19).

그런데 모세는 왜 아말렉이 공격한 이유를 이스라엘 백성들에게 말했을까? 약속의 땅 입성을 목전에 둔 이스라엘 백성에게 이전에 경험했던 사건을 상기시켜 그들 마음속에 하나님의 교훈을 새기기 위함이다. 모세는 모든 상황을 영적으로 바라보고 해석하는 안목(통찰력)이 있었다. 그래서 문제가 해결되고 나면 그것으로 끝인 신자들의 일상 신앙생활을 지적하는 것이다. 이는 오늘날에도 마찬가지다. 문제가 해결됐다 싶으면 더 이상 그 문제를 생각하기 싫어하고, 원인을 되돌아보며 분석하지도 않는다. 그래서 똑같은 문제로 다시 넘어지고 쓰러지면서, 다람쥐 쳇바퀴 돌듯 전전긍긍하는 답이 없는 미약한 신앙생활을 유지하느라 고통을 호소한다. 물론 신앙생활에서 원인을 찾는 것만이 능사는 아니다. 미래적인 목적(목표)을 바라보고 나아가는 것이 더 중요하다. 하지만 미래로 나아가기 위해 실패의 원인을 분석하고, 다시는 실패의 자리에 반복해서 빠지지 않도록 교훈을 받는 것 또한 중요하다. 하나님은 항상 문제해결이 초점이 아니라, 다시는 그런 과오나 실패를 겪지 않고 앞으로 나아가는 신앙이 되라고 교훈을 남기신다.

f. 세상 어느 곳에서도 만날 수 있는 올무이다.

출애굽기 17:8에서 아말렉과 전쟁의 배경을 좀 더 살펴보자.

"그때 아말렉이 와서 이스라엘과 르비딤에서 싸우니라"

모세는 이스라엘 백성에게 '그때'를 주목하라고 말한다. 르비딤에서 아말렉과 싸우던 때를 기억하라는 말이다. 르비딤에서 어떤 일이 있었는가? 광야 길을 걷다 보니 목이 말라서 물을 찾는데 물이 없었다. 그러자 백성들은 모세를 원망했고, 모세가 주께 간구하여 호렙산의 한 반석에서 물을 내어 흡족하게 마시게 했다. 그런데 이 놀라운 기적의 현장을 이상하게 "다툼의 장소"란 의미를 가진 '맛사'(시험), 혹은 '므리바'(불신, 의심)라는 이름으로 부르게 한다(출 17:7). 저들은 이미 앞서 물로 인한 고통과 기적을 체험한 경험이 있었다. 하나님이 기적을 베풀어 마라의 쓴 물을 단물로 바꿔주셨던 사건이 그것이다(출 15:22-26). 그때 그들의 목마름이 해결되었다. 그런데 얼마 지나지 않아 비슷한 상황이 벌어지자. 다시 마실 물이 없다고 모세를 원망하고 하나님을 시험한 것이다. 이것이 반복되면 학습효과가 생겨 원망 불평하면 문제가 해결된다는 아주 못된 습성이 생긴다고 앞에서 지적했다. 그런데 이스라엘 백성이 그렇게 반응하는 이유가 무엇일까? 하나님의 은혜를 망각했기 때문이다. 사람은 귀한 것을 값없이 선물로 받으면 감사는 잠깐이요, 공짜로 누리는 그 은혜에 대해 당연하게 여기고 그 가치성을 쉽게 잊는다. 사람은 그만큼 약하고 어리석은 존재다. 사람이 은혜를 망각하면 가장 먼저 감사가 사라진다. 그리고 작은 시험에도 원망하고, 불평하게 된다. 이때 원수 아말렉으로부터 공격을 당하게 되는 것이다.

그리고 사무엘상 15장에서 사울은 이스라엘의 초대 왕이 되었을 때, 사무엘의 명을 따라 아말렉 족속을 치러 나가게 되었다. 이때 아말렉 족속은 인구가 번성하여 광대한 지역에 퍼진 강대한 족속이 된 상태였다.

그때 사울이 아말렉 왕 아각을 사로잡고 그 족속을 진멸했는데, 살찌고 기름진 가축 떼들은 함께 진멸하지 않았다(삼상 15:9). 그 이유가 자기의 명예와 영광을 나타내고, 전리품을 소유하려는 욕심으로 인해 사울 왕은 끝내 이스라엘 왕의 권좌로부터 버림당하는 빌미가 되었다. 이렇게 아말렉은 어느 때나 하나님의 명을 거역하게 만드는 이스라엘의 올무가 되었다.

g. 최후에는 완전히 진멸될 세력이다(출 14:14).

그런데 사무엘상 15장에 나타나는 아말렉 왕 아각의 후손들이 다 진멸된 것 같았으나 그 후로도 계속 이어져 간 것을 역사 가운데 확인할 수 있다. 유다 백성들의 바벨론 포로 시대 이후를 보여주는 에스더의 기록에 의하면, 진멸된 것 같았던 이 아말렉이 심지어는 페르시아까지 진출하여 하나님의 백성 유대인들을 모두 죽이려는 음모를 꾸미는 것을 보게 된다. 이 사건은 에스더의 삼촌 '모르드개' 뿐만 아니라 유대인 전체를 죽이려고 한 아말렉 사람 하만의 음모에서 드러난다(에 3장). 그때 유대인을 모두 죽이려고 계획한 하만은 아말렉 왕 아각의 후손으로서 '아각 사람 하만'으로 소개되고 있으며, 이때 유대인을 죽이려는 계획에 하만과 동조한 사람들이 75,000명이나 된 것으로 보아(에 9:16) 하나님의 백성을 대적하는 세력들이 얼마나 끈질긴가를 보여준다.

이 같은 사실은 사탄의 특성을 그대로 반영하는 특징을 보여주고 있다. 사탄도 결코 자기 일을 끝내기까지는 포기하지 않을 것이며, 미혹과 위협의 양날의 검을 가지고 신자를 공격한다. 할 수 있으면 택한 백성도 미혹하려고 할 것이며(마 24:24). 우는 사자 같이 삼킬 자를 찾아 쉬지 않고 열심을 낼 것(벧전 5:8)이라고 성경은 경고하고 있다. 사탄의 끈질김은 우리 주 예수 그리스도를 미혹했다가 실패한 후 잠시 떠나긴 했지만(눅 4:13), 공생애 내내 결코 미혹과 위협을 중단하지 않았으며, 마지막 십자가 밑에까지 와서 공생애 시작 때 시험했던 때(마 4:3, 6; 눅 4:3, 8)와 같이 "네가 하나님의 아들이라면"이라는 미혹과 도전을 포기하지 않았던 사실에서도 확인할 수 있다(마 27:40). 그러나 그의 끝은 아말렉에게 주어진 운명의 결과처럼 유황불 못에 들어가는 '멸망'으로 끝날 것이다(계 20:10).

결론적으로 성경이 밝히는 아말렉의 정체는,

① 하나님을 두려워하지 않고 하나님의 뜻에 정면 도전하며,
② 하나님의 백성이 피곤하여 지쳤을 때 공격한다.
③ 하나님의 백성을 멸하려는 세력으로서
④ 세상 여러 곳에 퍼져 곳곳에서 신자들을 위협하며
⑤ 끝까지 포기하지 않는 열심으로 신자를 공격하는 대적이다.

하나님께서 이 아말렉에 대해 대대로 싸우리라 맹세하시며(출 17:16), 그의 백성들에게 천하에서 그 이름을 도말하라는 명령을 내리실 만큼, 하나님의 백성들이 적개심으로 상대해야 할 하나님의 원수이다(신 25:19). 그렇다면 성경에 나타난 하나님과 원수 된 이 아말렉에 대해서 그저 막연한 상징적 적대 세력으로만 규정할 것이 아니라, 이것이 오늘날 현실에서 하나님의 백성 된 성도들에게는 구체적으로 어떤 모습으로 나타나는 것인지도 아울러 생각하고 대비해야 할 것이다. 왜냐하면 충만의 복을 이루는 일에 중요한 요소이기 때문이다.

② 영적인 아말렉의 정체

a. 신자 안에서 옛사람 곧 육신을 따라 살게 하는 세력

이 아말렉의 뿌리가 육신에 속한 '에서'에게서 기원하고 있다는 점에서 이런 상징성을 가진다. 육신의 생각, 사람의 일을 먼저 생각하는 등의 요소가 현대판 아말렉에 속한다고 생각할 수 있다. 이 육신에 속한 사람의 생각이 얼마나 무서운지 예수의 가장 최측근이라고 할 수 있는 베드로의 마음을 장악하여 주의 사명을 시험하고 방해했다.

b. 성도의 구원 이후에 나타날 수 있는 적대 세력이기도 하다.

이스라엘이 생육-번성 후에 충만을 향해 가는 여정에서 광야에 나타난 또 다른 세력인 아말렉(애굽이 구원 이전에 하나님의 백성을 붙잡은 세력이라면)은 성도의 구원 이후에 광야 같은 세상을 살아가면서 얼마든지 만날 수 있는 적대 세력이라는 것을 알아야 할 것이다. 그러니까 죄 사함의 구원 받은 것으로 끝이 아니란 점을 분명하게 인식해야 한다. 그렇다면 구원 이후에 신자를 다시 사탄의 휘하에 붙잡아 종 삼으려는 악한 이 세력이 무엇일까? 하나님께서 아말렉을 원수로 삼아 대대로 싸우리라 하심같이 성경에서 신자가 대대로 싸워야 할 원수는 무엇일까?

"<u>육신의 생각은 하나님과 원수가 되나니</u> 이는 하나님의 법에 굴복치 아니할 뿐 아니라 할 수도 없음이라. 육신에 있는 자들은 하나님을 기쁘시게 할 수 없느니라" (롬 8:7-8)

원수 마귀가 할 수만 있다면 하나님의 택하신 자들이라도 미혹하여 무너뜨리려고 한다고 주께서 이르셨고, 차라리 태어나지 않았으면 좋았을(마 26:24) 가룟 유다에게 예수를 팔려는 생각을 집어넣고 종 삼은 것처럼(요 13:2, 27), 영적인 아말렉이 신자가 육신적으로 생각하는 틈을 타서 가만히 들어오는데, 우리가 경건의 연습을 힘쓰며, 우리의 몸을 산 제사로 하나님께 드리며, 성령의 도구로 드려야 할 마땅한 이유가 바로 여기에 있다.

c. 시도 때도 없이 나타나 괴롭히는 세력

한편 아말렉이 광대한 지역에 편만하게 퍼져 살았다는 점에서 아말렉의 세력은 언제 어디서라도 만날 수 있다는 것이며, 또 이 족속은 끈질긴 특성을 가진 족속으로 없어진 것 같다가도 또다시 나타날 수 있음을 유념하고, 항상 근신하여 깨어 기도하며 경계심을 가져야 할 대상이란 사실을 염두에 두어야 한다.

그럼, 아말렉을 이길 수 있는 방법은 없는가?

③ 아말렉을 이기는 승리의 비결

a. 스스로 아말렉이 공격하는 빌미를 제공하지 말아야 한다.

출애굽기에서 아말렉 족속과 전쟁하기 전, 이스라엘은 르비딤에서 물이 없다는 것 때문에 '하나님이 우리 가운데 계신가, 아니 계신가?' 시험에 빠졌고(맛사), 그래서 하나님께서 세우신 종 모세와 다투며 대적했는데, 결과적으로 그런 행동과 시험은 하나님께 대적하여 다투(므리바)는 일로서 그 후 아말렉이 찾아와 전쟁이 벌어졌다는 사실을 아는 것이 중요하다. 이스라엘이 광야에서 육적인 욕구 때문에 하나님을 원망하거나 지도자를 대적할 때 이런 일들이 벌어지는데, 민수기 21장에서는 그들이 가는 길로 인하여 마음이 상해서 지도자 모세를 원망하며(민 21:4), 하나님께서 자기들을 출애굽 하게 하신 것에 대해 원망할 때, 이번에는 광야의 불 뱀들이 나와 징계한 것을 알 수 있다(민 21:4-6). 육적인 욕구를 앞세우며 하나님을 원망할 때 발생한 출애굽기 17장의 아말렉과 전쟁이나 민수기 21장의 불 뱀들은 우리가 믿음이 없어 육적인 요구를 앞세우게 될 때, 우리에게 해로운 것을 스스로 불러들이는 역할을 한 일임을 알 수 있다. 그래서 우리는 광야를 통과하는 여정에서 반드시 육신의 요소들을 빼내 버리는 훈련과 영적으로 하나님으로 만족하며 충만하게 채우는 복을 받아야 한다.

b. 신앙의 공동체에서 떨어져 나가지 말아야 한다(요일 2:19).

아말렉이 이스라엘의 행진 대열에서 뒤에 쳐진 사람들을 공격한 것같이 신앙공동체에 속해서 함께 나아가지 못하고, 이런저런 이유로 뒤로 쳐지게 되면 아말렉의 표적이 될 수 있다는 사실을 배워야 한다. 내가 속한 신앙공동체와 결속되어 함께 나가는 것이 아말렉이 공격해 오더라도 함께 견디며 싸울 수 있는 비결이다. 항상 생각이나 사상이 같지 않아서 함께 하지 못할 자들이 떨어져 나간다. 신앙의 목표나 추구하는 방향성이 같지 않으면 함께 할 수 없는 것은 인지상정(人之常情)이다(딤후 4:10). 데마의 세상사랑은 참으로 뿌리 깊었다고 말할 수밖에 없다. 데마는 한때 바울과 동역하던 인물이었다(골 4:14). 그러나 데마의 세상을 향한 애착은 결국 그를 사도 바울은 물론 주를 떠나게 했다. 이런 자들은 결국 자기가 갈 곳으로 갈 수밖에 없다(행 1:25). 따라서 주님의 말씀대로 아버지 하나님께서 주께로 이끌지 않으면, 누구라도 주의 곁에 머물 수 없다는 것은 진리다.

> "또 가라사대 이러하므로 전에 너희에게 말하기를 내 아버지께서 오게 하여 주지 아니하시면 누구든지 내게 올 수 없다 하였노라 하시니라 이러므로 제자 중에 많이 물러가고 다시 그와 함께 다니지 아니하더라"(요 6:65-66)

C. 아말렉과의 싸움은 영적 전쟁이란 사실을 잊지 말아야 한다.

현실적으로 아말렉과의 전쟁은 영적 전쟁의 성격을 띠기 때문에, 전쟁은 하나님께 속했다는 진리를 붙잡고 하나님께로부터 나오는 능력으로 이겨야 한다. 이런 전쟁에서는 악한 세력에 대처하는 지혜가 필요하다. 아말렉은 유목 민족(베두원족)으로, 광야를 지나는 약한 민족들을 공격하는 것으로 악명이 높았다. 모세가 여호수아에게 백성을 이끌고 나가서 싸우라고 명했고, 여호수아는 전사로 훈련되지 않았지만 순종했다. 사실 수적으로는 이스라엘의 병력(60만)과 아말렉의 숫자는 상대가 되지 않는다. 저들이 아무리 광야에서 잘 훈련된 자들이라고 할지라도 엄청나게 많은 수를 감당하긴 어렵다. 그래서 저들은 약한 후미를 노리는 전술을 편 것이다. 그때 이스라엘이 아말렉과 싸울 때, 모세는 여호수아에게 남자들을 선택(지정)하여 싸우라고 명한다. 그들과 상대할 정도의 수를 선택하여 싸우라는 말일 게다.[48] 그들이 과연 무기는 제대로 있었을까? 이스라엘 백성은 애굽에서 탈출할 때 군대나 무기를 갖추지 않은 노예들이었다. 따라서 무기와 군사 훈련이 부족했을 가능성이 농후하다. 이에 우리가 생각할 수 있는 가장 합리적인 결론은 출애굽기 17장에서 이스라엘의 승리가 전적으로 무기나 군사력에 의존하지 않았다는 사실이다. 그 증거는 모세가 손을 들고 있을 때 이스라엘이 이겼고, 손을 내릴 때는 아말렉이 이겼다는 점이다. 이는 전투의 승패가 하나님의 도우심에 달려 있었음을 보여주는 증거다(출 17:11-13).

모세는 아론과 훌(모세와 아론의 처남-미리암의 남편)을 데리고 진영을 내려다볼 수 있는 산꼭대기에 올라가 지팡이 든 손을 하늘로 치켜들었다. 모세가 손을 들면 이스라엘이 이기고 피곤하여 손이 내려오면 아말렉이 이겼다는 것은(17:11), 이 전쟁이 영적 전쟁의 성격을 띠었다는 사실을 보여주며, 모세가 손을 든 것은 1차적으로 하나님의 개입하심을 요청하는 기도를 가리킨다(시 141:2)고 볼 수 있다. 모세 역시 연약한 인간인지라 피곤하여 손이 내려올 때, 아론과 훌이 모세에게 돌을 가져와 그 위에 앉게 하고, 자신들이 옆에서 붙들어 올려서 마침내 승리했는데, 기도는 그 자체로써 하나의 영적 전쟁이며, 기도는 혼자 하는 것도 필요하지만, 전쟁과 같은 큰일을 앞에 놓고서는 서로 합력하여 합심 기도가 절실하게 필요하다는 점을 아울러 배울 수 있다.

하지만 모세가 하나님의 지팡이를 잡은 손을 치켜들었다는 묘사는, 단순히 전쟁을 위해 기도했다는 설정보다는 모세가 손에 하나님의 지팡이를 들고 이미 여러 차례 이스라엘을 위한 기적을 행하는 도구로 사용했었다(예: 10가지 재앙을 일으킴, 홍해가 갈라짐, 반석에서 물이 나옴)는 사실을 염두에 둔다면, 모세가 지팡이를 잡고 손을 든 것은 하나님의 임재와 능력을 나타내며, 이스라엘의 승리가 하나님의 능력에 달려 있음을 보이기 위한 행동을 나타낸다.

하나님께서는 하나님의 자비를 체험한 이스라엘이 계속하여 하나님을 원망하고 시험할 때(므리바의 물 사건) 치르게 된 최초의 전투인 아말렉과 전투를 "기념하여 책에 기록해"(출 17:14) 두라고 명하신다. 모세는 이곳이 하나님께서 하나님을 시험한 이스라엘에게 여전히 은혜를 베푸셔서 승리하게 하신 장소임을 기념하는 동시에, 계속 함께 해 주실 것을 기원하며 제단을 쌓고 '여호와 닛시'(주님은 나의 깃발)라고 부른다. 이처럼 이스라엘은 아말렉과 전투에서의 승리를 통해 하나님께서 자신들과 함께 계심을 다시금 체험한 것이다. 따라서 하나님의 현존을 체험하는 그 사건, 그 장소가 하나님께서 당신을 계시하시는 시간이요, 자리다. 모세가 하나님의 지팡이를 잡고 손을 든 것이 곧 '여호와 닛시'를 묘사하는 행동이었다는 말이다. 저들이 하나님이 자기들과 함께 계시는지를 의심하며 므리바에서 다툼이 있었던 사건을 잘 기억하란 듯이 보여주는 사건이 아말렉과 전쟁이었으며, 그때 모세가 취한 행동이 하나님이 이스라엘 백성을 인도하고 보호하신다는 의미를 담고 있는 '깃발'의 역할이었다는 것이다. 깃발은 전쟁에서 군대를 인도하고, 방향을 제시하며, 승리를 상징하는 도구이다. 따라서 '여호와 닛시'는 하나님이 이스라엘의 깃발이 되어 그들을 인도하고 승리를 주신다는 뜻이다.

(5) 다섯 번째 위기; 직분의 문제로 다툼(민 16:1-22, 31-33)

레위 지파 고라 자손 및 르우벤 지파 아비람, 다단 등의 시기에 의해 내분이 일어났다. 레위 자손 고라와 르우벤 자손 다단과 아비람과 온이 당을 짓고 족장 250명과 함께 반란을 일으켜 모세와 아론을 대적하는 사건이 발생했는데, 고라 자손은 모세의 사촌 고라의 아들들이다. 그들은 모세에게 반기를 들어 궁극적으로는 하나님을 반역했다. 그들의 반역 명분은 같은 레위 지파인데 왜 아론 계열만 대제사장을 하느냐는 불만이 었고, 이스라엘의 혈통적 장자인 르우벤 지파의 다단과 아비람과 온은 "모세, 너는 우리를 가나안 땅으로 인도하지 못하면서 스스로 권력을 탐하여 민족의 지도자가 되었느냐?"며 반역한 것이다. 결국엔 자기들의 기득권을 내세운 것이다.

"그들이 모여서 모세와 아론을 거스려 그들에게 이르되 너희가 분수에 지나도다. 회중이 다 각각 거룩하고 여호와께서도 그들 중에 계시거늘 너희가 어찌하여 여호와의 총회 위에 스스로 높이느뇨"(민 16:3)

다단과 아비람과 온은 모두 르우벤 지파 사람으로서, 르우벤이 야곱의 아들들 가운데 맏아들이므로 르우벤 지파가 이스라엘의 지도자가 되어야 하는데, 레위 지파인 모세와 아론이 지도자가 된 것에 불만을 품고 있다가 고라가 반란을 주도하자 그 반란에 동조한 것이다. "분수에 지나도다"(라브카쳄)라는 의미는 "너희가 너무 많이 소유"하고 있다는 의미로서, 반역자들은 모세와 아론이 이스라엘 내에서 지나친 권력을 쥐고 있다고 생각한 것이다. 이스라엘 회중이 다 하나님의 백성으로서, 하나님 앞에서는 모두가 다 똑같은 백성인데 너희들 곧 모세와 아론은 자기들이 하나님 앞에서 특별한 사람인 것처럼 행세하고 있으니, 아주 오만방자하고 불손한 자들이라는 주장이다. 모세와 아론은 하나님의 부르심을 받고, 하나님께로부터 그 권한을 위임받아 지도자의 역할을 행하는 것뿐인데, 반역자들은 모세와 아론이 권력에 눈이 어두워 지도자의 자리를 독차지하고 있다고 생각하여 반역한 것이다. 그때 하나님이 개입하여 반역자들을 징계하고 이스라엘의 동요를 막으셨다.

(6) 여섯 번째 위기; 거짓 선지자 발람의 계략으로 인한 위기(민 22-25장)

애굽 땅에서 나온 이스라엘 백성들이 여리고 맞은편 모압 평지에 진을 쳤을 때, 모압 왕 발락은 이스라엘을 심히 두려워했다. 자신들의 힘으로 이스라엘을 당할 수 없다는 사실을 알고, 그는 신적인 힘을 이용하여 이스라엘을 물리칠 것을 생각했다. 그것은 선지자를 통해서 이스라엘을 저주하게 하는 방법이었다. 그래서 바알 선지자 브올의 아들 발람에게 사자를 보냈다. 많은 예물을 가지고 가서 이스라엘 백성들을 저주해 달라고 청했다.[49] 발람 선지자는 자신에게 이스라엘을 저주해 달라는 발락 왕의 요구를 들어줄 것인지 어떨 것인지 하나님께 물어보기는 했으나(발람이 물은 하나님은 그가 섬기는 '다신'(多神) 가운데 하나로 취급받았을 것으로 추측된다), 하나님은 이방 신을 섬기는 발람 선지자의 악한 마음(욕심으로 가득 찬)을 이용하려고 응답하셨다.

이스라엘이 광야에서 겪은 위기 가운데 마지막 단계로 겪는 위기는 거짓 선지자로 인한 위기이다. 민수기 22-25장의 발람은 겉으론 매우 거룩해 보인다. 그래서 일부는 그를 하나님의 선지자였다가 타락한 선지자로 말하기도 한다. 그는 이스라엘을 저주해달라는 모압 왕 발락의 부탁을 받고, 하나님이 "이르시는 대로" 답하겠다고 한다(민 22:8). 그러나 발락이 사람을 다시 보내왔을 때, "말씀을 더 하실는지" 알아본다(22:19). 이미 답변을 듣고도 다시 더할 것을 찾는다는 명분을 내세워 하나님께 다시 묻는다. 이는 발람이 하나님의 뜻을 이미 알고도 그의 본심이, 욕심이 이끄는 방향으로 행동이 나타났던 듯하다. 그런 발람의 의중을 아시는 하나님이 "저들과 함께 가라"고 허락하심은 발람의 의중에 대한 하나님의 허용일 뿐이다. 하나님은 속지 않으신다. 그런데 이런 사실을 미루어 알 수 있는 것은, 여호와의 사자가 "네 길이 사악하므로"라고 말하는 데서 확인할 수 있다(민 22:32). 발람의 영적 상태는 이미 욕심으로 인하여 우상 섬기는 선지자답게 영의 상태가 어두워 당나귀도 보는 하나님의 사자를 보지 못한다. 그로 인한 결과가 그의 성정이 교만과 분노로 어둠에 사로잡혀 있음을 증거하고 있다. 신약은 이러한 발람의 범죄를 돈과 명예에 대한 욕심과 관련한 거짓 술수로 규정한다. 그 특징은 분명하게 계시 된 하나님의 뜻을 알고도, 계속해서 자기의 욕심이 관철될 때까지 하나님의 뜻을 다시 확인하려는 태도에서 드러난다. 이런 그의 특징을 베드로 사도는 이렇게 설명한다.

> "그들이 바른길을 떠나 미혹되어 브올의 아들 발람의 길을 따르는도다. <u>그는 불의의 삯을 사랑하다가</u> 자기의 불법으로 말미암아 책망받되 말하지 못하는 나귀가 사람의 소리로 말하여 이 선지자의 미친 행동을 저지하였느니라"(벧후 2:15-16)

발람의 행동은 처음부터 끝까지 매우 신령한 행동처럼 보이지만, 성경은 미친 짓이었다고 지적한다. 원래 신령한 직분 혹은 다른 사람에 비해 아는 것이 많은 자가 교만해지기 쉽고, 체험이 적은 자보다 체험이 많은 자가 교만해지기 쉽다. 발람의 정체는 여호와의 이름을 빙자하여 점술을 행하던(24:1), 이방의 선지자로서 바알의 제사장이었다(22:41). 신약에서 유다는 이런 종류의 거짓된 자들에 대해 3가지 유형으로 지적한다.

> "화 있을진저 이 사람들이여, 가인의 길에 행하였으며, <u>삯을 위하여 발람의 어그러진 길로 몰려갔으며</u>, 고라의 패역을 따라 멸망을 받았도다."(유 1:11)

Ⅱ. 구약의 오복

첫째, 가인과 같은 살인자의 길,

둘째, 발람과 같은 삯군의 길,

셋째, 고라와 같은 패역의 길이다.

그는 곧잘 회개하는 것처럼 보인다(민 22:34). 그러나 앞서 말했듯이 그는 바알의 선지자다(민 22:41). 그는 이스라엘이 음행에 빠지도록 술수를 꾸민 자다(민 25장). 민수기 31:16에 의하면, 그것이 명백하게 '발람의 죄'였다는 사실을 폭로한다. 이런 궤휼로 인한 교묘함이란 오늘날 교회가 배도하여 음녀가 되어서, 다른 이들을 포도주잔에 취하게 만드는 것과 흡사하다(계 17:2). 그의 이런 거짓 선지자로서의 모습을 요한은 계시록을 통해서 정죄하며 경계한다.

"그러나 네게 두어 가지 책망할 것이 있나니, 거기 <u>네게 발람의 교훈을 지키는 자들이 있도다</u>. 발람이 발락을 가르쳐 이스라엘 자손 앞에 걸림돌을 놓아 우상의 제물을 먹게 하였고 또 행음하게 하였느니라"(계 2:14)

사도 요한의 지적처럼, 바알 신앙과 그를 따르는 신자(가라지)는 의외로 주를 믿는 신자에게서 멀리 있지 않으며 교회 안에 함께 존재하는 경우가 많다. 이는 이미 우리 주께서도 현재 천국 상태에 대해 경고하신 것에서도 잘 드러난다(마 13:24-30). 그러므로 신자가 분명하게 기억하고 분별해야 할 것은, 하나님께서는 종종 바알 숭배자 같은 자에게도 주권적으로 하나님의 뜻을 이루기 위한 일반 은총의 빛을 특별하게 비추신다는 점이다(잠 16:4). 이방 왕에게 하나님의 뜻을 알려 말하게 한 사건(대하

35:20-24), 이방 선지자 발람 같은 자에게 하나님의 뜻을 알린 사건(민 22장), 짐승에게 하나님의 뜻을 말하게 한 사건(민 22:21-35) 등, 이런 사례들은 하나님이 주권적으로 일하시는 증거다. 분명한 성경의 가르침에도 발람이 재차 삼차 묻는 것은, 그가 이미 세상의 영광 곧 육신의 욕망으로 경도(傾倒)되었음을 보여주며(바알의 선지자이니 오죽하겠는가?), 그의 본성 안에 숨겨진 육적인 욕망(탐심)은 영의 눈을 어둡게 하여 짐승이 보는 것도 보지 못하게 만들었다는 사실을 폭로한다.

민수기 22-25장에 걸친 발람의 기사에 기록된 발람의 축복에 관한 내용은 발람의 악의에도 불구하고, 여호와의 사자를 통한 축복의 기사다. 하나님께서는 오늘날 교회 안의 거짓 선지자들도 이렇게 활용하신다. 그러나 자기 백성을 보호하시며 여호와의 사자와 왕벌을 보내시어, 발람과 같은 거짓 선지자들의 저주를 막으시고 축복으로 바꾸신다. 그러나 동시에 깨어 있지 않으면 이들의 미혹을 받아 음행에 빠지고 맘몬을 하나님으로 착각하여 섬김으로(마 6:21-24), 하나님의 백성이 마땅히 걸어야 할 충만의 복에서 떨어져나가기도 한다. 따라서 참된 언약의 백성은 보호를 받을 것이며, 배도의 백성은 미혹을 받을 것이다. 그 미혹을 통해 발람의 사례와 같이 우리 안에 있는 더러운 욕망을 모두 드러낼 것이다. 따라서 신자가 하나님으로 충만해지는 영적인 복을 받으려면, 광야에서 이런 과정을 거치며 내면의 힘을 길러야 한다. 그 내면의 힘이 세상을 정복하는 일에 절대 필요하기 때문이다. 이런 힘을 기르지 못해 이스라엘은 광야 40년을 허송세월해야 하는 징계를 받았던 점을 기억해야 한다. 이제 발람의 사건을 통해 얻은 교훈을 정리하면 다음과 같이 말할 수 있겠다.

① 세상적인 것과 타협을 유도하는 것이 발람의 교훈이다.

적당히 죄를 짓고, 적당하게 예수 믿으라고 유혹하는 것이 발람의 교훈이요, 신약에서 니골라 당으로 묘사된 자들의 교훈이다. 그러나 온전한 신앙은 절대로 세상의 정신과 타협할 수가 없다. 질적으로나 내용적으로 완전히 다른 세계이기 때문이다. 그러므로 진짜 신자라면 세상의 불의한 세력이나 우상숭배의 요소가 되는 것들(돈, 명예, 권력 등)과 타협해서는 안 된다. 다만 타협하는 것과 신자의 관용을 혼동하지 않아야 한다. 이를 분별하는 일에는 성령의 지혜와 지식이 필요하다(고전 12:8). 초대 교회의 성도들은 순교를 당하면서 예수의 이름을 굳게 믿는 믿음을 지켰지만, 발람의 교훈과 니골라 당의 교훈을 따르는 사람들 역시 상당수 있었다(버가모 교회). 이는 사탄이 치밀한 모략으로 교회를 공략하기 때문이다. 한편으로는 정치권력을 쥐고 갖은 핍박을 다 하면서, 다른 한편으로는 아첨의 말로 하는 립-서비스(lip service)와 물질의 유혹을 통해서 성도들의 마음을 빼앗는다. 사탄은 오늘날에도 적당히 세상의 흐름에 자신을 맡기고 살면, 호인(好人) 혹은 아주 융통성이 있는 사람이라고 칭찬 들으며, 그로 인해 얻을 수 있는 혜택(물질, 안전하고 편한 환경)이 주는 온갖 풍요로움과 자유로움을 누릴 텐데, 무엇 때문에 하나님의 계명(서로 사랑하라)에 구속되어 불편하고 속박받는 삶을 사느냐고 속삭이고 있다. 그러나 주님은 적당히 세상과 타협하며 신앙생활을 하는 무사 안일주의 형태의 신앙에 대해 '미지근'하여 내치고 싶다고 지적하셨다. 우리의 신앙 노선은 분명해야 한다. 그렇지 않으면 결국 하나님으로부터는 외면받고(나는 너를 모른다), 세상으로부터는 멸시와 천대로 짓밟히는 신세가 될 것이다.

② 발람 선지자가 세상과 타협하게 된 이유

첫째는 '의도가 담긴 칭찬'의 미혹 때문이다.

이런 방법은 세상에 흔하며 대부분이 이렇게 사회적 언어 혹은 관계의 언어라고 불리는 방식을 따라 인간관계를 맺는다. 그래서 발락 왕의 유혹은 세상의 정신을 따라 말하는 소위 립-서비스로 발람에게 접근했다.

> "우리보다 강하니 청컨대 와서 나를 위하여 이 백성을 저주하라 내가 혹 쳐서 이기어 이 땅에서 몰아내리라 <u>그대가 복을 비는 자는 복을 받고, 저주하는 자는 저주를 받을 줄을 내가 앎이니라</u>" (민 22:6)

발락의 칭찬은 성경의 기록을 따라 생각할 때, "그대가 복을 비는 자는 복을 받고 저주하는 자는 저주를 받을 줄을 내가 앎이니라"였다. 그러나 이런 칭찬은 사실 아브람에게 주신 하나님의 복이었다(창 12:2, "네가 복이 되리라"). 발락은 발람 선지자가 듣기에 좋은 말을 하고 있다. 선지자의 신통력을 인정하는 말로 아첨하는 것이다. 그런데 이런 칭찬 몇 마디에 눈이 먼 어리석은 자가 육에 속한 자의 특징이다. 진심에서 나오는 칭찬은 좋은 것이나 의도가 있는 칭찬은 그 사람을 이용하려는 악한 마음에서 나온다. 그러니 사람의 칭찬을 좋아하면 그에 따르는 위험을 인지하지 못하는 경우가 많기에 조심해야 할 일이다(잠 27:21; 눅 6:26). 때로는 따끔한 충고와 매서운 비판의 소리가 당장 귀에는 거슬리고 아플지라도 영혼의 약이 될 때가 많다(잠 27:6).

둘째는 탐심이다.

Ⅱ. 구약의 오복 | 177

발람은 모압 왕 발락이 보낸 물질에 눈이 멀었다. 발락 왕은 장로들과 귀족들을 보내면서 '복술의 예물'을 준비했다고 했다.

"모압 장로들과 미디안 장로들이 손에 복술의 예물을 가지고 떠나 발람에게 이르러 발락의 말로 그에게 고하매…" (민 22:7)

여기서 '복술의 예물'이란 복술가의 '복채'를 의미하는 말이다. 즉 발락은 이스라엘을 저주해 주는 대가로 거액의 뒷돈을 준비했다는 의미이다. 선지자를 돈으로 매수하려는 발락의 계획이 잘 먹힌 것이다. 신명기 23:4-5에서는 발락 왕이 이스라엘을 저주하게 하려고 발람 선지자를 '뇌물'(bribery)로 고용했다고 전한다.

"그들은 너희가 애굽에서 나올 때 떡과 물로 너희를 길에서 영접하지 아니하고, 메소보다미아의 브돌 사람 브올의 아들 발람에게 뇌물을 주고 너희를 저주케 하려 하였으나 네 하나님 여호와께서 너를 사랑하시므로 발람의 말을 듣지 아니하시고 그 저주를 변하여 복이 되게 하셨나니" (신 23:4-5)

느헤미야 13:2에서도 뇌물을 주었다고 기록하고 있다.

"이는 저희가 양식과 물로 이스라엘 자손을 영접지 아니하고, 도리어 발람에게 뇌물을 주어 저주하게 하였음이라 그러나 우리 하나님이 그 저주를 돌이켜 복이 되게 하셨다 하였는지라"

그러니까 발람 선지자는 한 마디로 '맘몬'(mammon)의 신을 섬기는 눈 먼 이방 선지자였다. 이는 하나님을 알지 못하는 이방 선지자로서는 지극히 당연한 결과다. 신약에서 돈을 좋아했다고 정죄당한 바리새인과 같은 부류이다(눅 16:14).

③ 발람의 꾀를 경계하고 분별해야 한다.

하나님이 허락하지 않아서 이스라엘을 저주하지는 못했지만, 뇌물을 받았으니 어떤 방식으로든지 발락 왕에게 보답해야 한다는 생각이었을 것이다. 그래서 자신이 저주하지는 못했을지라도 이스라엘이 스스로 멸망 당하는 방법 즉 간교한 묘책을 알려주었다. 그것은 이스라엘이 죄를 짓게 만들어 하나님의 심판을 받게 만드는 방법이었다.

> "그러나 네게 두어 가지 책망할 것이 있나니 거기 네게 발람의 교훈을 지키는 자들이 있도다. 발람이 발락을 가르쳐 이스라엘 앞에 올무를 놓아 우상의 제물을 먹게 하였고, 또 행음하게 하였느니라 이같이 네게도 니골라 당의 교훈을 지키는 자들이 있도다" (계 2:14-15)

발람의 계교(소위 미인계)는 적중했고, 이스라엘 남자들은 모압 여인들을 아내로 맞아들여 음란한 우상숭배에 빠졌으며, 그 결과 염병으로 24,000명이 죽었다(민 25:1-9). 발람의 교훈은 한마디로 말해서 세상과 타협(정욕의 만족)이라고 말했다. 이런 행위는 돈에 자기의 영혼을 팔아넘기는 인신매매와 같다(참고. 계 18:13). 계시록 2:13에서도 교회를 향해 경고하는 니골라 당의 행위와 교훈은 하나님의 백성들에게 올무를 놓아서 그들로 하여금 믿음에서 떠나 멸망케 하는 것이었다. '니골라'는 헬라어로 "정복하다"라는 뜻인데, 발람이라는 이름의 뜻도 "백성을 정복하다"라는 뜻이다. 니골라 당은 육신의 충동을 절제하지 않고, 쾌락에 자신을 방임한 그리스도인들을 일컫는 호칭이었다. 니골라 당은 계명을 준수하는 것을 멸시하고, 간음을 일삼고, 우상의 제물을 먹던 쾌락주의에 빠진 영지주의의 일파였다. 니골라 당의 핵심은 거룩한 것과 속된 것의 구별을 없애고, 세상과 교회의 경계를 무너뜨리며, 세상과 타협을 추구하며 가르치던 악인들이었다. 그런 의미에서 '교회의 문턱을 낮춰야 한다' 혹은 '없애야 한다'와 같은 슬로건은 주의해야 한다. 요즘같이 기독교가 영향력을 잃고 가나안 교인이 많아지는 시대에 전도가 어려워진 것이 사실이지만, 그렇다고 해서 무조건 구별, 경계를 없애서라도 숫자를 회복하려는 시도에는 참으로 신중해야 한다고 권하고 싶다. 아무리 어렵고 길이 보이지 않을지라도 인본주의는 주의하라는 진심 어린 충고로 받아주면 좋겠다. 선한 영향력을 끼치기 위해 교회를 좀 더 개방하고 이웃에게 공생의 프로그램이나 선을 행하는 방향으로 고민하며 시행하는 것은 얼마든지 좋다.

니골라 당의 교훈과 발람의 교훈은 동질의 것이다. 세상과 타협하고 하나님의 계명을 지키고 순종하는 일을 등한히 하여, 하나님의 '구원의 은혜'로부터 떠나게 만드는 것이다. 이스라엘의 군대를 하나님이 미워하시는 우상숭배와 음행의 죄에 빠지게 만들면, 이스라엘은 하나님의 진노로 심판(징계)받게 될 것이라는 궤휼을 가르쳐준 것이 발람의 죄다. 그래서 발락은 모압의 아름다운 여인들을 동원해서 미인계를 사용하여 이스라엘의 장정들을 유혹했고 성공했다. 발람이 돌아간 후 발락 왕은 그가 일러준 방법대로 시행하여 큰 성공을 거두었다. 하나님은 왜 발람의 죄가 성공하도록 내버려 두었을까? <u>충만의 복은 하나님의 간섭을 최소화하여, 자기 백성이 스스로 하나님을 섬기는 연단의 때요, 시험의 때</u>이기 때문이다.

이에 하나님의 사람들은 세상과 타협을 유도하는 발람의 교훈을 분별하여 멀리해야 한다. 더 이상 세상도 좋고 하나님도 좋다는 식의 '발람의 교훈'을 따라서는 안 된다. 동가식서가숙(東家食西家宿)의 약삭빠른 인간의 생각으로는 사탄의 미혹과 공격을 이길 수가 없다.

> "하나님 아버지 앞에서 정결하고 더러움이 없는 경건은 자기를 지켜 세속에 물들지 아니하는 이것이니라"(약 1:27)

옳은 것은 옳은 것이고, 그른 것은 그른 것이다. 이 둘이 섞여 진리가 될 수는 없다. 신자가 세상과 타협하고 절충할 때 불신자들과 관계가 일시적으로는 좋아질 수 있을지 모른다. 그러나 그리스도인 된 우리의 사명은 사람들의 마음을 편하게 할 일을 도와주는 것이 아니라, 그들이 하나님을 알고 하나님과 바른 관계를 맺도록 도와주는 일이다. 여기서 오해하지 말 것은 무조건 영적인 명분(하나님의 일이라는)을 앞세워 사람 관계를 포기하라는 말이 아니다. 옳고 그른 것만 내세워 관계를 망가뜨리라는 말은 더더욱 아니다. 그것은 율법주의에 속한 것이지 하나님의 뜻이 아니다. 그런 자들이 바리새인이었다는 사실을 알고(대표적으로 고르반 사상) 자칫 그런 오류에 빠질 위험을 경계해야 한다. 하나님은 항상 '하나님 사랑'과 '사람 사랑'(이웃 사랑)의 양면을 율법의 대강령으로 말씀하셨다(마 22:35-40). 다만 우선순위가 있다는 점을 알고 둘 사이의 구분과 조화를 이루는 지식과 지혜가 있어야 할 것이다.

　이상 이스라엘이 광야를 통과하면서 겪었던 모든 위기를 점검해 본 결과, 육신적인 번성과 충만은 이미 애굽에서 완성되었다는 점을 확인할 수 있었다. 이스라엘의 혈통적인 복은 생육(아브람 부르심)-번성(야곱의 12아들)-충만(애굽에서 충만하게 채워짐)으로 완성되었다. 그러나 성경이 가르치고자 하는 충만의 복은 육신적이며 외적인 숫자의 충만으로 완성되는 것이 아니다. 왜냐면 바로 정복의 단계로 나아가야 하기 때문이다. 그런데 정복은 숫자적 충만으로는 불가능하다. 아무리 숫자가 많다고 하더라도 정복의 과정에서 보여주듯이(예; 기드온의 300명), 하나님은 절대로 숫자 중심(다수, 무리)으로 일하시거나 정복의 역사를 이루시는 분이 아니다(고전 10:5). 그럼, 무엇으로 충만해야 할까? 지금까지 영적인(내적인) 충만의 과정을 살폈듯이 정복을 위한 영적인 충만을 이루려면 광야 생활이 반드시 필요했다. 영적인 충만은 하나님과 하나되는 연합으로 만족하며(갈 2:20), 하나님의 하나님 되심을 아는 것으로 충만해질 때, 비로소 정복을 위한 충만의 완성이 이루어진다. 그렇게 광야의 연단(혹은 시험)을 통해 사람은 지극히 낮아져야 하고, 하나님만 의지하는 온전한 신앙으로 준비될 때 비로소 정복 전쟁에서의 승리할 수 있는 준비를 마치게 된다.

4. 정복하라(여호수아서-사사기서); 약속의 땅으로 들어가기

1) 가나안 땅 정복에 대한 계시

가나안 땅에 관한 약속은 언제부터 주어졌는가? 모세? 아브라함? 아니다. 그보다 훨씬 전이다. 노아 시대의 홍수 후, 함의 손자 가나안을 저주하는 계시를 준 때부터다. 하나님은 홍수 후, 노아에게 생육-번성-충만의 복을 허락하셨다(1, 7절). 물론 그때 정복-다스림의 복은 주어지지 않았다. 다만 약해진 사람을 위해 모든 생물(레메쓰; 기어다니는 것)을 사람의 먹이로 허락하는 정도의 복을 말씀하셨다(창 9:2-4). 그래서 '살'(바싸르)을 가진 모든 생물은 사람을 두려워하게 되었는데, 이것을 정복 혹은 다스림으로 착각하지 말아야 한다. 왜냐면 하나님 나라 정치의 기본은 공포정치가 아니기 때문이다. 공포정치는 악을 대표하는 사탄의 정치술이다. 하나님의 나라는 사랑과 공의로 다스리는 질서가 잡힌 나라다.

어쨌든 피조 세계에 이런 새로운 질서가 시작되는 때, 노아 시대에 대홍수 심판이 있은 후, 그의 가족에게서 하나의 사건이 일어나게 되는데(창 9:18-27), 그 사건을 통해 하나님은 새로운 정복-다스림의 질서를 계시하게 된다.

> "이에 가로되 가나안은 저주받아 그 형제의 종들의 종이 되기를 원하노라 또 가로되 셈의 하나님 여호와를 찬송하리로다 가나안은 셈의 종이 되고 하나님이 야벳을 창대케 하사 셈의 장막에 거하게 하시고 가나안은 그의 종이 되게 하시기를 원하노라 하였더라" (창 9:25-27)

종이 되기를 바란다는 계시는 이미 전쟁과 정복을 배경으로 하는 계시다. 왜냐면 진자는 이긴 자의 종이 된다는 원리 때문이다(벧후 2:19). 따라서 가나안은 그의 형제 셈과의 전쟁을 피할 수 없다는 전제가 제시된 계시가 노아를 통해 주어진 것이다. 가나안 정복의 시나리오는 이미 이때부터 정해진 것이다. 그래서 이 사건을 단순하게 겉으로 드러난 스토리에 빠지면 알 것을 알지 못하게 된다. 노아가 술 취한 것을 단순하게 잘못이라고 해석하는(윤리·도덕적인 해석) 일부터 왜곡이 시작된다. 그런 해석은 가나안 정복 사건에서도 똑같이 발생한다. 순전히 인간적인 생각에서 시작되는 이런 해석은 하나님의 계시를 오해하여 도덕적인 해석으로 흐르게 만들고, 그로 인해 걷잡을 수 없는 심연(深淵)의 구렁텅이로 빠져 왜곡된 해석을 낳고, 그로 인한 폐해는 고스란히 신자들의 몫이 된다.[50]

그럼 어떤 면이 하나님의 계시인가? 아버지 노아의 벌거벗은 모습을 드러낸 사람은 '함'인데(9:24-25), 왜 그의 아들 가나안이 저주받아야 하는가에 대한 문제부터 살피면, 이 사건이 왜 하나님의 계시인지 드러날 것이다. 아니 상식적으로 생각해도 아무리 아들이 잘못했다손 치더라도 그의 손자를 향해 저주를 퍼붓는다는 것이 말이 되는가. 그리고 집 안에서 술에 취하여 벌거벗은 것이 잘못이라면, 자기의 행위에 대해 부끄럽게 여겨야 마땅하지, 오히려 아들의 잘못을 손자에게 전가해 저주한다는 것이 당대의 의인으로서 옳은 일인가. 따라서 이 사건은 인간 상식에 준(準)하거나 윤리적으로 해석해서는 안 되는 사건이 분명하지 않은가.

그러므로 가나안 정복은 아브라함도 아니고(암시는 되어 있었다, 창 15:16), 모세도 아닌 노아 시대에 가나안을 저주한 노아의 계시로 인한 일이란 사실이 증명된다.[51] 노아는 새 시대(노아 홍수로 세상을 청소한 후)의 하나님의 대리자로서 첫 아담을 방불하는 위치이다. 그 노아에게 하나님이 앞으로 세워질 하나님의 나라를 위한 정복의 사건(복)이 어떻게 진행될 것인지 가르치는 계시다. 그런데 그 계대가 셈을 통해 진행될 것을 보여주신 것이다. 노아-셈-아브라함-이삭-이스라엘(야곱)로 이어지는 언약의 계대를 따라 완성되어 갈 것을 보여준다. 그리고 정복해야 할 대상은 함의 족속으로 설정되었다. 그래서 정복의 대상인 함의 후손을 살펴보는 것이 필요해진다. 사실 창세기 1장에서의 정복의 명령은 땅에 관한 부분이었다(창 1:28). 따라서 이스라엘에게 정복해야 할 땅은 가나안 땅에 해당한다고 하겠다.

2) 정복의 대상인 함의 후손

함의 후손은 애굽의 정치적인 영역에서 나타난 자들로 팔레스타인을 중심으로 남쪽에 분포해 있다.[52] 그의 후손은 앗수르, 바벨론, 가나안, 시돈, 애굽, 리비아 등지에 거주했다(창 10:6). 고대에는 상당한 문명국으로 알려졌고, 그중에서도 앗수르와 애굽의 문화가 가장 발달했다. 고대에는 한때 전 세계를 지배했으나 중세기 이후에는 쇠약하여 열등국으로 전락하여 열강의 식민지가 되어 오랫동안 압제를 당했다. 함의 땅이라고 표현된 땅은 애굽을 가리킬 것이다(시 78:51; 105:23). 남쪽에 있는 구스(Gush=Nubia)는 이집트 지역의 미스라임, 이집트의 서쪽에 붓(Put=Lybia), 그리고 북쪽의 가나안 등이다. 이렇게 함의 후손들이 거주하던 지역이 가나안을 중심하여 분포되었던 시대적 배경이 셈의 후손들과 전쟁을 벌일 수밖에 없게 된 악연으로 만나게 된다.

광야의 유랑(流浪) 민족이었던 이스라엘이 가나안 땅을 공략해 들어 갔을 때, 가나안 원주민들의 눈에는 그들이 단순한 침략자로 비쳤을 것이다. 왜냐면 역사적 정통성 문제만을 놓고 본다면, 이스라엘이 가나안을 침공할 아무런 명분이 없었기 때문이다. 그래서 '하나님은 정말 인종청소를 명하셨는가?'란 책까지 써야 할 정도로 오해가 많다.[53] 하지만 가나안 정복 전쟁은 구속사적 안목에서 볼 때, 하나님이 선택하신 언약 백성에게 가나안을 약속의 땅으로 주시겠다고 하신 하나님의 주권적 섭리로 말미암은 것이었다.[54] 우상숭배에 완전히 오염되어 있었던 가나안의 기존 거주민에 대한 하나님의 심판이 이스라엘을 통해 시행하는 하나님의 섭리였다.

한편 아브라함 당시 가나안 땅에는 '초기 원주민들'[55]이 거주하고 있었으나, 이들은 세월의 변천과 더불어 더 강한 세력으로 자라거나 타 족속으로 대치되었다. 그래서 가나안 정복 당시에는 '후기 원주민들'[56]이 그 땅을 점유하고 있었다. 가나안 땅은 하나님께서 아브라함의 후손들에게 주기로 약속하신 땅이다(창 12:7). 가나안 족속은 성경에서 일단 외모로 볼 때 크고 사납고 정복하기 어려운 대상으로 소개된다. 따라서 이스라엘 민족이 그들과 맞서 싸워서 승리하고 땅을 정복하려면 하나님의 도움이 절대 필요했을 것이다. 하나님께서는 모세와 여호수아에게 가나안 정복을 도와주시겠다고 약속했다(수 1:3). 이제 이쯤에서 이스라엘이 점령해야 할 가나안 원주민에 대해 정리하고 넘어가야 할 필요성이 생긴다. 왜 시기적으로 그들이 정복 대상이 되어야 했을까? 죄가 가득 차 심판의 대상이 되었기 때문이다.

a. 가나안족; 가나안 땅에 살고 있었던 족속 중에 대표적인 족속으로서, 노아의 손자이며 함의 아들인 가나안 족속이다.

b. 헷 족; 노아의 손자인 가나안의 둘째 아들 헷의 후손이다.[57]

c. 아모리족; 노아의 손자 함의 아들인 가나안의 후손 중에서 여호수아가 가나안을 정복한 이후에도 남아 있었던 족속으로 솔로몬 시대에 노예가 되었다.[58]

d. 히위족; 노아의 아들 함의 후손으로서 여호수아를 속여 이스라엘과 화친을 맺고 이스라엘의 종속된 기브온 거민이 속한 족속이다(수 9:3-15).

e. 여부스족; 노아의 손자 가나안의 셋째 아들의 후손으로 가나안 정복 때 왕이었던 아도니세덱은 죽었지만, 예루살렘에 거하다가 다윗 왕 때에 점령당한다.[59]

f. 브리스족; 가나안의 산간벽지에 거주하던 족속이다.[60]

g. 기르가스족; 아주 소수 민족으로 잘 알려지지 않음.[61]

h. 블레셋족; 그레데에서 남부 가나안 해안지대로 이주해 온 족속으로서 가나안 정복 때 멸망하지 않고, 사사 시대와 왕국 시대까지 이스라엘을 괴롭혔던 대표적인 가나안 족속이다. 철기 문화의 발달로 군대를 철기로 무장하면서 강한 군대를 보유했다. 대표적으로 다윗과 싸웠던 골리앗이 블레셋 가드 출신이다.[62]

출애굽 이후 하나님께서 모세에게 가나안을 치라고 명하셨을 때, 모세는 가나안 땅의 거주민들을 살피기 위해 정탐꾼들을 보냈다. 정탐꾼들은 좋은 소식과 나쁜 소식을 함께 가져왔는데, 좋은 소식은 그 땅의 열매(포도송이)를 가져온 것을 보고, 그 땅이 과연 젖과 꿀이 흐를 정도로 풍성했다는 소식이었다. 나쁜 소식은 가나안 사람들이 강하고, 성읍은 견고하고, 심히 크다는 것이었다. 정탐꾼들은 또한 네피림 후손인 아낙 자손의 거인들을 봤다고 보고했다(민 13:28, 33). 그들과 비교되는 자신들의 모습은 마치 "메뚜기" 같았다고 비하하며 주눅 든 보고를 한다(33절). 가져온 그 땅의 열매를 보니 땅은 탐나는데, 정복할 가능성은 너무 작다는 암울한 현실이었다. 이스라엘 민족은 정탐꾼들로부터 전해 들은 가나안 원주민들의 상태 곧 너무 크고 강해서 그들을 상대하기가 두려운 나머지 겁을 먹고, 하나님께서 약속하신 땅으로 들어가기를 거부하는 사태가 벌어진다. 여호수아와 갈렙만이 하나님께서 그들을 도우셔서 가나안을 이길 수 있게 하실 거라고 확신하는 담대함을 보였다. 하나님을 믿는 믿음으로 충만하지 못했던 출애굽 1세대의 이스라엘은, 그 후 가나안 땅에 한 발도 디디지 못하고 광야에서 쓸쓸히 그것도 허무하게 스러져 가야 하는 징벌을 받는 비극적 결말을 맞고 말았다(민 14:30-35).

3) 저주받은 함의 후손의 열매

하나님의 구속사적 계시로 저주받아 셈의 정복 대상이 된 가나안의 후손들이 맺힌 열매를 살펴보는 것은 아주 중요하다. 왜냐면 왜 아버지 함의 잘못으로 가나안이 애매하게 저주받아야 하느냐는 반발에 대한 변증이기도 하기 때문이다.

(1) 함의 직계 자녀 구스

'구스'(Cush)는 노아의 손주이자 함의 첫째 아들이다(창 10:6-8). '구스'는 그리스-로마 시대부터 '에디오피아'(Ethiopia)라고 부르던 땅의 옛 이름(행 8:27)이다. 노아의 손자 이름인 '구스'는 옛적 에디오피아(아스완 남부로부터 카르툼까지)의 히브리어이다. 예외 없이 영어 성경에서의 에디오피아란 단어는 항상 히브리어로 '구스'라고 기록되었다. 함(Ham)의 자손들은 주로 남서부 지역인 아시아와 아프리카에 살았다. 성경에서는 자주 아프리카(Africa) 지역을 '함의 땅'이라고 부른다(시 105:23, 27; 106:22).

그런데 함의 후손이 맺힌 열매를 살필 때, 장남 구스가 먼저 등장하는 이유는 그의 아들 니므롯 때문이다(창 6:10). 구스가 여러 아들을 낳았으나 니므롯은 별도로 특별하게 취급하여 기록하고 있다. 왜일까? 니므롯이 성경의 기록처럼 특별한 인물이기 때문이다. 그가 어떤 면에서 특별했는지는 이제부터 살피려고 한다. 왜냐면 함-구스-니므롯으로 이어지는 계보가 심상치 않게 기록되어 있기 때문이다.

"<u>함의 아들은 구스와 미스라임과 붓과 가나안이요</u> 구스의 아들은 스바와 하윌라와 삽다와 라아마와 삽드가요 라아마의 아들은 스바와 드단이며 구스가 또 니므롯을 낳았으니 그는 세상에 처음 영걸이라 그가 여호와 앞에서 특이한 사냥꾼이 되었으므로 속담에 이르기를 아무는 <u>여호와 앞에 니므롯 같은 특이한 사냥꾼</u>이로다 하더라" (창 10:6-9)

먼저 저주받은 계보인 함의 후손들 가운데 주목해야 할 대상 구스와 니므롯을 살피면, 하나님의 뜻이 보일 것으로 여겨진다. 각 사람의 이름

이 가진 의미를 살펴보면,

★ 함; 뜨거운(열대지방의), 어두운, 색깔을 가진, 거무스레한
★ 구스; 검다, 에디오피아
★ 니므롯; 반역, 우리 반란을 일으킵시다.

(2) 구스의 여섯 번째 아들 니므롯

구스의 아들들 가운데 가장 결정적인 악인이 니므롯이다. 그래서 6째 아들임에도 불구하고 성경에 기록될 정도로 함의 계보 3대 만에 아주 걸출한 악인이 나왔고, 그에게서 죄의 극치인 반역의 열매를 보는 듯하다. 과연 율법의 십계명에서 말씀하신 대로 여호와를 미워하는 죄를 갚되 3-4대까지 이르게 하신다는 말씀이 생각나게 한다(제 2계명, 출 20:5). 니므롯이 악한 면에서는 단연 돋보이는 존재다. 그래서 성경은 그를 "세상에 처음 영걸", 혹은 "여호와 앞에서 특이한 사냥꾼"으로 부른다. '영걸'(끼뽀르)이란 말은 "용사, 폭군"을 가리킨다. 니므롯은 강한 자 곧 폭군 내지는 전제군주였으며, 사람을 사냥하여 그들을 노예로 부린 자로서 요즘 말로 하자면 조폭, 사람을 상품의 하나로 취급하여 사고파는 인신매매 무역업자이기도 했다. 마지막 때 바벨론이 무너지면서 울던 무역업자들 가운데 사람의 영혼을 사고파는 자들도 있었다고 기록한 것을 보면, 아마 고대의 니므롯이 최초의 바벨론을 건설한 때의 악의 본을 받은 것으로 보인다(참고. 계 18:13). 그의 이름은 그의 시대에서 아주 악명이 높았는데, 마치 금세기의 히틀러같이 악과 잔인성을 뜻하는 속담 거리가 되었다고 성경은 고발하고 있다.

저주받은 집 안에서 나온 힘이 센(강한) 것이 복일까? 하나님의 섭리 가운데 함의 집안에서 힘센 자가 나오게 하신 의도가 무엇일까? 복일까, 저주일까? 복일 수도 있고 저주일 수도 있다. 사람이 좋아하는 돈과 마찬가지로 그 힘을 쓰기 나름인데, 대략적으로 성경을 보면 돈이 많거나 힘이 센 자들이 복을 받은 자의 선한 결말로 끝나는 경우가 드물다(예; 삼손). 그래서 성경은 사람이 자랑할 것은 따로 있다고 가르친다.

> "너는 이같이 이르라 여호와의 말씀에 사람의 시체가 분토같이 들에 떨어질 것이며 추수하는 자의 뒤에 떨어지고 거두지 못한 단(곡식단)같이 되리라 하셨느니라 여호와께서 이같이 말씀하시되 지혜로운 자는 그 지혜를 자랑치 말라. <u>용사는 그 용맹을 자랑치 말라</u>. 부자는 그 부함을 자랑치 말라"(렘 9:22-23)

> "<u>자랑하는 자는 이것으로 자랑할지니</u> 곧 명철하여 나를 아는 것과 나 여호와는 인애와 공평과 정직을 땅에 행하는 자인 줄 깨닫는 것이라 나는 이 일을 기뻐하노라. 여호와의 말이니라"(렘 9:24)

노아의 아들들 가운데 저주받은 함의 후손들에게 주목해야 하는 이유는, 이들이 유난히 "강한 자, 용맹한 자, 힘이 센" 종족으로 묘사되고 있다는 점 때문이다.

먼저 함의 아들 구스의 족보를 보자. 구스의 아들 니므롯은 "세상의 첫 용사"(8절)였고, 속담으로 회자될 만큼 용감한 사냥꾼이었다(9절). 그는 시날 땅에 나라를 세웠다. 공식적으로 최초의 강력한 제국을 세운 자이다. 그 나라에는 우리에게 잘 알려진 바벨, 앗수르, 니느웨 등의 지명이 거론되고 큰 성읍을 세웠다고 서술하고 있다(10-12절). 특히 "대적하다, 반역하다"라는 뜻의 니므롯이 나라를 세운 그 시날 땅에, 11장의 바벨탑이 세워진다는 것은 매우 의미 있는 사건이 아닌가(11:2). 그는 하나님을 대적하여 큰 성읍과 높은 탑을 쌓는 일을 주도했다(11:3-4). 그들은 대단한 건축 기술을 확보했던 것 같다. 함의 아들 구스의 후손들은 완력과 기술력이 뛰어났다. 구스의 형제인 미스라의 후손에서는 블레셋이란 호전적인 족속의 이름도 소개하고 있다(13-14절).

15-20절에는 함의 아들 '가나안'의 족보가 나온다. 여기 등장하는 자들은 우리에게 매우 잘 알려진 자들이다. 이들은 유명한 시돈, 헷, 여부스, 아모리, 기르가스, 히위 족속 등 후기 가나안족으로 자리잡은 부족들로 이스라엘이 정복해야 할 대상들이다(15-18절). 가나안의 후손들은 그랄, 소돔, 고모라 등에 몰려 살았다(19절). 이들이 가나안에 터를 잡고 살며, 강력한 세력을 소유한 자들이라고 성경은 증언하고 있다.

아버지 노아의 저주를 받은 함의 후손들 가운데 이렇게 힘센 자들이 많은 이유는 무엇일까? 아벨을 죽인 가인의 후손들도 하나님을 떠나 성을 쌓고, 음악, 목축 그리고 기계를 만들었고, 살인도 계속 이어졌다는 기록을 확인할 수 있다(창 4:16-24). 하나님을 떠난 자들은 자기들의 힘으로 살아야 했기에 스스로를 지킬 힘을 키우는 데 전력을 다했다. 따라서 하나님 없이 살아야 하는 자들은 육적이며 세상적인 힘을 키울 수밖에 없고, 그렇게 여러 가지 여러 모양으로 세력을 갖추는 일에 몰두하여 강해진 것이다. 하나님의 일반 은총은 그들에게 그런 힘을 주어 살아가도록 허락하신 은혜를 베푸신 것이다. 하나님이 멸하신 아낙 자손들이 거인들이었고, 하나님의 군대를 모욕하던 골리앗 역시 엄청난 덩치에 막강한 힘으로 무장하고 있었다.

반면 하나님의 백성들은 기술력이나 완력에서 이들보다 약했다(저들을 '이리'로 하나님의 백성은 '양'으로 비유한 이유가 있다). 블레셋은 이미 청동기 문화가 발달하여 그 혜택을 누리고 있을 때, 사울이 다스리던 이스라엘은 칼 하나도 변변하게 없었던 것은 이런 사실을 뒷받침한다. 하나님의 백성들은 하나님이 힘이기에 인간의 힘을 키울 이유가 없었다. 오히려 이방이 자랑하며 내세우는 병기나 병거 그리고 마병을 의지하지 않고 이기는 법을 배워야 했다. 하나님을 의지하고 그분을 힘으로 삼는 백성들은 물리적 힘이 막강한 자들을 이길 수 있다(출 15:2).[63] 하나님을 기뻐하는 것이 우리 신자의 힘인 줄 깨달아야 한다(느 8:10). 시편에서는 하나님은 신자의 피난처요, 방패요, 요새요, 산성이요, 반석이라고 노래한다.[64] 칼 하나도 손에 없던 다윗이(삼상 17:50) 칼과 창과 단창으로 무장한 골리앗을(삼상 17:45) 이길 수 있었던 이유이기도 하다. 따라서 힘센 것이 복도 아니고 승패를 결정짓지도 않는다. 무기가 많고 좋다고 이기는 것도 아니다. 하나님을 경외하는 사람들은 물리적인 힘을 자랑하지 않았다. 현대에서 외적으로 힘이 센 교회(교인 숫자, 교인들의 스펙수준, 건물 규모, 재정 등)도 마찬가지다. 이런 맥락에 입각해서 묻자면 현재 우리(혹은 나)의 힘은 무엇인가? 세상을 정복하고, 자아를 정복해야 하는 우리의 힘은 어디서 나오는가. 신자 개인이 가지고 있는 외적 조건이나 스펙들인가? 묻고 싶다.

(3) 악인의 계보가 된 함의 후손들

그런데 왜 이렇게 함의 후손들이 한결같이 악으로 달려갔는가? 성경적인 추론을 시작해 보자. 함이 잘못한 일에 관한 저주가 왜 함의 막내아들 가나안에게 내려졌는가에 대한 의견이 분분하지만, 그 일의 가장 중요한 포인트는 하나님의 계시이며 예언이란 사실이다. 그 외의 문제에 대해서는 성경이 말하는 데까지만 아는 것이 안전하다. 그렇다고 해서 건전한 추론(성경적 추론)까지도 막는 것은 아니다.

구스는 함의 장자로서 아버지 함이 저지른 일에 대해 모를 리가 없다. 그리고 그로 인해 빚어진 결과(동생 가나안에게 내려진 저주)까지도 잘 알았을 것이다. 그런데 구스의 때는 함의 계보에 그 일로 인한 특별한 저주가 내려진 상황이 나타나지 않았다. 그것은 저주의 대상으로 지목된 가나안에게도 마찬가지였다. 이런 사실을 보더라도 '가나안' 개인에게 직접 저주가 내려진 것이 아니란 점은 확실하고, 그 저주는 예언이요 계시란 점이 분명해진다. 하나님의 공의를 생각하더라도 함의 사건에서 특별한 역할이나 잘못이 없었던 가나안에게 밑도 끝도 없이 저주가 내려진 일은 이해하기 어려웠다.

그러니 함의 집안에서는 얼마나 화가 나고 억울한 심정이 들었을까? 설혹 잘못을 했다고 한들 어떻게 한 번의 실수로 그런 무지막지한 저주를 선언할 수 있는가? 하나님의 섭리를 알지 못하는 함의 입장에서는 '아버지 맞아?', 손자들의 시각에서는 '할아버지가 어떻게 그럴 수 있어?' 하고 분노할 수 있다. 정말 노아가 제정신인가? 또 '화가 난 상태에서 내뱉는 말이 정상일 리 있겠는가. 그러니 저주도 임하지 않을 거야'라고 자위(自慰)할 수도 있다. 참으로 여러 가지 생각이 복잡하게 스쳐 갔을 것으로 여겨진다. 이런 생각이 드는 것은 인지상정(人之常情)이다. 그런 분노와 이해할 수 없는 상태의 복잡한 감정들이 한두 세대를 지나면서 3대에 들어선 후, 그 열매로 나타난 것이 '니므롯'이다. 함의 형제들은 물론 사촌지간에도(셈과 야벳의 자식들) 그 사건으로 인해 서먹해지는 상황은 얼마든지 추론할 수 있겠다. 친밀함은 깨졌고, 서로 대화하는 일이나 왕래하는 일까지도 영향을 받아 멀리했을 가능성도 얼마든지 생각할 수 있을 것이다. 실제 창세기 10장을 보면, 셈의 후손과 함의 후손은 멀리 떨어져 살게 되는 과정과 거주 지역이 각각 기록되었다.

특히 니므롯이 여호와 앞에 '특이한'(한글 개역) 사냥꾼이 되었다고 번역한 것은, 아주 애매한 번역이며 성경을 읽고 이해하는 신자들이 오해할 여지도 많아지는 번역이다. 개역 개정은 "용감한"으로, 새 번역은 "주님께서 보시기에도 힘이 센"으로, 공동 번역 개정판은 "야훼께서도 알아주시는 힘센" 등으로 번역했다. 원문에서 직접 번역했다는 맛싸 성경은 "여호와 앞에서 사냥의 용사"라고 번역했다. 도대체 그렇게 번역한 히브리 단어가 무엇이며, 어떤 뜻이기에 이렇게 다양하게 번역한 것일까?

1368 גִּבּוֹר 끼뽀르

또는(짧게) gibbor, 1396의 동형에서 유래한 강세형; '강력한' 함축적으로 '용사', '폭군':- 전사, 우두머리, ×빼어나다, 강한(사람), 힘센(사람), 용사

이 단어는 기본적으로 전사의 기질이 있는 용사, 용맹하고 용감한 사람을 가리킨다. 그러나 힘을 바탕으로 하는 이 단어는 이기고 위대해져 교만함과 무례함으로 이어지는 뉘앙스(이 단어의 기본형이 가진 의미)를 가진 단어로 쓰이기도 한다. 더구나 니므롯은 "여호와 앞에서" 곧 "하나님의 면전에서"란 표현을 사용하여, 하나님을 대적하는 첫 사람으로 등장했다고 기록하고 있다. 사람으로서는 아담 이후에 다시 하나님을 반역하는 자가 나온 것이다. 그의 이름의 뜻을 적용하면 이렇게 해석하는 것이 가

장 낫다고 생각한다. 하지만 하나님을 대적하고 반역한 니므롯은 저주받은 가나안의 후손이 아니라 함-구스로 이어지는 후손이다. 성경은 분명히 노아가 함을 저주하지 않고 가나안을 저주했다고 말한다. 이런 사실을 보아서도 노아가 가나안을 저주한 것은, 함의 실수로 인한 인간적인 저주라기보다는 하나님의 계시가 분명해진다.

그러면 하나님이 주신 계시의 중심에 선 가나안이란 이름의 의미 혹은 배경은 무엇일까? 이름의 의미에 대해서는 의견이 분분하다. 그만큼 확실하지 않다는 이야기일 것이다. "낮다, 평평하다" 등의 어원이 있지만, 그 이름이 가지는 의미는 대체적으로 악하고 거칠다는 느낌이다. 이스라엘에게 가나안은 약속의 땅이자 젖과 꿀이 흐르는 소망의 땅으로 이해된다. 그러나 실제의 가나안땅은 희락과 낭만의 땅이 아니라 치열한 전투장이고, 음행과 우상숭배가 가득한 땅으로서 하나님으로부터 철저하게 외면당한 저주의 땅이다.

창세기 10장에 기록된 가나안의 경계는(창 10:15-19) 저주받은 대로 하나님과 격리되어 복을 받은 셈족과 철저하게 분리된 것을 확인할 수 있다. 하나님은 가나안 족속의 경계를 정하시고 난 후에 여러 곳으로 흩어지도록 심판했다.[65] 함의 후손 가운데 대표적인 악인은 함의 장자인 구스의 아들 니므롯이지만, 하나님이 니므롯을 저주하는 계시를 한 것은 아니다. 그러나 함의 후손이 악한 열매를 맺힌 것은 비단 구스-니므롯만이 아니다. 그가 처음으로 반역한 당사자이지만 그 죄얼은 함의 후손 전반에 걸쳐 영향을 미쳤고, 그 결과가 가나안 땅 전체를 병들게 한 결과를 낳았다. 하나님은 절대로 죄가 가득하지 않으면 심판의 손을 펴지 않으시고 오래 참으신다(창 15:16). 그 오래 참으시는 자비의 기간이 400년이라고 하시면서(창 15:13, 16), 그 기간이 또한 이스라엘이 번성하고 충만해질 때라고 가르치신다. 따라서 이스라엘이 가나안땅을 정복할 때는 정복의 대상이 죄악으로 가득 차 하나님이 심판해야 할 때였다(신 9:4-5).

(4) 정복 전쟁의 시작과 결과

모세의 죽음 이후에 여호수아는 이스라엘 사람들을 이끌어 요단강을 건너 약속의 땅을 정복할 이스라엘의 차기 지도자로 하나님의 부르심을 받게 된다. 그들이 가장 먼저 도달한 도시는 높은 성벽으로 둘러싸인 여리고 성이었다. 여호수아는 하나님을 믿었고 이스라엘 민족에게 하나님께서 도우셔서 가나안 족속을 그 땅에서 몰아내시고 이스라엘이 그 땅을 차지하게 하실 거라고 강조했다(수 3:10). 여리고 성의 함락은 이스라엘의 힘이 아닌 순전히 하나님께서 친히 무너뜨린 일이기에 초자연적인 능력으로 된 일이다(수 6장). 여리고 성의 무너짐은 이스라엘과 가나안 족속 모두에게 하나님께서 가나안 땅을 이스라엘에 넘겼음을 보여주는 표징이었다.

이후에 가나안 원주민들에 대한 오랜 군사작전에도 불구하고, 12지파에게 땅이 분배된 이후에도 여전히 몇몇 가나안 사람들이 이스라엘에 남아있었다(삿 1:27-36). 이스라엘 정복지에 살아남아 있던 일부 가나안 원주민을 노역(勞役)하는 자들로 삼았으나, 많은 가나안의 요새들이 여전히 건재하게 남아 있었다. 이스라엘의 부분적 순종으로 인해 이렇게 남게 된 가나안의 주요 요새들은 향후 사사 시대에 계속해서 많은 문제를 일으키는 요인이 되었다.

① 남겨 놓는 불순종에 대한 경고

"너희가 만일 그 땅 거주민을 너희 앞에서 몰아내지 아니하면 <u>너희의 남겨 둔 자가 너희의 눈에 가시와 너희의 옆구리에 찌르는 것이 되어 너희 거하는 땅에서 너희를 괴롭게 할 것이요</u> 나는 그들에게 행하기로 생각한 것을 너희에게 행하리라"(민 33:55-56)

말도 많고 탈도 많은 가나안 정복 전쟁에 관한 이야기는 사람이기에 순종하기 어려운 조건들이 많았다. 정복해야 할 상대는 너무나 커서 상대하기 두려운 존재였고, 그들이 가지고 있는 무기 또한 철 병거와 칼로 무장했기에 전쟁 경험으로 보나 무기로 보나 너무나 버거운 상대였다. 거기에다가 그들의 요새는 산에 지어져 공격 자체가 어려운 그야말로 첩첩산중의 난제가 많았다. 사람의 힘으로는 처음부터 비교가 되지 않았기에 믿음으로 행하지 않으면 결코 완성할 수 없는 정복 명령이었다. 따라서 가나안 정복이란 사명은 절대 순종을 필요로 한다. 그 절대 순종조차도 인간의 의지로 되는 일이 아니기에 반드시 하나님을 절대적으로 신뢰하는 믿음이 필요했다. 그래서 성경은 "믿음으로 행하지 않는 모든 것이 죄"라고 정죄한다(롬 14:23).

이런 난제를 눈앞에 두고 하나도 남김없이 진멸하라고 하니 그들에게 가당키나 한 말이었겠는가. 씨를 말리기는커녕 승리 자체도 장담하기 어려운 상황과 조건이었다. 오히려 진멸 당하지 않으면 다행이라고 생각될 정도의 외부적 조건이었다. 그러나 이스라엘은 하나님의 명령과 약속 그리고 여리고 성 점령의 교훈 등이 있었다. 그래서 믿음을 요구하는 것이며, 이스라엘은 그 무엇보다도 믿음이 필요했다. 가나안 정복 전쟁에서 하나님의 백성이 갖추어야 할 가장 큰 무기는 세상의 무기, 크기, 군사의 규모 등의 외적 규모로 비교할 것이 아니라, 믿음의 여부로 가늠해야 한다는 교훈을 받게 된다. 그러나 역시 이스라엘은 가나안 정복 전쟁에서 실패하고 만다. 가나안 입성 전에도 믿음이 없어 광야에서 죽어간 선조들처럼, 출애굽 2세대 역시 같은 수준을 벗어날 수 없었다. 정복 전쟁이 그만큼 어렵다는 이야기다. 더구나 하나님의 백성이 싸워 이겨야 하는 정복 전쟁은, 싸워서 이길 때 종들과 전리품을 챙기는 정복 전쟁이 아니라 완전히 씨를 말려야 하는 정복 전쟁이기에 더욱 힘이 든 것이다. 그러다 보니 정복 전쟁을 치르는 곳곳에서 아우성과 잔재를 남겨 놓았다고 하는 기록이 반복되어 나타난다. 그 가운데 대표적인 것이 여호수아가 앞장서서 처리한 아낙 사람의 진멸 사건에 관한 기록이다.

> "그들의 마음이 강퍅하여 이스라엘을 대적하여 싸우러 온 것은 여호와께서 그리하게 하신 것이라 그들로 저주받은 자 되게 하여 은혜를 입지 못하게 하시고, 여호와께서 모세에게 명하신 대로 진멸하려 하심이었더라 그때 여호수아가 가서 산지와 헤브론과 드빌과 아납과 유다 온 산지와 이스라엘의 온 산지에서 <u>아낙 사람을 멸절하고 그가 또 그 성읍들을 진멸하였으므로</u>" (수 11:20-21)

그렇게 여호수아가 나서서 아낙 자손을 진멸했다. 참 잘했다. 그런데 아낙 자손이 누구인가? 여호수아가 가나안을 정복하기 전까지 헤브론에서 살았으며, 고대에 유명한 용사였던 네피림과 같은(창 6:4) 부류의 족속이었다(민 13:33). 그럼, 네피림은 노아 홍수로 남김없이 진멸 당했을 텐데 이들은 어디서 생긴 족속인가? 이들이 홍수 이전 네피림의 후손이 아닌 것은 분명한데, 이들은 과연 어디서 나온 족속인가.

"헤브론의 옛 이름은 기럇 아르바라 <u>아르바는 아낙 사람 가운데 가장 큰 사람이었더라</u> 그 땅에 전쟁이 그쳤더라" (수 14:15)

또 전쟁이 그쳤으면 됐지, 뭐가 문제인가? 그다음에 기록된 내용이 이상하다.

"이스라엘 자손의 땅 안에는 아낙 사람이 하나도 남음이 없고, (단지) <u>가사 와 가드와 아스돗에만 남겼다</u>" (수 11:22)

그렇게 두려워하던 아낙 사람이 하나도 남음이 없었다고 끝냈으면 되는데, 뒤이어 따라붙은 내용은 뭔가? 남기지 말라고 했는데 남았다는 이야기가 아닌가? 그래서 민수기 33장의 경고가 두려운 것이다. 아낙 사람으로 인한 두려움은 사라졌을지 모르지만, 이제는 하나님의 경고가 두려움으로 다가오게 된 것이다. 그럼, 누가 더 두려운 존재인가(마 10:28)? 세상의 열 왕은 하나님을 두려워한다(시 76:12). 우리 역시 하나님을 왕으로 모시는 자들이기에 마땅히 하나님을 경외해야 한다. 그 두려움이 현실로 나타났다.

a. 가사에서 벌어진 일; 들릴라 사건

"삼손이 <u>가사에 가서</u> 거기서 한 기생을 보고 그에게로 들어갔더니 혹이 가사 사람에게 고하여 가로되 삼손이 여기 왔다 하매 곧 그를 에워싸고 밤새도록 성문에 매복하고 밤새도록 종용히 하며 이르기를 새벽이 되거든 그를 죽이리라 하였더라"(삿 16:1-2)

'가사'는 블레셋이 거하는 땅 가운데 가장 크고 "강한 곳"이란 뜻을 가진 지역이다. 그런데 이스라엘 가운데 강하고 지략이 있는 삼손을 가둔 곳이 또 가사이다. 또 삼손이란 이름의 의미는 "태양"이다. 그에 비해 들릴라는 "깊은 어둠"이란 의미다. 삼손의 사건은 영적으로 태양이 빛을 잃을 때가 언제인가. 깊은 어둠에 갇힐 때라고 가르친다. 본래는 자연적인 상황에서는 태양의 빛이 어둠을 물리쳐야 정상이다. 그러나 실제로는 그 반대 현상이 나타나게 된 이유가 무엇인가? 성경은 삼손이 나실인으로서의 구별된 삶을 잃어버렸기 때문이라고 지적한다. 영적인 이야기를 하는 것이다.

가사의 들릴라는 사탄의 미혹이 얼마나 깊고 끈질기며 치명적인지를 보여준다. 이스라엘이 아무리 힘이 강해진다고 해도(삼손을 통해 보여주는 모습), 그 강함을 무너뜨릴 더 강력한 미혹의 어두움이 기다리고 있다. 이는 가사에 마땅히 진멸(헤렘)해야 할 대상을 남겨 둔 일로 인하여, 그 세력이 이렇게 커져서 결국 이스라엘에 고통을 주는 가시 노릇을 했다는 교훈이다.

b. 가드에서 벌어진 일; 골리앗 사건

"블레셋 사람의 진에서 싸움을 돋우는 자가 왔는데 그 이름은 골리앗이

요 가드 사람이라 그 신장은 여섯 규빗 한 뼘이요" (삼상 17:4)

사무엘서에 소개된 '가드'에서는 너무나 잘 알려진 골리앗이 이스라엘 앞에 나서서 싸움을 돋우고 있는 사건이 기록되어 있다. 이스라엘은 아무도 나서지 못한 채 벌벌 떨고 있을 수밖에 없는 모습으로 기록하고 있다. 외모로만 판단하는 이스라엘은 골리앗의 외모만 보고 싸울 시도조차 하지 못한 채 숨죽이며 눈치만 보는 형편이었다. 남겨 놓았던 가드의 세력은 이제 어찌하지도 못할만한 강한 세력으로 커져서, 이스라엘의 면전에서 위협하는 두려운 대상으로 나타나 압박하고 있는 형국이다. 비록 골리앗의 등장이 이스라엘의 영웅 다윗이 세상에 등장하는 사건으로 이용되긴 했지만, 아예 과거에 가나안을 정복할 때 끝냈더라면(하나님의 명령대로 씨를 말렸더라면) 이 같은 수모를 당하지는 않았을 것이다. 그러나 그런 다윗조차도 가드의 블레셋 왕 아기스에게 정치적 망명까지 하며 목숨을 구걸해야 하는 신세가 된 것은(삼상 27장), 가나안 정복 전쟁 때 가드의 블레셋의 씨를 말렸어야 했다는 후회를 남기는 교훈을 반복해서 주는 사건이다. 참으로 끈질긴 악연이 연속적으로 이스라엘의 장래에 나타나 옆구리에 가시로 작용하고 있다.

c. 아스돗에서 벌어진 일; 법궤를 빼앗긴 사건

"블레셋 사람이 하나님의 궤를 빼앗아서 에벤에셀에서부터 아스돗에 이르니라" (삼상 5:1)

블레셋이 이스라엘과 전쟁에서 하나님의 궤(법궤)를 빼앗아 아스돗으로 가져갔는데, 그 아스돗에 다곤 신전이 있었다. 법궤를 빼앗긴 사건은 하나님을 섬기는 이스라엘에게 하나님의 임재를 잃은 것과 같은 것이다. 이는 하나님이 힘이 없어서가 아니라 범죄한 자기 백성에 대한 심판으로 그리하신 것이다. 마치 훗날 남쪽 유다가 바벨론에 멸망할 때 이스라엘이 그렇게 애지중지하며 '절대 망할 리가 없다고 굳게 믿던 예루살렘 성전이 훼파되는' 모습을 보아야 했던 것과 같은 이치다. 하나님은 자기 백성이 범죄하면 자신의 이름이 수치를 당하는 한이 있어도, 실제로 그런 일을 감행하여 깨닫게 하려는 무서운 사랑의 하나님이시다.

이 사건 역시 이스라엘이 정복 전쟁에서 남겨 놓았던 작은 세력이, 이제는 커져서 이스라엘의 강력한 의지의 대상이요 임재의 상징인 하나님의 법궤를 빼앗기는 지경까지 이르렀고, 하나님이 블레셋의 우상인 '다곤' 신 앞에서 모욕당하는 처지에 빠졌다. 참으로 수치스러운 일이 반복되어도 어찌하지 못하고 끌려다니는 하나님 백성의 모습이 안쓰럽다.

이상에서 이스라엘이 하나님의 명령을 불순종한 결과로 겪는 고통의 가시 맛을 봄으로, 그 값을 톡톡히 치르는 사건을 간략하게 정리해 보았다. 오늘날의 우리도 사소하다고 여겨 불순종한 말씀이 우리의 발목을 잡고, 우리를 고통스럽게 만들며, 정복 사역을 막는 걸림돌이 된다는 것을 알고 철저한 순종, 흠도 없고 티도 없는 순종(죽기까지 복종)을 결단하고 따라야 할 것을 다짐하게 한다. 이런 사실을 깨닫고 순종하는 일이 얼마나 중요한지 배워야 할 것이다.

② 이스라엘이 두려워한 거인족(네피림) 아낙 자손

'네피림'으로 일컬어지는 이들이 장대한 거인으로 이해하는 것에 대해 살펴보자. 왜냐하면 이들이 궁극적으로는 우리 신자의 정복 대상이기 때문이며, 대부분 두려움의 대상이기 때문이기도 하다. 이 두려움을 극복하지 못하면 정복 전쟁에 실패할 것이며, 정복의 복은 물 건너가기 때문이다.

a. 네피림의 개요

성경의 난제 가운데 하나는 '네피림'에 관한 것이다.[66] 그들의 정체에 대해 모호하기 그지없고, 성경에서 명확하게 드러내지 않기 때문이다. 다양한 사람들이 다양한 의미로 네피림에 관한 해석을 제안한다.[67] 가장 원론적이며 보편적인 것이 "거인"(giant)이다. 개론적으로 살펴보면 '네피림'의 히브리어 기본어근은 "떨어진 자, 넘어뜨리는 자"의 의미다. 수동형이나 능동형의 관점으로 해석될 수 있겠으나, 민수기 13:33에서 "네피림의 후손 아낙 자손"이란 서술을 통해 갑자기 미궁에 빠지게 된다. 일단 성경에 언급된 구절부터 살펴보자.

> "당시 땅에는 네피림이 있었고 그 후에도 하나님의 아들들이 사람의 딸들에게로 들어와 자식을 낳았으니, 그들은 용사라 고대에 명성이 있는 사람들이었더라" (창 6:4)
>
> "거기서 네피림의 후손인 아낙 자손의 거인들을 보았나니 우리는 스스로 보기에도 메뚜기 같으니, 그들이 보기에도 그와 같았을 것이니라" (민 13:33)

일단 우리는 두 구절이 가진 배경을 파악해야 한다. 창세기 6:4은 노아의 홍수 이전이고, 민수기 13:33은 노아 홍수 이후다. 이 구분이 중요한 이유는 성경의 맥락상 노아의 홍수는 노아의 가족 외에 모든 사람이 죽었다는 것을 전제하기 때문이다. 그래서 가나안 땅의 네피림과 거인에 관한 이야기는 여기서부터 새롭게 시작해야 한다. 그러니까 창세기와 민수기의 네피림은 어떤 면에서 전혀 상관이 없는 존재라는 이야기다.

여기서 갑자기 '네피림'이 등장하고 또 '네피림의 후손'이란 문구가 등장하는 관계로 혼란과 미궁에 빠지게 된다. 노아 시대의 홍수는 정말 지구 안의 모든 사람을 다 죽였는가? 아니면 일부만 홍수가 내렸고, 노아의 가족 외에 다른 사람이 더 살아 있었던 것은 아닐까? 그 살아남은 사람 중에 네피림의 후손들이 있었다는 식으로 생각이 들어 혼란이 야기된다. 하지만 홍수 이전과 이후의 네피림은 전혀 다른 종(種)이다. 왜냐면 이러한 구분은 성경을 어떻게 해석할 것인가의 문제와 결부되기 때문이다. 이제 합리적이며, 성경적인 이해를 위해 조금만 더 깊이 생각해 보자.

b. 네피림과 아낙 자손

가장 먼저 주의할 부부분이 네피림과 아낙 자손과의 관계이다. 이 부분은 성경 해석과 이스라엘이 어떻게 아낙 자손을 보았는가의 문제이다. 먼저 창세기 6장으로 가보자.

> "사람이 땅 위에 번성하기 시작할 때 그들에게서 딸들이 나니 하나님의 아들들이 사람의 딸들의 아름다움을 보고 자기들이 좋아하는 모든 여자

를 아내로 삼는지라 여호와께서 이르시되 나의 영이 영원히 사람과 함께 하지 아니하리니 이는 그들이 육신이 됨이라 그러나 그들의 날은 백이십 년이 되리라 하시니라 당시에 땅에는 네피림이 있었고 그 후에도 하나님의 아들들이 사람의 딸들에게로 들어와 자식을 낳았으니, 그들은 용사라 고대에 명성이 있는 사람들이었더라 여호와께서 사람의 죄악이 세상에 가득함과 그의 마음으로 생각하는 모든 계획이 항상 악할 뿐임을 보시고 땅 위에 사람 지으셨음을 한탄하사 마음에 근심하시고 이르시되 내가 창조한 사람을 내가 지면에서 쓸어버리되 사람으로부터 가축과 기는 것과 공중의 새까지 그리하리니 이는 내가 그것들을 지었음을 한탄함이니라 하시니라"(창 6:1-7)

필자는 하나님의 아들들과 사람의 딸들 사이의 결합은, 곧 경건한 자손과 육신의 자손 사이의 혼합으로 해석한다. 즉 하나님 아들들의 세속화가 이루어지는 때라고 이해한다는 말이다. 창세기 1장에서 창조는 땅의 혼돈한 상태를 하나씩 구별하는 작업을 통해 정돈해 가는 모습으로 시작했다. 여기서 말하는 혼합은 세속적인 가인의 후손과 경건한 셋의 후손이 혼합하는 것이기도 하고, 영적으로 말하자면 하늘에 속한 자와 땅에 속한 자가 결합하는 현상이기도 하다. 분명한 것은 섞이지 말아야 할 대상들이 섞인 것이다(신 22:9-11; 시 106:34-36). 이것은 대홍수로 인해 땅이 다시 물속으로 가라앉고 모든 것이 구별되기 이전 상태(창 1:2)로 되돌리는 반(反) 창조의 혁명이라고 이야기할 수 있겠다. 성경에서 하나님의 심판은 항상 거룩을 파괴하는 혼합으로 나아갈 때 시행된다. 오래 참으시는 하나님의 자비가 더 이상 세상의 타락(인간의 부패)을 두고 볼 수 없을 때 하나님의 심판이 있게 된다(창 6:5-7, 죄악이 가득 찬 상황). 따라서 창세기 6-9장까지의 전 지구적인 대홍수 사건은 이러한 혼합으로 인한 반(反)

창조의 역사를 기록한 것이다.

문제는 이런 사람들이 4절에 등장하는 네피림과 연관이 있는가이다. 학자 가운데 상당수가 천사와 여자가 결합하여 낳은 자식들이 '네피림'(거인)이라고 생각한다. 네피림의 뜻은 "폭군, 약한 자를 못살게 구는 자"란 뜻이며, 기본어근은 앞에서 말했듯이 "떨어지다, 넘어지다"의 뜻으로서, 외적인 크기나 힘을 앞세운 자가 일반적인 사람에 비해 뭔가 열등한 존재로 추락하는 개념(혹 짐승 같은 존재)일 수도 있다. 천사와 여자의 결합으로 해석하는 이들은 하늘에서 떨어진 타락한 천사로 인한 '반신반인'이거나, 약한 자를 사냥하듯 타인을 넘어뜨리는 짐승같이 포악한 존재로 해석하기도 한다. 결국 네피림은 기존의 상태에서 떨어진(타락한) 존재를 묘사한다. 영적으로는 거룩에서 떨어지고, 도덕적으로 타락하는 것도 포함한다고 생각한다.

창세기 6:4은 네피림을 소개한 후, 2절에서 언급된 하나님의 아들들이 '사람의 딸들'의 외모에 마음을 뺏겨 자기가 원하는 대로 아내로 삼아 자식을 낳았고 그들이 용사라고 소개한다. '용사'는 히브리어로 그냥 "힘센 자"를 가리킨다. 이 용어는 "강하다, 힘이 있다"라는 점에 초점을 맞춘 단어다. 그래서 하나님의 별명도 '끼쁘르'이고(신 10:17), 전투력이 막강한 살인 병기와 같은 존재도 '끼쁘르'를 사용한다(창 10:8-9). 명성이나 권력, 강력한 힘을 표현할 때 '끼쁘르'란 단어를 사용한다. 그래서 종합하여 생각하건 데, 특별한 의미를 두기보다 긍정적인 의미에서는 "능력이 강한 자", 혹은 부정적인 의미로는 "살인 병기, 폭력"으로 이해하면 쉬울 것이다. 이러한 해석이 가능한 이유는 민수기 본문에서 네피림과 아낙 자손을 동일한 맥락(후손으로 번역함)에서 소개하기 때문이다.

정리하자면 네피림은 용사들이고, 용사들은 전장에서 싸우는 용병이란 뜻이며, 아낙 자손들을 표현할 때도 동일한 표현이 사용된 것이란 의미다. 그러니까 네피림은 전쟁과 피 흘림 등과 연관이 있는 용어이다. 그렇다면 네피림이란 단어는 하늘에서 내려온 '타락한'의 뜻이 아니라 문자적으로 다른 사람들을 넘어뜨리는(죽이는) 자들이란 의미가 더 적합하다고 할 것이다. 창세기 6장은 이러한 맥락에서 '네피림'이란 단어를 사용한 것이 분명해 보인다. 좀 더 확장하면 영적으로 하나님의 아들들(경건한 자손들)이 육에 속한 자들(땅에서 나오는 사람의 딸들)과 결합하여 타락한 상태의 열매를 맺힌 것으로 보면 좋을 것이다.

이렇게 정리하고 아낙 자손으로 넘어가 보자. 아낙 자손은 육신의 외적 조건으로, 혹은 영적인 맥락에서 '네피림의 후손'이라고 번역한 것으로 생각할 때는 적절하다고 생각한다.

c. 아낙 자손

성경에서 아낙 자손은 어떤 존재일까? 아낙 자손이란 단어는 광야에서 12명의 정탐꾼을 보낼 때 처음 소개된다. 여기서 아낙 자손 '아히만, 세새, 달매'가 소개된다. 정탐꾼들은 '네피림의 후손 아낙 자손'이란 표현을 사용하는데, 그들은 외적으로 키가 크고 강한 힘을 보유한 자들이다. 바로 여기서 네피림은 "거인"이란 해석이 도출된다.

> "또 네겝으로 올라가서 헤브론에 이르렀으니 헤브론은 애굽 소안보다 7년 전에 세운 곳이라 그곳에 <u>아낙 자손</u> 아히만과 세새와 달매가 있었더라" (민 13:22)

민수기 13:33에서 아낙 자손을 평가한 것은 이스라엘 정탐꾼들이다. 자기들과 그들을 비교할 때 거인과 메뚜기로 비교하며 생각한 것이다. 여기서 끝나지 않고 신명기 2:10-12에서 추가 설명된 ( )의 구절에서 "에밈 사람, 르바임"이란 단어가 등장한다. 즉 그들이 원래 거주했던 곳은 당시 '에서'의 자손이 거하는 에돔 지역에 살고 있었다. 에서의 후손들이 그들을 거기서 쫓아내고 살게 된 것이다.

"이전에는 에밈 사람이 거기 거주하였는데 **아낙 족속같이 강하고 많고 키가 크므로** 그들을 아낙 족속과 같이 르바임이라 불렀으나 모압 사람은 그들을 에밈이라 불렀으며 호리 사람도 세일에 거주하였는데 에서의 자손이 그들을 멸하고 그 땅에 거주하였으니, 이스라엘이 여호와께서 주신 기업의 땅에서 행한 것과 같았느니라" (신 2:10-12)

성경만으로 그 시대 상황과 문화의 모든 면을 자세하게 파악할 수는 없겠지만(성경 기록의 목적이 다르기 때문), 아낙 자손과 같은 거대한 족속들이 흔했다는 것을 보여준다. 골리앗의 키를 보통 3m 가까이 되는 것으로 이해한다. 실제로 아프리카 족속 가운데 2m가 훌쩍 넘는 종족이 실제로 아직도 존재하는 것을 볼 때, 고대에 3m 가까이 되는 종족들이 많았다는 것을 충분히 이해할 수 있다. 현대에는 키들이 평균 180cm 이상 되는 사람들이 많아지는 것을 볼 때, 성경 기록이 과장 되다고 말하기 어렵다.

d. 르바임

성경에 '르바임'이란 단어가 15-16회 정도 언급된다. 아낙 자손과 동일시된 르바임 족속은 갈릴리 동쪽인 바산 지역에 살았고(신 2:20; 3:13), 바산 왕 '옥'이 르바임 족속이었다. 그가 누운 철 침상은 9규빗으로 소개된다(신 3:11). 1규빗을 대개 45cm로 계산한다면, 45cm×9(규빗)=405cm이다. 실로 어마어마한 크기이다. 현재 우리나라 침대가 2m가 조금 넘는 것을 감안한다면, 바산 왕 '옥'의 키는 적어도 3m 30cm는 되었을 것으로 추측된다.

e. 결론

'네피림'이란 단어의 의미를 정확하게 파악하기는 힘드나 고대 이스라엘 사람들은 네피림과 아낙 자손을 동일한 맥락에서 이해했다. 이들의 신장은 거의 3m 정도이거나 더 클 것으로 추측된다. 또 매우 성격이 포악하고 힘이 세기 때문에 일반 사람들에게는 공포의 대상이었다. 이스라엘 백성들은 네피림과 아낙 자손에 대한 공포가 깊게 깔려 있다. 이런 심리적 현상이 패배 의식을 불러왔다. 심리학적으로 보면 상대방을 존경하거나 두려워하면 원래의 신장보다 훨씬 크게 보인다고 한다. 어쩌면 아낙 자손은 실제로 거대했다기보다는(그럴 수도 있지만) 그들에 대한 두려움이 실제보다 훨씬 크게 보였을 수도 있다. 오늘날의 하나님 백성(혹은 자녀)은 모세 시대 가나안을 정탐했던 두 사람 여호수아와 갈렙이 아낙 자손에 대해 했던 말을 기억하며 전의(戰意)를 불태워야 할 것이다.

먹이는 클수록 많고 좋은 것 아닌가. 육신의 눈에 보이는 것으로 두려워 떨지 말고, 믿음의 눈으로 보고 기회를 주신 하나님께 감사하며, 영적 싸움에서 승리할 힘을 얻자.

"다만 여호와를 거역하지는 말라 또 그 땅 백성을 두려워하지 말라 그들은 우리의 먹이라 그들의 보호자는 그들에게서 떠났고, 여호와는 우리와 함께 하시느니라 그들을 두려워하지 말라"(민 14:9)

4) 정복 전쟁의 교훈

이상에서 살핀 것같이 하나님 나라에 참여하는 과정에서 정복의 복을 제대로 받으려면, 헤렘(진멸)의 명령을 온전히 순종해야 한다는 것을 알 수 있다. 쓰레기, 찌꺼기를 남기면 안 된다. 그러나 헤렘에 관한 오해가 많은 논란을 부른 것도 사실이다.[68] 가나안 원주민(소위 7 족속)을 진멸하는 일을 영적인 차원에 적용하자면, 신자 안의 옛사람을 진멸하는 영적 전쟁에 비유할 수 있겠다. 신약적으로 말하자면, 신자 안에 옛사람을 벗어버리는 방법은 정과 욕심을 십자가에 못 박아 죽이는 일이다. 우리 안에 육체의 소욕은 끊임없이 솟아올라 정욕을 부추기며, 우리의 영적인 성장을 방해하며 가로막는다(갈 5:16-17). 그렇기에 신자 된 이후에 옛사람을 아껴보지 말고 진멸해야 한다. 이것이 영적인 정복 전쟁에서 가장 중시해야 할 일이다.

5) 가나안 전쟁의 완성

(1) 가나안 전쟁의 메시지

모세의 시대를 끝내고 여호수아 시대를 맞이하여 여호수아는 이스라엘 백성들을 이끌고 요단강을 건너서, 하나님께서 "이 땅을 너희에게 주겠다."고 약속하신 가나안 땅으로 들어간다. 이 전쟁 기간은 약 7년이었다. 하나님은 결코 검으로 세상을 다스리는 분이 아니다(마 26:52). 하나님은 힘(폭력)으로 하나님 나라를 세워가지 않으신다.

하나님은 가나안의 전쟁을 통해서 가나안 인종을 몰살하는 정복 자체가 목적이 아니다. 택하신 백성의 승리에 집중해서 하나님의 뜻을 펼치시지도 않는다. 이스라엘의 세력을 드러내는 데는 관심이 없다. 하나님은 여호수아 전쟁 전체를 통해 말씀하고 싶으신 게 따로 있다.

① 이스라엘의 정체성을 일깨우기 위해서.

가나안을 주시겠다는 약속을 위해 하나님은 전쟁 과정에서 철저하게 하나님의 방식대로 이끌어 가신다. 이스라엘이 원했던 승리의 방식대로 이끄신 적이 없다. 승리한 후에도 하나님의 말씀대로 따르기를 원하신다. 그것이 가나안 전쟁이었다. 여호수아를 필두로 한 가나안 정복 전쟁은 영웅은 없고, 전쟁의 방법 또한 칼과 무기와 견고한 전투력을 가지고 싸우는 것이 아니었으며, 싸워야 할 적은 실질적으로 가나안 땅에 거주하는 31개의 족속이 아니었다. 진짜 적은 이스라엘 자신이었다. 하나님만 믿고 의지하여 이기도록 설계된 전쟁이었다. 하나님의 백성은 하나님 없인 아무것도 할 수 없고 언제든지 하나님과 함께 살아야 할 존재다. 이것이 하나님 백성의 정체성이다.

하나님에게는 이스라엘을 인도하시면서 복을 받느냐 못 받느냐, 그들이 원하는 바람을 이루느냐 못 이루느냐가 중요하지 않다.

② **하나님 나라를 세우기 위해서.**

세상과는 다른 새로운 하나님의 순수한 나라를 세워야 했다. 이방의 더러운 문화, 이방의 신에게 흡수되지 않고, 여호와 하나님만을 섬기는 나라를 세워야 했다. 그렇기 때문에 가나안을 심판하는 일에 너무 흑백논리로만 보지 말아야 한다. 기생 라합처럼 하나님께 항복하고 섬기려는 사람은 이스라엘에 흡수가 된다. 그러므로 헤렘(진멸)도 그런 차원에서 이해해야 할 것이다. 하나님은 인종청소가 목적도 아니고, 이스라엘을 영웅으로 만들기 위한 것도 아니다. 오직 하나님의 영광을 위해 섬기고자 하는 사람들이 모여 세우는 하나님의 나라를 목적하신 것이다.

③ **하나님을 알게 하기 위해서.**

a. 하나님은 자기 백성과 함께하시며 일하신다.

하나님의 백성이 언제 두려워하는 줄 아는가? 하나님이 함께하신다는 것을 모를 때, 그리고 하나님의 일하심을 모를 때이다. 그러므로 우리가 두려워할 때는 하나님이 함께 하시며 친히 일하고(역사하고) 계신다는 진리를 잊어버릴 때다. 하나님은 시퍼렇게 살아계시고 오늘도 일하신다(참고. 요 5:17). 방법은 다양하여 잘 알기 어렵지만 친히 일하시는 분, 우리의 삶에서도 모양은 다르고 역사는 달라도 하나님께서 일하고 계신 것은 분명하다. 그래서 하나님을 알아야 한다. 이게 생명이다(요 17:3). 전쟁은 여호와께 속했고(삼상 17:47), 그래서 친히 싸우신다(수 5:13-15; 11:6-9). 병력의 숫자와 무기의 강함이 전쟁 승리의 핵심이 아니라 여호와의 일하심이 승리의 핵심이다.

b. 하나님은 약속에 신실하시다(수 11:23).

하나님께서 아브라함에게 주셨던 약속, 그리고 모세에게 약속하셨던 것, 여호수아를 통해 모두 이루어 주셨다. 이 여호수아 말씀은 창세기-출애굽기-민수기-신명기의 약속에 대한 결론, 성취의 기록이라고 말할 수 있다. 11장을 통해 그 약속의 성취가 드디어 이루어진 것을 확인할 수 있다. 하나님의 약속은 반드시 이루어진다. 왜냐하면 하나님께서는 신실하실 뿐만 아니라 약속을 이루실 능력이 있기 때문이다.

(2) 가나안 전쟁의 특징은 헤렘 전쟁이다(수 11:11, 20, 21).

히브리어로 "진멸하다"는 '헤렘'(바치다, 멸절시키다)이라는 단어를 사용한다. 어떤 물건이나 사람이 완전히 하나님께 바쳐져서 다시 되돌려 받거나 팔 수 없는 것을 의미한다. 완전히 하나님께 바쳐지는 것, 그래서 가나안 정복은 하나님께 바쳐진 전쟁으로 특별한 전쟁이다.[69] 그래서 남녀노소를 불문하고 한 사람도 남김없이 죽이라고 명하실 때가 있는데, 그것이 바로 헤렘 사상이다. 여호와가 직접 전쟁을 주관하시는 하나님의 거룩한 전쟁, 이것은 가나안을 정복하는 과정에서만 나타나는 특징이다. 가나안은 이스라엘의 적이 아니고, 여호와 하나님의 심판 대상이었으며,

그때 그 심판을 시행하는 도구로 쓰임 받은 이스라엘은 여호와의 군대라는 이야기다. 그리하여 전쟁 수행은 처음부터 끝까지 '여호와의 전쟁'이라고 불린다.

① 헤렘 사상

헤렘(진멸)의 규례는 모세 오경에서 제시된다. '진멸'의 대상에 해당하는 히브리어 '헤렘'은 '바쳐진 것, 봉헌된 것, 금지된 것'이다. 하나님께 바쳐지고 봉헌된 것으로서 이스라엘에게 금지된 것을 진멸하라는 의미이다. 그래서 레위기 27:28-29에서는 '아주 바친 그 물건'이라고 표현하고 있다. 진멸의 대상은 아무리 귀하고 좋은 것이라 해도 반드시 죽이거나 불살라야 했고, 몰래 취하면 그 자신이 진멸의 대상이 되어야만 했다. 신명기 20:10-18에서는 일반 전쟁과 '진멸' 전쟁의 차이를 말씀하고 있다. 일반 전쟁에서는 남자들을 쳐 죽이고 전리품(여자와 아이들, 가축들)을 취할 수 있었지만, 가나안 7족속을 '진멸'하는 전쟁에서는 호흡 있는 모든 것을 하나도 남기지 않고 죽여야 했다. 즉, 전리품이 없는 전투라는 것이다. 이는 앞으로 진행될 가나안 족속과의 싸움에서 승리는 오직 하나님의 것이라는 선언이며, '진멸' 명령에 대한 불순종은 이스라엘을 타락시키는 통로가 된다는 것이다(참고. 민 21:2).

② 가나안 '진멸' 명령이 가진 의미

홍수 이전 죄가 관영했던 세상은 물 심판으로 진멸됐다. 그러나 가나안의 아비 함이 노아의 하체를 보고 고하는 범죄를 저질렀을 때, 노아는 가나안이 저주를 받아 형제의 종들의 종이 되기를 원한다고 선포(계시)했다(창 9:24-27). 이 말씀은 가나안에 대한 진멸 명령으로 구체화 됐다. 가나안 정복 전쟁은 '이스라엘 백성들의 힘으로 가나안 땅을 정복하는 것'이 아니라, '앞서가시는 하나님의 정복 전쟁을 목격하고 승리에 참여하는' 전투였다. 승패를 가르는 것은 칼과 창이 아닌 믿음으로 순종하는 여부였다. 가나안 정복 전쟁을 승리로 이끈 주체는 오직 하나님일 뿐이다. 이는 이스라엘이 조금의 전리품도 가지지 않고 완전히 진멸하는 것으로 표현되었다.

이방 신들의 제의(祭儀)에서는 죽이는 것이 곧 신에게 바치는 것이었다. 이는 그들이 섬기는 신이 전쟁의 광기를 원하며, 피정복자의 피에 만족한다고 생각했기 때문이다. 그러나 하나님께서는 이방인의 피와 죽음을 바라시지 않는다. 오히려 하나님의 소원은 이방인도 이스라엘에 참여하는 구원 섭리에 있다(딤전 2:4). 따라서 이스라엘이 가나안 사람을 진멸한 것은 이방인처럼 신께 바친다는 의미가 아니다.

③ 가나안 족속은 모두 진멸되었을까?

진멸(헤렘)에 관한 이야기는 문학적인 과장일까? 아니면 이런 끔찍한 사건들이 실제로 일어난 것일까? 여호수아서의 진멸 전쟁을 역사적으로 실행된 행위로 받아들이는 신앙의 시각으로 볼 때, (불행인지 다행인지)여호수아가 진멸했다는 족속들이 사사기에 보면 건재하다.

"그러므로 이스라엘 자손은 가나안 족속과 헷 족속과 아모리 족속과 브리스 족속과 히위 족속과 여부스 족속 가운데에 거주하면서 그들의 딸들을 맞아 아내로 삼으며 자기 딸들을 그들의 아들들에게 주고 또 그들의

신들을 섬겼더라"(삿 3:5)

단순히 살아남을 뿐만 아니라 헷 사람 우리야는 다윗의 충복이 되었으며(삼하 11:3), 헤렘되었어야 할 가나안 족속들은 솔로몬의 역군이 되기도 한다.

"이스라엘이 아닌 헷 족속과 아모리 족속과 브리스 족속과 히위 족속과 여부스 족속의 남아 있는 모든 자 곧 이스라엘 자손이 다 멸하지 않았으므로 그 땅에 남아 있는 그들의 자손들을 솔로몬이 역꾼으로 삼아 오늘에 이르렀으되"(대하 8:7-8)

이렇게 성경 자체도 진멸에 대한 서로 다른 이야기가 존재한다. 심지어 여호와의 명령이 있기에 앞서 헤렘이 먼저 시행되고(신 2:34), 나중에 명령이 주어지는 데(신 7:2) 이와 같이 헤렘 이야기는 논리적으로 명확하지 않은 점이 적지 않다.

가장 중요한 헤렘 사상의 특징은 하나님 백성의 성결에 초점이 있는 것이다. 신앙을 파괴하는 여러 요인을 제거하고 순수 신앙을 유지하며 보호하는데 진짜 목적이 있다. 하나님은 하나님의 백성이 구별되기를 원하셨기 때문에 특별히 이 가나안 전쟁에서 완벽한 진멸을 명하신 것이다. 하나님을 멀리하게 하는 것은 무엇이든 깨끗이 없애기를 원하셨던 것이다. 이 부분을 알지 못하니 숱한 오해를 불러일으킨 전쟁이 가나안 정복 전쟁이다.

5. 다스려라(열왕기-역대기 그리고 선지서); 하나님의 말씀에 순종함으로 다스리기

사람에게 허락하신 다스림의 복은 하나님의 형상대로 만들었다는 말씀에서 이미 드러난다. 하나님의 형상은 다른 말로 하나님의 DNA로 묘사할 수도 있을 것이다.[70] 그래서 하나님의 형상대로 지음 받은 사람은 하나님의 DNA가 있으나 범죄한 이후에 파괴되어 무지, 무능, 어둠에 속한 자로 수많은 세월을 사탄과 죄와 사망의 종노릇 해야 했으나, 새 언약 시대에 '하나님의 형상'이신 그리스도(고후 4:4)를 영접함으로 회복할 수 있게 되었다(고후 4:6-7). 그리스도를 영접한 오늘날의 신자들에게는 하나님의 모든 것을 통달하신 성령께서 내주하심으로 하나님의 DNA가 회복되었는데(고전 2:10-13), 이 사실을 아직도 깨닫지 못한 신자들의 연약함으로 혼잡한 신앙생활을 하는 형편이다. 세상 신의 간교한 방해와 미혹으로 혼돈된 상태에서 여전히 자기 위치와 사명 그리고 복을 누리지 못하는 신자들이 많다. 이제 그리스도를 영접한 신자들은 그리스도와 함께 왕 노릇하는 다스림의 자리까지 나아가야 하는 자기 신분과 위치를 깨달아야 한다. 더 이상 사탄과 세상의 미혹에 속지 말아야 한다는 말이다.

다스림은 한 나라(국가)의 통치와 관계된 용어다. 그런 의미에서라면 하나님의 나라는 창조의 주목적이기도 하다. 하나님의 창조 행위 자체가 하나님 나라를 건설하고자 하는 목적을 가졌다는 말이다. 그에 필요한 땅과 백성 그리고 주권의 요소가 등장하게 된 것이다. 하나님은 천지를 창조하셨고, 사람에게 오복을 말씀하신 것을 통해, 하나님의 나라 범위는 궁극적으로 이 땅에 국한된 것이 아니라 하늘과 땅 곧 우주 전체를 총괄한다는 점을 확인할 수 있다. 천계(영계)를 포함한 모든 우주가 하나님 나라 건설에 배경이란 이야기다. 우리 인간은 지구라는 제한된 행성에 속한 땅에 거주하기에, 아주 좁은 시야에서의 나라 개념에 익숙하지만, 하나님은 우리와 다르시다. 그래서 처음부터 하나님은 친히 창조하신 우주에 영들과 사람을 만드시고 통치하셨다. 그러나 모두 반역했으며 그 결과 오늘날의 깨지고 혼돈된 세상으로 전락한 것이다. 그러나 그런 피조물의 반역을 창세 전부터 계획하시고 아신 하나님은, 그리스도 안에서의 회복과 완성의 계획에 따른 섭리를 하나씩 이루어오셨다. 이에 하나님의 섭리(다스림)를 따라 사람에게 허락하신 다섯 번째 복인 다스림의 복을 알고 누리며 수행하기 위한 길을 탐색할 필요가 있다고 느낀다. 하나님의 나라는 성경 전체의 핵심 주제이기에 반드시 이 기준을 가지고 성경을 읽고 해석하며 양식으로 삼아야 할 것으로 안다.

> "이스라엘의 하나님께서 말씀하셨으며, 이스라엘의 반석께서 내게 이르시기를 '<u>사람을 다스리는 자는 공의로워야 하며 하나님을 두려워함으로 다스려야 하는 도다</u>. 그리하면 그가 해 돋을 때의 아침 빛같이 되리니, 곧 구름 없는 아침 같겠고, 비 온 후에 맑게 반짝임으로 땅에서 돋아나는 연한 풀잎 같으리라.' 하셨도다." (삼하 23:3-4)

구약에서 다스림의 문제는 사실 하나님이 친히 다스리는 하나님 나라의 시작으로 출발했다. 그러나 인간의 반역으로 인하여 하나님의 통치가 손상을 입었다. 인간은 본래 대리 통치자로 만들어졌고(하나님의 형상대로 지음 받은 자), 오복으로 이룰 문화명령의 사명을 받았으나 어리석은 인간은 사탄의 계략에 넘어가 결국 반역으로 끝을 맺은 것이다. 이는 창세

전 하나님의 작정(계획, 시나리오)에 따라 허락된 일이지만, 시간 안에서 이루어진 역사적 사실로는 '네페쉬 하야'(흙으로 빚어진 생명체)로서의 연약한 인간의 어쩔 수 없는 무능이기도 했다. 그로부터 세상을 다스리는 대리 통치의 권세는 사람이 아닌 사탄(공중의 권세 잡은 자)에게 넘어갔다(눅 4:5-7; 엡 2:2). 첫 영적 전쟁에서 아담이 사탄에게 져서 빼앗긴 것이다(벧후 2:19). 그래서 신약 성경은 그를 일컬어 '세상의 신'이라고 부른다(고후 4:4).

하나님께서는 에덴에서 쫓겨난 인류를 그냥 내버려 두시지 않고, 아브람을 부르는 일로 시작하여 창세 전 그리스도 안에서 예정하신 계획을 따라 차곡차곡 하나님 나라를 세워나가는 일을 실행하셨다. 그래서 온전하지는 않았지만, 생육-번성-충만-정복까지 이루시고, 마침내 다스림의 단계로 이어지게 하셨다. 물론 어리석은 인간으로 인하여 갖은 우여곡절을 겪었지만, 신실하신 하나님이 언약을 실천하시려는 의지와 능력으로 인하여 여기까지 이르게 되었다. 하나님이 이렇게까지 열심을 가지고 인간에게 허락하신 오복을 이루시려는 목적이 무엇일까(사 9:6-7)? 하나님의 창조 목적이 궁극적으로 하나님 나라에 초점이 맞추어져 있기 때문이다. 하나님 나라는 문화명령으로 불리는 오복의 성취가 없이는 온전하게 세워질 수 없다. 하나님의 나라 건설이 아담으로 시작했지만 실패했고, 다시 아브람으로 시작해서 많은 흠과 부족함이 있을지라도 힘겹게 정복까지 이르게 된 것이다. 물론 이는 둘째 아담이 오셔서 온전히 이루기까지 모형으로 나타나는 일이지만, 하나님이 명하신 오복(문화명령)이 무엇인지를 보여주는 적절한 역사요, 큰 그림이라고 생각한다.

1) 하나님의 다스림

하나님의 다스림은 처음에 천지를 창조하실 때부터 시작되었다. 그러나 인격을 가진 피조물인 천사와 사람은 처음부터 하나님의 다스림에 반역했고, 그 결과는 '저주'와 '영벌'이라는 무서운 선고를 받기에 이르렀다. 특별히 사람의 죄로 인한 파급력이 만물에까지 미쳐, 온 피조 세계의 질서가 파괴되었고, 그야말로 세상은 하나님 나라와 거리가 먼 상태로 엉망진창이 되었다. 그런 상태에서도 사람은 어떻게든 적응하며 살아남았지만, 그것도 하나님의 은혜로 말미암은 긍휼이었다. 세상이 망가지는 속도를 완곡하게 늦춘 결과로 사람이 그나마 적응하고 살 수 있는 시간을 번 셈이었다는 말이다.

하나님의 다스림은 간단하다. 인격적인 존재로 창조된 대상은 하나님의 명령에 순종하면 복이고 불순종하면 멸망이다. 천사든지 사람이든지 하나님의 절대주권에 복종해야 복을 받고 살 수 있다. 창조주 하나님이 가장 미워하는 것이 교만이다. 그런데 천사나 사람이나 모두 이 교만에 걸려 망하게 된 것이다. 죄로 성립되는 기준은 하나님이 정하신다. 하나님이 정하신 기준을 충족하지 못하거나 선을 넘으면 죄로 정죄되고, 하나님과 맺어진 모든 관계와 약속으로부터 떨어져 나가는 결과를 빚는다. 하나님으로부터 단절된 결과는 무서운 저주와 고통과 수치로 인한 슬픔뿐이다(렘 44:8).

하나님은 처음부터 흙으로 빚은 사람을 하나님의 형상으로 창조하셔서 자신의 대리자로 대접하여 만물을 다스리도록 작정하셨고, 에덴에 동산을 창설하신 후 그곳에서 아담과 교제하며 가르치며 지시하셨다. 그런 의미에서 에덴의 동산은 사람을 지도하는 지휘소요, 하나님을 만나는 성전이요,[71] 만물을 다스리는 하나님 나라의 국무회의 장소이기도 했다. 하나님의 나라를 다스리는 하나님의 정책 방향은 창세 전에 세우신 하나님의 작정(계획)을 따라 하나님이 주권적으로 다스리는 것이 기본이었다. 하나님의 주권적 다스림이란,[72] 하나님의 공의와 긍휼(사랑)에 근거한 다스림이었다. 그것이 하나님이 기뻐하시는 뜻이었기 때문이다. 그래서 사람의 타락에도 불구하고, 먼저는 그들이 지은 죄를 따라 공의대로 심판하시고 선고했을지라도, 하나님의 크신 긍휼의 사랑으로 그 선고를 당장에 실행하지 않으시고 상당한 기간 유예하시며(일반적으로 대략 1,000년) 은혜로 대하셨다. 이에 근거하여 생각하자면 시간적 개념의 영생은 1,000년 이상의 삶의 기간이란 점도 예측할 수 있겠다. 따라서 인격적 피조물이 하나님의 말씀(명령, 정하신 법도)에 순종했으면, 육체를 가진 상태에서 (부활체가 아닌) 영생할 수 있었을 것이다. 그러나 하나님은 인격적 피조물이 타락하고 반역하며 불순종할 수 있는 자유를 허락하셨기에 언제든지 타락의 가능성은 열려 있었다. 아니 타락할 수밖에 없었을 것이라는 예단(豫斷)이 더 나은 가능성이라고 말하는 게 옳을 것이다. 왜냐면 하나님의 작정하심을 이루기 위해서 그렇게 섭리하셨다는 점과 영이든 육이든 하나님의 온전하심을 따를 수 없다는 피조물의 한계 때문이다.

결과적으로 하나님의 다스림은 인간을 비롯한 피조물의 어떠함과 상관없이 자신이 세운 계획(시나리오)을 따라 주권적으로 시행해 나가신다. 그럴 때 하나님은 "모든 것이 합력하여 선(하나님의 뜻)을 이룰 수 있도록" 능력으로 일해 나가신다. 인간을 비롯한 피조물의 어떤 문제나 방해, 실패와 실수 등으로 난장판을 만들어 놓아도, 하나님의 지혜와 능력으로 그 모든 문제를 완벽하게 해결하시며 하나님의 작정을 이루어 가신다. 과연 하나님 통치의 끝은 오직 하나님의 뜻대로만 완성된다는 이 한 가지 사실은 변하지 않는다. 그래서 이렇게 자신 있게 말할 수 있다. 하나님의 통치 곧 다스림은 완벽하고 실패하지 않으신다.

2) 사람의 반역

사람은 처음 만들어질 때부터 완벽한 존재가 아니었다. 이런 주장에 대해 반감을 갖는 자들도 있겠으나 이 사실을 인정하는 여부가 사람에 대한 진실 파악에 아주 중요하다. 하나님의 창조를 무조건 완벽한 것으로 해석하는 것은 하나님의 영광을 위하는 것 같지만, 사실은 하나님의 일하심에 대한 월권이며 오히려 하나님을 난처하게 만드는 사람의 일을 생각하는 행위이다. 그것은 하나님을 위하는 변증이 아니다. 오히려 더 난감하게 만드는 어리석음이다. 완벽하게 만들었는데 어떻게 타락하고 실패할 수 있다는 말인가. 하나님도 실수하고 실패할 수 있다는 말인가. 그럴 것 같으면 무엇 하러 흙으로 사람을 빚으셨겠는가? 그것도 다른 생물들과 같은 '네페쉬 하야'로 말이다(창 2:7). 단지 다르다면 하나님의 형상대로 창조했다는 사실 하나만 다르게 창조되었는데, 사람을 하나님의 형상대로 만드신 이유는, 하나님과 상호 교통(교제)하는 것과 하나님의 지도를 받아 대리 통치를 하는 인격적 존재로 사역하기 위해서다. 인격적 존재로 만들어야 말귀를 알아듣고 상호교제가 가능하기 때문이었다.

그리고 "하나님이 보시기에 좋았다"라는 묘사는 완벽을 시사하는 표현이 아니다. 창조한 것에 대한 하나님의 반응을 묘사한 것이며, 선하신 하나님이 창조하신 것을 보시고, 보시기에 선했다는 의미이다. 말 그대로 좋았고 선했다는 의미이지 완벽함과는 거리가 멀다. 하나님은 우리가 완벽하지 않아도, 흠결이 있어도, 연약함이 보여도 심지어 실수해도 사랑하시며 기뻐하신다고 성경은 가르치고 있다.[73] 우리 하나님은 완벽해야 기뻐하시거나 좋아하시는 분이 아니시다. 그래서 그 가운데는 보시기에 좋았다는 묘사가 없는 것도 있다. 일반적으로 사람이 이해하고 생각하는 대로 완벽한 것을 묘사하는 표현이 아니란 증거다.

사람의 어리석은 반역의 끝은 불순종으로만이 아니라 "자기 소견에 좋은 대로 행하려는" 본성의 열매로 나타나는 멸망이다. 자기를 신과 같이 생각하는 이상, 자기 소견에 옳다고 하는 대로 행하는 것은 어찌 보면 당연한 결과다. 그런데 이 말씀이 나오게 된 상황에서 따라붙는 말은 "그때 왕이 없으므로"이다. 왕은 다스리는 자의 대명사다. 사사기 말미에 나타나는 이 표현(삿 17:6; 21:25)은 결국 왕의 출현을 예고하는 역할을 한다. 그래서 룻기서가 이어지는데 룻기서의 결론은 다윗의 혈통(계보)이 소개됨으로 장차 이스라엘의 왕이 누구인가를 보여준다. 그리고 사무엘서에서 사울이 초대 왕으로 기름 부음을 받으므로 인간 왕의 다스림의 역사가 시작된다. 그러나 사울은 하나님이 선택한 진정한 왕이 아니었고,[74] 구약의 대표적인 프레임인 두 번째가 항상 정통성을 가지는 패턴을 따라, 두 번째 왕으로 지목된 다윗이 "하나님 마음에 합한 자"라는 은혜를 입은 모형으로써, 메시아신 주께서 다윗의 후손으로 오시는 것으로 귀결된다.

3) 사람(열 왕)의 다스림

그래서 이후에 전개되는 이스라엘 열왕(列王)의 기록을 통해, 인간 왕의 다스림이 어떻게 나타나며, 어떻게 실패하는지를 잘 보여준다. 사람의 다스림이 어떤 한계를 가지며, 그 결과는 처음 왕을 요구했을 때 하나님이 경고하신 것처럼(삼상 8:7-18) 그들에게 고통만 안겨주었을 뿐이다. 이방에게 나라를 빼앗기고, 성전이 파괴되고, 포로 되어 비참한 형편까지 겪게 된다. 하나님이 가르치고 싶은 것이 이것이었다. 왕이든지 백성이든지 같은 '네페쉬 하야'에게 어떤 것들을(외부적 조건; 권력이나 돈 그리고 지혜 등의 실력 같은 힘이 될 만한 것들) 줄지라도, 사람은 그것을 가지고 하나님과 다른 사람을 기쁘게 할 수 있는 존재가 되지 못한다는 사실을 알게 하셨다. '네페쉬 하야'가 '네페쉬 하야'를 다스리는 것은 처음부터 불가능한 일이었다. 왜냐면 같은 수준이며 같은 생각과 본성을 가지고 있기 때문이다. 그러니 그들 사이에는 자기를 위하여 폭력으로 굴복시키고, 자기가 가진 것들로 상대를 제압하여 다스리는 일 외에 다른 방법이 없었다. 그런데 어리석은 인간들은 가르치고 교육하면 짐승과는 다른 '사람'이 될 것이라는 망상에 사로잡혀, 지속적인 실패에도 불구하고 그 고집을 꺾지 않는다. 사람이 세상 교육을 받으면 그 받은 교육을 또 하나의 권력으로 삼아, 다른 사람을 굴복시키며 주관하려는 더 교활한 짐승의 탈을 쓴 존재가 되고 만다(롬 1:22-23, 29-32). 사람이 참으로 하나님이 창조하신 본분에 맞는 사람답게 다스리는 자로 회복되려면, 하나님의 형상인 그리스도를 영접하여 하나님과 관계를 회복하고, 하나님과 교제를 회복하며 내주하시는 주께 순종하는 길 외에 없다. 그리스도 안에서 그리스도께 통치권을 넘겨드려, 신자 안에서 그리스도가 친히 다스리는 사역이 이루어질 때(갈 2:20) 비로소 진정한 다스림은 가능해진다.

(1) 통일왕국의 다스림

이스라엘의 역사를 크게 두 시대로 나누어 본다면, 통일왕국 시대와 분열 왕국 시대로 나눌 수 있다. 그중 통일왕국 시대는 이스라엘의 역사상 가장 번영기였다. 이 시대는 사울 왕과 그 유명한 다윗 왕, 그리고 그의 아들 솔로몬 왕의 통치 기간을 포함한다. 이 기간의 역사는 사무엘상·하 및 열왕기상 1-11장에 기록되어 있고, 역대상·하에도 일부 언급되어 있다. 따라서 이스라엘의 통일왕국은 결국 3대 만에 남 유다와 북이스라엘의 둘로 쪼개지는 비운을 맞는 역사를 기록하고 있다.

① 사울 - 이스라엘의 초대 왕

우리는 이미 통일왕국 시대가 시작되기 전, 수백 년 동안(대략 300년) 사사들이 이스라엘 12지파를 이끌어 왔다는 사실을 알고 있다. 그 가운데 최후의 사사이며 이스라엘 왕정의 탄생을 직접 목격한 인물이 사무엘 선지자였다. 사무엘 선지자 때 이스라엘 자손들은 이웃 나라와 같은 왕을 원했다. 명분은 이스라엘을 이끌 지도자로서 사무엘 선지자의 아들들이 적합하지 않다는 것이었으나 실상은 하나님의 통치를 거부한 것이었다(삼상 8:7-8)고 하나님은 지적하셨다. 하나님은 이런 그들의 요구를 기뻐하지는 않으셨지만, 그들의 원대로 이스라엘 백성에게 이방 왕과 같이 외모를 중시하는 사울이라는 인물(키가 보통 사람보다 어깨 위나 더 큰)을 왕으로 세우라고 사무엘에게 명령하셨다. 그리하여 미스바에 모여서 사무엘이 사울에게 기름 부어 왕으로 책봉하기에 이른다.

그로부터 사울은 40년간 이스라엘 통일왕국의 초대 왕으로 통치하게 된다. 사울은 처음에는 겸손하게 행했고, 통치를 잘 수행하는 모습을 보였다. 이스라엘이 이웃 나라인 암몬, 블레셋, 모압, 에돔과 기타 족속들이 침략해 올 때도 사울은 이스라엘 군인들의 선두에서 그 적들을 물리쳤다. 이것이 이스라엘 백성들이 바라는 왕의 모습이었다. 사울은 곧 백성 가운데서 그의 인기(오늘날의 여론조사에서 지지율이 높아지는 것)가 절정에 오르게 되자, 하나님 앞에서 겸손한 종이 되기보다 교만한 자로 변질되었다. 하나님의 뜻은 생각지 않고, 자기의 생각대로 모든 일을 처리했다. 그 결과 다시 사사 시대의 모습으로 돌아간 것이다. 아말렉 군대와 싸울 때도 하나님께서는 아말렉 군대를 치고 그들에게 속한 모든 것을 다 진멸하라고 명하셨지만, 사울은 그 명령대로 실행하지 않았다. 사무엘 선지자는 "순종이 제사보다 낫고 듣는 것이 수양의 기름보다 낫다"(삼상 15:22)라는 말로써 사울을 책망했고, 하나님은 사울의 왕권을 빼앗아 다른 사람(다윗)에게 주기에 이른다. 이후에 사울이 얼마 동안 왕의 자리를 보존할 수 있었으나, 하나님은 사무엘에게 은밀히 사울의 계승자로 다윗이라는 어린 목동을 왕으로 기름 부으라고 명하셨다. 사람의 기준을 따라 요구한 이스라엘의 초대 왕으로 기름 부어 세워진 사울 왕은 결국 온전하지 못한 불순종으로 인해 다스림에 실패했다.

② 다윗 - 하나님 마음에 맞는 사람

사울이 죽자, 다윗은 먼저는 유다 지파의 왕으로 시작하여 마침내 통일 이스라엘의 왕으로 등극하게 된다. 이 다윗이야말로 성경에 나타난 많은 인물 중에서 가장 유명한 사람 중의 하나로 알려진 인물이다. 그는 하나님의 모든 명령을 기꺼이 순종하는 사람으로서 하나님의 은총을 받은 사람이라고도 불리게 되었다. 그러나 다윗도 역시 우리와 같이 연약한 성정을 가진 사람이기에 안타깝게도 큰 죄를 지었는데(간음죄, 살인죄), 하나님의 처리는 사울 왕 때와 달랐다. 다시 말해서 징계는 하되 버리지는 않았다. 주님은 그를 가리켜 "내가 이새의 아들 다윗을 만나니 내 마음에 맞는 사람이라. 내 뜻을 다 이루게 하리라"(행 13:22)고 말씀하셨다. 이런 편애로 보이는 상황은 하나님의 절대적인 은혜를 입은 모습을 나타내는 묘사다.[75] 다윗이 지은 시편은 하나님께 은혜를 입은 그의 성장 과정을 잘 보여준다. 이런 결론은 하나님의 주권을 인정하지 않으면 깨닫기 어려운 처사요 사건이다.

다윗은 예루살렘을 택하여 수도로 정하고 열방의 침입으로부터 나라를 보호하는 강한 나라로 만들려고 힘썼다. 그에게 붙여진 호칭은 손에 피를 묻힌 전쟁의 사람으로 불려졌다. 그래서 다윗이 하나님의 성전을 짓고자 하는 마음이 간절했으나 그에게 허락되지 않았고, 그의 아들 솔로몬에게 성전 짓는 일을 허락했다. 첫 사람 아담의 반역 이후, 하나님과 관계가 끊어진 상황에서 시행된 사람의 통치(다스림)가 얼마나 불합리한지를 보여주는 일은, 사울-다윗-솔로몬 그리고 분열 왕국 시대에 이어지는 남북의 모든 왕의 통치에서 여실히 드러난다. 사람에게 허락하신 정복-다스림까지의 오복에서 삼복(다른 피조물과 같은 생육-번성-충만)으로 전락한 이후에, 비록 인간 왕들의 정복과 다스림의 역사가 이어지지만, 그것은 인간의 정복과 통치를 기대해서가 아니라, 하나님의 형상을 잃어버린 상태의 인간(관계 단절)으로는 정복과 다스림은 안 된다는 것을 보여주기 위한 체험교육이라고 해도 과언이 아니다.

다윗이 비록 외적으로 보기에 성공하고, 하나님께 대한 믿음이 신실했던 것처럼 보일지라도, 그의 일생은 하나님의 은총과 언약이 없이는 아무것도 할 수 없는 무능한 존재라는 사실을 보여주는 모습이었다(다윗의 언약, 삼하 7:1-17). 그 대표적인 사건이 충신 우리아의 아내 밧세바를 범하고, 그 죄를 은폐하기 위해 살인 교사(敎唆)의 죄까지 범한 일이다. 이 모든 일은 하나님의 진노를 불러일으켰고, 하나님께서는 선지자 나단을 보내서 그의 죄를 낱낱이 드러내며 다윗을 엄히 책망하셨다(삼하 12장). 다윗은 사울 왕과 다르게 핑계나 변명하지 않고 그 자리에서 회개했다. 이런 자세가 다윗이 사울보다 나은 인격에서가 아니라, 순전히 하나님의 은총을 입은 결과로 나타나는 열매다. 그가 회개하여 용서받았으나 하나님의 징계를 통한 그의 고통(공의로우신 하나님의 징계)은 그때부터 시작되었다. 다윗의 사례를 통해서 하나님의 사람들은 이 땅에서 자기가 범한 죄에 대한 징계를 다 받은 후, 하나님 나라에 들어가는 것이 복이란 사실을 알아야 한다.

다윗의 가정은 풍비박산이 나고, 대 혼란 속에 빠져들어 극심한 고통으로 무서운 징계를 당한다. 혈족 간에 강간과 배반, 반역, 음모 술수, 살인이 난무하여 다윗의 고통은 가중되었다. 다윗의 사건을 통해, 하나님의 사랑을 입고 큰 은혜를 입은 자가 범죄하면 그만큼 엄중한 징계가 내려온다는 사실을 처절하게 배울 필요가 있다. 따라서 정복과 다스림의 복은 신자 밖에서 일어나는 싸움에서 얻어지는 복이기에 앞서, 자기와의 전쟁(육신의 생각과 싸움) 그리고 자기를 정복하고 다스리는 복이 우선해야 한다는 사실을 배워야 할 것이다. 다윗은 임종이 가까웠을 때, 서로 물고 싸우는 아들들에게 지쳤고, 하나님의 뜻을 따라 솔로몬에게 왕국을 물려주었다. 이리하여 파란만장한 생을 보낸 하나님의 사람인 다윗 왕의 통치는 40년으로 끝을 맺게 되었다.

③ 솔로몬 - 지혜자에서 우상 숭배자로 전락하기까지

솔로몬 왕의 통치는 그 아버지의 통치와는 매우 대조적이었다. 다윗 왕이 통치하는 동안에는 언제나 전쟁이 계속되었지만, 솔로몬 왕의 통치 기간에는 평화가 지속되었다. 솔로몬은 꿈을 통하여 하나님께 부귀와 영화를 구하는 대신 지혜를 구했고, 그 결과 그가 구하지 않았던 부귀와 장수의 복까지 받게 되었다(왕상 3:11-13). 솔로몬도 아비 다윗같이 하나님 마음에 맞는 자로 시작한다(왕상 3:3-10). 그러나 항상 놓치지 말아야 할 것은, 하나님으로부터 세상의 좋은 것을 받을 때라도 감사와 함께 주의해야 한다. 그것도 아주 극도의 주의가 필요하다는 점을 놓치면 자칫 모든 복을 잃고 추락한다. "추락하는 것은 날개가 있다"라는 말이 있듯이(이문열, 1998), 승승장구하고 번성하는 것이 반드시 좋은 것만은 아니란 사실을 알고 깨어 근신하는 지혜가 있어야 한다. 주께서도 수시로 깨어 있으라고 권면하셨던 사실을 잊지 말아야 한다.[76] 왜냐면 사람은 그렇게 스스로 자기의 결심이나 진심을 유지하거나 끝까지 지킬 수 있는 존재가 아니기 때문이다. 베드로가 맹세한 것과 자기 진심을 지키지 못하고 세 번이나 부인하고 저주까지 한 사건이 대표적인 사례이다(막 14:31; 마 26:69-74). 사람은 번성할 때가 가장 위험하고(호 4:7), '선' 줄로 아는 순간에 넘어지는(고전 10:12) 특성이 있다는 이 한 가지 사실을 명심하고 또 명심해야 한다.

"내 백성이 지식이 없으므로 망하는 도다. 네가 지식을 버렸으니 나도 너를 버려 내 제사장이 되지 못하게 할 것이요 네가 네 하나님의 율법을 잊었으니 나도 네 자녀들을 잊어버리리라 저희는 번성할수록 내게 범죄하니 내가 저희의 영화를 변하여 욕이 되게 하리라" (호 4:6-7)

솔로몬의 지혜는 너무나 유명하여 오늘날까지도 지속적으로 회자(膾炙)되고 있다. 그는 3,000개의 잠언을 남겼고, 1,005개의 시를 썼다고 전해진다. 이러한 그의 모든 지혜는 성경 가운데 세 권의 책에 기록되어 전해진다. 정치·경제적으로도 이스라엘의 힘을 온 세계만방에 과시했다. 솔로몬의 헤아릴 수 없는 부귀는 오늘날까지도 전해지고 있고 부러움의 대상이다. 1,400개의 병거와 12,000명의 마병을 거느릴 만큼 많은 군대와 재산을 소유했고, 외국에서 여왕이 찾아올 정도로 국경을 넘나드는 인기를 누렸다. 하지만 솔로몬은 그 지혜로 명성과 부귀를 얻었으나 또한 그 지혜로 인해 추락의 길을 걸었으니, 참 아이러니하지 않을 수 없다. 전무후무한 지혜와 모든 사람이 추구하는 좋은 것들을 다 누렸지만, 그의 마지막 말은 "모든 것이 헛되다"였으니 무슨 말이 더 필요하겠는가(참고. 전도서). 하나님이 세상에서 추구하는 모든 좋은 것을 받아 누린다고 할지라도, 최종적인 고백이 어떠한지를 알고 미혹될 일이 아니란 교훈을 받았으면 한다. 사람의 실상이 그러하다는 것을 우리 후손들이 배우고 잊지 않았으면 좋겠다. 솔로몬의 실패를 경계로 삼고자 하는 자들이 반드시 기억해야 할 것이 있으니, 그것은 하나님께서 모든 좋은 것을 허락하시면서 더하여 반드시 기억해야 할 말씀을 주셨는데, 보통 그 부분을 놓친다는 것이다.

"네가 만일 네 아비 다윗의 행함같이 내 길로 행하며 내 법도와 명령을 지키면 내가 또 네 날을 길게 하리라" (왕상 3:14)

솔로몬의 실패는 세상의 좋은 것에 현혹되어 이 말씀을 잊은 것이다. 그러므로 하나님으로부터 아무리 좋은 은사를 받아서 누리며, 한세상을 풍미했다고 할지라도 그게 무슨 소용인가? 그러나 이런 말이나 교훈이 통하지 않는 곳이 세상이요, 인간의 현주소이니 그 또한 어쩌겠는가! 또 설혹 그럴지라도 한번 원 없이 세상의 좋은 것을 받아 누려보고 후회해도 했으면 좋겠다고 하니 이런 어쩔 수 없는 인간의 모습(본성)을 어찌하겠는가. 이는 하나님을 모르는 인생은 당연한 일이겠으나 그리스도인이 따라서는 결코 안 될 일이다. 따라서 다스림의 복이 만만치 않으며, 아무나 누릴 수 있는 복이 아님을 알고, 주를 닮는 왕의 실력을 갖추어야 할 것이다. 그 실력은 주와 온전한 연합인 성화가 이루어져야 나타날 능력이다. 주의 말씀에 따르면, 제자의 도를 따르는 자 외에 과연 이 다스림의 복을 누릴 자가 있을까(눅 22:30)? 천년왕국 때라야 이 주와 함께 다스리는 이 다스림의 복이 완성되지 않을까 조심스럽게 진단해 본다(계 20:4).

솔로몬의 업적은 아버지 다윗이 준비한 재료를 가지고 성전을 짓는 것으로 끝난다. 그는 7년 반에 걸쳐 183,000명의 사람을 동원하여 예루살렘 성전을 건축했다. 그때까지 백성들은 장막 안에서 예배했다. 하지만 그는 그 일 외에는 하나님이 기뻐하실 만한 일을 한 기록이 없다. 이후에는 자기 궁을 짓는 일에 성전 짓던 기간의 배의 시간을 들여(13년) 백성들을 혹사했다. 왜 그렇게 오랜 기간 궁을 짓는 기간이 필요했을까? 오늘날로 말하면 금수저로 태어나 재벌과 귀족(소위 엘리트)이 누리는 모든 호사를 즐기고 누린 자가 솔로몬이다. 그런데 그 모든 짓보다 가장 나쁜 것이 우상숭배를 했다는 점이다. 즉, 솔로몬이 취한 여자들의 대부분은 거의 우상을 숭배하는 이방 여자들이었다. 그는 그 여자들의 마음에 들도록 우상숭배를 허락했다(왕상 11:6-9). 그가 구하지도 않은 부귀영화는 하나님이 허락하신 좋은 것으로서 잘 누리면 문제가 되지 않지만, 그의 통치가 지혜와 육신의 복으로 시작되어 술과 여자를 통한 향락과 사치, 그리고 우상숭배로 끝날 무렵에는 후회와 탄식만 남는 매우 불행한 사람이 되었다. 그의 방탕한 생활로 말미암아 위대했던 왕국에 분열의 씨를 심는 결과를 초래했다(왕상 11:9-13).

(2) 통일왕국의 실패

솔로몬 왕이 통치하던 시기의 이스라엘은 세상적인 시각으로는 거의 완벽한 체제를 갖춘 왕국이었다. 이스라엘 역사상 전쟁이 없는 평화를 누리며, 가장 넓은 영토와 강력한 군대, 그리고 능률적인 행정 조직, 농업과 목축업을 뛰어넘은 무역을 통한 부의 축적 등… 역대 어느 왕조와 비교해도 차원이 다른 견고한 나라를 이루었다. 그러나 겉으로 보이는 이런 화려함의 이면에는 인간이 통치하는 왕정국가가 가지는 한계와 그늘이 존재했다. 그리고 그것은 솔로몬 왕조 40년의 그늘 밑에 가려져 있었을 뿐, 솔로몬 왕이 죽은 후 억눌렸던 문제들이 터져 나오면서 왕국 분열의 뇌관으로 작용했다. 쪼개져도 벌써 쪼개져야 마땅했던 통일왕국 이스라엘이, 그나마도 솔로몬의 사후에 벌어지는 것은 선대 왕 다윗을 위하여 베푸시는 하나님의 성실하심이요 은혜였다(왕상 11:34). 이스라엘이 쪼개지는 원인에 대해 몇 가지로 간추려 보았다.

① 과중한 부역(賦役)으로 인한 지파 갈등

솔로몬 왕국은 에브라임 지파로 대변하는 북쪽 지파와 남 유다 지파 간의 오랜 세월 동안 뿌리 깊은 갈등을 극복하지 못한 채, 이 갈등을 더욱 증폭시키는 일련의 정책으로 인해 결국엔 지파 갈등이 왕국 분열로 확대되었다. 사실 이스라엘의 초대 왕 사울의 경우 에브라임 지파도 아니고, 유다 지파도 아닌 베냐민 지파에서 왕이 선출되었기 때문에, 특별히 이 두 지파 간의 갈등 요인이 발생하지 않았다. 그러나 다윗 왕 시대부터는 유다 지파에서 왕이 나왔기 때문에 에브라임 지파와의 갈등은 언제나 분출할 가능성이 존재했었다. 그러나 다윗 왕은 하나님의 기름 부음과 백성에게도 인정받는 지도력과 정치력을 발휘해, 이런저런 문제들이 드러나지 않도록 통치를 잘했고, 그래서 다윗 왕조 시대에는 특별한 지파 갈등이 존재하지 않았다.

솔로몬 왕이 유다 지파에게만 특혜를 베풀었다는 견해가 있는데, 이에 대한 구체적인 증거는 성경에 명확하게 나타나 있지 않다. 그러나 몇 가지 점을 고려해 볼 수는 있다. 솔로몬의 행정구역이 12구역으로 나뉘어 있었고, 각 구역은 한 달씩 왕실을 위해 식량을 공급해야 했다. 이 구역들은 주로 북쪽 지파들이었으며, 유다 지파는 특별히 언급되지 않는 점에 비추어, 이는 유다 지파가 이 부담에서 제외되었음을 암시할 수 있다(왕상 4:7-19). 그리고 유다 지파의 지위를 생각해 보면, 하나님이 솔로몬에게 예언하실 때, 유다 지파를 특별히 언급하시며 다윗의 등불이 예루살렘에 꺼지지 않게 하겠다고 약속하셨다. 이는 유다 지파가 다른 지파와 비교해서 특별한 지위를 가졌음을 시사할 수 있다(왕상 11:36). 솔로몬은 다윗의 아들이며, 다윗 왕조는 유다 지파 출신이 중심이다. 따라서 솔로몬이 유다 지파에 특혜를 주는 것은, 정치적으로 자연스러운 일이었을 수 있다. 이는 그의 통치 기반을 강화하고, 지지 세력을 확보하기 위한 전략일 수 있다. 또한 유다 지파가 예루살렘을 중심으로 한 남쪽 지역을 차지하고 있었기 때문에, 다른 지파들보다 상대적으로 부담이 적었을 가능성이 있다. 이는 중앙 행정과 가까운 위치에 있기 때문에 행정적 부담을 덜 받았을 가능성이 있는 것으로 추론한다.

그러나 솔로몬이 유다 지파에게만 공개적인 특혜를 베풀었다는 견해는, 성경의 특정 구절과 역사적 맥락을 통해 어느 정도 추론할 수는 있지만, 명확한 증거는 부족하다. 그러나 정치적, 행정적 이유를 고려할 때, 이러한 가능성은 존재한다고 볼 수는 있다. 이는 솔로몬의 통치와 정책이 지파 간에 어떤 형태로든 차별을 초래했을 가능성을 시사하는 점이다. 더구나 솔로몬 통치 후기로 갈수록 세금과 부역은 가중되었고, 북쪽 지파들이 겪는 부담은 점점 인내하기 어려운 수준에 이르게 되었을 것으로 추정이 가능하다. 그렇지만 솔로몬 왕의 강력한 전제 정치하에서는 내면의 불만을 겉으로 표출하기에는 너무 큰 부담과 두려움이 따르기에 속으로 품고 있어야만 했을 것이다. 그러다가 마침내 솔로몬이 죽고 그의 아들 르호보암이 즉위하게 되었을 때, 르호보암이 북쪽 지파의 인준을 받으려고 에브라임 지파의 근거지인 세겜으로 찾아가서 북쪽 지파의 장로들과 대면하게 되었을 때, 그들이 르호보암에게 요구한 것은 한 마디로 지금까지의 부담을 줄여달라는 것이었다(왕상 12:1-4).

그러나 당시 정치의 속성을 읽어내지 못한 어리석은 르호보암은 장로들의 권고를 거부하고, 지혜가 없는 어린 친구들의 조언을 따라 아비 솔로몬의 때보다 더 무거운 부역을 가하겠다는 한심한 정책을 선포하여 저들의 반발과 함께 폭동을 겪으며 쫓겨가게 된다(왕상 12:16-20). 이에 르호보암은 유다와 베냐민에서 뽑은 18만 군대로 북쪽 지파의 반란을 진압하려고 했으나 하나님은 선지자 스마야를 보내어 이 일이 하나님으로 말미암아 생긴 일임을 알리셨고, 이로 말미암아 동족 간의 전쟁은 피하게 되었다(왕상 12:21-24). 그러나 이후 왕국의 분열은 피할 수 없었고, 이때부터 분열 왕국 시대가 시작되었다.

② 정략결혼으로 인한 우상숭배의 함정에 빠짐

지파 간의 갈등이 왕국 분열의 표면적인 이유라고 한다면, 보다 깊은 분열의 원인은 영적 타락으로 인한 하나님의 징계로 나라가 쪼개진 것이다. 곧 솔로몬 왕국의 우상숭배가 하나님의 징계를 불러일으킨 것이다. 솔로몬이 어찌하여 우상숭배에 빠지게 되었는가에 대해 성경은 소위 이웃 국가들과 무역과 평화조약(동맹)을 위한 정략결혼의 결과라고 지적한다. 솔로몬의 아내들(후궁) 가운데는 수많은 이방 여인이 있었고, 문제는 이들이 솔로몬과 결혼하여 이스라엘 땅으로 들어왔을 때, 그들이 섬기던 이방 신들도 함께 들여오게 된 것으로 우상숭배의 싹이 튼 것이다. 더구나 솔로몬이 나이가 많아져서 분별력을 잃어갈 때는, 그 여인들은 솔로몬이 우상숭배에 깊이 빠지도록 유혹했다(왕상 11:1-8). 그래서 하나님은 가나안 땅에 들어올 때부터 이방 결혼에 대해 강력하게 주의를 당부했었다(신 7:3-4). 그러나 이미 영적인 타락의 세계에 깊이 빠진 솔로몬은 하나님이 2번씩이나 나타나 경고하셨지만, 그는 우상숭배의 길에서 돌이키지 않았다. 이렇게 망할 자는 권고를 듣지 않고 고집스럽게 거역하는 특징을 보인다. 이에 하나님께서는 솔로몬 왕국을 둘로 나누는 결정을 내리셨고, 유다와 베냐민 지파를 제외한 북쪽 지파 모두(10지파)를 솔로몬의 신하인 여로보암에게 주기로 작정하셨다(왕상 11:9-13).

③ 하나님의 경고를 무시함

하나님께서는 이미 신명기 17:14-17을 통해서 이스라엘이 왕을 세울 때, 왕이 해서는 안 될 금기 사항들을 가르치셨는데, 솔로몬은 정작 왕이 해서는 안 될 금기 조항만을 골라서 거역하는 듯한 불순종의 극치를 보였다. 왕의 금기 사항을 요약하면 크게 세 가지로 나누어 설명할 수 있다.

"그는 병마를 많이 두지 말 것이요 병마를 많이 얻으려고 그 백성을 애굽으로 돌아가게 하지 말 것이니 이는 여호와께서 너희에게 이르시기를 너희가 이후에는 그 길로 다시 돌아가지 말 것이라 하셨음이며, 그에게 아내를 많이 두어 그의 마음이 미혹되게 하지 말 것이며 자기를 위하여 은 금을 많이 쌓지 말 것이니라" (신 17:16-17)

그래서 솔로몬이 적그리스도의 모형이라고까지 혹평하기도 하는 것이다. 첫 아담에게 모든 환경을 다 제공하면서 한 가지 금지명령을 내린 것과 방불할 정도로 솔로몬에게도 사람이 누릴 수 있는 최고의 것들을 주셨음에도(왕상 3:11-13), 그는 끝내 하나님의 금기를 거역했다.

a. 병마를 많이 두지 말라.

솔로몬에게는 1,200승의 병거와 12,000명의 마병, 그리고 4,000필의 말을 관리하는 마구간이 있었다고 소개했다(대하 1:14). 말을 구하기 위해 애굽으로 가게 하지 말라고 하셨는데 그 명을 거역했다(대하 1:16-17). 군사력의 증강을 꾀한 것에 관한 지적이다. 이는 사람의 숫자와 힘을 의지하는 행위이기에 막은 것이고, 하나님이 이스라엘의 요새요, 방패이시며, 구원자이심을 부정한 것이다.

b. 아내를 많이 두지 말라.

솔로몬은 1,000명의 아내를 거느림으로 결과적으로는 그녀들에 의해 우상숭배의 미혹에 빠지게 되었다. 하나님이 이를 염려하여 막은 것이지만 솔로몬은 자기를 위하여 아내를 취한 것이다. 이는 노아 시대에 하나님의 아들들이 '사람의 딸들'의 아름다움을 보고 자기가 좋아하는 대로 아내를 취한 것과 똑같은 악을 행한 것이다(창 6:1-3). 그 결과 하나님의 심판을 불러온 것이다. 신약식으로 말하자면 솔로몬은 "성령으로 시작했다가 육체로 마치는"(갈 3:3) 어리석고도 비참한 열매를 맺은 것이다.

c. 은금을 많이 쌓아두지 말라.

당시에 솔로몬 왕과 필적할 왕이 없었을 정도로 솔로몬의 부는 거대했다. 은금을 돌같이 썼다고 고백할 정도이니 말해야 무엇하겠는가(대하 1:15; 9:27)?

솔로몬의 다스림(치리)이 이러했으니 어찌 하나님이 그냥 내버려 두실 수 있었겠는가. 한 마디로 솔로몬의 치적은 하나님을 불순종하는 일의 종합세트였다. 솔로몬 왕조가 들어서면서 인간 왕권은 더욱더 강화되었고, 시간이 갈수록 성전에 대한 다윗의 중심을 벗어나 점차로 왕실 예배당이 중심이 되어갔고, 대제사장은 왕이 임명한 사람으로서 내각의 종교부 장관 수준으로 그 의미가 퇴색되었다. 사무엘 시대와 비교해 보면 격세지감을 느낄 정도로 종교는 어느덧 정치권력의 부속물이 되어 버렸다. 따라서 이 같은 상황은 솔로몬 왕이 여호와 신앙을 잃어버리게 될 때, 백성들에게도 버림받을 뿐만 아니라, 하나님에게서도 버림을 받을 수밖에 없는 결과에 이르게 된 것이다. 이같이 통일왕국의 시대에도 하나님의 형상을 잃어버린 인간의 다스림은 얼마나 불완전하고 문제가 많은지 확인할 수 있다.

(3) 분열 왕국의 다스림

앞에서 살핀 것처럼 이스라엘이 남북으로 찢어지는 과정을 살펴보았다. 그러나 그 이후로도 여전히 이스라엘의 남북 왕들의 치세는 정말 형편없는 모습을 보였다. 북이스라엘의 타락이 먼저 일어났고, 남 유다는 그나마 다윗을 향한 하나님의 언약에 따른 은혜로 멸망이 늦춰졌을 뿐이다. 북이스라엘의 다스림은 그야말로 전형적인 세상의 정치를 보여준다. 북이스라엘의 초대 왕 여로보암의 악행으로 인하여 이후에, 모든 왕의 치세를 평가할 때 비교하는 하나의 대표적인 대명사가 되었을 정도이다.

"여로보암의 길로 행하며"[77]

여로보암은 북이스라엘의 악한 왕으로서의 대명사(대표적인 캐릭터)가 된 것이다. 그는 정통성이 없이 북이스라엘 10지파의 왕이 된 관계로, 인간적인 수단·방법을 동원하여 자기의 정통성을 확보하려고 인본주의를 썼다. 그러나 비록 외부적인 정통성이 없다고 하더라도 하나님이 자기를 북이스라엘의 왕으로 지명했으니, 주의 말씀을 따라 순종하며 통치했더라면 그것이 곧 자기의 정통성이 되었을 텐데, 사람은 그렇게 쉽게 하나님 앞에 복종하지 않는 악한 존재다(참고. 창 8:21).

그럼, 여로보암의 악은 구체적으로 무엇이었나?

여로보암은 그의 부지런함으로 인하여 솔로몬에게 발탁되어 노역의 감독관이 된 인물이다(왕상 11:28). 그러나 나중에 솔로몬 왕은 여로보암이 아히야 선지자로부터 왕이 될 것이라는 예언을 받았다는 이유로 잡아 죽이려고 하자 애굽으로 도망하게 된다. 그러다가 솔로몬이 죽고 그의 아들 르호보암이 왕이 된 후에 이스라엘 땅으로 귀국하게 되는데, 르호보암 왕이 백성들에게 노역을 과중하게 부과하려 하자, 북쪽의 열 지파를 이끄는 왕으로 추대되어 이스라엘에서 분리하여 독립하기에 이른다. 아히야 선지자가 말한 대로 성취된 것이다. 즉, 여로보암은 하나님의 섭리와 인도하심 가운데 북이스라엘의 왕이 되었다. 여로보암의 노력이나 모략으로 왕이 된 것이 아니다. 하나님께서 왕이 되게 하여 주심으로 왕이 되었다. 하나님께서 선지자를 미리 보내 예언하신 바가 있고, 그 예언대로 되었다면 그가 왕이 된 존재의 근거는 하나님이다. 그러면 그는 하나님을 두려워하여 공경하고, 자기에게 말씀하신 대로 이루시는 하나님을 백성들에게 알리며, 백성들 앞에서 겸손하게 하나님의 사람으로 살아야 할 책임이 있는 존재로 부름을 받은 것이다. 그렇게 깨닫고 잘 순종하는 통치를 했다면 하나님께서 여로보암의 왕위를 견고하게 해 주시며, 여로보암의 집을 세워주겠다고 약속도 하셨다.

"네가 만일 내가 명령한 모든 일에 순종하고 내 길로 행하며 내 눈에 합당한 일을 하며 내 종 다윗이 행함같이 내 율례와 명령을 지키면 내가 너와 함께 있어 내가 다윗을 위하여 집을 세운 것 같이 너를 위하여 견고한 집을 세우고 이스라엘을 네게 주리라" (왕상 11:38)

그러나 그는 하나님이 다윗에게 허락했을 정도의 놀라운 약속을 받았음에도 불구하고, 백성 앞에서 '출입할 줄 아는 사람'(잘 다스리는 사람)으로 살아가는 일에 실패한다. 이는 다윗이 백성들 앞에서 출입할 줄 알았던 것과는 다른 행태를 보인 것이다(삼상 18:16). 여로보암은 왕이 된 후에 가장 큰 현실적인 고민은 신정국가 이스라엘에서 종교와 정치적인 문제였다. 북이스라엘 사람들이 예배를 위해 남유다에 있는 예루살렘 성전으로 왕래하면서 자신의 왕권이 취약해질 것을 두려워한 것이다.

> "이 백성이 예루살렘에 있는 여호와의 성전에 제사를 드리고자 하여 올라가면, 이 백성의 마음이 유다 왕 된 그들의 주 르호보암에게로 돌아가서 나를 죽이고 유다의 왕 르호보암에게로 돌아가리로다"(왕상 12:27)

이런 두려움은 하나님을 신뢰하지 못하는 마음에서 일어난다. 자기를 왕으로 세운 분이 누구인지 조금이라도 생각했다면, 그 하나님을 의지하며 당당하게 다스렸어야 할텐데 말이다. 결국 왕권 강화를 위해 두 금송아지를 만들어 단과 벧엘에 두고, 남쪽 예루살렘까지 가서 제사하는 백성들에게 "너희가 다시는 예루살렘에 올라갈 것이 없도다. 이스라엘아, 이는 너희를 애굽 땅에서 인도하여 올린 너희의 신들이라"(28절) 하며, 우상에게 제사하도록 편법을 동원하는 종교정책을 펴는 자리까지 나아갔다. 또 산당도 짓고 하나님께서 레위 자손으로 구별하여 제사장으로 삼으신 제도까지 변질시켜 보통 백성으로 제사장 삼는 등 모든 일을 자기 마음대로 정했다(31-33절). 이같이 여로보암은 하나님보다 자기 왕권을 더 중요하게 여겼던 사람이다. 이는 인간적인 왕 사울의 정신을 따라 자신의 왕권을 유지하기 위해 하나님을 거역하고 종교 제도를 이용했다. 하나님을 경외하는 신앙으로서는 현실적으로 자기 목적을 달성할 수 없었기 때문에 가짜 종교를 만들었다. 여로보암은 왕이 된 후, 하나님을 의지하지 않았다. 그가 왕이 되고 나서는 자기 맘대로 율법의 제도를 바꿔서 이상한 사이비종교를 만들었다. 그리고 금 송아지에게 예배드리게 하는가 하면, 한편으로는 자기 말을 잘 듣는 사람을 뇌물을 받으면서 제사장으로 임명했다. 그는 처음부터 왕이 되고자 하는 마음이 없었지만, 일단 왕이 되고 나니 마음이 변한 것이다.

"이스라엘 자손이 여로보암이 행한 모든 죄를 따라 행하여 거기서 떠나지 아니하므로 여호와께서 그의 종 모든 선지자를 통하여 하신 말씀대로 드디어 이스라엘을 그 앞에서 내쫓으신지라. 이스라엘이 고향에서 앗수르에 사로잡혀 가서 오늘까지 이르렀더라" (왕하 17:22-23)

성경은 북이스라엘이 멸망한 원인 제공을 느밧의 아들 여로보암이 하나님을 배신하고 떠난 결과로 지속적으로 말하고 있다.

오늘날의 모든 신자도 하나님께 복의 약속을 받은 사람들이다. 이스라엘 백성이 약속받은 것처럼, 여로보암이 약속받은 것처럼 말이다. 사실 신약의 신자들은 더 크고 더 엄청난 축복과 약속을 받은 사람들이다. 하나님께서 그의 사랑하시는 아들 예수를 우리를 위하여 십자가에 내놓으셨기 때문이다. 신약의 신자들은 이제는 모형이나 그림자가 아니라 실체이신 주께서 다 이루신 구속의 완성을 통한 새 언약 아래 있는 새 피조물들이다. 그러나 문제는 하나님의 '약속'과 '현실'이 다르다는 데 있다. 받은 약속은 나중에 이루어지는 것이고, 현실은 당장 눈앞의 고단함과 걱정과 두려움과 염려다. 바로 이것이 여로보암의 고민이었고 오늘날 신자들의 고민이다. 우리도 그리스도 예수를 주님으로 모시고 있는 신앙을 가지고 있고, 성경에 수도 없는 축복의 약속을 받고 있지만, 우리 눈앞에는 현실적인 많은 역경과 고난과 기도하고 애써도 이루어지지 않는 고단한 나날을 살아야 하는 현실이 있다.

하나님께서 아히야 선지자를 통해 주신 약속의 말씀은 여로보암이 하나님 말씀에 순종했을 때, 순종한 이후에 주어지는 축복의 내용이다(왕상 11:38 상). 그 약속에 따른 결과는 차후(미래)의 문제이고, 당장 여로보암의 눈앞에는 두려운 문제가 현실적으로 닥쳐있다. 여로보암의 현실적인 염려와 두려움은, 백성들이 예루살렘으로 제사하러 왕래하다가 남 유다의 왕 르호보암에게로 돌아갈지 모른다는 문제였다(왕상 12:27 하). 여로보암의 가장 커다란 두려움은 백성들이 남쪽의 르호보암 왕에게로 돌아갈지 모른다는 것이었다(오늘날 북한의 김정은 정권이 가장 무서워하는 것이 탈북인 것처럼). 여로보암이 벧엘과 단에 금송아지를 만들어 놓고, 그것이 자기들을 애굽에서 인도하여 낸 신이라고 하여 미혹했던 조상들의 왜곡된 신앙을 따라(출 32:4) 백성들에게 가르친 것이 표면적인 내용이지만, 여로보암의 마음을 장악하고 있었던 실질적인 내용은 '두려움'이었던 것이다. 이 두려움이 여로보암으로 하여금 우상인 두 금송아지를 벧엘과 단에 만들게 했고, 백성으로 하나님이 미워하시는 두 금송아지를 섬기는 길로 이끄는 악을 범한 것이다(왕상 12:25-33).

그에 비해 남 유다의 악한 왕으로서 대표적인 대명사로 불리는 왕은 '므낫세'이다. 성경은 남 유다가 망한 원인 제공은 므낫세가 했다고 말할 정도다. 이는 북이스라엘은 여로보암의 죄가 멸망하게 만든 원인이 되었고, 남 유다는 므낫세가 그 역할을 했다는 성경의 지적이다.

"므낫세의 행함같이"[78]

므낫세가 누구인가? 히스기야 왕의 아들이다(왕하 18:3-8). 특히 그는 히스기야가 죽을 병에 걸렸을 때, 하나님 앞에 간절하게 기도하여 15년의 생명 연장을 받은 '그래도' 선한 왕이다(왕하 20:1-6). 그런데 그가 생명 연장을 받은 기간에 낳은 아들이 므낫세이다. 참 아이러니한 일이다. 선한 왕에게서 악한 왕의 대명사 노릇할 아들이 태어났다는 사실과 그가 생명 연장을 받지 않고, 그때 죽었더라면 유다의 운명은 어땠을까 하는 생각이 들게 하는 대목이다. 하나님은 왜 그런 기록을 성경에 기록하여 후대의 우리에게까지 전하시는 의도는 무엇일까. 참으로 생각할 것이 많아지게 만드는 사건임에는 틀림이 없다.

그럼, 유다 멸망의 대명사인 므낫세의 악행은 무엇인가(왕하 21:1-18; 대하 33:1-20)?

므낫세는 "잊어버림"이라는 뜻을 지닌다. 므낫세는 남쪽 유다 왕 히스기야의 아들이며 그 어머니는 헵시바였다. 므낫세는 그의 아버지 히스기야의 뒤를 이어 왕이 됐고, 남북 왕조를 통틀어 그 재위 기간이 가장 긴 55년이나 통치한 왕이었다. 므낫세는 12세에 왕위에 올랐으나 스스로 판단할 능력이 없었으므로, 군신들의 권유와 자문으로 국정에 임할 수밖에 없었다. 그때 므낫세는 불행하게도 친 앗수르파의 영향을 받아 정치적으로나 종교적으로 앗수르의 문화를 받아들이게 됐다. 훌륭한 아버지의 신앙을 이어받지 못했고, 정치적 견해에 몰입된 신하들의 보이지 않는 압력에 의해 이방 신과 우상숭배에 빠지게 됐다. 그 결과 아버지 히스기야가 헐어버린 산당이나 제단을 다시 세웠고, 바알과 아세라의 제단과 신상을 만들어 우상숭배의 탈선을 범하고 말았다. 그는 하나님이 미워하시는 사람을 제물로 바치는 인신 제사를 허락했고, 심지어 자기 아들을 인신 제사의 제물로 삼기도 했다(왕하 21:6; 대하 33:6). 그는 또 점을 치고 마술과 요술도 행하여 영매와 점쟁이를 찾아다니는 등 온갖 악을 행하여 여호와를 노하게 하였다. 그뿐 아니라 그는 죄 없는 사람들을 수없이 죽여 예루살렘의 거리를 온통 피로 물들게 했다. 그런 자가 왕의 자리에 가장 오래 앉아 있었다는 점은 무엇을 시사하는 것일까? 왜 당장 심판하지 않으시고 오랫동안 정권을 유지하게 하신 이유가 뭘까? 악한 왕의 통치는 우상숭배에 빠진 백성들을 징계하기 위한 포석이 아닌가 생각한다.

므낫세의 행위는 종교적인 혼합주의요 하나님께 대해서는 극도의 배교행위였다. 그뿐 아니라 므낫세의 강포한 행위는 예루살렘 '이 끝에서 저 끝까지' 무죄한 자의 피로 물들인 잔인한 통치를 자행했다. 이에 여호와께서는 므낫세와 그 백성들에게 여러 차례 경고하셨으나 그들은 듣지 않았다. 그래서 여호와께서는 아시리아 군대를 보내 유다를 치게 하셨다. 예언자들의 예언과 같이 그들은 므낫세를 생포하여 갈고리로 그의 코를 꿰고 쇠사슬로 묶어 그를 바벨론으로 끌고 갔다(대하 33:11). 이는 앗수르가 그 당시 바벨론을 지배하고 있었기 때문이다. 그러나 저가 말년에 하나님께 회개함으로 인해 그토록 탈선한 왕인데도 불구하고, 하나님의 자비와 긍휼을 입게 됐고(대하 33:10-13) 왕위가 지속되는 은혜를 받았다.

이런 하나님의 자비가 이해되는가. 므낫세는 앗수르에 사로잡혀 가서 고난을 겪은 후에 회개하고 하나님께 기도했고, 하나님은 그의 기도를 들으시고 그를 예루살렘으로 돌려보내 주셨다. 그의 회개 이후에 그는 예루살렘으로 돌아와서 예루살렘 성벽을 재건하고, 우상들을 제거하며, 여호와를 섬기는 일을 다시 시작했다. 여기서 우리가 발견하고 놀라는 것은, 역대하 33:13에서 "므낫세가 그제야 여호와께서 하나님이신 줄 알았다"라는 기록이다. 그렇다면 지금까지 므낫세가 갖은 악행으로 지랄한 것이 하나님을 몰랐기 때문이란 이야기가 아닌가. 이런 글을 읽는 신자들을 얼마나 허탈하게 만드는 일인가? 실제로 하나님을 모르는 상황에서는 얼마든지 일어날 일이 아닌가. 그런데 그렇게 하나님을 알지 못하는 자가 다윗의 정통성을 가진 남 유다의 왕으로 다스렸다는 점과, 그것도 가장 오랫동안 다스리는 일을 하도록 허락하신 이유가 뭘까? 하나님은 다윗과 그의 후손들에게 영원한 왕위를 약속하셨다. 이 언약 때문에 다윗의 후손인 므낫세가 하나님을 알지 못한 상황에서도, 그의 후손이란 이유 하나만으로도 유다의 왕으로 다스릴 수 있었으며, 이는 하나님의 신실함을 나타낸다. 비록 므낫세가 악한 왕이었지만, 다윗과 맺은 언약은 변치 않음을 보여주는 증거다. 이같이 인간 왕들의 다스림의 실패가 어떤지 전형적으로 보여주는 사건들이 남북 이스라엘에서 연속적으로 일어났다.

(4) 분열 왕국의 실패

하나님은 북이스라엘 아합의 집과 남 유다의 므낫세 집에 심판을 단행하셨다. 방법은 주변 국가, 곧 앗수르와 바벨론 제국이 각각 북이스라엘과 남 유다를 공격해서 멸망시키는 것이었다.

① 북이스라엘의 멸망

분열 왕국 중 먼저 북이스라엘이 멸망했다. 호세아가 북이스라엘의 마지막 왕으로 즉위했을 때, 북쪽에서는 당시 제국이었던 앗수르 왕 디글랏빌레셀이 막강한 세력을 키우며 행세하고 있었다. 그런데 호세아 통치 4년, 즉 BC 727년에 디글랏빌레셀이 죽었다. 그러자 호세아는 디글랏빌레셀의 죽음을 호기로 여기고, 앗수르에게 조공 바치기를 거부하고 남쪽의 또 다른 제국 애굽 왕 '소'(So)에게 도움을 청했다. 하지만 애굽은 아무런 도움이 되지 못했다. 호세아 선지자는 북이스라엘의 이런 모습을 "에브라임(북이스라엘)은 어리석은 비둘기같이 지혜가 없어서 애굽을 향하여 부르짖으며 앗수르로 가는 도다"(호 7:11)라고 비판했다. 디글랏빌레셀의 뒤를 이어 왕이 된 살만에셀은 북이스라엘의 호세아가 조공을 바치지 않자, 쳐들어와서 3년간 포위했다가 사마리아를 정복했다. 이로써 북이스라엘은 BC 722년에 역사에서 사라졌다(왕하 17:7-12, 15-18, 21-23). 북이스라엘은 초대 왕 여로보암 때부터 가장 사악한 왕 아합은 물론 마지막 왕 호세아에 이르기까지 하나님께서 조상들과 선지자들을 통해서 명령하신 율법을 지키지 않고, 허망한 우상에서 돌이키지 않고 미련을 떨다가 하나님의 진노로 멸망했다.

② 남 유다의 멸망

그렇다면 남 유다는 어떠한가? 북이스라엘이 멸망했을 때 열왕기서의 저자는 남 유다에 대해서 이렇게 말한다.

"유다도 그들의 하나님 여호와의 명령을 지키지 아니하고, 이스라엘 사람들이 만든 관습을 행하였으므로"(왕하 17:19)

남 유다도 여호와 하나님의 명령을 지키지 않기로는 매한가지였으며, 어이없게 멸망한 북이스라엘 사람들이 만든 관습을 행해서 하나님을 저버리고 우상을 섬기는 일을 자행했다. 그 절정이 바로 남 유다의 가장 사악한 왕 므낫세 때였다(왕하 21:1-18). 므낫세의 손자 요시야가 율법책을 발견하고, 회개하여 우상을 척결하고, 종교 개혁을 단행하고, 절기를 회복하여 유월절을 사사 시대 이후로 가장 온전하게 드렸지만, 남 유다를 멸망시키기로 한 하나님의 진노를 되돌리지 못했다. 그래서 성경은 이렇게 말한다.

"요시야와 같이 마음을 다하며 뜻을 다하며 힘을 다하여 모세의 모든 율법을 따라 여호와께로 돌이킨 왕은 요시야 전에도 없었고 후에도 그와 같은 자가 없었더라. 그러나 <u>여호와께서 유다를 향하여 내리신 그 크게 타오르는 진노를 돌이키지 아니하셨으니, 이는 므낫세가 여호와를 격노하게 한 그 모든 격노 때문이라.</u> 여호와께서 이르시되 내가 이스라엘을 물리친 것같이 유다도 내 앞에서 물리치며, 내가 택한 이 성 예루살렘과 내 이름을 거기에 두리라 한 이 성전을 버리리라 하셨더라" (왕하 23:25-27)

남 유다의 가장 선한 왕이었던 요시야는 애굽의 바로 느고에게 죽임을 당했다. 남 유다 백성이 요시야의 아들 여호아하스를 왕으로 삼았지만, 3개월이 지났을 때 애굽의 바로 느고는 그를 폐위시키고, 요시야의 다른 아들 엘리아김을 여호야김으로 개명시켜서 꼭두각시 왕으로 세웠다. 북쪽의 바벨론과 남쪽의 애굽에게 치이는 와중에서도 여호야김은 조상들이 행했던 대로 악을 행함으로 하나님의 심판을 자초하게 되었는데, 하나님의 심판 도구는 북쪽의 제국 바벨론의 느부갓네살이었다. BC 606년에 갈그미스에서 애굽과의 전쟁에서 승리한 느부갓네살은 다음 해에 남 유다를 향해 밀고 내려왔다. 여호야김은 느부갓네살에게 조공을 바치고 항복했으며, 이때 다니엘 선지자를 비롯해서 많은 사람이 인질로 잡혀갔다(단 1-7장). 애굽의 느고와 바벨론의 느부갓네살 사이에서 외줄 타기를 하던 여호야김은 바벨론을 섬기라는 예레미야의 경고에도 불구하고(렘 27:17) 친-애굽 정책을 펼치며, 바벨론에게 반역을 일으켰다가 BC 599년에 예루살렘이 함락당하고 말았다(왕하 24:1-7). 여호야긴이 왕위에 오르지만 석 달을 다스리다가 바벨론 포로로 끌려갔는데, 이때 에스겔 선지자도 포로로 끌려갔다(왕하 24:15). 느부갓네살은 여호야긴의 숙부인 요시야의 또 다른 아들 맛다니야를 시드기야로 개명시켜서 꼭두각시 왕으로 세웠지만, 시드기야 또한 반역을 일으켰으며, BC 588년에 느부갓네살 왕에게 남 유다는 멸망하고 말았다. 여호야김 시대에 바벨론의 느부갓네살에게 예루살렘이 함락당했을 때 성경은 이렇게 말한다.

> "이 일이 유다에 임함은 곧 여호와의 말씀대로 그들을 자기 앞에서 물리치고자 하심이니 <u>이는 므낫세의 지은 모든 죄 때문이며</u> 또 그가 무죄한 자의 피를 흘려 그의 피가 예루살렘에 가득하게 하였음이라 여호와께서 사하시기를 즐겨하지 아니하시니라"(왕하 24:3-4)

성경은 요시야가 죽었을 때도, 여호야김 시대에 예루살렘이 바벨론에게 함락당했을 때도 거듭해서 그 심판이 므낫세가 우상을 섬기고 무죄한 자의 피를 흘리게 했기 때문이라고 말한다. 남 유다의 가장 사악한 왕 므낫세의 죄악으로 말미암아 하나님께서 남 유다의 죄를 사해 주시지 않고 심판하셨다고 말하는 것은, 남 유다가 하나님을 저버리고 얼마나 타락했는지를 단적으로 보여준다. 남 유다는 먼저 망한 북이스라엘의 멸망에서도 아무런 교훈을 얻지 못했다. 아니 므낫세의 죄악을 살펴보면 북이스라엘의 멸망에서 교훈은 고사하고, 북이스라엘의 죄악을 답습하고 더욱더 타락했음을 알 수 있다. 이처럼 남 유다는 하나님 나라의 백성임에도 불구하고, 참된 왕이신 하나님을 저버리고 아무런 생명력도 힘도 없는 우상을 섬기다가 결국 하나님의 심판을 받아 패망하고 말았다.

이상과 같이 구약에서의 오복은 결과적으로 실패로 끝났다. 그도 그럴 것이 하나님의 본래 계획인 하나님 나라 건설은 이미 아담의 범죄로부터 실패의 첫발을 디뎠기 때문이다. 중간에 다윗-솔로몬 시대에 다스림까지 잠깐 성취된 듯 보이지만, 그것 역시 일시적인 성취의 모습을 보여준 것에 불과하며(그림자와 모형), 결과적으로는 실패하여 모든 왕권이 무너지고 온 세상에 디아스포라가 되고 말았다. 하지만 하나님은 결단코 실패하지 않으신다. 비록 첫 사람 아담의 반역으로 모든 하나님의 계획이 실패한 듯 보였지만, 그런 일은 이미 영계에서도 일어났다(사탄의 미혹에 의한 천사의 타락, 계 12:4, 7-9). 그러나 그 모든 것이 합력하여 궁극적으로는 하나님의 선이 이루어지고야 만다(롬 8:28).

하나님께서는 구약에서 인간의 정복과 다스림의 문화명령이 실패할 것을 아셨음에도 오래 참으시는 사랑으로 기대하고 바라며 인내하셨다(고전 13:7). 그러나 무조건 기다리기만 하신 것이 아니라 인간이 역사적인 경험을 통해 정복-다스림이 하나님의 복을 받지 않으면 실패한다는 사실을 알게 하셨다. 그리고 욥이란 인물을 통해 이 같은 정복-다스림의 복이 인간에게 주어진 그 위치와 사명을 깨닫게 하셨다. 그래서 욥이 고난을 통해 이런 사실을 깨닫고 회개한 것이다. 욥이 재난을 통한 하나님의 가르침이 없었더라면 죽어도 깨닫지 못할 진리를 깨닫고 비로소 회개하는 마음이 생긴 것이다. 기껏해야 울타리로 주신 세상의 안전, 부요, 명예 등을 유지하느라고 애쓰던 그런 삶으로 끝낼 것이었다(욥 1:9-10). 그러나 하나님을 성실하게 잘 섬기며, 인과율에 따른 자기 신앙을 지키고 있는 성실한 욥에게 아무런 이유 없이 재난을 허락하심으로 평안을 깨는 일을 하셨다. 논리적으로는 모두 맞는 말만 하는 끝없는 친구들과의 논쟁, 답이 없는 하나님의 침묵 끝에 드디어 하나님과 재판하자는 상소로 하나님이 등장하신다. 38-41장에 걸친 긴 하나님의 대답이자 도전이요, 질문에 욥이 마침내 깨닫고 항복하며 회개하게 된다(욥 42:1-6). 하나님의 대답에는 욥의 잘잘못이나 하나님이 왜 그랬는지에 대한 구체적인 언급은 없고, 그저 하나님의 창조물과 창조역사 이야기만 하신다. 그래서 어렵게 느껴진다. 그러나 하나님의 의도는 의외로 간단하다. 창조하는 과정이나 창조물들의 능력을 나열하신 이유는, 그런 피조물들의 시작과 능력을 네가 알고 또 감당할 수 있느냐는 것인데, 당연히 알거나 감당할 능력이 있을 턱이 없다. 결국 이 말은 이런 창조물들을 누가 만들었으며, 누가 다스리느냐는 것이다. 두말할 것 없이 하나님이시다. 그럼 너는 누구냐는 지적이다. 저런 피조물과 다르다는 점을 가르치고자 말씀하신 것이다. 쉽게 말하자면 "너는 저 피조물(만물)을 정복하고 다스려야 할 내 아들(대리자)"이란 위치를 가르친 것이다. 그 본은 성육신하신 예수 그리스도를 통해 아주 잘 보여주셨다. 그런데 네 중심은 기껏 너에게 주어진 울타리 같은 세상 것들을 유지하기 위해 전전긍긍하며, 인과율이란 프레임에 갇혀 그 '넘어'의 세계를 정복하고 다스려야 하는 본분을 깨닫지 못하느냐는 질문이다. 이렇게 하나님은 이런저런 방식으로 우리에게 우리가 마땅히 감당해야 할 우리 인간의 사명과 궁극적 위치를 가르치셨다. 다만 인간이 어둠에 갇혀 깨닫지 못했을 뿐이다.

아무리 피조 세계에서 죄가 생겨나고 각종 반역과 모든 것을 동원하여 하나님을 대적하는 일을 계획하고 실행한다고 하더라도 최종 승리는 항상 하나님이시다. 그래서 하나님은 창세 전에 둘째 아담이신 그리스도를 통한 새 창조의 역사를 계획하셨고, 그리스도로 인해 모든 일을 마무리하실 계획이었다. 그런 하나님의 계획은 신약시대에 예수께서 이 땅에 오심으로, 드디어 신약에서의 오복이 시작되어 마무리된다. 그 성취와 완성의 사역이 어떻게 이루어지는지 신약에서의 역사적 흐름을 알아보자.

제2부
신약에서의 오복

Ⅲ. 서론

신약에서 오복의 역사적 흐름

구약에서와 마찬가지로 신약에서도 오복의 흐름이 완성을 향해 흐르고 있다. 신약도 인간에게 복에 관해 말씀하는 것으로 시작한다. 주께서 산상수훈에서 언급하신 팔복이 대표적이다.

"예수께서 무리를 보시고 산에 올라가 앉으시니 제자들이 나아온지라 입을 열어 가르쳐 가라사대 령이 가난한 자는 복이 있나니 천국이 저희 것임이요 애통하는 자는 복이 있나니 저희가 위로를 받을 것임이요 온유한 자는 복이 있나니 저희가 땅을 기업으로 받을 것임이요 의에 주리고 목마른 자는 복이 있나니 저희가 배부를 것임이요 긍휼히 여기는 자는 복이 있나니 저희가 긍휼히 여김을 받을 것임이요 마음이 청결한 자는

복이 있나니 저희가 하나님을 볼 것임이요 화평케 하는 자는 복이 있나
니 저희가 하나님의 아들이라 일컬음을 받을 것임이요 의를 위하여 핍박
을 받은 자는 복이 있나니 천국이 저희 것임이라 나를 인하여 너희를 욕
하고 핍박하고 거짓으로 너희를 거스려 모든 악한 말을 할 때는 너희에
게 복이 있나니 기뻐하고 즐거워하라 하늘에서 너희의 상이 큼이라 너희
전에 있던 선지자들을 이같이 핍박하였느니라" (마 5:1-12)

본래 구약에서 복의 출발은 하늘과 바다 그리고 땅의 만물에게 삼복
(창 1:22), 사람에게는 오복을 주는 것으로 나누어졌다(창 1:28). 그래서 생
육-번성-충만의 복은 만물과 다를 바가 없었지만, 정복-다스림의 복은
사람에게만 주셨다고 했다. 그런데 그 복을 뱀(사탄)의 미혹에 넘어가 빼
앗기고 말았다고 성경은 기록하고 있다(눅 4:5-7). 최초의 영적 전쟁에서
지고 만 것이다. 그때 이후로 사람은 이긴 자(사탄)의 종이 되어 우리 주님
이 오시기까지 죄와 사망의 종노릇 해야 했다. 그래서 구약 내내 흐르는
오복의 흐름을 살펴본 결과 결국엔 실패로 끝이 났다. 그럼, 오복은 영영
물 건너간 것인가. 더 이상 사람은 오복을 회복할 수 없고 이대로 포기할
수밖에 없는가?

아니다. 구약의 출애굽 사건을 재연하도록 계획하신 하나님께서 마
침내 창세 전의 계획(시나리오)을 마무리하기 위해 움직이기 시작하셨다
(엡 1:3-12). 하나님의 독생자 예수 그리스도가 인자(사람의 아들)로 오심이 그
것이다. 구약의 출애굽 사건과 신약의 출애굽 사건을 대조해 보면 이해
가 빠를 것이다.

구약의 출애굽	신약의 출애굽
400년간의 종살이(어둠의 때)	400년간의 중간기(어둠의 때)
모세의 출생(구원자)	예수의 탄생(구원자)
히브리 어린 남자아이 살육(바로 왕)	2살 아래 남자 살육(헤롯 왕)

신약에서 오복의 출발은 예수 그리스도의 탄생으로 생육이 시작된다는 것을 알 수 있다. 그래서 신약은 예수 그리스도를 둘째 아담이라고 부를 뿐 아니라(고전 15:47), 아브라함의 후손이라고 부른다(마 1:1). 예수에 대한 또 다른 묘사인 '마지막 아담'이라는 호칭은, 더 이상의 실패는 없고 모든 하나님의 뜻(계획)을 끝낼 분이라는 의미가 담겼다. 하나님 나라의 건설을 완성하실 분으로 이 땅에 사람(성육)으로 오신 것이다(계 11:15). 그래서 호칭이 '둘째 아담'(사람이란 뜻)이다. 그런데 놀라운 것은 '죄 있는 모양'으로 오셨다는 점이다(롬 8:3). 그러나 오해하지 말 것은 외적인 모양만 그렇지, 실제는 죄가 없으신 분이라고 성경은 증언하고 있다(빌 2:7-8; 히 4:15).

Ⅳ. 신약의 오복

1. 생육의 복; 예수의 성육신

　신약에서의 생육의 복은 우리 주 예수 그리스도로 시작한다고 했다. 생육은 피조물에게만 주어진 복이다. 영의 존재(사탄을 비롯한 천사들)는 생육의 복이 없다. 그래서 그들은 한번 창조되면 영원토록 그 숫자로 제한되는 존재들이며, 한번 망하면 영원히 망한다. 사람처럼 죄를 지어도 회복의 기회가 없고, 후손으로 이어지는 존재들이 아니다. 이것이 육을 가진 사람과의 차이다.

　우리 주께서 사람의 몸을 입고 죄인의 하나로 취급받는 모습으로 출발하시는 것은, 우리(죽을 수밖에 없는 죄인)를 구원해야 하는 속죄 제물로 오셨기 때문이다. 죄는 없으시지만, 죄인의 하나로 취급을 받아야 하기에(사 53:10-12), 죄 있는 마리아의 몸을 통해 육을 입고 이 땅에 올 수밖에 없었다. 그는 이 땅에 '씨, 이새의 줄기' 등으로 묘사된 분으로(사 11:1) 오셔서 생육의 모습을 보이셨다(사 53:2). 그러나 예수를 통한 생육의 출발은 참으로 사람이 보기에 보잘것없이 시작되었다. 그래서 아무도 흠모할 만한 것이 없었고, 심지어 우리도 그분을 존귀하게 여기지 않았다고 성경은 밝히 증언한다(사 53장). 주(주인)의 모습도, 그 외 환경과 조건 그 어느 것도 좋아 보이는 부분이 없는 출발이었다. 그럴 수밖에 없었던 이유는 분명하다. 첫 아담처럼 죄를 짓기 이전에 모든 환경과 조건이 완벽할 정도로 좋은 상황이 아니기 때문이다. 마지막 아담이신 예수는 정복하고 다스리는 복을 누리기 위해 이 땅에 오신 것이 아니다. 하나님께서 사람에게 주신 오복을 회복하려면 가장 먼저 죄 문제를 해결해야 했고, 바로 그 죄를 해결하는 구속을 이루기 위해 사람의 몸(죄 있는 모양)으로 오신 상황이다(롬 8:3; 빌 2:7-8).

인생에 소망이 없었던 인류, 그야말로 죽을 수밖에 없는 운명을 타고난 인류는, 지옥행 급행열차를 타고 길어야 100년 정도 남짓한 기간을 달려가는 운명이었다. 자력으로는 절대 구원의 소망이 없었던 인류에게 한 줄기 빛을 비춘 사건이 예수의 오심(초림)이었다. 그래서 성경은 그 사건을 어둠에 큰 빛이 비쳤다고 묘사하고(마 4:16; 요 1:4-5), 그 빛은 참 빛이었다고 말한다(요 1:9-10). 이는 마치 태초에 빛이 있으라고 명하실 때 생긴 생명의 빛에서 그 힌트를 얻는다(창 1:3=요 1:9). 그러니까 신약에서 생육의 복은 영적으로는 '참 빛'의 오심(혹은 비침)으로 묘사하고, 육적으로는 예수의 '성육신'으로 묘사한다. 그런데 성경은 특이하게도 이런 주의 오심을 '표적'이라고 부르고 있다는 점이다.

"천사가 이르되 무서워 말라 보라 내가 온 백성에게 미칠 큰 기쁨의 좋은 소식을 너희에게 전하노라 오늘날 다윗의 동네에 너희를 위하여 구주가 나셨으니 곧 그리스도 주시니라 너희가 가서 강보에 싸여 구유에 누

인 아기를 보리니 이것이 너희에게 표적이니라 하더니"(눅 2:10-12)

왜 구주께서 갓난아기로 태어난 것이 인류 구원을 위한 표적이 되는 가? 갓난아기는 스스로 자기 몸을 돌볼 수도 없는 연약한 존재인데, 어찌 그런 아기가 태어난 것이 인류 구원의 방법이 될 수 있는가? 따뜻한 방 한 칸이 없어서 초라한 마구간의 말구유에 누워있는 아기가 어찌 온 인류에게 기쁨의 소식이라는 말인가? 육적인 시각으로는 끝없는 질문과 의구심이 들 수 있다. 표적이라고 말하는 갓난아기를 방 한 칸이 없어 구유에 누워있는 연약한 갓난아기로만 보면, 이런 사건이 과연 인류 구원을 위한 하나님의 일인지를 전혀 깨달을 수가 없다. 이는 앞에서 도표로 대조했던 구약의 출애굽 사건을 생각해 보면 금방 깨달을 수 있다. 이스라엘이 애굽의 탄압에 힘들어서 부르짖을 때 하나님이 구원을 준비하신 방법이 갓난아기 모세였던 것을 기억하라.

'표적'(sign)은 사건의 목적이나 의미를 뜻하고, '기적'(miracle)이란 사건의 성질을 표현하는 말이다. 그러나 일반적으로 표적과 이적과 기적이란 용어를 혼용하여 사용하는 경우가 많은 것도 사실이다. 마태복음에 기록된 강보에 싸여 구유에 누인 아기는 구약이 예언한 메시아의 표적이 성취된 모습이다. 구약에는 메시아에 관한 수많은 예언이 소개되어 있다. 선지자들은 수없이 하나님께 부르짖으며 메시아의 오심을 손꼽아 기다렸다. 구약에서 예언했고 기다리던 구주인 메시아가 마침내 태어났다는 소식이니 얼마나 놀랍고 기쁜 소식인가. 그 표적인 한 아기가 마구간에 있다는 어이없는 소식이 가장 먼저 들판의 목자들에게 전해진 것이다.

구약의 모든 사건과 인물은 모두 예수의 사건이며 예수의 모형으로 말씀한다(요 5:39). 예수께서 공생애 초기에 제자들을 부르실 때도, "모세가 율법에 기록하였고 여러 선지자가 기록한 그이를 우리가 만났으니 요셉의 아들 나사렛 예수니라"(요 1:45)로 소개되었다. 빌립이 나다나엘에게 예수를 소개할 때 구약에서 말하고 있는 바로 '그분'이라고 소개하고 있다. 구약에서 수없이 예언한 메시아가 나사렛 예수라고 소개하는 빌립의 놀라운 증언이다. 그분이 탄생할 때의 에피소드로 소개된 내용이 마구간의 아기 예수는 '표적'이라고 말한다.

1) 갓 태어난 아기가 왜 표적인가?

사실 천사가 지시한 아기는 겉보기에는 그냥 마리아와 요셉 사이의 맏아들로 태어난 갓난아기에 불과하다. 그런데 왜 이 연약한 아기가 인류 구원의 놀라운 표적으로서 '기쁜 소식'이라는 것일까? 이 아기는 사실 마리아가 낳은 맏아들(눅 2:7)로서 외적으로 보기에는 특별한 면이 없다. 오히려 갓난아기가 구유에 누워있는 것만을 보면 오히려 불쌍하게 보이는 것도 사실이다. 그런데 메시아이신 예수께서 왜 하필이면 구유에 태어나셨을까? 가장 비천한 자리에 태어나신 것은 힘없고 소외되고 가난한 자를 위하여 오셨다는 의미로 받아들여진다(참고. 고전 1:26-29). 그럼, 왜 아기로 오셨을까? 예수께서 완전한 인간으로 오신 것을 보이시기 위하여 사람의 출생 과정을 따라 그대로 보이신 것이다. 사람은 누구나 아기로 태어나 일생을 시작한다. 예수께서는 그런 인간의 출생 모습 그대로를 따라 인간화한 모습을 보이셨다. 하지만 천사는 이 아기가 바로 '표적'이라고 말했다. 그렇다면 이 아기는 무슨 표적인가?

이 아기는 온 인류를 구원하기 위해 오신 성육신하신 하나님이다(11절). **강보에 싸인 아기는 하나님이 사람이 된 표적이다.** 이것보다 더 큰 표적은 없다. 하나님의 사랑은 세상의 그 어떤 사랑의 모습보다 크고 다르게 나타났다. 심지어 우리에게 요구하신 다른 사람을 자기 자신을 사랑하듯 사랑하는 정도가 아니라(마 22:39)[79] 하나님이 아예 사람이 '된 것'이다. 창조주가 피조물의 모습이 되신 것이다(빌 2:6-8). 이보다 큰 사랑을 본 적이 있으며, 다른 무엇으로도 설명할 수 있겠는가? 비유로도 적합하지 않지만, 사람이 개를 너무 사랑해서 개를 위하여 사람이 개가 되어 대신 죽는 것으로 설명하기도, 비교할 수도 없는 사랑이다. 왜냐면 우리나 개나 모두 같은 '네페쉬 하야'(생명체)로서 피조물이란 점에서는 같기 때문이다. 내가 가진 무언가로 누구 혹은 무엇을 도와주는 것을 넘어서서, 내가 '그것'이 되는 수준으로 낮아짐이다(빌 2:7-8). 그런 사랑이 하나님이 우리에게 보여준 사랑이고, 그 사랑의 실제가 하나님께서 구유에 누인 아기(사람)로 태어나셨기에 '표적'이라고 부르는 것이다.

천사로부터 놀라운 소식을 듣고 마구간으로 달려간 목자들은, 아무도 그 아기가 처녀의 몸에서 잉태된 아기라는 사실을 몰랐을 것이다. 한 아기의 탄생이 온 백성을 위한 큰 기쁨의 좋은 소식란 이야기만 듣고 궁금해서 달려갔을 것이다. 구주(救主)가 나셨다고 했기 때문이다. 죄 가운데 빠져 소망이 없는 인류를 구원하기 위해서 하나님께서 육신을 입고 오신 것이며, 그것도 세상의 상식으로는 도저히 이해할 수 없는 방법으로 오셨다(사 7:14). 천사가 표적으로 지시한 아기는 그냥 남녀의 생물학적 관계를 통해 태어난 아기가 아니다. 이 아기는 처녀가 성령으로 잉태하여 낳은 아기다. 문자 그대로 여자의 후손으로 오신 약속의 성취다(창 3:15). 예언은 문자 그대로 역사적으로, 시공간에 이루어지는 것이 기본원리다. 하나님의 약속하신 말씀이 사람의 육신을 입고(요 1:14) 이 땅에 태어나는 모습으로 표적이 된 것이다. 그 아기가 인류를 죄 가운데서 구원할 구주라는 이야기다.

그렇다면, 이 아기는 도대체 누구인가? 이사야 선지자의 다른 말씀을 볼 때, 그가 구원자 '여호와'라는(사 43:11) 놀라지 않을 수 없는 말씀을 발견하게 된다. 이 아기는 구약의 단 한 분뿐인 구원자 곧 여호와께서 육신을 입은 것이다. 그래서 이 아기가 온 인류에게 미칠 큰 기쁨의 놀라운 소식이며 표적이라고 하는 것이다. 한마디로 '말씀이 육신이 된' 모습이기 때문이다.

2) 갓난아기가 태어난 것이 무엇의 표적인가?

지극히 높은 곳에서는 하나님께 영광, 땅에서는 기뻐하심을 입은 사람들 가운데 평화의 표적이다(눅 2:14).

(1) 왜 하나님께 영광인가?

하나님은 구약에서 반복하여 말씀하신 대로 언약을 이루셨기 때문이다(사 7:14; 미 5:2). 하나님은 말씀대로(언약한 대로) 성실하게 이루시고 영광을 받으신다. 그래서 아들 예수가 십자가에 죽는 것으로도 영광을 받으신다고 말하는 것이다(요 17:1, 4). 하나님의 뜻이 이 땅에서 이루어지는 모든 일에 우리 하나님은 영광을 받으신다. 따라서 사람 보기에 좋은 것으로 하나님이 영광을 받으시는 것이 아니란 사실을 알고, 거짓 선지자들의 거짓에 미혹되지 말아야 한다. 하나님께서는 모든 선지자로 말씀하신 메시아 탄생의 예언을 이루셨다. 하나님은 사람이 행할 수도 없고 이해할 수도 없는 불가능한 일들을 이루셨다. 또 사람에게 약속하신 것들을 신실하고 확실하게 이루셨다. 그러므로 하나님께서는 우리들의 감사와 찬양을 받기에 조금도 부족함이 없으시다.

(2) 왜 땅에서는 기뻐하심을 입은 사람들 가운데 평화라고 말한 것일까?

여기서 우리는 기뻐하심을 입은 사람들이 누구를 가리키는지 알아야 한다. 이 땅에는 하나님의 기뻐하심을 입은 사람들이 있다. 그리스도의 태어나심으로 평화를 누리게 될 대상은 일차적으로는 온 세상 사람이 아니다. 바로 하나님의 자녀들이다. 하나님의 택하심을 받고 하나님의 기뻐하신 뜻대로 예정하신 자들(엡 1:4-5)이 바로 기뻐하심을 입은 사람들이다. 그 택하심을 받은 사람들은 누군가? 바로 창세 전에 그리스도 안에서 사랑으로 예정함을 입은 자들 곧 예수를 구세주로 믿는 사람들, 예수를 영접하고 구원받아 하나님의 자녀가 되는 사람들이다. 이들이 더 이상 죄의 종노릇 하지 않고, 죄에서 자유와 해방을 얻은 기쁨과 평화를 누리는 자녀의 권세가 주어지는데(요 1:12), 그것이 하나님께서 주시는 평화다. 이 평화와 안식은 모든 믿는 자의 마음에 임한다. 하나님이 주시는 평화는 믿는 자 안에 천국(현재 천국)이 임하게 하시고, 그에 따르는 의와 기쁨과 화평을 주는 것으로 나타난다(롬 14:17). 이 평화는 '세상이 알 수도 줄 수도 없는 평화'로서 주의 평안을 얻는 것이다(요 14:27).

3) 전능하신 하나님께서 왜 인간의 몸을 입고 오셔야 했는가?

그것은 성육신의 방법이 아니면 인류를 죄에서 구원할 다른 방법이 없기 때문이다. 구약시대에 사람이 죄를 지었으면 그 벌로 돌로 쳐 죽임을 당하게 되어 있었다.[80] 죄의 삯은 사망이기 때문이다(롬 6:23). 하지만 자신의 죄를 깨닫고 용서받기를 원한다면, 그는 속죄 제사를 드려야 했다. 그런데 이 속죄 제사의 핵심은 자신의 죄를 흠 없는 동물에게 전가해서, 그 제물이 피를 흘리고 죽었을 때 그 죄가 사해지는 방식이었다. 실제로는 세상 죄를 지고 가는 어린 양 곧 메시아이시며 구속자이신 예수께서 오셔서 그 값을 치르기까지 유예되는 것이었다. 그래서 동물 제사는 실체가 오셔서 단번에 끝내시기까지 반복적으로 시행해야 하는 모형적인 제도였다(히 10:1-14).

그런데 구약의 제사 제도는 반복적으로 가르쳐 알게 하는 교육용으로는 적합할지 몰라도, 실제 죄를 없애는 일에는 아무런 효력이 없었다(히 10:1, 11). 인간은 아담 이후 죄를 지은 상태로 태어나므로 흠 없는 대속 제물이 될 자가 아무도 없었다. 그렇다고 죄 없는 자를 다시 창조해서 제물 삼는 일도 문제가 있는데, 그 창조된 사람은 무슨 죄로 자기가 그런 일에 희생되어야 하느냐는 문제가 발생한다. 하나님의 속성 가운데 공의에 맞지 않기에 그것도 쓸 수 없는 카드다. 그렇게 어떤 방법도 여의(如意)하지 않은 상황에서 하나님이 직접 해결하셔야 했는데, 하나님은 영이시기 때문에(요 4:24), 죽을 수도 없고 피 흘릴 수가 없다는 문제에 직면하게 된다. 피 흘림이 없으면 죄 사함도 없는 속죄 규정 때문에(히 9:22), 속죄 제물로 여호와께서 육을 입고 오실 수밖에 없었던 표적이 예수로 나타난 것이다. 그런 인자(人子)의 모습으로 이 땅에 아기로 태어났으니 어찌 아니 놀랄 일이겠는가. 그러니 표적으로 불리기에 충분하지 않은가.

4) 세상을 구원할 종의 사명이 이스라엘에서 예수께로 넘어감

(1) 자기의 몸을 화목제물로 드리신 예수(사 53:10)

이사야에서 '여호와의 종'의 노래[81]로 일컬어지는 네 번째에 이르러서야 비로소 세상을 구하기 위하여 이 땅에 오실 여호와의 종이 '예수'라는 것을 분명하게 드러낸다. 여호와의 종이 이사야도 이스라엘 백성도 아니고, 바로 하나님의 독생자 예수 그리스도라고 완전하게 증언하는 말씀은 "그 영혼을 속건 제물로 드리기에 이르면"(사 53:10)이란 말씀이다.

자기의 몸을 온 세상 만민의 죄를 위한 속건 제물로 드릴 수 있는 분은 오직 예수뿐이기 때문이다. 그래서 여호와께서 흠 없는 속죄양으로서, 사망 선고를 받아 죽을 수밖에 없는 죄인 대신 피 흘려 죽기 위해 사람의 육신을 입으셨다. 그분이 육신을 입고 오셔서 온 인류를 위한 구주가 되신 것이다. 4,000년 동안 약속한 바로 그 메시아가 이제 때가 되어 사람의 모양 곧 인자(人子)로 오셨다는 사실을 강조한다. 그리고 그 일은 하나님만이 하실 수 있기에 여호와께서 메시아로 오신 것이 아기 예수의 모습으로 나타난 놀라운 '표적'이다.

오늘날 우리가 보기에도 갓 태어난 아기는 특별하게 보이지 않는다. 하지만 그런 특별하지 않은 모습으로 태어난 갓난아기는 하나님이 육신을 입으신 모습이었고, 구약에 약속된 메시아였고, 하나님이시기 때문에 그 아기는 온 인류를 위한 표적이 될 수 있었다. 그래서 그분으로 말미암아 온 인류가 구원을 얻을 수 있다는 기쁜 소식이 전해지게 된 것이다. 이것이 복음이며, 신약에서 주어지는 생육의 복이 시작되는 과정이요 모습이다.

(2) 거듭남으로 되는 하나님의 자녀 생산

생육은 말 그대로 자녀를 생산하는 것이다. 구약에서는 모형과 예표로서 남자와 여자의 생물학적 결합으로 인하여 하나님의 자녀를 생산했지만, 신약은 다르다. 특히 구약에서는 여자의 후손(씨)이라는 약속을 바라며 아들 낳는 일에 목숨을 걸었다면, 신약에서는 생물학적 성에 집착하지 않는다. 왜냐면 그리스도 안에서는 모두가 여자(신부)요, 또 기업을 얻을 하나님의 아들들로서는 모두가 남자다(고전 16:13). 그러니까 새 언약 아래서는 생물학적인 남녀를 크게 구분하지 않고, '하나님의 자녀들' 혹은 '하나님의 아들들'로 묶어 다룬다.

> "영접하는 자 곧 그 이름을 믿는 자들에게는 하나님의 자녀가 되는 권세를 주셨으니 이는 혈통으로나 육정으로나 사람의 뜻으로 나지 아니하고 오직 하나님께로서 난 자들이니라" (요 1:12-13)

여기서 '하나님의 자녀'라고 번역한 '테크나'는 '테크논'의 복수로 "자녀들"이라고 번역하는 것이 정확하며, '테크논'은 일반적으로 성(性)의 구별 없이 사용하는 단어다. 아들이든 딸이든 구별하지 않고 "자녀, 후손,

손자" 등까지 그 범위가 확장되어 사용한다. 아들로 특별히 구별하여 쓰인 부분도 있지만,[82] 대부분 그 사용 범위가 넓은 편이다.[83]

어쨌든 신약에서 '생육'은 생물학적인 방법을 통하지 않고, 믿음으로 되는 영적인 출생을 통해 낳는 것으로 말한다. 이에 대해 '거듭남' 혹은 '중생' 등으로 표현한다. 중생은 육으로부터 태어난, 흙에 속한 속성을 가진 인격의 옛사람은 그리스도 안에서 죽고, 하늘에 속한 영으로의 "새로 태어남, 즉 새로운 출생"을 의미한다. '거듭남'의 뜻은 헬라어 '아노덴'(위로부터)이라는 장소의 의미와 '겐나오'(낳다)라는 단어가 합하여 "위로부터 즉 하나님께로부터" 난다는 뜻과 "다시(새로) 난다"라는 의미를 동시에 가지고 있다.

부정모혈로부터 태어난 육체에 속한 사람은 아래에서 난 자로 "땅"(흙)에서 난 것을 의미하며, 흙에 속한 사람을 세상에 속한 자, 곧 아래에 속한 자라고 부른다. 이같이 땅에서 나온 육의 사람이 혈통으로 태어난 것처럼, 위로부터 곧 죽은 영이 다시 살아나는(태어나는) 것을 '거듭남'이라고 한다(새 피조물). '죽은 영'이라고 함은 아담의 원죄로 인해 하나님과 관계가 끊어진 사람의 상태를 가리킨다(엡 2:1). 따라서 육으로부터 난 사람이 육의 사람인 것처럼(요 3:3) 위로부터 난 사람은 "영의 사람, 하늘에 속한 사람, 하나님께로서 난 자들"이라고 한다(참고. 요 8:23). 따라서 거듭난 사람은 비록 겉 사람은 여전히 육을 입고 이 땅에 살고 있지만, 하늘 영역에 속한 영적인 사람으로서 하늘의 시민권을 가진 자로(빌 3:20) 생명책에 기록된 자들이다. 이렇게 된 것은 전적으로 하나님의 창세 전에 계획하신 주권적 은혜로 된 일이다.

이같이 성경은 흙에 속한 사람은 '육신에 속한 자'라고 말하며, 하늘에 속한 사람은 '영에 속한 사람' 곧 하나님의 아들들로 부른다. 따라서 땅에 속한 사람이 하나님 나라에 들어가려면, 위에 계신 하나님으로부터 "다시 태어나" 하늘에 속한 사람이 되어야 한다. 사람이 육신의 부모로부터 태어나지 않으면 세상에 나올 수 없듯이, 사람이 하나님 나라에 들어가기 위해서는 위에서 오신 그리스도의 영(성령)으로 반드시 다시 태어나 하늘에 속한 영이 되어야 한다(요 3:3, 5-7). 그리스도는 당신의 생명을 주어 우리를 거듭나게 하는 '생명의 주'로서,[84] 위에서 나신 분이시며(요 3:31; 8:23), 생명의 말씀[85]을 통해 자기 백성을 저희 죄에서 구원하시는 분이시다(마 1:21). 그런데 요한은 물과 성령으로 중생한다고 말한다.[86] 그런데 이 물에 대해 여러 가지로 해석한다. 성경에서 물은 '진리, 말씀'을 의미하기도 하고(엡 5:26), "정결하게 씻어 주는" 죄 사함을 의미하는 것으로도 말한다. 사실 그리스도의 피 흘림이 없이는 누구도 죄 사함의 구원(엡 1:7; 벧전 1:9-11)을 받을 수 없다. 아무리 율법을 철저하게 지키며, 경건하고 의롭다고 인정받더라도(욥), 죄인의 마음에 그리스도의 피 뿌림을 받지 않으면, 근원적으로 죄로부터 깨끗하게 할 방법은 없다.[87]

> "맑은 물로 너희에게 뿌려서 너희로 정결케 하되 곧 너희 모든 더러운 것에서와 모든 우상을 섬김에서 너희를 정결케 할 것이며 또 새 영(보혜사)을 너희 속에 두고 새 마음을 너희에게 주되 너희 육신에서 굳은 마음을 제하고 부드러운 마음을 줄 것이며 또 내 영(보혜사)을 너희 속에 두어 너희로 내 율례를 행하게 하리니 너희가 내 규례를 지켜 행할지라" (겔 36:25-27)

물로 거듭나야 한다는 뜻은 그리스도의 죽음과 피로써 죄 사함받는 것을 의미한다. 물은 피를 상징하는 것으로 생각할 수도 있는데, 물은 세례로 비유된 죽음(눅 15:20) 곧 주께서 받으셔야 할 잔으로서(마 26:42; 막 10:38-39) 십자가에서 피 흘리심과 같은 맥락으로 이해해야 할 것이다. 따라서 거듭나는 것은 전적인 하나님의 은혜에 속한다는 것을 알 수 있다.

결론적으로 물과 성령으로 거듭나야 한다는 말씀에서 물은 그리스도의 피로 우리가 죄 사함받아 정결케 됨을 의미하며, 성령으로 나야 한다는 말은 "부활하신 주님의 영(보혜사)이 우리 안에 오셔서 생명이 되어(성령세례를 통한) 우리가 새 생명으로 태어나게 하는 사역"을 말한다. 따라서 물과 성령으로 거듭나야 한다는 주의 말씀은 곧 당신의 죽음과 함께 성령의 말씀 사역을 통한 새 생명의 역사를 가리킨다고 봐야 할 것이다.

물은 우리의 죄를 깨끗하게 씻어 주신다는 면에서 주님의 피는 깨끗하게 씻는 물을 상징하며, 또 한편으로는 우리가 위로부터 즉 하나님께로부터 새로 난다는 면에서는 성령으로 나야 한다는 의미를 나타낸다. 그래서 성경은 그리스도가 살려주는 영이 되셨다고 말한다. 그러므로 물과 성령의 사역은 궁극적으로 예수 그리스도 한 분의 사역을 의미한다고 말할 수 있을 것이다. 물은 주님의 육체로 인한 사역(세례, 피 흘림), 성령은 주님의 다른 보혜사로서의 사역을 가리키니 궁극적으로 하나란 의미다(요일 5:6).

이같이 생육의 복은 주의 탄생 기록에서 알 수 있듯이, 성령으로 잉태하여 육체를 입은 상태에서 신인(神人) 양성을 가진 하나님의 아들이 된 것처럼, 먼저 육의 사람이었던 우리가 성령으로 거듭나 신인(神人) 양성을 가진 하나님의 아들들이 되는 것으로 확장된다. 그래서 우리 신자를 향해 '주의 형제'라고 부르는 것이다. 주는 맏아들이요(롬 8:29) 우리는 그의 형제들이 되는 관계가 성립되는 것이다(히 2:10-17).

"거룩하게 하시는 자와 거룩하게 함을 입은 자들이 다 하나에서 난지라 그러므로 형제라 부르시기를 부끄러워 아니하시고… 그러므로 저가 범사에 형제들과 같이 되심이 마땅하도다. 이는 하나님의 일에 자비하고 충성된 대제사장이 되어 백성의 죄를 구속하려 하심이라"(히 2:11, 17)

그런데 여기서 신인(神人) 양성을 가진 면에서 주와 우리가 하나로 취급받고, 형제로 취급받는 면에 대해 오해하면 안 된다. 주는 본질이 하나님(신)이셨고(빌 2:6) 거기에 육을 입은 신인(神人)이라는 면과 우리는 본질이 흙에 속한 육이었고 거기에 보혜사 성령(그리스도)이 우리 안에 들어오셔서(고후 13:5) 신인(神人)이라는 점이 분명하게 다르다는 점을 인식해야 한다. 본질이 다르다는 점을 간과하면 안 된다는 말이다. 우리는 엄청난 은혜를 입은 복 있는 자들이다. 새 언약 아래서는 이같이 생육이 놀라운 하늘의 속한 사람으로 재탄생하는 과정을 통해 이루어진다는 사실을 알고 감사·감격해야 맞다.

창세기 3:15에서 언약의 대표적인 용어 '여자의 씨(후손)'라는 표현은 사실 불가능한 말이다. 여자에게는 '씨'(제라)가 없기 때문이다. 그런데 그런 표현을 사용했다면 이는 반드시 어떤 이유나 목적이 있기에 주신 말씀이라고 생각해야 한다. 우리가 아는 바대로는 처녀 마리아의 몸에서 아들 예수가 태어난 것으로 성취된 것은 사실이다. 즉 부정모혈(혈통과 육정, 남자의 씨)로 나지 않는 본보기가 되신 것이다. 이는 구약에서 아이를 낳을 수 없는 상태(할례를 받은 상태)의 아브라함과 사라에게 약속의 자녀 이삭이 태어난 것과 같다. 이 같은 현상은 모두 부정모혈을 포기한 새로운 방식의 출생을 모형(이삭) 혹은 실제(예수)로 보여준 것이다(요 1:13). 다시 말해서 하나님의 자녀는 '하나님께로서 난 자'라는 것을 보여주는 그림이란 의미다. 따라서 하늘에 속한 사람의 생육은 온전히 하나님의 뜻, 하나님의 씨(말씀)에 의해 출생하는 것만(벧전 1:22-25) 인정하는 것을 기본으로 한다는 것을 알게 된다.

2. 번성의 복; 12제자 부르심

신약에서의 생육의 복은 예수 그리스도의 탄생으로 시작되었다. 그래서 예수께서 이 땅에 인자로 오신 자체가 큰 복이라고 천사까지 동원하여 말씀하시며 가르치셨다(눅 2:11-14). 하늘과 땅이 모두 영광과 기쁨의 평화를 선포하며 찬송하기에 이르는 복이다. 그런데 인간 생각을 벗어나지 못한 동방박사들의 오판으로 인하여 주의 탄생을 들키게 된 이후, 공중의 권세 잡은 사탄의 세력 아래에 있는 어둠의 세상은 두 살 아래의 남자아이를 모두 죽이려는 악한 계교로 많은 목숨을 앗아가게 했다(마 2:16). 왕 중의 왕의 탄생을 두려워하는 세상의 거짓 왕들이 자기 권력(세상의 권력)을 빼앗기지 않으려는 오해와 두려움에 대한 발악으로, 애매한 살육이 벌어지는 일은 예나 지금이나 조금도 다르지 않다.

그런데 신약에서는 생육의 복도 마찬가지지만, 번성의 복 역시 구약과 아주 다르게 전개된다. 구약에서는 대를 잇기 위한 아들 낳기 경쟁하는 내용이 자주 발견된다. 창세기 5장의 최초 족보에서도 누가 누구를 낳고 하는 기록을 통해 계대를 잇는 아들 낳는 일이 중요한 사역으로 이어지는 것을 볼 수 있다. 특별히 셋 계열에서 "낳고" 할 때, 가인 계열의 일반 생물학적인 "낳다"(칼형)와 비교되는 사역형(히필형)을 사용하여 여자의 후손을 낳고자 하는 소망을 표현하는 것을 엿볼 수 있다.[88] 이 셋의 계열이 하나님의 아들들로 불리는 자들이다.

신약에서의 번성은 '제자 삼는' 방법, 혹은 '입양'이라는 방법으로 나타난다.

1) 제자 삼기

"예수께서 나아와 말씀하여 이르시되 하늘과 땅의 모든 권세를 내게 주셨으니 그러므로 너희는 가서 모든 민족을 제자로 삼아 아버지와 아들과 성령의 이름으로 세례를 베풀고, 내가 너희에게 분부한 모든 것을 가르쳐 지키게 하라. 볼지어다 내가 세상 끝 날까지 너희와 항상 함께 있으리라 하시니라." (마 28:18-20)

(1) 주의 제자가 된다는 의미는 무엇인가?

주의 제자들(11명)을 모아 놓고(16절) 하시는 말씀이 본문이기 때문에, 먼저 주의 제자가 되었다는 것은 무엇을 의미하는지부터 알 필요가 있다. 신약의 헬라어로 '마데테스'는 "배우는 자"란 뜻을 가진 "학생, 제자"란 의미다. '마데테스'의 일반적인 용법은 본래 '자신들의 마음을 어떠한 것에 쏟는 자'들을 가리키는 데 사용되었다. 그 후에 이 단어는 단지 지식을 배우는 학생이 아니라, 전반적인 배움에 종사하고 있는 자라는 뜻으로 확장되었다.

그럼, 제자는 무엇을 배운다는 의미인가? 가장 먼저는 자기가 따르는 스승을 배우는 것으로 시작한다. 그렇다면 예수의 제자들은 누구를 배워야 하겠는가? 당연히 예수를 배우는 것이다(마 11:29). 그 배움의 결과는 지혜와 지식의 모든 보화이며, 하나님의 비밀인 그리스도를 배우게 되는 것으로 열매를 맺힌다(골 2:2-3). 하나님의 보화인 그리스도는 능력의 원천이요(고후 4:7), 어떤 형편에서도 자족하기를 배우는 것이 하나님의 사람으로서의 진정한 능력이란 사실도 배우며(빌 4:11), 궁핍함이 없도록 필요한 일에 쓰일 것을 준비하기 위해 자기 손으로 일하며, 또 선한 일(열심히 일하는 일, 구제하는 일)에 힘쓰는 것을 배운다(딛 3:14).

그리고 제자는 스승이 부르면 즉시 따르는 자들이다(막 2:14; 눅 5:11). 하지만 재물이 많아 걸림돌이 되어서 따르지 못하는 안타까운 일들도 발생한다. 이런 사람은 주의 제자가 되지 못한다(막 10:21-22). 또 쟁기를 잡고 뒤를 돌아보는 자들도 주를 따르는 일에 적합하지 못한 자다(눅 9:57-62). 그러나 그 모든 것을 희생하고[89] 하나님 나라를 위해 헌신하는 자들이 진정한 주의 제자다(막 10:28-31). 예수를 따른다는 것은 궁극적으로 하나님의 나라를 세워나가는 일에 동참하고 동행하는 것을 의미한다(눅 9:59-61). 이는 하나님의 나라 건설이 자기 삶의 최우선 순위가 되는 것을 의미하며, 주의 목표에 자기의 목표를 일치시키며, 함께 푯대를 향해 나아가는 것이다(참고. 빌 3:13-14). 이런 열매를 맺히기 위해서는 예수 그리스도와의 인격적 결합(하나님을 아는 영생) 곧 그리스도와 온전한 연합의 관계를 맺는 것이 필수다(요 15:1-8). 이것이 사도 바울이 말하는 그리스도 안에서 하나 되는 '연합'(롬 6:3-5)으로 주와 온전한 화평(평화)을 이루는 방법이다. 또한 이 그리스도와의 온전한 연합을 이루는 과정은 기독교의 '성화'로 설명된다. 그러나 그리스도와 관계를 맺고 연합하게 되는 것은, 세상의 법칙(정과 욕심)과의 단절(십자가에 못 박는 일)을 의미하는 일임을 알고 실천해야 한다(갈 5:24).

예수께서는 자신을 따르는 길에는 포기할 것이 있음을 되풀이하여 말씀하셨다. 거기에는 자기를 부인하는 것은 물론 자기 십자가를 지는 것을 포함했다.[90] 이같이 예수를 따른다는 것은 우리의 생활 가운데 얽혀 있는 즐거움이나 습관, 목적, 야망의 희생을 의미함은 물론, 언제든지 사명을 위해서는 목숨까지도 포기할 각오를 포함한다. 그러나 이 모든 것의 희생과 포기는 결단코 쉬운 일이 아니기에, 주의 제자가 되는 길은 섣부른 결심으로 따를 수 있는 길은 아니다. 그런 자들은 어려운 일이 생기면 다 떠나게 되어 있다(요 6:66). 겉모습만 제자의 모양을 한 것이 아니라(눅 13:22-28), 진정으로 주와 연합하여 목숨까지 하나가 되는 것이 참 제자가 된 복을 받은 자들이다.

(2) 가르치며 배우다.

"이는 곧 너희 하나님 여호와께서 너희에게 가르치라 명하신바 명령과 규례와 법도라 너희가 건너가서 얻을 땅에서 행할 것이니 곧 너와 네 아들과 네 손자로 평생에 네 하나님 여호와를 경외하며 내가 너희에게 명한 그 모든 규례와 명령을 지키게 하기 위한 것이며 또 네 날을 장구케 하기 위한 것이라 이스라엘아, 듣고 삼가 그것을 행하라 그리하면 네가 복을 얻고 네 열조의 하나님 여호와께서 네게 허락하심같이 젖과 꿀이 흐르는 땅에서 너의 수효가 심히 번성하리라"(신 6:1-3)

이스라엘이 번성하는 법에 대해 이르시기를, 이스라엘 백성이라면 누구든지 대를 이어 배우고 가르쳐야 할 규례와 명령을 잘 듣고 지키는 일이라고 하신다. 그런데 여기에 쓰인 "가르치다"란 히브리어는 '라마드' 로서 "가르치다, 배우다"란 양면의 뜻을 가진 단어다. 이 단어에서 유래한 '리무드'가 '제자'란 뜻이다. 히브리어에서 제자란 "익숙하게 교훈을 받는 자"를 의미한다. '라마드'가 가르치는 자의 위치에서는 "노련한 자, 능숙한 자"의 의미를 갖기 때문에 그런 스승에게 교훈을 받는 제자들 또한 능숙한 자들이 된다는 것이다(사 50:4; 54:13).

그런데 재미있는 것은 "가르치다"란 뜻을 가진 '라마드'에 사용된 히브리어 알파벳 '라멧'(ל)이 가진 상형문자의 의미가 '막대기'란 점이다. 그 막대기로 무엇을 하는가 생각할 때 시편 23편의 목자가 생각난다.

> "내가 사망의 음침한 골짜기로 다닐지라도 해를 두려워하지 않을 것은 주께서 나와 함께 하심이라 <u>주의 지팡이와 막대기가 나를 숨 쉬게 하나이다.</u>"(시 23:4)

여기에 쓰인 지팡이와 막대기는 소나 양들이 좌로나 우로나 치우치지 않고 목자가 인도하는 방향으로 가도록 도울 뿐 아니라 짐승이 공격해 올 때 제압하는 도구였다. 가르치는 의미의 '라마드'라는 단어가 바로 여기에서 유래되었다. '제자'를 의미하는 단어 '리무드', 그리고 유대인의 율법과 전승을 담은 '탈무드'는 '라마드'라는 단어가 어근이다. '라메드'는 목자가 양을 인도하고 양과 염소를 구분할 때 사용하는 막대기이고, 사사기에서 삼갈은 '소' 모는 막대기로 블레셋 사람 600명을 죽였다고 기록하고 있는데(삿 3:31), 삼갈이 사용한 막대기가 황소를 모는 막대기란 의미인 '말마드'로서 역시 '라마드'에서 유래한 단어다.

이렇게 "가르치다, 배우다"란 단어에서 핵심 문자로 쓰이는 '라멧'은 히브리어 알파벳 중에 가장 큰 글자이고, 12번째 글자로서 히브리어 알파벳(22자) 중에 가장 가운데에 위치하기 때문에 유대인에게 알파벳의 중심(심장)으로 여겨지기도 하는 문자다. 성경에서 "다스리는 자, 가르치는 자"를 의미하는 '왕'(멜렉)이란 히브리어도 역시 '라멧'을 중심에 둔 단어로서 권력을 쥐고 휘두르는 직책이 아니다. 진리에 근거하여 막대기와 지팡이 노릇을 해야 하는 직분이다. 그리고 그런 왕의 다스림을 받는 자들을 '나라'(백성)라고 부른다. 따라서 성경이 가르치는 '나라'는 우리가 생각하는 국경이 있는 나라가 본래적 개념이 아니라, 다스리는(가르치는) 자와 다스림(가르침)을 받는 대상이 '함께'하는 것을 '나라'라고 부른다. 그래서 하나님의 다스림(가르침)을 받는 것을 '하나님의 나라'라고 하고, 하나님의 다스림이 아닌 다른 교훈을 받는 것을 '이방 나라'라고 부른다. 그리고 다스린다는 말은 "진리로 다스리는 것 즉 진리를 가르치는 것"을 의미한다. 이는 예수와 빌라도의 문답에서 잘 드러난다.

> "빌라도가 이르되 그러면 네가 왕이 아니냐? 예수께서 대답하시되 <u>네 말과 같이 내가 왕이니라</u> 내가 이를 위하여 태어났으며 이를 위하여 세상에 왔나니 곧 <u>진리에 대하여 증언하려 함이로라</u> 무릇 진리에 속한 자는 내 음성을 듣느니라." (요 18:37)

따라서 '성경이 가르치는 참된 왕'이란 진리를 증언하고 가르치는 자를 의미한다. 그런 의미에서 베드로가 말한 '왕 같은 제사장'이란(벧전 2:9)

그냥 직책만 가리키는 호칭이 아니다. 진리의 본질을 증언하고 가르치는 자가 진정한 왕 같은 제사장이란 의미다. 그런데 이를 깨닫지 못한 어리석은 이스라엘 백성은 "우리에게도 이방 왕 같은 왕을 세워달라"고 아우성쳤고(삼상 8:5), 이를 허락한 이후에 이스라엘이 어떤 길을 걸었는지는 성경 역사를 통해 확인할 수 있었다. 그러므로 성경이 가르치는 왕이 되려면 반드시 하나님께서 기름 부어 세워야 한다. 기름 부음을 받는다는 것은 추상적인 것이 아니라 성령님의 인도와 가르침을 받는 것을 의미한다. 올바른 판단으로 판결하려면 진리를 알아야 하고 백성을 다스리는 법을 알아야 한다.

> "그러나 진리의 성령이 오시면 그가 너희를 모든 진리 가운데로 인도하시리니 그가 스스로 말하지 않고 오직 들은 것을 말하며 장래 일을 너희에게 알리시리라" (요 16:13)
>
> "보혜사 곧 아버지께서 내 이름으로 보내실 성령 그가 너희에게 모든 것을 가르치고 내가 너희에게 말한 모든 것을 생각나게 하리라" (요 14:26)

구약에서 "다스리다"라는 단어 '쇼파트'는 "판결을 선고하다, 함축적으로 정당함을 입증하다", 곧 "재판관이 되다"는 의미다(시 2:10). 솔로몬도 왕이 되어 하나님을 구할 때 바로 '미쉬파트'(재판, 판결; 쇼파트에서 유래)를 구했다(왕상 3:11; 대하 1:11). 왕이 행할 '쇼파트'의 가장 중요한 핵심이 올바른 "재판, 판결"이다. 왕의 권세는 바로 이 부분에서 빛이 난다. 그에 따른 권력(심판, 지배)은 후 순위다.

성령은 바로 이 '라마드'의 본질을 갖고 계신 분이시고, 이 기름 부음을 받아야 진정한 왕으로서 자기 역할을 성공적으로 수행할 수 있다. 다윗은 진정한 왕으로 세워지기까지 세 번의 기름 부음을 받는데, 다윗은 예수의 모형이고 다윗의 모든 여정은 모든 제자가 걸어가야 할 기초 원리들을 함축하고 있다. 알파벳 '라멧'의 발음과 같은 히브리어 단어 '라메드'가 성경에 처음 등장하는 곳은

> "이스라엘아, 이제 내가 너희에게 가르치는 규례와 법도를 듣고 준행하라 그리하면 너희가 살 것이요 너희 조상의 하나님 여호와께서 너희에게 주시는 땅에 들어가서 그것을 얻게 되리라" (신 4:1)

'라메드'(동사피엘 분사능동태)는 "가르치는, 교훈하다"라는 의미의 분사 강조형으로 쓰였다. 여기서 하나님께서 가르치는 것은 바로 규례와 법도라고 하신다. 이것은 유대인들의 '토라'(모세 오경)에 계시했고, 우리는 예수께서 가르쳐 주신 온전한 토라(율법의 본래적 의미)를 제대로 알아듣고[91] 순종해야 한다(마 5:21-28; 요이 1:9).

> "너희가 나를 선생이라 또는 주라 하니 너희 말이 옳도다. 내가 그러하다" (요 13:13)

> "예수께서 대답하여 이르시되 내 교훈은 내 것이 아니요, 나를 보내신 이의 것이니라." (요 7:16)

예수는 우리의 진정한 스승이시고, 목자이시기에 그분의 음성을 듣고 따라야만 그분의 양이란 증거가 되며 그분의 제자가 될 수 있다.

"내 양은 내 음성을 들으며 나는 그들을 알며 그들은 나를 따르느니라."
(요 10:27)

"그러므로 예수께서 자기를 믿은 유대인들에게 이르시되 너희가 내 말에 거하면 참으로 내 제자가 되고 진리를 알지니 진리가 너희를 자유롭게 하리라"(요 8:31-32)

입으로는 예수를 믿고 있다고 말하지만, 장로의 유전을 따르던 유대인처럼 사람의 교훈을 우선하는 자들은 주의 제자가 될 수 없다. 그래서 베드로는 사람의 일을 생각한다고 책망을 들었고(마 16:23), '사탄'이란 끔찍한 지적까지 들어야 했던 사실을 잊으면 안 될 것이다. 실질적으로 예수의 말씀 안에 거해야만 진정한 주의 제자가 될 수 있다. 예나 지금이나 수많은 무리가 주를 따르지만 제각각 따르는 목적이 다를 수 있고, 주의 영생의 말씀을 따르지 않으면 주의 진정한 제자가 될 수 없을 뿐 아니라 결국 주의 곁을 떠나게 된다(요 6:66). 성경에서 가르치는 참된 제자의 지표(指標)는 바로 예수의 말씀 안에 거하는 것이고, 예수의 참된 제자는 그의 규례와 법도 곧 그분의 말씀을 준행하는 자들이다.

성경에서 말하고자 하는 진정한 제자란 또한 진정한 스승이 되는 바탕(자질)을 준비하는 과정으로서 배우는 자여야 할 것을 가르친다. 왜냐면 먼저 배워야 다른 사람을 가르칠 수 있고, 또 가르치면서 배우게 되기 때문이다. 따라서 예수의 참된 제자란 먼저 주로부터 진리의 말씀을 배우고, 모든 민족을 제자 삼아 그분께서 분부한 모든 것을 가르쳐 지키게 하는 자여야 한다. 그런 방법을 통해 번성해 가는 것이 신약(새 언약)에서 번성의 복을 이루는 방법이다. 결론적으로 지금까지 살펴본 성경이 가르치는 주의 제자는 곧 "예수 그리스도와 같은 자"라는 가르침을 살폈다.

히브리어 상형문자 알파벳 '라멧'의 의미를 통한 가르침이, 하나님의 교훈 그리고 예수의 가르침을 의미하는 문자로 이해하는 것이 가능하다는 증명을 했고, '하나님의 영'의 인도함을 받는 제자들이 곧 하나님의 아들들을 의미한다는 결론을 얻게 되었다.

"무릇 하나님의 영으로 인도함을 받는 자들은 곧 하나님의 아들들이라"
(롬 8:14)

2) 아들의 영(양자의 영)

"무릇 하나님의 영으로 인도함을 받는 그들은 곧 하나님의 아들들이라 너희는 다시 무서워하는 종의 영을 받지 아니하였고 <u>양자의 영을 받았으므로 아바 아버지라 부르짖느니라</u> 성령이 친히 우리 영으로 더불어 우리가 하나님의 자녀인 것을 증언하시니 자녀이면 또한 후사 곧 하나님의 후사요, 그리스도와 함께 한 후사니, 우리가 그와 함께 영광을 받기 위하여 고난도 함께 받아야 할 것이니라" (롬 8:14-17)

성경은 하나님의 자녀가 되는 다른 방편으로 '아들의 영'을 주신다는 말씀을 하고 있다. 주께서 제자 삼아 번성의 복을 성취하듯이, 또 다른 방편으로 성경은 아들의 영을 주심으로 '양자'(養子) 삼는 길을 제시하고 있다. '양자'로 번역된 헬라어는 '휘오데시아'(υιοθεσία)로서 신약 성경에서 바울서신에만 나온다(5회). 이 단어는 아이를 자기의 아들로 입적하는 것을 의미하는 전문 법률 용어이다. 고대 헬라 세계에서 양자법은 공식적인 것은 아니었으나 공적으로 시행되었다. 양자는 상속자가 없을 때, 법적 후손으로 인정되어 상속자가 되는 신분이다. 그러나 '아들의 영', 즉 그리스도의 영을 받아 하나님의 아들들이 된다는 것은 성경의 한결같은 진술이다. 바로 이어지는 근접 문맥에서는 "성령으로"(롬 8:16), 앞선 문맥에서는 다음과 같이 '그리스도의 영'으로 기술하고 있다.

> "만일 너희 속에 하나님의 영이 거하시면 너희가 육신에 있지 아니하고 영에 있나니, 누구든지 그리스도의 영이 없으면 그리스도의 사람이 아니라"(롬 8:9)

우리가 그리스도의 영을 받아 하나님의 아들이 되어 하나님을 아버지라고 부를 수 있게 된다. 그래서 본문은 "아들의 영을 받았으므로"라고 번역했으면 좋지 않았을까 생각한다.

> "그 기쁘신 뜻대로 우리를 예정하사 예수 그리스도로 말미암아 자기의 아들들이 되게 하셨으니"(엡 1:5)

에베소서 본문의 아들들도 동일한 '휘오데시아'라는 단어를 쓰고 있다. 이 본문은 그럼 왜 '양자'로 번역하지 않았을까? 왜 어떤 곳은 '양자'로, 왜 어떤 곳에는 '아들'로 번역해야 하는가? 무슨 근거로? 앞에서 언급한 대로 헬라 문화에서 통상적으로 허락된 양자 문화가 있었다고 했다. 그리고 '휘오데시아'란 단어 자체에 그런 뜻이 있기도 하다. 그러나 성경 기자는 그 문자를 빌려 써 사용하기는 했지만, 양자보다는 하나님의 아들들 개념을 가지고 사용한 것이 분명하다. 이는 마치 구약에서 이방 문화나 신화를 연상하게 하는 수많은 용어와 개념 등이 사용되었지만, 그 본의는 전혀 다른 뜻으로 쓰인 경우가 대표적인 사례가 될 것이다. 따라서 성경을 번역하는 사람들이 헬라어 개념 그대로 번역했던 것 같이 여겨진다. 그래서 성경을 번역하거나 해석할 때는 정말 신중한 접근(문맥과 기독교의 특성 혹은 정서 등)과 성령의 조명이 필요하다고 생각한다.

'휘오데시아'는 하나님께서 이스라엘과 자기 사이에 수립하신 부자 관계를 나타낸다(롬 9:4). 또 그리스도의 참된 제자들의 본질과 상태를 나타낸다. 다시 말해서 하나님의 성령을 자신들의 영혼 속으로 받아들임으로써 하나님의 아들들이 된다.[92] 종말론적으로는 그리스도가 재림하신 후 장차의 삶에서 기대되는 그 복된 상태를 약속한다(롬 8:23). 양자 될 것을 기다린다는 말은 그들이 하나님의 기업을 이을 아들이라는 사실을 명백하게 해 줄, 곧 하나님의 아들들이 부활체를 입는 신령한 몸으로 변화될 최고 최상의 상태를 기다리는 것을 묘사한 것이다(고전 15:44).

구약시대에는 하나님과 이스라엘의 관계가 부자 관계보다 왕과 백성의 관계로 더 많이 묘사했다. 비록 하나님과 이스라엘 사이가 부자의 관계로 언급되었을지라도 신약시대처럼 친밀한 관계를 보여주지는 않았다(J. Jeremias). 양자(養子)의 원리는 바울 신학의 주요 주제 가운데 하나로서 그 출발점은 예수의 가르침에서 발견된다(마 6:9; 막 14:36). 그리고 바울은 신자가 하나님의 자녀 되게 하시는 분이 성령이라고 가르친다. 성령께서 성도 가운데 거하심으로 성도가 하나님의 자녀임을 '인'치는 것으로 보증하신다. 아들의 영이신 성령으로부터 친히 하나님의 자녀라는 사실을 하나님 앞에서 증거 받는다(롬 8:16). '성령의 처음 익은 열매'는 오직 그리스도이시다(고전 15:20, 23). 다만 성도는 '성령의 처음 익은 열매'인 그리스도를 영접하여(하나님의 선물) 구원의 은혜를 받은 자이다. 성도는 구원의 은혜로 의롭게 되어 거룩함을 입은 자(칭의)이나 예수께서 만유를 회복하실 때를 기다리는 자다(행 3:21). 그러므로 여전히 하나님의 법(은혜로 인한 생명의 성령의 법)과 죄의 법(율법으로 인한 죄와 사망의 법)이 성도의 몸 안에서 투쟁하고 있다. 다만 성도는 그리스도께서 죄와 사망의 법에서 죄인을 해방했다는 사실을 믿음으로 받아 '몸의 구속'을 기다리며 산다. 이렇게 될 때 성도는 자기 속에서 일어나는 두 법의 투쟁에 의해 빚어지는 갈등을 해소할 수 있다.

이제 구약에서부터 이미 사용하던 제도에서 나타난 '고엘' 제도와 비교해 보자.

(1) 고엘 제도 및 계대 계승법

마태복음 1장에서는 예수 그리스도의 족보를 소개하고 있다. 그리고 성경의 족보에는 일반적으로 여자가 없는데 특이하게 예수 그리스도의 족보에 여자들이 등장한다. 유다에서 다윗 왕으로 이어지는 11대의 족보에 3명의 여자 이름이 소개되고 있다. 그 주인공은 '다말, 라합, 룻'으로 모두 이방 여인이다. 특히 여기에서 '다말과 룻'은 계대 결혼을 통해 예수 그리스도의 가계도에 참여하게 된 놀라운 하나님의 섭리를 발견할 수 있다. 이는 구약에서 나타나는 계대 계승법[93]이라고 불리는 제도에 따라 나타나는 현상이다.[94] 성경에 나타나는 '계대 계승' 제도의 근본 목적은 후사가 없이 죽은 형제를 위하여 아들을 낳아줌으로써 죽은 자의 이름이 끊어지지 않게 하고 그 기업을 보존하는 데 있었다. 또 이를 통해 남편과 사별한 후 의지할 곳 없는 과부를 보호하고, 경제적 안정을 유지할 수 있도록 함으로써 이방인과 결혼하는 것을 방지하는 목적도 있었다.

구약성경에서 장자는 가장 먼저 태어난 맏아들이라는 의미 이외에 '신에게 속한 자'라는 강한 신앙적 의미를 내포하고 있다. 그래서 장자는 히브리 사회에서 특별한 권리를 부여받았다. 그래서 성경에 나오는 족보의 명칭이 대부분 장자의 이름으로 되어 있는 것도 이 때문이다. 그래서 이스라엘에서 보통 장자권은 아버지의 권한을 그대로 물려받게 되며, 혈통적으로 아버지의 계보를 잇고, 가정에서 가문의 대소사를 처리할 권한을 갖는다. 또 장자는 가장으로서 하나님 앞에 가정의 제사장 역할을 했기에 아버지 유산의 두 몫을 상속받았다(신 21:17). 구약에서 계대 결혼을 통해 대를 잇는 사례를 대표적인 세 사건을 통해 살펴보자.

① 유다의 며느리 다말은 시아버지와 계대 결혼을 통해 장자권을 계승한다.

성경에서 '계대 계승' 제도는 유다와 다말의 기사에서 최초로 언급하고 있다(창 38:1-11). 이 제도를 성문화(成文化)한 것은 모세가 전해준 율법에 의해서다. 후일에 이 율법에 의해 행해진 결혼의 대표적인 경우는 룻과 보아스의 결혼이라고 할 수 있는데(룻 4:1-17), 그 범위가 죽은 자의 형제뿐 아니라 친족에게까지 확대되었다.

② 룻은 엘리멜렉의 친척인 보아스와 계대 결혼을 통해 예수 그리스도 족보의 반열에 오르게 된다.

구약성경 사사기와 사무엘서 사이에 룻기가 짧게 기술되어 있다. 룻기는 시어머니 나오미가 과부가 된 이방인 며느리 룻에게 좋은 신랑감을 구해주는 감동적인 드라마로 기술되어 있다. 여기에서 매우 중요한 측면은 다윗 왕과 예수 그리스도로 이어지는 조상의 극적 스토리이기도 하다는 점이다. 룻기는 또 유대인의 족보를 설명한다. '보아스와 룻'은 오벳을 낳고, 오벳은 이새를 낳고, 이새는 다윗을 낳았다. 즉, 보아스는 다윗왕의 증조할아버지다. 또 다윗왕의 후손이 마리아의 남편 요셉이고, 예수 그리스도가 마리아에게서 태어났다.

③ 스룹바벨은 다윗의 혈통으로서, 예수 그리스도의 직계 조상이다.

그는 유대 백성이 바벨론의 포로 생활 중에 기적처럼 내려진 포로해방 칙령을 따라 예루살렘으로 백성을 1차 귀환시킨 지도자였다. 이스라엘 백성은 세 차례에 걸쳐서 바벨론에 포로로 끌려갔으나, 하나님께서는 무조건적인 은총을 베푸사 약속하신 대로 이스라엘 백성이 다시 예루살렘으로 돌아오도록 허락하셨다. 하나님께서는 스룹바벨을 세워 바벨론의 느부갓네살 왕이 잿더미로 만든 예루살렘 성전을 재건하게 하셨다.

스룹바벨의 부친 되는 '스알디엘'은 여고냐가 바벨론으로 포로로 잡혀가서 낳았던 첫 번째 아들이다. 장자인 스알디엘은 자식이 없이 죽었다는 사실을 성경의 족보를 통해 파악할 수 있다. 그리고 메시아의 족보에 그의 아들로 기록되었던 스룹바벨은 스알디엘의 아들이 아니라, 여고냐의 셋째 아들인 브다야의 아들이었음을 알 수 있다. 왜냐하면 브다야가 형수를 취하여 아들(스룹바벨)을 낳아주었기 때문이다(대상 3:17-19). 그래서 구약성경이나 메시아의 족보에는 스룹바벨은 '스알디엘의 아들'이라고 분명하게 기록하고 있다. 스룹바벨은 스알디엘의 친자가 아닌 계대 계승 제도를 통하여 입적된 아들인 것이다. 특히 에스라와 느헤미야, 학개 선지자가 그렇게 기록하고 있다. 그리고 메시아이신 예수 그리스도의 족보 책에서도 생생히 확인할 수 있다(마 1:12).

(2) 약속의 자녀 - 하나님께로서 난 자

"형제들아, 너희는 이삭과 같이 약속의 자녀라 그러나 그때 육체를 따라 난 자가 성령을 따라 난 자를 핍박한 것같이 이제도 그러하도다. 그러나 성경이 무엇을 말하느뇨 계집종과 그 아들을 내어쫓으라 계집종의 아들이 자유하는 여자의 아들로 더불어 유업을 얻지 못하리라 하였느니라 그런즉 형제들아, 우리는 계집종의 자녀가 아니요, 자유하는 여자의 자녀니라"(갈 4:28-31)

이스마엘은 생물학적으로는 아브라함의 장자였지만, 그는 아브라함의 아내 사라에게서 태어난 아들이 아니라 사라의 여종 하갈에게서 태어났다.[95] 사람의 생각과 방법을 따라 태어난 여종 하갈의 아들 이스마엘이 약속으로 태어난 상속자 이삭을 박해했다. 하나님의 약속성취는 육체적인 것이 아니라 영적으로 이루어진다. 이삭은 자유하는 여자 사라에게서 하나님의 뜻으로 말미암아 "성령을 따라" 하나님의 약속대로 태어났기 때문에, 이삭만이 기업을 얻을 씨, 곧 약속의 자녀였다.[96] 이삭에게서 쌍둥이 '에서'와 '야곱'이 출생했으나, 하나님은 태중에서부터 야곱에게 기업의 약속을 허락하셨다. 우리는 인생을 다루시는 하나님의 섭리를 지켜보면서 한 사람의 영적 경지는 그가 올라온 높이(결과)에 있는 것이 아니라, 그 사람이 헤쳐 나온 깊이(과정)에 있다는 점을 확인할 수 있다. 신약에서 기독교 신자들은 율법적 사고방식에서 벗어나지 못하고 여전히 율법의 종노릇 하는 사례가 많은데, 그것은 구원받은 이후에도 마찬가지다. 그래서 사람들은 어떤 사건이 터지면 문제의 원인을 사람에게서 찾으려고 한다. 자기가 잘하면 복을 받고 잘못하면 벌을 받는다고 생각하는 인과응보 혹은 보상적 사고에서 벗어나지 못했기 때문인데(욥기 논쟁의 핵심), 이런 자세가 율법 아래 있는 상태다. 우리에게 어떤 문제가 있는 것은 반드시 우리가 잘못했기 때문만이 아니라 하나님이 하시는 일을 나타내기 위함이라고도 하신다(참고. 요 9장).

'약속의 자녀'라 함은, '하나님께로서 난 자'와 같은 의미다. 왜냐면 이삭이 어떻게 아브라함과 사라의 몸을 통해 태어날 수 있었는지를 생각해 보라. 하나님의 약속 때문에 일어난 일이 아닌가. 그렇다면 그런 일이 일어날 수 있는 능력이 누구에게 있었다고 생각하는가? 아브라함도 사라도 자식을 낳을 수 없는 몸이었다고 성경은 분명하게 선을 긋고 난 이후에 이삭이 태어났다면 어떻게 생각해야 하느냐는 질문이다. 그들이 말도 안 된다는 듯 웃음을 보인 후, 정확하게 명년 이맘때 아들을 낳을 것이고, 그 이름을 너희들이 웃은 그 웃음대로 '이삭'이라고 이름을 지으라고까지 하셨지 않은가. 그 결과 하나님께로부터 난 자가 이삭이다. 그래서 신약에서는 이를 증명이라도 하듯이, 하나님의 자녀는 혈통과 육정이 아닌 '하나님께로서 난 자'라고 정의하고 있다(요 1:13).

① 이삭으로부터 난 자라야 아브라함의 씨

"저희는 이스라엘 사람이라 저희에게는 양자 됨과 영광과 언약들과 율법을 세우신 것과 예배와 약속들이 있고 조상들도 저희 것이요 육신으로 하면 그리스도가 저희에게서 나셨으니 저는 만물 위에 계셔 세세에 찬양을 받으실 하나님이시니라 아멘 또한 하나님의 말씀이 폐하여진 것 같지 않도다. 이스라엘에게서 난 그들이 다 이스라엘이 아니요 또한 <u>아브라함의 씨가 다 그 자녀가 아니라 오직 이삭으로부터 난 자라야 네 씨라 칭하리라</u> 하셨으니 곧 육신의 자녀가 하나님의 자녀가 아니라 <u>오직 약속의 자녀가 씨로 여기심을 받느니라</u> 약속의 말씀은 이것이라 명년 이때 내가 이르리니 사라에게 아들이 있으리라 하시니라"(롬 9:4-9)

7절을 보면 "아브라함의 씨가 다 그 자녀가 아니라 오직 이삭으로부터 난 자라야 네 씨라" 칭한다고 말씀한다. 일반적인 상식으로 볼 때는 분명히 아브라함에게서 난 자면 다 아브라함의 자손이 아닌가. 이삭 역시 아브라함에게서 난 자다. 그런데 하나님은 아브라함에게서 난 자가 아브라함의 씨가 아니고, 이삭으로부터 난 자라야 아브라함의 씨라는 이상한 논리로 말씀하신다. 그런 논리가 성립하는 육신의 자녀와 약속의 자녀로 분리하여 생각하는 이유 때문이다. 즉 약속의 자녀만이 하나님의 자녀로 인정된다는 것이다. 이때 '약속의 자녀'는 반드시 하나님의 선택된 자, 하나님으로부터 나온 자 혹은 하나님이 보내신 자라야 한다는 근거를 따른다.

성경은 왜 이렇게 인간을 둘로 구분하는 것일까? 예수께서도 비록 비유로 말씀하셨지만, 알곡과 가라지로 인간을 구분하셨다. 알곡은 곳간에 들이고 가라지는 불에 태운다는 표현을 통해 추수와 심판을 묘사하셨다. 따라서 약속의 자녀는 절대 인간에 의해서 좌우될 수 있는 문제가 아니라, 순전히 하나님에 의해서 결과되는 일이다. 하나님이 택하신 자, 그가 바로 약속의 자녀다.

그렇다면 왜 아브라함의 씨는 자녀가 아니고 이삭으로 난 자라야 아브라함의 씨가 되는 것일까? 약속의 자녀는 무엇이고 육신의 자녀란 무엇인가? '약속의 자녀'란 약속에 의해서 하나님께로 난 자이고, '육신의 자녀'란 그냥 생물학적인 혈통과 육정 혹은 사람의 뜻으로 난 자를 가리킨다(요 1:13). 이는 마치 육은 육이고 영은 영이란 구분과 같다고 말할 수 있다(요 3:6).

그럼 '육신의 자녀'와 '약속의 자녀'의 차이는 무엇일까? 신약적으로 말할 때 그것은 약속으로 오신 그리스도를 믿는 것과 믿지 않는 것의 차이다. 육으로 난 자는 그리스도를 믿거나 의지하지 않는 자를 가리킨다. 오직 세상의 방식(요일 2:16)과 현실을 중시하여 육을 의지할 뿐인데, 눈에 보이는 세상만 사랑하고 의지하여 세상에 속한 것들을 힘으로 삼고, 사람의 일을 생각하는 사고(思考)로 사는 자를 말한다(약 4:4). 그런 세상적인 시각으로 볼 때, 하나님의 '약속'이란 선뜻 믿을만한 것이 못 된다. 그래서 사람들은 하나님의 약속에 대해서 헛되게 생각하고(空約) 우습게 취급해 버린다. 이들이 바로 육으로 난 자들이다. 당장 자기 눈앞에 유익이 되지 않는 것은 가치 없게 취급한다. 하나님께서는 대표적인 인물로 이삭의 아들 가운데 쌍둥이 형 '에서'를 통해 그런 자들의 특성(속성)을 보여주셨다(창 25:31-34).

"야곱이 가로되 형의 '장자의 명분'을 오늘날 내게 팔라 에서가 가로되 내가 죽게 되었으니 이 장자의 명분이 내게 무엇이 유익하리요" (창 25:31-32)

여기서 '장자의 명분'은 하나님의 약속(언약)에 속하는 문제요, '팥죽'

은 당장 눈앞에 육신의 문제를 해결하는 일에 유익한 것이다. 에서는 그 가운데 육신을 살리는 유익을 택한 것이란 의미다. 이게 육에 속한 자의 특성이다. 이에 대해 히브리 기자는 에서의 행동에 대해 다음과 같이 혹평한다.

"너희는 돌아보아 하나님 은혜에 이르지 못하는 자가 있는가 두려워하고 또 쓴 뿌리가 나서 괴롭게 하고, 많은 사람이 이로 말미암아 더러움을 입을까 두려워하고 음행하는 자와 혹 <u>한 그릇 식물을 위하여 장자의 명분을 판 에서와 같이 망령된 자가 있을까 두려워하라</u> 너희의 아는 바와 같이 저가 그 후에 축복을 기업으로 받으려고 눈물을 흘리며 구하되 버린 바가 되어 회개할 기회를 얻지 못하였느니라"(히 12:15-17)

그런데 아직 해결되지 않은 질문, 왜 이삭으로 난 자가 아브라함의 씨라고 여김을 받는가? 아브라함의 씨가 다 그 자녀가 아니라는 것은 이스마엘을 아브라함의 자녀로 인정하지 않겠다는 말씀이다. 그런 기준이 이후에 이스마엘은 하나님의 약속을 끝까지 믿지 못하는 아브라함 부부의 인간적인 생각(인본주의)을 따라 태어난 아들이기 때문이었다. 하나님은 아브라함에게 아들(후손)을 주시겠다고 분명하게 약속하셨다(창 15:2-6). 그렇다면 쉽게 생각하면 아브라함은 그냥 하나님이 주실 약속의 아들을 기다리면 되었다. 그러나 오랜 세월이 지나가도 약속이 실현될 가망성이 없자(사람 생각에), 인간의 방법과 수단을 동원해서 아들을 낳게 된 것인데, 그가 아브라함의 아내 사라의 여종 하갈을 통해서 낳은 이스마엘이다. 이에 성경은 이 자는 아브라함의 씨가 아니라고 잘라 말하는 것이다. 그렇다면 성경의 기준이 무엇인지 드러난 셈이다. 육적으로는 분명히 아브라함의 씨를 통해 얻은 자식이지만 하나님은 인정하지 않겠다는 말씀이다.

그리고 하나님은 정한 기한이 되어 마침내 그토록 기다리던 약속의 자녀 이삭을 주셨다. 이는 씨가 아브라함의 씨가 아니라 전혀 다른 씨 곧 약속하신 하나님의 말씀(씨)을 통해 여자의 후손으로 오실 예수 그리스도를 계시한 것이다. 그래서 그렇게 아내 사라를 통해 낳은 자라야 진정한 후손이기에 사라의 정조를 지켜주셨다(창 12:10-20; 참고. 15:4). 그리고 이삭이 어느 정도 자란 후 이삭을 희롱하는 이스마엘을 내쫓으신 이후에 이삭을 바치라고 명령하셨다. 아브라함은 하나님의 명을 따라 이삭을 바치기 위해서 모리아 산으로 데려갔다. 우리는 이 사건을 보고 또 소설을 쓴다. 아브라함이 얼마나 믿음이 좋아졌냐고… 여러 가지 사건을 경험한 후 부활의 하나님까지 믿는 믿음으로 칭찬과 인정을 받았지 않았느냐고 말이다. 보이는 문자적인 사건으로 평가할 때는 맞는 말이다. 그러나 진짜 교훈은 다른 곳에 숨겨져 있다. 아브라함이 모리아 산까지 올라가서 막 이삭을 죽이려는 순간 하나님의 음성이 들렸다.

"여호와의 사자가 하늘에서부터 그를 불러 가라사대 아브라함아, 아브라함아, 하시는지라 아브라함이 가로되 내가 여기 있나이다 하매 사자가 가라사대 그 아이에게 네 손을 대지 말라 아무 일도 그에게 하지 말라 네가 네 아들, 네 독자라도 내게 아끼지 아니하였으니 내가 이제야 네가 하나님을 경외하는 줄을 아노라"(창 22:11-12)

그리고 바로 이어지는 내용을 우리는 주목하지 못하고 놓치는 경향이 있다.

"아브라함이 눈을 들어 살펴본즉, 한 숫양이 뒤에 있는데 뿔이 수풀에 걸렸는지라 아브라함이 가서 그 숫양을 가져다가 아들을 대신하여 번제로 드렸더라 아브라함이 그 장소의 이름을 여호와이레라 하였으므로, 그날에 말하여지기를 '여호와의 산에서 그가 나타나시리라' 하더라" (창 22:13-14)

이삭을 죽이지 말고 숲에 가면 수양이 있으니까 그 수양을 이삭 대신 제물로 바치라고 하신다. 이삭을 바치라고 하신 하나님이 이삭 대신 수양을 미리 준비해 놓으셨다(?). 그렇다면 하나님은 처음부터 이삭을 죽게 내버려 두지 않을 계획이었다는 이야기가 아닌가. 그런데 아브라함은 또 그 장면(수양이 있다는 사실)을 왜 뒤늦게 본 것일까? 관심이 없어서일까? 아니면 하나님이 아브라함의 눈을 가리웠다가 후에 보이게 하신 것일까? 내가 죽어야 할 자리에서 나 대신 죽을 제물이 무엇인지를 보여줄 것(나타나게 할 것)이라고 하신다. 대신 죽을 자를 보여주신 하나님! 아브라함은 하란에서 두 번째 부름을 받고 출발할 때부터 하나님이 보여주시는("지시할"로 번역) 대로 아비 집을 떠났다(창 12:1). 아브라함 인생 말년에 제물이 될 수양을 보여주신 '여호와이레' 하나님을 부르며 믿음을 표현하게 된다(요 8:56). 이상이 이삭의 사건을 통해서 보여준 하나님의 약속이었다. 이삭은 하나님이 주신 약속의 자녀요, 하나님께로서 난 자로서 제물로 드려질 자란 메시지가 아브라함을 통해 모리아 산에서 보여준 그림이다.

그리고 아브라함에게 두 번째 말씀하시는 내용이 이어진다.

"여호와의 사자가 하늘에서부터 두 번째 아브라함을 불러 가라사대 여호와께서 이르시기를 내가 나를 가리켜 맹세하노니 네가 이같이 행하여 네 아들, 네 독자를 아끼지 아니하였은즉 내가 네게 큰 복을 주고 네 씨로 크게 성하여 하늘의 별과 같고 바닷가의 모래와 같게 하리니 네 씨가 그 대적의 문을 얻으리라 또 네 씨로 말미암아 천하 만민이 복을 얻으리니 이는 네가 나의 말을 준행하였음이니라 하셨다 하니라" (창 22:15-18)

보라. 처음 아브람에게 약속하셨던 복(창 12:2-3)이 그대로 이어지는 것을… 아브라함의 생애는 하나님의 부르심을 받고 우상을 숭배하는 곳(갈대아 우르)에서 나와 십자가 죽음 앞에까지 인도하신 하나님의 섭리를 읽을 수 있다. '믿음의 조상'이란 호칭이 달리 붙여진 것이 아니다. 바로 이러한 믿음의 전 과정을 보여준 첫 인물이란 의미다. 그리고 두 번째 나타나서 이르신 말씀이 마지막 시험에 합격한 영적 아브라함의 씨인 이삭을 통해 번성의 약속(네 씨로 크게 성하여 하늘의 별과 같고 바닷가의 모래와 같게 하리니)과 충만의 약속(네 씨로 말미암아 천하 만민이 복을 얻으리니)을 주기에 이르신다. 이 '충만의 복'은 아담이 범죄한 이후 대홍수로 새롭게 된 이 세상의 새 시대 인물인 노아 때에도 주셨던 복이다(3복, 창 9:1). 물론 이 모든 복의 약속이 궁극적으로는 예수 그리스도에 의해 온 세상 만민이 복을 받는 약속의 성취(복음의 완성, 십자가 죽음과 부활)로 이루어질 것이지만 말이다 (마 24:14; 행 1:8).

아브라함과 그의 씨 이삭을 통한 번성의 복이 두 종류로 주어진 것은, 꼭 그렇다고 잘라 말할 수는 없겠지만(히브리어 반복 어법을 따를 때), 문자적으로 생각해 보자면 "하늘의 별과 같이"는 '야곱'의 계열로, "바다의 모래같이"는 '에서' 계열로 생각해 볼 수도 있지 않을까 추론해 본다. 히브리 어법으로는 이 두 가지 표현의 반복을 통해 '많은 수'를 강조하여 나타내지만, 성경에서 보통 하늘의 별은 하늘의 기업이 있는 의인들 그리고 하나님께 속한 자들을 가리키고(단 12:3; 고전 15:40-41, 48-50), 바다의 모래는 땅에 속한 일반 인생들 그리고 육에 속한 인생들을 가리키기에 생각해 본 것이다.[97]

그리고 끝으로 한 가지 더 복을 선언하신다. 이 복의 선언이야말로 예수 그리스도에게서 이루어질 강력한 예언이기도 하다.

"네 씨가 대적의 문을 차지할 것이다."

이 예언은 창세기 3:15의 원시 복음이라고 불리는 내용 속에 포함된 것을 좀 더 구체적인(점진적인) 계시로 주어진 것이다.

"내가 너로 여자와 원수가 되게 하고 너의 후손도 여자의 후손과 원수가 되게 하리니, 여자의 후손은 네 머리를 상하게 할 것이요 너는 그의 발꿈치를 상하게 할 것이니라 하시고"(창 3:15)

이 예언의 성취는 예수 그리스도의 입을 통해 선포되었는데(마 16:18-19), 신약의 교회가 그런 권세를 차지할 것으로 말씀하셨다(마 16:18, "지옥의 문이 이기지 못하리라"). 교회는 약속의 자녀들이 모인 공동체로서 그리스도의 몸이다(갈 4:28; 엡 1:23). 주의 교회가 이 지옥의 문(음부의 권세)을 이길 수 있는 권세를 가진다고 말씀하신 것이다. 약속의 자녀는 또한 하나님의 자녀이다(요 1:12). 그러므로 모든 믿는 자에게는 이 자녀의 권세가 주어진다.

이삭을 '약속의 자녀'라고 부르는 것은, "하나님의 약속으로 주신 아들"이라는 일차적인 의미로 끝나는 것이 아니다. 이삭을 통해 우리에게 주고자 하는 메시지는 죽을 수밖에 없는 죄인 대신 죽을 자를 보내신다는 것이다. 그래서 역사적으로 '이삭에게서 난 자라야 네 씨'(약속의 자녀, 창 21:12; 롬 9:6-8)라는 말은, 구약적으로는 내가 죽어야 할 자리에 나 대신 죽을 자를 하나님이 보내신다는 약속을 믿는 자를 가리켰다(오실 메시아를 바라보고 믿은 자). 그 대표적인 인물이 아브라함이고 이삭이라는 말이다(요 8:56). 그런 믿음으로 낳는 자들이 진정한 약속의 자녀들이다. 신약식으로 말하자면, 복음으로 낳는 자들이 약속의 자녀들이다(고전 4:15; 엡 3:6). 따라서 '약속의 자녀'란 하나님에 의해서, 성령에 의해서 난 자이다. 우리가 이삭의 위치에서 생각해 보면, 하나님의 명령에 따라 죽어야 할 처지였는데, 그 명령을 수행할 즈음에 하나님이 대신 죽을 수양을 준비하심으로서 살아나게 된 행복한 사람이다. 결국 하나님이 보여주신 '수양' 제물로 인해서 죽어야 할 자가 산 것이다. 이것이 이삭의 사건을 통해 가르치신 부활의 약속이다. 그리스도로 인해서 살았다는 것, 그리스도의 부활에 영적으로 참여한 자가 된 이것이 바로 부활한 자로 사는 자가 되었다는 의미다(롬 6:3-8; 엡 2:5-6). 신약에서 말한 대로 영적으로는 세례를 통해 함께 죽고 함께 사는 것을 표현하는 것이다(고후 7:3). 마땅히 죽어야 할 우리에게 성령으로 찾아오셔서 그리스도를 알게 하셨다. 개인에게 적용하자면 나 대신 죽은 분이 누구인가를 알게 하셨다. 자기 생각과 마음이 깨어지고 새로운 생각과 마음으로 살아가는 자로 거듭나게 하셨다. 즉 새로운 피조물이 되게 하신 것이다. 육신의 생각으로 가득한 우리 속에 그리스도의 영이 오셔서 왕(주인, 신랑, 머리)이 되려고 하신다. 그래서 갈등과 전쟁이 끊이지 않는다. 옛사람의 내가 새사람의 나와 피 터지게 싸우는 전쟁을 벌이는 것이 신자의 이중적 정체성이요 현주소다. 이 영적 전쟁의 한복판에서 상한 심령이 되어 주를 찾는 자들을 일컬어 복 받은 '약속의 자녀'라고 인 치는 것이다.[98]

② 여호와 이레[99]

"아브라함이 그 장소의 이름을 '여호와이레'라 하였으므로, 그날에 말하기를 여호와의 산에서 <u>그가 나타나시리라</u> 하더라"(창 22:14, 필자역)

창세기 22:14에 기록된 '여호와이레'에 대해 좀 더 상세하게 살펴 정리할 필요가 있다고 생각한다. 비록 문법과 기타 분석이 필요해서 약간 어려움이 느껴질지라도, 정확한 분석과 해석은 신앙에 아주 유익이 많다는 사실을 믿고, 신앙인이라면 포기하지 말고 끝까지 인내로 잘 따라오시면 감사하겠다. '여호와 이레'라는 용어를 사용할 때, 보통은 자기를 위해 무언가 준비되었거나 준비되길 바랄 때 적용한다. 이는 사람이 중심되는 인본주의 해석이 될 수 있기에 위험하고 주의해야 한다. 이런 이해가 주를 이루게 된 배경에는 영어 번역 성경들(NIV, NAS, ESV 등)이 한몫했다고 여겨진다. 이런 번역들은 마치 하나님이 무언가를 공급해 주실 것처럼 해석하게 만드는 뉘앙스를 제공한 것이 사실이다. 그래서 '여호와 이레'는 우리를 위해 무언가 준비된다는 믿음을 표현할 때 쉽게 사용하게 되었다. '문맥에서 해석한 번역이기에 맞겠지'라고 생각할지도 모른다. 그러나 이 문맥은 메시아 본문(Messianic Texts) 가운데 하나다. 다시 말해서 메시아에 대한 직접적인 예언을 담고 있는 본문이므로, 번역과 해석에 더욱 신중해야 한다는 말이다.

성경 히브리어 구문을 무시하고 읽으면, 여러 영어 성경처럼 "The LORD Will Provide(주님이 공급하실 것이다)"로 읽을 수 있다. 하지만 14절 상반 절에 나타난 '여호와이레'는 구문을 떼어놓고 읽을 수 없는 본문이다. 상반 절의 "아브라함이 그 장소 이름을 여호와 이레라 하였으므로"에서 '그 장소 이름을'은 목적어이고, '여호와이레'는 목적 보어이다. 목적 보어(여호와이레)는 그 지역의 고유한 이름이 되었다. 그래서 시제나 시상과 상관없이 '여호와이레'라는 이름으로 부르는 것이다. 이런 고유명사를 잘 살린 역본은 KJV, JPS Tanakh, 그리고 한글 성경의 상반 절 등이다. 번역이 매끄럽다. 그리고 시제와 시상을 살렸어도 영어 성경들(NIV, NAS, ESV)처럼 읽기보다, 문자적으로는 "the Lord, He will appear(주님, 그가 나타나시리라)"로 읽을 수는 있다. 하지만 앞에서 언급했듯이 '여호와이레'는 목적 보어로 고유명사화된 것으로 읽어야 한다. 맛소라 텍스트(MT)를 현대영어로 번역한 유대인의 성경 '타나크'(JPS Tanakh)도 고유명사 '아도나이 이레'(Adonai-yireh)로 번역했다.[100]

영어 성경 상반 절(14절)의 'provide(공급하다)' 동사는 아마도 히브리어 동사(라아)에 대한 잘못된 문맥적 해석에서 비롯되었을 것으로 여겨진다. 전체적인 문맥에서 하나님이 '수양'을 예비하셨으므로, 'provide'라고 번역해도 문맥에서 크게 벗어나지는 않는다. 그러나 근본적으로 동사의 원뜻인 '보다'라는 의미를 왜곡시킨다. 아브라함은 분명히 하나님이 준비한 수양을 보았다. 그런데 아브라함은 숫양에게서 제물로서의 동물 양만 보았을까? 더 큰 것 곧 앞으로 오실 대속의 주님을 믿음으로 보았다고 이해해야 할 것이다. 앞으로 일어날 사건에 대한 그의 믿음은 창세기 22

장의 넓은 문맥에서도 여실히 나타날 뿐만 아니라 신약 성경이 이를 증언하고 있다(요 8:56).

먼저 아브라함은 창세기 22:5에서 함께했던 종들을 머물게 하며, '우리(1인칭 복수)'가 함께 돌아오리라고 말했다. 이런 표현은 앞으로 일어날 일을 믿음으로 보았다는 추론을 뒷받침한다. 아브라함이 종들에게 말하는 시점은 이삭이 제물로 바쳐지기 전이고, 제사 이후에 이삭은 이 세상에서 없어진다는 것이 인간적인 시각이다. 하지만 아브라함은 하나님을 깊이 신뢰하는 관계로 앞으로 일어날 일에 대해서도 믿음을 잃지 않았다는 것이 신약에서 바울의 해석이다(롬 4:13-25).

다음으로 히브리서도 하나님이 능히 이삭을 다시 살려 주실 것을 아브라함이 믿었다(히 11:19)고 증언하고 있다. 다시 본문 창세기 22장에서 이삭이 번제할 양을 찾을 때, 아브라함은 "내 아들아, 하나님이 자신을 위한 어린 양을 번제물로 **보이실 것**"(22:8)이라고 말했다.[101] 그는 참으로 하나님을 신뢰했으며, 숫양을 보았고, 숫양을 넘어 하나님이 자신을 위한 독생자를 번제물로 준비하시는 것을 영의 눈으로 보았을 것으로 생각한다. 미래에 대속할 주님이 오실 일에 관한 믿음은 아브라함뿐만 아니라, 모세와 그 시대의 사람들에게도 널리 알려지고 믿어진 바이다(참고. 신 18:15). 이것을 14절 하반 절에 기록하고 있다. 하반 절(14절)은 모세와 동시대 사람들이 상반 절에 있는 '여호와이레'라는 고유명사를 신앙적으로 해석한 것이라고 말할 수 있겠다. 아브라함뿐만 아니라 모세와 그 시대의 사람들도 앞으로 일어날 사건을 믿음으로 바라보고 있다는 암시가 나타난다. 그래서 하반 절(14절)은 미래 시제/니팔(수동태)·미완료 시상을 사용하고 있다. 다시 말해 모세와 당시 사람들도 아브라함처럼 미래에 일어날 사건을 바라보고 있었다는 이야기가 된다. 하반 절(14절)에 있는 수동태 동사(to be seen or to be appeared)의 3인칭 단수 주어만으로는 '숫양'인지 '사람'인지 확정하기 어렵다. 하지만 아브라함 때에도, 모세 시대에도 보여질 것, 혹은 나타날 것을 기다려도 아직 보지 못한 것은, 숫양이 아니라 분명 사람일 것이란 추론이 충분히 가능하다. 대속의 주님을 기다리는 것 말이다.[102]

영어 성경과 더불어 한글 성경도 '여호와의 산에서 준비되리라'로 번역한다. 주어도 없이 번역된 한글 성경은 영어 성경보다 더 애매한 것이 사실이고, 이 애매한 번역은 성도들의 입에서 실루엣같이 포장된 말을 낳게 한다. 따라서 이 하반 절(14절)은 뭔가가 준비되거나 공급될 것처럼 의역하기보다는, '여호와의 산에서 그가 나타나시리라(혹은 보여지리라)'로 번역하는 것이 더 나은 번역이다. 바울이 사용한 아람어인 '마라나타'(our Lord has come)라는 단어는, 여호와의 산에 나타나실 주님을 기다리던 고린도 교회에 "우리 주님이 오셨다(마라나타)"라고 선언한 것이다. 그런 "주님을 사랑하지 않는 자는 저주를 받을 것"이라고 바울은 말한다(고전 16:22, 스테판 사본역). 이처럼 아브라함과 더불어 모세와 그 후에 많은 사람이 여호와의 산에서 대속의 주님이 나타나실 것을 믿었다. 바울은 그 여호와의 산에 대속의 주님이 오셨다고 선언한 것이며, 그런 주님을 사랑하지 않는 자는 저주를 받아 마땅하다고 선포한 것이다.

③ 하나님의 약속으로 난 자

하나님의 약속대로 정하신 때, 인류의 구원을 위해 보내신 여자의 후손 메시아, 동정녀 마리아에게 성령으로 잉태되어 탄생하신 하나님의 독생자 예수 그리스도는 그 약속의 성취였다. 그 예수 그리스도를 믿는 자마다 영생의 구원은 물론 하나님의 기업을 받는 약속의 자녀로 인정된다. 이렇게 하나님의 은혜로 예수 그리스도를 구주로 믿은 우리는 다 약속의 자녀다.[103] 이런 방식으로 신약에서는 계속해서 하나님의 자녀들을 낳고(딤후 2:2) 번성하게 되는 복이 성취된다. 구약에서는 전도라는 방식이 없었다. 자녀들 그리고 후손들에게 전수하는 것이 전부였다. 그래서 구약에서는 번성의 복이 그렇게도 아들 낳는 일에 열심 내는 모습으로 나타났다고 생각한다. 그러나 신약에서는 후손에게 전수하는 일보다 다른 사람에게 전도(전파)하는 사명이 주어졌다.[104] 신약에서는 하나님의 자녀가 되는 방법이 주의 복음을 영접하는 것으로 이루어지기 때문이다(요 1:12).

하나님의 이름으로 맹세하거나 약속하거나 혹은 명령하면 그것이 얼마나 확실하고 엄중한 것인지 알아야 이런 가르침에 항복할 수 있다. 하나님의 약속의 자녀라는 것이 얼마나 대단한 호칭이요, 영광스러운 신분인지를 알아야 한다. 하나님의 약속이라는 울타리 안에 들어갔다는 것만으로도 얼마나 안전한 생명의 길인지 알아야 한다. 하나의 대표적인 사례는 이스라엘 백성이 가나안을 정복해 들어갈 때, 기브온 거민은 이스라엘을 절대 이길 수 없다며 꾀를 내어, '사신'(使臣)이 다 해어진 전대와 해어지고 찢어져서 기운 가죽 포도주 부대를 나귀에 싣고, 낡아서 기운 신을 신고, 낡은 옷을 입고, 곰팡이 난 떡을 가지고 이스라엘 진으로 찾아가서 거짓말하며 화친을 맺자고 했다. 여호수아가 그 말을 듣고 그들과 여호와의 이름으로 언약을 맺었다. 기브온 사람들은 살려고 거짓말했고, 여호수아는 그들에게 속아 언약을 맺은 것이다.

"여호수아가 곧 그들과 화친하여 그들을 살리리라는 언약을 맺고 회중 족장들이 그들에게 맹세하였더라." (수 9:15)

언약을 맺고 3일 뒤에 그들이 가나안 땅에 사는 족속이라는 사실을 알게 되었다(수 9:17-27). 일반적으로는 "너희들이 거짓말했으니 그 약속은 무효다."라고 하며 즉시 공격하여 도륙할 수 있었을 것이다. 그러나 여호수아와 족장들이 하나님의 이름으로 약속했기 때문에 그 약속을 깨뜨릴 수가 없었다.

"그러나 회중 족장들이 이스라엘 <u>하나님 여호와로 그들에게 맹세한 고로</u> 이스라엘 자손이 그들을 치지 못한지라…." (수 9:18)

일단 하나님의 이름으로 약속을 얻어내면, 기브온 사람들이 어떠하든지 그 약속은 바뀌지 않는다. 하나님의 이름이 들어간 이상 그 약속은 변개할 수 없다. 하나님께서도 우리와 약속을 맺으면(일방이든 쌍방이든) 우리가 어떠하든지 그 약속은 결단코 바뀌지 않는다. 우리가 어리석어도, 교만해도, 악해도 하나님은 그 약속을 바꾸시지 않고 성실하게 이행하신다. 민수기 23:19-24에서 하나님은 야곱의 허물을 보시지 않고, 이스라엘의 패역을 보시지 않는다고 하셨다. 일단 이스라엘이 하나님의 약속을 얻었기 때문이다. <u>그들이 하나님을 잘 섬기지 않았지만, 하나님은 약속을 바꾸시지 않았다.</u> 이것이 은혜고 복이란 사실을 신자들은 얼마나 깨닫고 감사할까. 우리를 향하신 하나님의 뜻이 왜 항상 기뻐하고 범사에 감사하는 일이라고 할까를 깊이 묵상하라(살전 5:16-18).

기브온 사람들이 거짓말한 것이 드러난 뒤 어떤 사건이 생겼는가? 가나안의 다른 족속들이 배반자라며 연합하여 그들을 치러 오자 여호수아에게 도움을 청했다. '거짓말한 주제에 어떻게 도와 달라고 하지?'라는 생각이 들겠지만, 그들은 여호수아에게 사람을 보내 "당신의 종들 돕기를 더디게 마시고 속히 우리에게 올라와서 우리를 구하소서."라고 간구하는 것을 보라. 어이가 없어 보이기도 하지만 한편으로는 정말 멋있는 장면이 아닐 수 없다. 왜 그렇게 생각하느냐 하면, 그들은 일단 이스라엘과 화평의 언약을 맺은 상태이기에, 이제부터는 그들도 어찌 됐든지 하나님의 약속 아래 있게 된 사람들이기 때문이다.

이 같은 성경의 사실을 믿는다면, 구원받은 성도는 하나님의 언약 아래서 담대해야 한다. 우리가 어둡고 악한 세상에서 공중의 권세 잡은 자를 따라 옛사람의 속성대로 거짓되게 살았을지라도, 하나님은 당신이 하신 약속대로 우리에게 행하신다. 우리의 어떠함과 상관없이 말이다. 이게 은혜이고 믿음으로 말미암는 행복이란 사실을 깨닫는 자는 복이다. 우리가 하나님 앞에서 하나님의 이름으로 맹세해도 마찬가지다. 그래서 함부로 서원하거나 맹세하지 말라고 금하는 것이다.[105] 사람의 맹세는 자칫 허언이기 쉽고, 그 맹세를 지킬 능력 자체가 없기 때문이다.

이상에서 살핀 것처럼 신약에서의 번성은, 주의 제자 열둘을 부르실 뿐만 아니라, 70명의 제자-500명의 제자 등 다양한 자들을 부르시고, 가르치고, 인도하시는 방법을 통해 번성의 복을 이루신다. 또 아들의 영을 통해 복음으로 약속의 자녀들 곧 하나님께로서 난 자들로 번성의 복을 성취해 나가신다.

3. 충만의 복; 땅끝까지 증인 노릇

신약에서의 충만의 복은 사도행전을 중심으로 펼쳐진다. 이 충만의 복 역시 성령의 역사가 중심인데, 오순절 성령의 역사가 그 충만의 복을 이루는 중추 역할을 한다. 성령의 권능을 힘입은 사도들의 사역을 통해 날마다 믿는 자의 수가 더하며, 말씀이 흥왕하는 강력한 운동이 일어났다(행 12:24; 19:20).

> "또 여러 말로 확증하며 권하여 가로되 너희가 이 패역한 세대에서 구원을 받으라 하니 그 말을 받는 사람들은 세례를 받으매 이날에 제자의 수가 3,000이나 더하더라" (행 2:40-41)

> "말씀을 들은 사람 중에 믿는 자가 많으니, 남자의 수가 약 5,000이나 되었더라" (행 4:4)

사람이 세상에 만들어졌을 때 주어진 복 가운데 충만의 복은 성장에서 최고조에 달하는 지점의 복이다. 생육-번성-충만의 복으로 이어지는 가운데 최고점이란 의미다. 이는 육에 속한 자들에게도 주어지는 일반 은총적인 면도 있다.

> "이스마엘에게 이르러는 내가 네 말을 들었나니 내가 그에게 복을 주어 생육이 중다하여 그로 크게 번성케 할지라 그가 열두 방백을 낳으리니 내가 그로 큰 나라가 되게 하려니와" (창 17:20)

그러나 신약의 그리스도인들에게 충만의 복은 전체적인 면에서는 육적인 면을 포함하지만, 개인적으로는 영적인 충만의 복으로 나타난다. 따라서 개인적으로 충만의 복을 추구할 때는 지나치게 육적인 충만(수적 성장, 사업 성공, 출세, 명예 영광 추구 등)으로 기울어지지 않도록 조심해야 한다. 그런 것들은 하나님의 일에 필요에 따라 허락하실 문제다. 그러므로 우리는 신령한 복, 영적인 면을 추구하는 것이 바람직하고 아름다운 일이다.

"내가 너희에게 나아갈 때 <u>그리스도의 충만한 복을</u> 가지고 갈 줄을 아노라" (롬 15:29)

1) 무엇이 그리스도의 충만함인가?

"그가 혹은 사도로, 혹은 선지자로, 혹은 복음 전하는 자로, 혹은 목사와 교사로 주셨으니 이는 성도를 온전케 하며 봉사의 일을 하게 하며 그리스도의 몸을 세우려 하심이라 <u>우리가 다 하나님의 아들을 믿는 것과 아는 일에 하나가 되어 온전한 사람을 이루어 그리스도의 장성한 분량이 충만한 데까지 이르리니</u> 이는 우리가 이제부터 어린아이가 되지 아니하여 사람의 궤술과 간사한 유혹에 빠져 모든 교훈의 풍조에 밀려 요동치 않게 하려 함이라 오직 사랑 안에서 참된 것을 하여 범사에 그에게까지 자랄지라 그는 머리니 곧 그리스도라" (엡 4:11-15)

그리스도의 충만에 대해 바울은 범사에 그리스도의 장성한 분량에까지 자라는 것이라고 가르친다. 어린아이의 수준에 머물지 않고 장성한 자로 자라나야 한다는 이야기다(고전 14:20). 그리스도의 충만함에 이르는 복을 받고 나누는 일에 힘쓰려면 대표적으로 두 가지가 요구된다. 하나는 전도(복음을 전하는 일)하는 일이요, 다른 하나는 교육(가르치는 일)이다. 이 두 가지가 양 날개가 되어 하나님의 교회 곧 그리스도의 몸 된 교회를 위해 개개인이 자라나고 그리스도로 충만해져야 한다. 우리 그리스도인들은 먼저 개개인이 하늘에 속한 신령한 복을 받는 것으로 출발해야 한다. 이 복은 창세 전에 그리스도 안에서 이미 예정된 복이다(엡 1:3). 이 신령한 복이 어떻게 충만해지는 것인지 성경은 친절하게 설명하고 있다.

> "<u>그의 신기한 능력으로 생명과 경건에 속한 모든 것을 우리에게 주셨으니</u> 이는 자기의 영광과 덕으로써 우리를 부르신 자를 앎으로 말미암음이라 이로써 그 보배롭고 지극히 큰 약속을 우리에게 주사 이 약속으로 말미암아 너희로 정욕을 인하여 세상에서 썩어질 것을 피하여 <u>신의 성품에 참여하는 자가 되게 하려 하셨으니</u> 이러므로 너희가 더욱 힘써 너희 믿음에 덕을, 덕에 지식을, 지식에 절제를, 절제에 인내를, 인내에 경건을, 경건에 형제 우애를, 형제 우애에 사랑을 공급하라 이런 것이 너희에게 있어 흡족한즉 너희로 우리 주 예수 그리스도를 알기에 게으르지 않고 열매 없는 자가 되지 않게 하려니와 이런 것이 없는 자는 소경이라 원시치 못하고 그의 옛 죄를 깨끗케 하심을 잊었느니라" (벧후 1:3-9)

신의 성품에 참여하는 것이 충만의 복으로 나아가는 길인데, 그것은 5-7절까지 단계적으로 나열한 과정을 잘 살피면 무엇인지 가늠할 수 있을 것이다. 다른 성경에서는 성령의 열매로 채워지는 충만의 복을 말하고, 혹은 빛의 열매, 착한 행실(선한 행실) 등 다양하게 나타내고 있다. 결국 엔 성경이 가르치는 충만의 복은 성장, 자라남과 연계되어 있다는 것을 알게 된다. 충만은 가득 채우는 것으로서 악의 충만, 죄의 충만, 성령 충만, 의의 충만 등으로 말할 수 있을 것이다. 악과 죄가 충만하면(갈 5:19-21; 골 3:5-9) 하나님의 심판과 멸망이 따르고, 의의 충만은(갈 5:22-23; 골 3:1, 10) 하나님의 칭찬과 상급으로 주어진다.

2) 성령 충만의 복

"술에 취하지 말라 이는 방탕한 것이니 오직 성령의 충만을 받으라" (엡 5:18)

그리고 성령 충만의 복을 받으면 나타나는 열매가 이어진다.

"시와 찬미와 신령한 노래들로 서로 화답하며 너희의 마음으로 주께 노래하며 찬송하며 범사에 우리 주 예수 그리스도의 이름으로 항상 아버지 하나님께 감사하며 그리스도를 경외함으로 피차 복종하라" (엡 5:19-21)

성령은 하나님의 깊은 것까지 통달하신 분으로서(고전 2:10), 하나님을 경외함은 물론 지혜와 총명의 신으로서 이 성령으로 충만해지면 하나님이 기뻐하시는 모든 뜻을 이루는 열매를 맺힐 수 있다.

"이새의 줄기에서 한 싹이 나며 그 뿌리에서 한 가지가 나서 결실할 것이요 <u>여호와의 신 곧 지혜와 총명의 신이요 모략과 재능의 신이요 지식과 여호와를 경외하는 신이 그 위에 강림하시리니</u> 그가 여호와를 경외함으로 즐거움을 삼을 것이며, 그 눈에 보이는 대로 심판치 아니하며, 귀에 들리는 대로 판단치 아니하며 공의로 빈핍한 자를 심판하며 정직으로 세상의 겸손한 자를 판단할 것이며 그 입의 막대기로 세상을 치며 입술의 기운으로 악인을 죽일 것이며 공의로 그 허리띠를 삼으며 성실로 몸의 띠를 삼으리라"(사 11:1-5)

성령 충만이란 그리스도와 그의 말씀으로 가득 채워지는 것인데, 은밀하고 신비스러운 어떤 체험을 가리키는 것이 아니고, 온전히 성령의 지배 아래 있는 상태에 놓이는 것을 가리킨다. 성령 충만이란 중생한 신자 속에 내주하시는 성령 하나님의 강력한 지배를 받는 현상을 말한다. 사도 바울이 에베소 교회를 향하여 "성령의 충만을 받으라"(엡 5:18)라고 한 말은, 현재 명령형으로서 계속해서 "성령으로 충만"해지라는 말로 이해할 수 있다. 따라서 성령의 충만은 신자 속에 이미 내재하시는 성령 하나님의 주권과 영향력의 지배를 계속적으로 강력하게 받으며, 더욱 온전한 순종으로 신자의 전 인격과 삶이, 성령 하나님의 절대주권 아래로 들어가는 것을 의미한다.

그리고 중생에 따른 성령세례는 단회적인 성령의 역사임에 반하여, 성령으로 충만하라는 명령이 현재시제로 사용된 것은, "성령 충만"이 지속적 또는 반복적 현상임을 보여준다. 이것은 성경이 증언하는 대로 오순절에 성령으로 충만했던 베드로(행 2:4)가 계속해서 그 충만 상태를 유지한 것이 아니고, 그 후에 다시 성령으로 충만해져서(행 4:8) 해야 할 일이 있었고, 성령이 충만하여 집사로 선출되었던 스데반 역시 기가 막힌 명설교를 한(행 7장) 이후에, 순교하는 자리에서 다시 성령 충만했던 것(행 7:55)을 통하여 잘 알 수 있다. 성령 하나님은 오늘도 믿는 자들 가운데서 계속적으로 더욱 강력하게 역사하기를 원하신다. 우리의 마음 깊은 곳에서 생수의 강이 흘러넘치게 하시며(요 7:38), 신자 속에 풍성한 생명(요 6:63; 롬 8:2)과 능력(행 1:8; 2:4)으로 채우사 복음을 전파하게 하시며, 신자가 날로 온전한 성화(그리스도와 실질적인 연합)를 통하여 그리스도의 장성한 분량에까지 자라가게 하신다(갈 5:22-23; 엡 4:13). 또 그리스도인이라면 언제나 감사와 찬양(엡 5:18-21)으로 하나님을 경배하면서 온전한 행복[106]을 누릴 수 있도록 일하신다. 이 모든 은혜의 결과가 성령 충만의 열매다.

하지만 오늘날 왜 그 많은 신자가 성령 충만을 받지 못하고, 여전히 무기력한 삶을 살아갈 수밖에 없는 형편이 되었는가? 그것은 성령 하나님이 신자 속에 내주하지 않거나, 현대는 과거 초대 교회처럼 강력하게 역사하지 않기 때문이 아니다. 그것은 다만 신자가 하나님의 말씀에 순종하지 않고, 죄와 타협하며 살면서도 어둠 가운데서 회개하지 않고 잠들어 있기 때문이다. 또 신자가 너무 자만하고 나태하여 간절히 바라고 구하지 않거나, 신랑이 더디 오는 관계로 신앙이 잠든 상태이기 때문으로 진단할 수 있겠다(마 25:5; 눅 11:13-19). 그러므로 신자가 항상 성령으로 충만하기 위해서는, 먼저 성령을 근심하게 하는 자신의 모든 죄악을 자백하고, 그리스도의 보혈로 깨끗해질 필요가 있다(엡 4:30, 요일 1:9). 그리고 우리는 성령 충만에 목말라해야 한다(요 7:37-39). 이는 '가난한 심령으로 의에 주리고 목마른 자만이 배부를 것'이란 말씀이 적용되어야 하기 때문이다(마 5:6). 우리는 이전에 성령을 소멸하던 모든 불순종에서 떠나, 전적인 순종과 헌신으로 자기 자신 전부를 온전히 하나님께 헌신할 수 있어야 한다.[107] 다시 말하면 육체의 욕심을 이루지 아니하고, 항상 충만한 말씀의 빛 가운데서 성령을 좇아 행할 수 있어야 한다는 말이다.[108] 이것이 말은 쉽지만, 실제 삶의 현장에서 살아내려면 피 흘리기까지 싸우는 영적 전쟁이 없이는(히 12:4) 사실상 불가능한 일이다.

성령 충만은 특히 말세를 살아가는 성도를 향한 하나님의 뜻이다. 성경에 기록된 말세의 징조는 조금이라도 깨어 있는 신자라면, 우리 시대에 분명히 나타나고 있다는 점을 알 수 있다. 전쟁, 난리(테러 포함), 기근, 지진, 질병과 불법이 증가하고 있으며, 사람들의 인격은 점점 짐승화 되어 세상이 참으로 부패하고 더러우며 어두워지고 있다는 점을 부인할 수 없는 지경에 이르고 있다. 핵 개인의 시대가 되어 이미 기존의 질서가 모두 깨지고 사랑은 식어 가고 있으며,[109] 모든 분야(종교, 정치, 교육, 문화 등)에서 카르텔이 조직화 되고 불법이 만연하는 형편이 되었다. 거기에 거짓 선지자들이 우후죽순처럼 등장하여 독버섯처럼 퍼지고 있으며, 세상은 곳곳마다, 나라마다 진보와 보수, 자유주의와 공산주의로 양분화되어 분열하고 있다. 이런 때 하나님의 아들들로 부름 받은 신자들이 믿음으로 승리하는 삶을 사는 것이 하나님의 뜻이다(합 2:4; 롬 1:17). 이런 영적 전쟁에서 승리하는 원동력은 인간의 수단과 방법 그리고 인간의 능력으로는 불가능하고 오직 성령의 충만함에서 나온다.

> "하나님이 말씀하시기를 말세에 <u>내가 내 영을 모든 육체에 부어 주리니</u> 너희의 자녀들은 예언할 것이요 너희의 젊은이들은 환상을 보고 너희의 늙은이들은 꿈을 꾸리라" (행 2:17)

예수께서도 승천하시기 전 제자들에게 아버지께서 약속하신 성령으로 세례받을 것을 예고하셨다(행 1:4-5). 이같이 성령 충만은 말세에 승리하는 삶을 위해 성도에게 꼭 필요한 하나님의 도우심이요 능력이다.

(1) 성령 충만의 양면

그럼 도대체 신자들의 입에 자주 오르내리는 '성령 충만'이란 구체적으로 어떤 것일까? 신약 성경에서 '충만하다'라는 헬라어는 두 가지 개념을 가지고 있다. 영어나 한국어는 이 두 개념을 한 단어로 표현하기 때문에 그 차이를 분명하게 보여주기 어렵다. 그러나 신약 성경에서는 그 개념을 성령 충만의 두 가지 방식으로 설명하고 있다.

"충만하다"의 '플레도'(πλήθω)는 '핌플레미'의 연장형으로써 외부적으로 인식할 수 있는 것으로 가득하게 채워지는 동사다. 성령과 관련되어서 누가복음과 사도행전에 8회 사용되었으며,[110] 이는 순간적인 체험으로 구체적인 과업을 위한 사건들에 역사했던 성령의 충만함을 나타낼 때 주로 쓰인다. 보통 순간적으로 짧게 충만해지는 것으로 '사역을 위한 능력'은 영구적이지 않고, 일시적이며, 그 뒤에 역동적인 행동을 준비시키거나 즉각적인 행동이 따르는 특징을 보인다. 외적인 성령 충만의 결과는 성령의 은사(고전 12장)로 주로 나타난다. 사역을 잘할 수 있는 기능적인 특성으로, 우리의 인격을 성숙시키는 것과는 상관이 없다.

"충만한" 상태를 나타내는 다른 단어 '플레레스'(πλήρης)는 '플레도'에서 유래한 단어로서, '무엇이 가득 차 있는 상태', '가득 찬', '완전한'을 나타내는 형용사로 사용한다. 성령과 관련하여 신약 성경에 7회 사용되었으며,[111] 충만한 존재의 상태를 가리키는 것으로 지속적이며 느리지만, 점진적인 영적 성숙을 위한 성령의 내적인 역사를 가리킬 때 일관되게 사용되는 특징을 보인다. 성령의 모든 내적인 역사의 결과로 내적 성품이 그리스도의 형상으로 닮아가는 열매로(갈 5:22-23) 성숙해진다. '플레레오'(πληρόω)는 '플레레스'에서 유래하여 "성취하다, 완성하다, 가득 차다, 완전하다"를 가리키는 동사다.

이같이 성령 충만은 한 분 성령의 역사를 따라 외적인 성령의 은사와 내적인 성령의 열매(성품, 인격)로 나타난다. 이러한 성령의 외적 충만과 내적인 충만의 균형이 때를 따라 조화를 이루면서 채워질 때 이를 성령 충만이라고 부른다.

(2) 성령 충만한 삶

이에 신자에게 나타나는 '성령 충만한 삶'이란 어떤 상태일까?

첫째는 성령의 능력과 그리스도의 성품이 균형과 조화를 이루며 예수 그리스도로 충만한 삶을 사는 것을 가리킨다. 사도 바울의 고백 "이제는 내가 사는 것이 아니요 오직 내 안에 그리스도께서 사시는 것"이라고 (롬 6:11, 갈 2:20) 고백한 것 같이 예수로 살고 죽는 온전히 충만한 상태이다. 신자의 몸은 그리스도를 영접한 이후부터 그리스도의 뜻을 성취하기 위해 쓰이는 그리스도의 몸이요, 신자의 마음은 그리스도의 생각을 품은 주의 마음으로 하나 되는 상태로 나아가야 한다(롬 14:8). 그래서 신자 개인의 의지는 주의 의지의 지배를 받고, 신자의 전 인격과 재능은 남김없이 주의 것이 되는 삶을 가리킨다. 이것이 신자에게 나타나는 성령 충만한 삶이다.

둘째는 거룩한 비전을 품고 말씀이 응할 때까지 견디며 사는 삶이다

(시 105:17-19). 이때 비전이라고 함은 자기가 생각하고 꿈꾸는 비전이 아니라, 주께서 보여주시고 가르치신 꿈과 계시를 말한다(예: 요셉의 꿈). 성령은 지혜와 계시의 영으로 임하시면 하나님을 알게 하고, 우리 마음의 눈을 밝혀 소명을 깨닫게 하시고, 복음의 능력을 깨닫게 하신다(엡 1:17-19). 즉 영의 눈이 밝아져 하나님의 거룩한 비전을 볼 수 있게 된다는 의미다.

"너희 자녀들이 장래 일을 말할 것이며, 너희 늙은이는 꿈을 꾸며, 너희 젊은이는 이상을 볼 것이며"(욜 2:28)

어린아이로부터 노년에 이르기까지 거룩한 비전을 품게 된다. 믿음과 소망이 넘치는 언어를 말하게 되며, 자기를 사랑하는 자에게 모든 것이 합력하여 선을 이루게 하시는(롬 8:28) 하나님을 전적으로 신뢰하며, 어제의 나에 머물러 있지 않고, 믿음으로 오늘을 인내하며 살고, 또 거룩한 소망의 목표를 가지고 내일을 꿈꾸며 오늘을 살아낸다.

셋째는 매일 성령의 충만함을 구하는 삶이다. 성령의 내적 외적인 충만함을 이루기를 사모하며 구하는 생활이 되어야 할 것이다. 예수께서 제자들에게 "예루살렘을 떠나지 말고 약속한 성령을 받으라"라고 말씀하셨듯이, 주님은 구하는 자에게 성령을 주시겠다고 말씀하셨다(눅 5:13). 이때 성령을 주시겠다는 약속은 존재의 성령이라기보다는 성령을 구하는 그때의 필요에 따라 성령의 조명, 감동, 충만 등을 주시겠다는 의미로 보아야 할 것이다. 더하여 성령 충만은 지식이 아닌 체험이 되어야 한다. 이전에 경험한 성령의 충만함이 오늘의 성령 충만을 보장할 수 없다. 마치 물이 100°에서 끓은 후 불을 끄고 얼마 후에는 물이 식듯, 신앙도 성령 충만으로 인한 열정의 불이 꺼지면(외적), 신자 안에서도 변화가 일어나는데, 그것은 예수로 충만하지 않고 세상과 자아로 다시 가득 찰 수 있다는 이야기다. 그래서 사도 바울도 "나는 날마다 죽노라"(고전 15:31), "자신을 쳐서 복종하게"(고전 9:27; 참고. 고후 12:7) 한다는 등의 표현을 사용해 가며, 날마다 십자가로 충만해짐을 고백했다. 우리가 바울보다 결코 강하지 못하다는 것을 시인한다면, 매일 하나님을 향한 중심을 떠나지 말고 성령의 충만함을 구해야 할 것이다.

넷째는 그리스도의 복음을 위해 사는 삶이다. 성경은 "하나님이 주시는 힘으로 봉사하라"(벧전 4:11)고 권면한다. 하나님이 주시는 은사는 태어날 때부터 가지고 있는 재능과는 구분된다. 성령의 은사를 받은 신자들은 그것을 자신의 소유물로 여기거나 마음대로 사용해서는 안 되며, 오히려 겸손하게 성령의 뜻을 받들어 주의 몸 된 교회의 유익과 복음을 위해 사용해야만 한다. 교회 안에서 은사의 사용은 선택적 개념이 아닌 의무요 필수적 개념으로 이해해야 한다. 그리스도의 몸인 교회에서(골 1:24) 사역을 감당할 때 자만하거나 포기하지 말고, 사명 감당을 위해 선물을 주시는 성령과 날마다 동행하며 하나님을 영화롭게 해야 할 것이다. 교회 공동체를 위한 은사 사용이 필요 없다면 그 은사는 무용지물이다.

여기서 그리스도의 복음을 위해 사는 삶에 대해 오해하지 말아야 할 것은, '복음'이란 누구에게 복음인가에 대해 생각하는 것이다. 보통 말하는 복음은 우리 인간에게 복된 소식이요 기쁨의 소식이다(눅 2:14). 아니 그런가? 그러므로 우리가 '그리스도의 복음'이란 표현을 사용할 때는, 인간 쪽에서 생각하거나 바라보는 복음만 생각해서는 안 된다는 점을 생각해야 한다. 그리스도를 통해 하나님이 자기 증명을 하시는 것, 이것이 '그리스도의 복음'이란 표현에 담겨진 핵심이다(요 14:7-11). 우리 하나님은 자기 증명에 진심이시다. 하나님의 하나님 되심을 알기 바라시고 그것이 영생을 좌우한다. 성경을 왜 기록했다고 생각하는가? 인간의 구원(구속사)이 핵심이라고 생각하는가? 그 구속사를 누가 계획하고 이루시는가? 천지창조를 내가 했다고 자랑하기 위해 창세기를 기록하여 우리에게 남기셨는가? 하나님이 누구신지, 어떤 분이신지, 하나님의 계획은 무엇인지 등 알려야 할 것이 너무 많다(벧전 2:9). 사건과 더불어 사역하시는 하나님의 원리를 분별하고, 각 사역을 통해 나타나는 하나님의 성품, 하나님의 뜻, 하나님의 목적에 초점을 맞추어야 할 것이다. 그래서 성경이 기록된 것이다. 하나님을 알리는 것, 이것이 하나님의 진심이요 뜻이다. 신약은 영생을 무어라고 말하는가?

> "아버지께서 아들에게 주신 모든 자에게 영생을 주게 하시려고 만민을 다스리는 권세를 아들에게 주셨음이로소이다. 영생은 곧 유일하신 참 하나님과 그의 보내신 자 예수 그리스도를 아는 것이니이다. 아버지께서 내게 하라고 주신 일을 내가 이루어 아버지를 이 세상에서 영화롭게 하였사오니 아버지여, 창세 전에 내가 아버지와 함께 가졌던 영화로써 지금도 아버지와 함께 나를 영화롭게 하옵소서 세상 중에서 내게 주신 사람들에게 내가 아버지의 이름을 나타내었나이다 저희는 아버지의 것이었는데 내게 주셨으며 저희는 아버지의 말씀을 지키었나이다" (요 17:2-6)

성경은 얼마나 자주 "그들이 나를 여호와인 줄 알리라"는 표현을 사용했는지 아는가?[112] 성경의 수많은 기록 목적이 하나님을 알리는 데 초점이 있다는 이 한 가지 사실을 모르면, 사람 중심 혹은 왜곡된 방향으로 성경을 곡해하게 된다는 사실을 잊지 말아야 할 것이다. 구속사가 성경의 기록 목적 가운데 중요한 하나의 흐름일지라도 그 가운데 사람의 구원에만 초점을 맞추면, 더 중요한 영생의 핵심인 하나님의 '자기 증명'을 놓치는 우를 범할 수 있다는 점에 주의해야 한다.

"나를 여호와인 줄 알리라" 이는 신자가 늘 마음에 간직해야 할 분명한 삶의 목적이요, 방향이다. 우리는 여전히 옛사람과 함께 사는 이중적 상태이기에 신앙생활도 자기만족이나 자기 영광을 위해 하기 쉽다. 그래서 세상살이가 고달프고, 내적·외적으로 벌어지는 영적 싸움으로 인한 많은 상처와 고통이 따른다. 피곤할 정도로 영적 전쟁을 치르느라 지친 상태에서는 누군가에게 위로와 보상받고 싶은 욕망이 생긴다. 그래서 많은 신자가 세상에서의 인정과 눈에 보이는 세상 것으로 신앙생활의 보상으로 삼는 왜곡된 신앙을 보인다. 또 조급한 마음으로 인해 지루하게 진행되는 것 같은 하나님의 역사에 감사와 평안을 유지하기 어려워한다. 그래서 우리 마음에 간절한 소원은, 주님처럼 하나님 아버지의 영광을 드러내며, 하나님을 알리는 것에 초점이 맞추어져야 한다(요 17:4-5). 하나님의 영광이 드러나도록, 하나님의 뜻이 이루어지도록, 하나님의 이름이 높임을 받도록 소망할 때(고전 10:31), 모든 수고와 헌신이 아깝지 않고 하나님을 기쁘시게 할 수 있다는 사실에 만족함과 행복을 느낀다.

하나님의 영광을 찬송하는 일과 그런 하나님을 전하는 일에 우리의 마음과 정성과 뜻을 모아야 참 신앙이다. 말로만이 아니라, 진심만이 아니라, 실제 그렇게 되도록 힘쓰는 것이 모든 신자의 내적이며 외적인 영적 전쟁이어야 한다. 때로는 역사가 지체되고 또 내가 손해를 본다고 하더라도, 결과적으로 하나님의 영광이 드러난다면, 하나님의 백성은 이를 기뻐하고 즐거워할 수 있어야 한다(살전 5:16-18). 하나님은 하나님의 영광을 위하여 자신은 물론 사탄과 싸우는 자에게(엡 6:12) 최후 승리와 함께 그 인생을 영화롭게 하신다.

3) 하나님 사랑의 충만

그리스도인이 하나님의 사랑을 이야기할 때 의미하는 바는, 일반적인 세상 문화에서 의미하는 바와 아주 다르다. 그런데 심각한 것은 세상이나 기독교 양쪽 모두 이런 사실을 깨닫지 못할 뿐만 아니라, 이것이 문제라는 사실을 인지하지도 못한다는 점이다.

하나님의 사랑을 하나님의 절대 주권, 하나님의 거룩하심, 하나님의 진노, 하나님의 섭리, 그리고 하나님의 인격성에서 축출해 버린다면, 성경이 가르치는 하나님의 사랑은 여지없이 세속화된 사랑으로 전락해 버릴 것이 자명하다. 현실적으로 오늘날의 세상 문화가 불편하게 느끼는 기독교적인 것들은 그게 무엇이든 많은 분야에서 축출되었다. 하나님의 사랑은 희석되었고, 인간화되었으며, 무엇보다 감정적이 되었다. 우리 현세대는 "지금 세상에 필요한 것은 사랑, 그것도 달콤한 사랑"이라고 인식하도록 가스-라이팅 되었다.[113]

하지만 달콤한 맛은 먹을 때는 좋지만, 계속될 경우 건강에는 치명적일 만큼 해롭다는 것은 이미 잘 알려진 상식이다. 일시적 혹은 잠깐의 경우는 달달한 것을 먹어도 용납되지만, 많이 먹거나 자주 먹으면 반드시 돌이킬 수 없는 병이 난다는 것은 분명하다. 그런데 육신은 그 맛에 열광하며, 그래야 사람들이 모여들고 장사가 되어 이익이 극대화된다. 그래서 세상은 어떻게 해서든지 맛을 내는 방법을 연구하여 이익을 남기려고 한다. 절대 사람의 건강을 생각하지 않는다. 그래도 어리석은 인생들은 자기를 죽이는 그 달콤한 맛을 찾아 불나방처럼 모여들어 자기 몸을 해치는 일에 열정적이다. 자기 오감을 즐겁게 해 주는 것이라면 사욕을 좇아 줄지어 모여든다(딤후 4:3-4). 문제는 신앙에 이런 세상의 방법이 그대로 적용되어(세속화된 것, 롬 12:2), 숱한 신앙인들의 영적 건강을 해치고 있는데, 그것을 깨닫지 못하고 불나방처럼 세상의 달콤한 것들에 마음을 빼앗겨 시간과 물질을 쏟아붓고 있는 실정이다.

오늘날 사람들에게 "하나님은 당신을 사랑하십니다"라고 말하면, 그들은 거의 놀라지 않으며 오히려 당연한 것 아니냐는 식의 반응을 보인다. 너무 자주 들었고, 많이 소개된 전도 멘트이기 때문이다. 그러나 그 사랑이 어떤 사랑인지는 구체적으로 모른다. 전도하는 신자조차도 올바른 의미를 모르는 경우가 허다하다. 오늘날 현대인 대부분은 하나님의 사랑을 믿는 데 별 어려움이 없어 보인다. 그들이 믿는 하나님의 사랑이 인간적이고 감정적인 사랑으로 이해하기 때문이다. 오히려 '하나님의 공의', '하나님의 진노' 그리고 진지하신 하나님의 모순 없는 신실하심을 믿는 일을 훨씬 어려워한다. 강단에서 선포되는 하나님의 사랑이 인간과 깊이 닮아 있는 하나님의 감정을 강조해서 그분의 내적 상태의 특징을 통해 하나님을 제시하는 경향이 강하다. 그런 가르침은 하나님은 '행동'하시기보다 '느끼시는' 분이고, '말씀'하시기보다 '생각'하시는 분으로 강조된다.[114]

여전히 기승을 부리고 있는 포스트모더니즘적 경향이 광범위하게 영향을 끼친 이 세대에 모든 종교는 그 근원이 동일하며, 따라서 누군가를 자신의 신앙으로 설득하고자 하는 행위는 무례한 것일 뿐만 아니라, 심각하게 무식하고 구시대적인 행태라고 비판한다.[115] 사탄의 계략이 적중한 셈이다. 그러나 성경은 이런 현대사상에 대해 강력하게 반대하며 도전한다. 하지만 끝이 없는 전쟁과 악 그리고 인간의 부패가 가득한 이 세상에 과연 하나님의 사랑은 명백한 진리인가? 이는 우리 인류가 겪어온 지난 세기의 역사적 경험 차원에서 어려움을 불러일으킨다. 누군가는 신학적 관점에서 열심히 변증할 것이다. 그러나 성경이 말하는 하나님의 사랑과 악의 영역까지 아우르는 하나님의 절대 주권을 구체적으로 어떻게 통합할 것인가? 그래서 바울은 이렇게 말했다.

"믿음으로 말미암아 그리스도께서 너희 마음에 계시게 하옵시고, 너희가 사랑 가운데서 뿌리가 박히고 터가 굳어져서 능히 모든 성도와 함께 <u>지식에 넘치는 그리스도의 사랑을 알아 그 넓이와 길이와 높이와 깊이가 어떠함을 깨달아 하나님의 모든 충만하신 것으로 너희에게 충만하게 하시기를 구하노라</u>" (엡 3:17-19)

그리스도가 우리 안에 계셔서 그 사랑의 뿌리가 우리 마음에 박혀 견고해지며, 그 사랑의 넓이, 길이, 높이와 깊이가 어떠함을 알고 충만해지도록 채우는 일이 사랑 충만의 복을 받는 것이다. 우리가 보통 말하는 성령의 열매(일반적으로 9가지)는 성품으로 맺혀지는 열매로서, 신자가 그런 열매를 맺히려고 인위적으로 노력해서 얻어지는 열매가 아닌, 성령의 사역으로 신자의 인격이 성숙해지고 변화하는 열매로서 분별하라고 기록한 항목이다. 그래서 그때 나타나는 사랑의 열매는 사람에게 나타나는 세상적이며, 정욕적이며, 인간적인 사랑이 아니다. 하나님의 온전한 사랑으로 인한 열매는 화평하고 온유하며 선한 의의 열매를 맺을 수밖에 없다(참고. 약 3:13-18). 우리 신자에게 맺히는 모든 열매는 인간의 노력으로 되는 것이 아니라, 오히려 인간은 철저하게 자기를 부인하고 옛사람을 벗을수록(엡 4:22), 신자 안에 계신 그리스도로 인한(갈 2:20) 열매가 풍성하게 맺히는 구조가 신자와 그리스도의 관계라는 사실을 알리고 있다(요 15:1-5).

교회 안에서 하나님의 사랑을 감정적으로 표현하는 것이, 일면 신자들이 이해하기 쉽도록 설명하는 방편이라고 할지라도 매우 위험한 이유는, 성경이 말하는 적합하고 균형 잡힌 하나님의 사랑에 관한 교리를 두루 밝히는 근원적인 질문들을 폭넓게 생각할 수 없게 만들어 버린다는 점 때문이다.

"그러므로 주 안에서 갇힌 내가 너희를 권하노니 너희가 부르심을 입은 부름에 합당하게 행하여 모든 겸손과 온유로 하고 오래 참음으로 <u>사랑 가운데서 서로 용납하고 평안의 매는 줄로 성령의 하나 되게 하신 것을 힘써 지키라</u> 몸이 하나이요 성령이 하나이니 이와 같이 너희가 부르심의 한 소망 안에서 부르심을 입었느니라 주도 하나이요 믿음도 하나이요 세례도 하나이요 하나님도 하나이시니 곧 만유의 아버지시라 만유 위에 계시고 만유를 통일하시고 만유 가운데 계시도다"(엡 4:1-6)

(1) 서로 다른 방식으로 하나님의 사랑을 말하는 성경 구절들[116]

본서에서 다루고자 하는 모든 주제를 살필 때 언제나 '사랑'이라는 단어를 사용한 것은 아니다. 성경에서 사랑이라는 단어를 사용하지 않았지만, 하나님의 사랑을 나타내는 본문을 다룰 필요가 있다. 이런 배경에서 성경이 하나님의 사랑에 관해 말하는 서로 다른 방식에 관해 함께 추적해 보고자 한다.

① 성자를 향한 성부의, 성부를 향한 성자의 특별한 사랑

요한복음에 더 자주 나타나는 이 사랑은, 성자를 향한 성부의 사랑으로 두 번 등장한다(아가파오, 요 3:35; 필레오, 요 5:20). 그리고 성자가 성부를 사랑하신다는 사실을 강조한다(요 14:31). 하나님의 이런 내적 사랑은 기독교의 유일신론을 다른 단일신론들(유대교, 이슬람교)과 구분하며, 놀라운 방식으로 계시 및 구속 사역을 나타낸다.

② 피조물을 향한 하나님의 섭리적 사랑

성경은 이 사랑과 관련해서는 '사랑'이라는 단어를 쓰지 않는 경향을 보인다. 그렇지만 이 주제를 찾기는 어렵지 않다. 하나님은 모든 만물을 창조하시고 죄가 아직 나타나기 전에 자신이 만드신 모든 대상을 "보시기에 좋았더라"라고 선포하셨다(참고. 창 1장). 신약에서도 자연 만물에 대한 하나님의 섭리적 사랑을 잘 묘사하고 있다(마 6:16-31). 물론 이 말씀을 통해 신자를 향한 하나님의 사랑을 더욱 확증하려고 하는 의도이지만 말이다.

③ 세상을 구원하시려는 하나님의 사랑

성경에 쓰인 용례에서 '세상'은 주로 하나님께 의지적으로 악하게 반역하는 도덕적 질서를 가리킨다. 하나님이 세상에 아들 예수를 보내신 하나님의 사랑이 고귀한 이유 가운데 하나는, 세상이 크기 때문이 아니라 '악하기' 때문이다(요 3:16). 따라서 세상을 사랑했다는 의미는 '많은' 사람을 위해서라는 의미가 아니라, '악한' 자들을 위한 것이기 때문에 고귀한 것이다(롬 5:8, 10). 제자들은 원래 세상에 속했으나 그곳에서 끌어내어진 이들이라는 사실을 밝힌다(요 15:19). 그럼에도 세상의 악한 자들을 향한 하나님의 사랑 또한 중단되지 않는다(겔 33:11).

④ 창세 전부터 택한 자를 향하신 하나님의 특별하고 효과적이며 선택적인 사랑

택함 받은 자는 이스라엘 전체일 수도 있고, 몸 된 교회일 수도 있고, 혹 개인일 수도 있다. 이 일은 오직 하나님의 주권에 속한 문제다.[117] 외적으로 나타나는 이스라엘의 선택이, 다른 세계나 민족들과 구분되는 근거가(결코 개인적이거나 민족적인 공로에 좌우되지 않는다) 오직 하나님의 사랑 외에는 아무런 근거가 없다는 점이 우리의 자랑을 막는다. 하나님의 사랑이 특히 택함 받은 자를 향하고 있다는 사실은 변하지 않는다(말 1:2-3; 롬 9:10-23). 왜냐하면 이 사랑은 하나님의 주권에 속한 문제이기에 절대 양보가 없다. 신약에서는 그리스도께서 "교회를 사랑"하셨다고 말한다(엡 5:25). 반복해서 신약은 하나님의 사랑이나 그리스도의 사랑이 교회를 이루는 이들을 향한다고 말한다.

⑤ 때로 자기 백성에게 순종을 조건으로 하는 조건적 사랑

이 사랑은 우리가 일단 그분을 알게 되어 그분과 관계 맺는 것과 관련되어 있다(유 1:21). 이는 타락한 인류를 구원하려는 의지를 반영한 하나님의 섭리적 사랑이 아니고, 그분의 영원하고 택함 받은 자들을 향한 사랑도 아니다. 예수는 제자들에게 자신의 사랑 안에 거하라고 명하셨다(요 15:9-10). 하나님의 백성은 그들이 언약에 얼마나 신실한지에 따라 하나님의 사랑 아래 거하거나 그분의 진노 아래 거한다(시 103:9-11, 13, 17-18).

(2) 하나님의 사랑에 관한 정리

이상에서 지금까지 다룬 하나님의 사랑 가운데 하나를 절대화하고 배타적인 것으로 여기면 안 된다는 것을 알 수 있다. 하나님의 삼위일체적 내적 사랑은 놀랍도록 존귀하며 참으로 경외할 만하지만, 이 사랑만을 배타적으로 지향한다면, 하나님의 형상을 담지했으나 반역하는 이들에게 하나님이 어떻게 진노와 사랑과 십자가로 나타내시는지에 대한 설명이 매우 빈약해진다.

하나님의 사랑이 모든 만물을 향한 섭리적 질서로만 나타난다면, 우리는 뭔가 신비로운 힘과도 같이 선을 베푸는 것과 하나님의 사랑을 그리 다르게 생각하지 않는 문제를 갖게 된다. 이러한 견해는 범신론이나 또 다른 종류의 일원론과 통합되기 좋은 한계와 위험에 빠진다. 그래서 녹색 환경주의가 강화될 수는 있겠지만, 우리 주님의 십자가와 부활이라는 방식을 통해 우리를 창조에서 새 창조로, 그리고 새 하늘과 새 땅으로 이끌어가시는 웅장한 서사를 강화하지는 못한다.

하나님의 사랑이 단지 죄인을 찾아다니는 일방적 사랑으로만 그려진

다면, 우리는 아르미니우스주의, 반(semi)펠라기우스주의, 펠라기우스주의를 강화시키게 될지도 모른다. 그리고 하나님의 공의와 영광보다 그분의 내적 감정에 더 관심을 가지는 이들에게 힘을 주는 꼴이 될 것이다. 그러면서 하나님에게서는 절대 주권을, 우리에게서는 안정을 빼앗아 가게 된다. 최악의 경우에는 우리를 구원하기 위해 하나님은 개입하실 수 없을 뿐 아니라, 징계의 막대기도 행사하실 수 없을 정도로 진부한 하나님으로 전락하고 말 것이다. 따라서 이는 성경이 말하는 세계와 매우 거리가 멀다. 그러기에는 하나님의 사랑이 너무 '무조건적'이다.

하나님의 사랑이 오직 자신의 택함 받은 자들만을 위한 사랑(선택적 사랑)을 의미한다면, 하나님은 택함 받은 자를 사랑하시고 유기된 자를 미워하신다는 단순하고 절대적인 이분법으로 빠지는 것으로 단순화할 가능성이 높아진다.

하나님의 사랑을 우리의 순종에 묶어 버리는 담론(조건적 사랑)으로만 이해한다면, 우리는 다시 한번 변화하라고 위협하는 위험을 마주하게 된다. 주님을 향한 경외보다는 개인적 선호 여부나 반율법주의로 특징지어지는 교회에서는 분명히 이 말씀이 의미하는 바가 있다.[118] 그러나 하나님의 사랑을 상호보완해 주는 성경의 목소리에서 벗어날 때, 이 본문들은 우리를 '공로 신학'으로 후퇴시킬 것이다.

하나님의 삼위일체 내적 사랑, 섭리적 사랑, 세상사랑, 선택하시는 사랑, 조건적 사랑 등이 마치 서로 다른 사랑과 아무런 연관 없이 독립해 있는 것처럼 이야기하는 것은 결코 하나님 사랑에 대한 올바른 이해가 아니다. 동시에 하나님의 사랑을 이런 식으로 말하면서 하나가 나머지에 의해 묵살하도록 방치해서도 안 된다. 마찬가지로 성경의 증거로 보건대 어느 하나가 다른 나머지를 주관하게 해서도 안 된다. 하나님은 하나님이며, 그분은 한 분이시다. 우리가 하나님을 올바르게 생각하고자 한다면, 하나님이 완벽한 지혜로 자신의 사랑을 이처럼 여러 방식으로 우리에게 제시하는 것이 최선이라고 여기셨음을 감사함으로 받아들여야 한다. 그러면서 또한 이 진리들을 성경이 말하는 정도와 균형으로 통합하는 법을 배워야 한다.[119] 우리의 사고를 확장하려는 하나님의 뜻을 바로 깨달아 조화롭고 장성한 신자로 성숙해지기를 바란다.

4) 충만한 구원을 이루라

우리 신자가 구원 얻음과 그 이후의 성화 과정에 대해 오해하는 것은, 하나님이 일은 다 하시고 우리는 그냥 감나무에서 감 떨어지기만 바라며 기다리다가 열매만 얻는 것이 신앙생활이냐고 반발하는데, 그게 아니다. 우리가 할 최고, 최대의 일은 그리스도 안에서 주님께 착 달라붙어서(연합, 하나 됨, 창 2:24), 자기를 깨끗하게 하며(요 15:2-3; 요일 1:9) 순종하는 일이다(빌 2:8; 히 5:7-9). 구약에서 율법을 지키듯 행하는 순종이 아니라(행함으로 의<구원>를 얻는 방식), 단번에 주신 구원에 대한 확신과 자유로 자기를 온전히 주께 맡기는 일을 말한다. 이게 신자가 할 최고, 최대의 일이다. 왜냐면 사람은 처음부터 하나님의 말씀(명령)에 순종해야 할 위치를 떠나 거역했고, 자기 생각대로 자기가 무엇인가를 하려고 하는 짓을 저질렀기 때문에 누군가에게 순종하는 일에 익숙하지 않다. 자기의 행복을 위하여 자기 판단으로 결정하는 자유를 주장하는 일에 너무 익숙한 인본주의에 특화되어 있다. 아예 세포 혹은 DNA가 그렇게 형성되어 있다고 말해야 옳을 것이다. 사람에게 허락하신 자유의지를 왜곡되게 사용하는 일에 아주 특화되어 있다는 말이다. 그래서 육신의 생각에 함몰된 질문만 하고, 하나님의 말씀에 반발하는 자들일수록(롬 8:5-8), 인간의 의지와 인권을 대단한 것인 양 내세우며 반발하는 것이다. 하지만 알 것은 하나님과 관계에서는 아무리 인간이 잘난 줄 알고 권리를 내세울지라도 피조물이란 점을 잊으면 안 된다. 그리스도를 만나 영접하지 못한 자들은 한낱 흙으로 빚어진 피조물이요, 짐승과 다름없는('네페쉬 하야'란 차원에서, 시 49:12) 육에 속한 자들로 끝낼 인생들이다(벧후 2:10-19). 그들은 하나님의 형상대로 지어진 존귀함을 유지하지 못한 불쌍한 자들이다(시 49:20). 그래서 참믿음을 소유한 자에게 나타나는 견고한 신앙에 대해 바울이 한 말에 귀를 기울여야 한다.

> "그러므로 나의 사랑하는 자들아! 너희가 나 있을 때뿐 아니라 더욱 지금 나 없을 때도 항상 복종하여 두렵고 떨림으로 너희 구원을 이루라 <u>너희 안에서 행하시는 이는 하나님이시니 자기의 기쁘신 뜻을 위하여 너희로 소원을 두고 행하게 하시나니</u> 모든 일을 원망과 시비가 없이 하라 이는 너희가 흠이 없고 순전하여 어그러지고 거스리는 세대 가운데서 하나님의 흠 없는 자녀로 세상에서 그들 가운데 빛들로 나타내며 생명의 말씀을 밝혀 나의 달음질도 헛되지 아니하고 수고도 헛되지 아니함으로 그리스도의 날에 나로 자랑할 것이 있게 하려 함이라"(빌 2:12-16)

바울은 하나님의 사명을 이루기 위한 이방인의 사도로서, 한 곳에만 머물며 목회할 수 있는 자가 아니기에 항상 빌립보 교인들과 같이 머물 수 없었다. 그렇다고 해서 빌립보 교인들이 스스로 구원을 이룰 능력이 있어서 방치하는 태도를 보인 것도 아니다. 바울은 그들 안에 하나님이 함께 계시며 친히 일하신다고 가르쳤다. 그래서 빌립보 교인들은 바울이 아닌, 하나님을 의존하며 사는 법을 배워야 했다. 빌립보서는 옥중서신으로 불리는데, 이는 바울은 비록 자기는 감옥에 갇혀있지만, 빌립보 교인들을 항상 돌보는 분이 계신다는 사실을 강조한 것이다. 그분이야말로 신자들의 진정한 양육자이신 하나님이라고 힘주어 말한다. 하나님께서는 빌립보 교인들이 사도 바울이 없어도 자기들이 받은 구원을 실생활에서 구현하도록 돕는 진짜 돕는 자요, 양육자이셨다.

하나님께서는 신자들의 마음속에 소원을 불어넣으시고 이를 실행하게 하시는데, 이때 "행하다"라는 단어는 헬라어로 '에네르게오'라고 한다. 이 단어는 '엔'(…안에)+'에르곤'(일하다, 행위)의 합성어로서 안에서 일하는 것을 나타내는 단어다. 다시 말해서 '내적 행위'란 의미다. 이 단어를 사용한 것은, 하나님께서 친히 신자 안에서 행하신다면 우리가 할 일이 없다는 의미가 아니라, 하나님은 우리가 단번에 얻은 구원의 주체이시며, 우리 안에서 그 구원을 사실화(삶의 적용과 영화 구원을 향해 나아가게 하시는) 하도록 일하시는 주관자라는 의미다. 다시 말해서 하나님의 은혜로 얻은 구원이 각 신자의 삶 가운데 구체화 되는 일은 신자들의 책임이지만, 하나님이 도우시는 내적 역사와 분리해서 이루어지는 일이 아니라는 사실을 가르치는 것이다.

바울이 이렇게 말하는 까닭은 빌립보 교인들을 격려하기 위함이다. 구원의 주체는 분명 하나님이시다. 그러나 은혜로 얻은 구원을 이론이 아닌 현실에서 몸으로 이루어 나가는 주체는 신자들 자신이란 사실을 깨닫는 일 또한 중요하다. 그럼에도 신자가 이루어 나가야 하는 구원의 원동력(내적인 힘)은, 신자에게서 나오는 것이 아니고 신자 안에 내주하시는 하나님에게서 나온다는 사실을 또한 알아야 한다. 이런 의미에서 "너희 안에서 행하시는 이는 하나님"이라고 말하는 것이다. 각 신자가 구원을 이루어 나가는 일은 하나님께서 신자의 마음속에 그렇게 하고픈 선한 소원을 일으키시기에 가능하다는 말이다. 그래서 그렇게 하는 것이 하나님의 "기쁘신 뜻"이라고 하였고, 신자들에게 "소원을 두고 행하게" 하신다고 말한다. 이것을 다른 말로 하면 '성령의 감동'이라고 한다.

신약시대에 충만의 복은 이론적으로 무조건 많아지는 것이나 무엇인가를 가득 채우는 것으로만 생각하면, 중요한 이런 과정 혹은 동기부여와 실천의 조화를 깨닫지 못한 채 엉뚱한 것에 충만을 적용하는 우를 범하기 쉽다. 하나님께서는 신자들의 연약한 육신을 이해하시고 긍휼히 여기신다. 그래서 "너희 구원을 이루라"고 권면하는 것으로 그치지 않고, 하나님이 친히 신자들의 안에서 구원이 날마다 더 온전해지도록 역사하시며 적극적으로 돕겠다고 하신다. 그런데 하나님께서 신자의 마음속에 선한 뜻을 두시고 신자가 행하도록 하시겠다는 말씀은, 하나님께서 다 알아서 할 거니까 너희는 무조건 나를 믿기만 하면 된다는 의미가 아니라고 했다. 하나님께서 신자들의 삶을 이끄시며 격려하신다는 말씀은, 신자 개개인의 적극적인 참여를 전제로 한 것이다. 그래서 "항상 복종하여 두렵고 떨림으로"(경외함으로) 신자의 현재적 구원을 이루라고 권면하시는 것이다. 하나님의 기쁘신 뜻에 관한 경외함과 복종이 없이 충만의 구원을 이루는 길은 없다. 편법은 통하지 않는다는 것이 성경의 확고한 가르침인 것을 잊지 말라.

그러므로 신약시대의 신자들은 최선을 다해 '믿음의 선한 싸움'(딤전

6:12)을 싸워야 한다. 우리가 감사하며 다행스럽게 생각하는 것은, 이 싸움을 결코 우리에게만 맡기지 않으셨다는 사실이다. 오직 우리 안에서 성령으로 활동하시면서 거룩한 삶을 살고자 하는 마음(선한 소원)을 주시고, 실천할 수 있는 능력을 주시는 하나님을 믿고 '선한 싸움'(딤후 4:7)을 싸우라고 격려하신다. 이런 신자들의 경건한 삶에는 하나님의 뜻 안에 머물러 있다는 기쁨과 평강이 있고(롬 14:17), 하나님의 도우심을 실감하는 사건들을 하나씩 체험하며, 하나님으로 신자의 내면을 채워나가 마침내 충만의 구원이 무엇인지 실감하게 된다. 따라서 단번에 옛사람의 온갖 악습들과 신자 속에 깊이 숨겨진 죄의 뿌리들이 다 뽑히지는 않는다(삿 3:1-4). 아마도 일생 싸워야 할 과제이기도 하다. 하지만 신자 마음에 소원을 두고 행하게 하시는 성령의 섭리가 있기에, 세상과 죄와의 싸움에서 순종을 통해 승리와 실패를 모두 경험하며 성장한다.[120] 하나님(성령)의 크신 도우심과 능력으로 신자들은 자기도 모르게 예수의 성품을 닮아가는 이것이 곧 성령의 열매이다(갈 5:22-23). 그렇게 그리스도의 장성한 분량에 이르도록 충만한 구원이 이루어져 간다(엡 4:13).

이 선한 싸움 곧 충만을 향한 구원의 장성한 분량이 채워지기까지, 외부적으로 보면 많은 약점과 흠이 보일 수 있을지라도 속지 말라. 그런 과정을 통해 신자의 심령은 영적인 깊이와 넓이 그리고 폭과 길이가 점점 채워져 간다. 왜냐면 하나님이 우리 속에 선한 뜻을 심어 두시고, 변화의 길을 걸어가도록 계획하셨기 때문에 시간이 걸릴지언정 실패는 없다. 물론 모든 신자에게 이러한 성장과 승리가 무조건적으로 보장된 것은 아니다. 각자에게 허락하신 믿음의 분량에 맞게 자신의 구원을 이루는 책임을 완수하도록 자유의지를 동원해 순종하는 것이 필요하다. 성화의 길은 하나님의 선한 뜻을 잘 청종하여 올바로 이해하고, 하나님의 도우심을 신뢰하고 바라며, 성령의 인도하심에 연합하여 순종하는 자세로 협력해 나갈 때만 진전이 있다. 이 길은 나를 지극히 사랑하셔서 나를 온전한 하나님의 자녀로 다듬어 가기 위해, 십자가의 무한한 희생까지도 불사하신 우리 주 예수 그리스도와 동행하는 길이다.

그런데 구원의 확신이나 충만이라는 용어를 대단히 감각적인 표현으로 이해하고 있다는 점이 문제다. 감각적인 것, 체험적인 요소들은 하나님의 선물이 분명하지만, 그 감격과 충만의 그 이해, 혹은 감각이 구원을 확인하는 일에 있어서도 넘쳐야 한다는 기준을 낳고, 하나님의 일을 하는데도 넘쳐야 한다는 기준을 낳았다는 게 우리의 비극이다. 구원의 확신이 감각적으로 충만한 거야 얼마든지 복된 의미이다. 하나님의 자녀가 됐다는 것이 감격으로, 환희로, 기쁨으로, 충만으로 나타나는 건 얼마든지 좋지만, 충만해야 그리고 희열에 차야만 구원을 받은 것이고, 희열에 차야만 신앙생활을 할 수 있다고 생각하는 것은, 이제 우리가 따져볼 더 깊은 신앙의 진전 과정에서 상당한 오해를 낳게 마련이다.

교회가 신자들을 신앙적으로 성숙시키는 문제에 있어서, 제일 많이 치중하는 게 뭔가 하면, 소위 펌프질이다. 맥이 풀려 지치고 피곤해하는 신자들을 인위적으로 일으켜 세워 충만케 하는 걸 목표로 한다. 삶으로 실천하며 신앙의 내용으로 차곡차곡 쌓이게 하며, 견디게 하며, 정리하는 단계로 가지 않고, 감정적인 느낌과 감각으로 보충해야 하는 방식이 되고 말았다는 말이다. 그래서 각종 프로그램으로 신자들을 돌리는 형식이 만연해졌다. 이런 방법으로 일시적인 효과는 볼 수 있으나 근원적인 신앙의 패턴은 잘못될 위험성이 너무 크다. 소위 도파민 형성이라는 일시적인 효과와 만족, 기쁨, 열정을 느끼게 할 수는 있지만, 장기적이고 지속적인 세로토닌 호르몬 형성이라는 일에는 실패한다. 이 두 전달물질은 우리가 행동을 조절하고 기분을 느끼는 방식에 큰 영향을 미친다. 충만은 일시적이기보다는 장기적이고 지속성을 띠어야 한다. 인생을 마라톤에 비유하듯이 신앙생활 역시 장거리 마라톤에 비유할 수 있겠다. 따라서 이런 호르몬의 특성을 아는 것이 우리 신앙에도 큰 영향을 끼치며, 절제와 있는 바를 족한 줄로 아는 성숙한 신앙 인격에 중요하다. 그래서 잠시 소개하여 도움을 주고자 한다.

〈도파민과 쾌락의 관계〉[121]

도파민은 보상과 쾌락을 촉진하는 역할을 한다. 이로 인해 우리는 즐거운 경험을 계속 찾게 되지만, 이런 경험에 대한 욕구는 때로 중독적으로 변할 '리스크'(risk)가 있다. 헬라어로는 '아갈리아오'(ἀγαλλιάω)로 표현할 수 있을 것이다(벧전 1:6, 8). 신앙적으로는 기적 체험, 소원성취, 문제 해결을 받았을 때 나타날 수 있다. 그래서 도파민의 영향을 적절히 조절하는 것이 중요하다. 성령의 열매인 '절제'가 이에 적절한 대응책이라고 말할 수 있겠다.

〈세로토닌과 행복의 연결〉

세로토닌은 만족감과 행복감을 증가시키는 역할을 한다. 세로토닌 수치가 높을수록 우리는 더 만족스러운 기분을 느낀다. 그러나 만족감과 행복을 혼동하면 세로토닌 수치가 떨어지고, 우리의 기분도 나빠질 수 있다. 이 세로토닌의 역할이 항상 기뻐하고, 범사에 감사하게 하는 신앙 상태를 만들어 내고 유지하는 일에 아주 혁혁한 성과를 낸다(살전 5:16-17). 있는 바를 족한 줄로 아는 만족감도 이 호르몬에서 생성된다(딤전 6:8; 히 13:5). 이런 즐거움의 상태를 헬라어로는 '카라'(χαρά, '카이로'에서 유래)가 잘 표현한다고 생각한다(벧전 1:8).

5) 하늘의 별과 같이

이스라엘은 믿음의 조상으로 불리는 아브라함과 사라의 한 가정으로부터 출발하여 국가를 이룬 민족이다(수 24:3). 그들은 갈대아(창 11장의 바벨)를 떠나 하나님의 인도를 따라서 하란을 거쳐 가나안 땅 세겜에 정착했다. 이후로 세 족장을 거치며 70명이라는 생육-번성의 복을 받았다(창 46:8-27). 마침내 그들은 애굽에서 "생육이 중다하고 번성하고 창성하고 심히 강대하여 온 땅에 가득하게"(출 1:7) 되었다. 이런 기록은 하나님께서 아브라함에게 하신 약속(창 15:5; 22:17)의 성취였고, 마침내 4대 만에 그 약속이 이루어졌다는 성취를 확인하게 한다.

10가지 재앙과 홍해 도하 사건을 통해서 하나님의 놀라운 구원을 경험했던 이스라엘이, 시내 산에서 율법을 받은 후 출애굽 1세대의 불신앙으로 인하여, 그들은 광야에서 38년을 소모하는 어처구니없는 실패를 경험했다.[122] 임종을 목전에 둔 모세는 그다음 세대(광야 세대)에게 하나님 앞에서 앞세대의 불신앙과 불순종이 얼마나 위험한 것인지 회상시키면서 하나님의 메시지를 전했다(신 6:4-5; 참고. 고전 10:6-11).

가나안 입성 직전에 있던 출애굽 2세대(광야 세대)에게 모세가 전한 메시지는 참으로 이스라엘의 실패에 관해 많은 것을 회고하게 한다. 하지만 먼저 모세는 "하늘의 별과 바닷가의 모래와 같이"라는 표현을 사용하면서 긍정적인 메시지를 전한다.

"애굽에 내려간 네 조상이 겨우 70인이었으나 이제는 네 하나님 여호와께서 너(이스라엘)를 하늘의 별같이 많게 하셨느니라" (신 10:22)

무자(無子)했던 아브라함으로부터 3대 만에 70명을 이루었을 뿐만 아니라, 애굽에서 이스라엘을 그렇게 생육하고 번성하고 충만하게 하신 분은 바로 여호와 하나님이었다고 은혜와 감사를 표하고 있다. 그러나 출애굽 세대에게 일렀던 메시지를 제대로 듣지 못한 2세대를 향한 메시지에서, 특히 불순종으로 실패했던 전례를 상기하며 2세대 역시 불신앙과 불순종으로 인한 민족적인 배도의 불길한 예언적 메시지를(신명기 31장을 참고하라) 전한다. 장차 모세 사후에 이스라엘이 가나안 땅에서 어떻게 행할 것인지, 그들의 불순종이 가져올 결과를 미리 보는 듯한 예언적인 메시지에서, "하늘의 별과 바닷가의 모래와 같이"라는 축복의 표현이 갑자기 부정적인 표현으로 바뀌는 것을 보게 된다.

"너희가 하늘의 별과 같이 많을지라도 네 하나님 여호와의 말씀을 청종하지 아니하므로 남는 자가 얼마 되지 못할 것이라." (신 28:62)

하늘의 별과 같은 다수가 별안간 극소수의 '남은 자'와 대조되고 있다. 아브라함으로부터 70명까지, 더 나아가서 "하늘의 별과 바닷가의 모래와 같이" 생육하고 번성하고 충만했던 긍정적이고 점진적인 증가, 확장과 팽창의 모습이 급작스럽게 바뀌는 분위기의 메시지로 바뀐 이유가 무엇일까? 불순종이다. 정말 인간은 어쩔 수 없는 존재일까? 앞세대가 무엇 때문에 15일 정도면 될 가나안 입성을, 38년이란 광야 생활을 거치며 생고생해야 했는지 직접 체험하며 목도하고도 깨닫지 못하는 것이 정녕 인생인가? 그것도 이방 민족과 구별되게 선택받은 선민인데도 말이다.

다음으로 유다 열 왕 시대, 곧 아하스와 히스기야의 시대에 활동했던 이사야로부터 "하늘의 별과 바닷가의 모래와 같이"라는 표현이 어떻게 사용되었는지를 살펴볼 수 있을 것이다. BC 8세기 선지자 이사야는 앞선 선지자 모세가 예측했던 일에 대하여 실제적으로 이스라엘의 역사는 어떠했는지를 확인할 수 있는 메시지를 전하고 있다.

"남은 자, 곧 야곱의 남은 자가 전능하신 하나님께로 돌아올 것이라. 이스라엘이여, 네 백성이 바다의 모래 같을지라도 남은 자만 돌아오리니, 넘치는 공의로 파멸이 작정되었음이라. 이미 작정된 파멸을 주 만군의 여호와께서 온 세계 중에 끝까지 행하시리라." (사 10:21-23)

이 말씀에 의하면, 이사야 선지자는 이스라엘의 실패를 기정사실로 여기고 있다(즉 이스라엘의 불순종에 따른 심판으로 앗수르, 바벨론, 페르시아, 그리스와 로마에게 넘겨진 것을 참고하라). 아브라함 이후로 그렇게 뚜렷하게 점진적으로 생육-번성-충만했던 "하늘의 별과 바닷가의 모래와 같은"이란 표현은, 점점 쇠퇴하여 간신히 명맥(그루터기)만을 유지하는 소수의 남은 자로 추락하는 이스라엘의 모습을 확인할 수 있게 된다. 아무리 하나님의 은혜로 선택과 충만의 복을 받았을지라도, 불순종하면 언제든지 소멸하여 추락하는 형편이 된다는 사실을 잊으면 안 된다는 교훈을 남겼다.

그리고 신약에 들어와서는 바울을 통해 구약의 '충만의 복'에 관한 표현을 어떻게 묘사하고 있는지 살필 수 있다. 바울의 관점이 중요한 것은, 아브라함으로부터 약 2,000년의 시간이 흐름으로써(아브라함-다윗-그리스도, 마 1:1), 지금까지 육적 이스라엘을 통해서 그림자로만(제사, 절기, 의식, 제도…) 행해왔던 은혜의 외적 수단이 폐하여졌고, 무용하게 되는 시점에 있기 때문이다(골 2:17, 그림자와 실체를 비교). 다시 말해서 예수의 오심과 성령 강림으로 말미암아 참된 영적 실체가 역사 속에서 실현되었다는 말이다. 그러므로 그동안 은혜의 수단과 방편이었던 육적 형식(그림자, 모형)을 벗어버리게 되었다.[123] 그러므로 땅에서는 죄인도 완전한 죄 사함(구속)의 은혜를 맛볼 수 있게 되었을 뿐만 아니라, 하나님의 말씀(법)을 사람의 심비(心碑, 마음 판)에 새길 수 있는 새로운 시대(새 언약 곧 신약시대, 렘 31:33-34)가 시작되었다. 바울은 로마서 9:27-28에서 이사야 10:22-23(70인역)을 인용한다.

"이사야가 이스라엘을 위하여 외치되 이스라엘 자손의 수가 바닷가의 모래와 같을지라도 남은 자가 구원을 얻으리라. 이는 주께서 땅에 대하여 내리신 단호하고 최종적인 결정이라."

모세의 예언대로 가나안에서 이스라엘은 불순종과 죄악으로 하나님의 진노와 심판으로 멸망했다. 그러나 하나님의 긍휼로 그 멸망의 심판 가운데서 단지 극소수의 사람만이 구원의 은혜를 입을 것이다. 그들은 벌거벗겨짐(포로의 수치와 부끄러움)을 당했다. 하나님의 백성이란 고귀한 지위도 박탈되고, 약속의 땅에서 쫓겨남을 당했을 뿐만 아니라 열국 가운데로 흩어져 디아스포라가 되었다. 특히 이는 아브라함이 갈대아 사람으로 이방 가운데서 구별되어 고귀한 존재로 가나안으로 들어왔던 일과는 너무나 대조적인 현상이다. 한마디로 이스라엘의 영적 상태가 이방인과 다름이 없게 되었다는 뜻이다(참고. 창 6:3; 시 49:20). 그렇지만 놀라운 점은, 이스라엘이 열국 가운데 흩어져 이방인과 똑같이 되었음에도 불구하고, 아브라함에게 하신 하나님의 약속은 여전히 변함이 없고, 그래서 안 좋은 환경일지라도 반드시 이루실 것을 알린다. 바울은 로마서 9:26에서 호세아서를 인용한다.

> "너희는 내 백성이 아니라 한 그곳(포로의 땅)에서 그들이 살아 계신 하나님의 아들이라 일컬음을 받으리라." (호 1:10)

열국 가운데 흩어져 이방인과 다름없는 처지가 되었던 바로 그 이방 땅에서, 본래의 신분과 지위를 회복하실 것을 예고하신다. 아브라함에게 하신 그 약속이 여전히 변하지 않고 반드시 성취될 수밖에 없는 이유는, 바로 이런 하나님의 긍휼과 사랑에 근거하고 있기 때문이다(호 11:8-9). 이런 사랑은 사람에게서는 기대할 수 없고, 오직 하나님에게서만 바랄 수 있는 긍휼과 변하지 않는 하나님의 신실한 성품 때문이다. 그러나 놀랍고 은혜로운 구원의 은혜가 죄와 심판으로 멸망한 이스라엘에게 주어진다고 하더라도, 이스라엘 중에서 일부가 이런 은혜를 입을 것으로 계시한다. 이 말은 육적 혈통에 근거해서는 구원을 보장받지 못한다는 사실을 내포하고 있다. 이스라엘이 심판을 경험하는 중에 회개하고 하나님께 돌아오는 은혜는, 육적 혈통을 따라 이스라엘에게 속한 자라고 해서 자동적으로 보장받는 것이 아니란 점을 보여준다(사 10:22-23). 이런 사실은 신약에서 '하나님께로서 난 자'만이 '남은 자'에 해당한다는(요 1:13) 하나님의 변할 수 없는 속성에서 발현한 하나님의 작정으로 확언하고 있다.

결론적으로 '충만의 복'은 하나님께로부터 난 자들이 하나님(성부, 성자, 성령 하나님)과 온전히 연합하여 하나 되는 것으로 나타난다. 하나님으로 충만해지는 것은 자기를 부인하여 자신을 온전히 비우고, 오직 주 하나님으로 채우는 길이다. 성경은 자기 생각을 온전히 사로잡아 그리스도께 복종시키는 방법(고후 10:5), 날마다 죽는 방법(고전 15:31), 자기 안에서 그리스도께서 온전히 살게 하시는 방법(갈 2:20) 등, 여러 가지 방법을 제시하고 있다. 그 모든 표현은 결국 신자의 자유의지에 의한 온전한 선택 곧 '순종'의 선택 하나로 집결한다. 그러니까 신자가 주께 온전히 항복하는 때, 그때가 하나님으로 충만해지는 때요, 성령으로 충만해지는 때이며, 말씀으로 충만해지는 때이다. 이는 곧 그리스도의 풍성(충만)으로 채워지는 것이 곧 신자가 충만의 복을 받는 것이다. 물론 문자적 혹은 외적으로의 충만은 사도행전에 나타나듯이 날마다 믿는 자의 수가 늘어나며, 그래서 온 세상에 복음이 전파되는 충만함이 이루어져, 예수 믿는 하나님의 존귀한 자녀들이 가득해지는 것을 생각할 수 있다. 하지만 진정한 복인 내적인(영적인) 충만의 복은 신자 안에 계신 그리스도(하나님)의 풍성함으로 온전히 신자를 채우는 길이다.

4. 정복의 복; 선으로 악을 이김

구약에서 처음 정복하라는 명령은 땅 위에 사는 모든 생물체(짐승, 새, 물고기 등)까지 정복하라는 명령을 포함한다. 땅만을 정복하라는 것이 아니라 땅 위에서 생존하는 생명체들을 정복하라는 의미다. 오늘날 땅을 넓히려고 전쟁을 벌여 수많은 살상을 일삼는 인간들의 그런 땅 넓히기 정복이 아니다. 네 번째 땅을 정복하라는 명령과 그를 실행할 수 있도록 복 주심은, 땅과 그 위의 생명체들을 제압하여 복종시키라는 뜻이다. 그래야 땅 위에서 사는 생물들을 다스리며, 궁극적으로 세상 나라를 하나님 아버지께 바칠 수 있기 때문이다(계 11:15). 첫 아담이 이런 하나님의 뜻을 순종하지 못해 결국 실패하고 만 것이다. 하나님의 뜻은 세상을 향해 정복의 사명을 감당하라고 했는데, 아담은 뱀의 미혹을 받아 엉뚱한 곳에 시선을 모았고, 그 결과 하나님을 대적하는 자리에 빠진 것이다. **아담이 주목해야 했던 것은 에덴동산의 선악과가 아니라 세상의 만물이었다.**

구약에서의 정복의 복은 약속의 땅 가나안을 정복하는 일로 나타났다. 이때도 가나안 땅 자체를 정복하라는 명이 아니라 가나안 땅에 사는 원주민들(생명체)을 정복하는 것이 핵심이다. 가나안땅만 정복하면 무슨 소용이 있는가? 맨땅을 정복하는 것이 목적이 아니라 그곳에 사는 원주민을 정복해야 그들을 다스리는 일까지 이어질 수 있다. 이 가나안 정복으로 나타난 계시는 구약의 정복을 다룰 때 밝혔듯이, 함의 손자인 가나안을 저주하는 노아의 입을 통해 드러났다고 했다. 그런데 여기서 조금 더 보충해야 할 것은 '가나안'에 대한 호칭이 사람 이름에서 지역으로 그리고 나중에는 장사(무역)하는 모습으로 나타난다(사 23:8; 겔 27:3).

"저는 상인(가나안)이라 손에 거짓 저울을 가지고 속이기를 좋아하는 도다." (호 12:7)

이런 맥락에서 정복을 말할 때는 신약에서의 마지막 성경인 계시록에서 세계를 넘나들며 무역을 자랑하던 음녀 바벨론의 무너짐이 정복의 절정이 아닌가 생각한다(계 14:8; 18장). 최후 바벨론의 무너짐, 거기까지 하나님의 뜻이 아닐까 추론해 본다.

그런데 창세기 9장에서 이상한 기록을 보게 된다. 홍수가 그친 후 노아의 8식구가 방주에서 나온 후 노아의 아들들을 소개하는 기록 가운데 이상하게 함의 아들 가나안을 언급하는 점이다. 그때는 노아의 손자 가나안이 아직 태어나기도 전인데 성경은 함에 관해 소개할 때 왜 '가나안의 아비'란 말을 부언했을까?

"방주에서 나온 노아의 아들들은 셈과 함과 야벳이며, 함은 가나안의 아비라" (창 9:18)

이후에도 함이 잘못하는 일에 대해 꼭 '가나안의 아비' 함이란 토를 단다. 일반적인 히브리식 표현과 다르게 기록하고 있다. 누구의 아들 000란 방식[124]이 아닌 누구의 아비 000란 방식으로 기록하는 특이한 점을 보게 된다. 그리고 이후에 전개되는 사건이 함의 잘못과 가나안을 향한 저주가 이어진다(창 9:20-27). 따라서 가나안의 저주는 누구의 죄로 인해 나타난 저주가 아니라, 하나님이 하시고자 하는 일을 나타내기 위한 하나님의 특별계시에 속한 문제란 점을 확인할 수 있다(참고. 요 9:3).

어쨌든 구약의 역사적인 기록은 가나안을 온전하게 정복하는 일에는 실패했다고 전한다. 예수 그리스도의 모형인 여호수아를 선두로 하여 가나안을 정복하려고 했으나, 그 역시 저절로 정복되는 일이 아니라 하나님의 약속을 믿고 순종하는 여부에 따라 달라지는 정복 전쟁이었다. 정복이란 말 자체에는 싸워야 하는 전쟁의 요소가 함축되어 있다. 싸워서 이겨야 비로소 '정복'이란 의미가 가능해진다. 거기에는 타협이나 양보와 같은 중간 지대는 없다.

구약성경에서 '정복'이란 단어(카바쉬)는 "필요할 경우에 강제로 봉사하도록 만드는 것"을 의미하는 강력한 힘의 논리를 가진 단어다. 그러므로 창세기 1:28에서 "정복하라"라는 말은, 피조물이 인간의 명령에 기꺼이 혹은 쉽게 순종하지 않을 것이며, 인간이 강력한 힘으로 피조물을 정복해야만 한다는 사실을 암시한다. 하지만 알 것은 흙으로 빚어진 본래 인간성에는 사납고 파괴적인 기쁨으로 그러한 일을 수행하도록 하는 뒤틀린 면이 있다. 우리가 스스로 노력한다고 할지라도 인간의 이런 성향을 간단하게 정복할 수는 없다. 그러나 그것은 예수 그리스도에 의해 정복될 수 있으며, 이것은 그가 "우리의 죄악을 발로 밟으시고"(미 7:19)라는 약속에 따라 확신할 수 있다. 따라서 신약으로 넘어오면서(곧 새 언약의 시대, 재창조의 시대), 신자의 싸움은 눈에 보이는 땅을 정복하는 싸움이 아니라 선한 싸움으로 세상을 정복하는 것이다.[125] 이때의 '세상'(코스모스)은 대표적으로 하나님을 대적하는 세상을 가리킨다.

"우리의 씨름은 혈과 육에 대한 것이 아니요, 정사와 권세와 이 어두움의 세대(아이온) 주관자들과 하늘에 있는 악의 영들에게 대함이라"(엡 6:12)

"이것을 너희에게 이름은 너희로 내 안에서 평안을 누리게 하려 함이라 세상(코스모스)에서는 너희가 환난을 당하나 담대하라 내가 세상(코스모스)을 이기었노라 하시니라"(요 16:33)

그러므로 그리스도 안에 있는 신자들의 선한 싸움은 이리가 들끓는 세상에서 신자 혼자 싸우는 싸움이 아니다. 세상을 이기신 주와 함께 싸우는 전쟁이다. 이는 세상을 정복하기 위해 절대 필요한 조건이다. 그리스도 없이 세상을 이길 인간은 세상에 없다. 이는 현재 러시아와 우크라이나의 전쟁과 같이 혈육과 전쟁 무기를 동원하여 싸우는 폭력적인 전쟁이 아니다. 영적 전쟁이다. 그래서 이 전쟁은 종말론적인 성격을 띠며 승리하는 최종 완성을 향해 나아간다.

"그 후에는 나중이니 저가 모든 정사와 모든 권세와 능력을 멸하시고 나라를 아버지 하나님께 바칠 때라"(고전 15:24)

그래서 세상 나라가 그리스도의 나라가 되어 하나님 아버지께 바치는 일은 물론 그리스도께서 세세토록 왕 노릇 하는 것이 목표다.

"일곱째 천사가 나팔을 불매 하늘에 큰 음성들이 나서 가로되 세상 나라가 우리 주와 그 그리스도의 나라가 되어 그가 세세토록 왕 노릇 하시리로다 하니"(계 11:15)

그리고 사명을 성취하는 영적 전쟁은 내적으로 주께서 도우시지만, 외적으로는 혼자 감당해야 하는 싸움으로 비친다. 물론 그때라도 주님은 성령으로 신자와 함께하시며 홀로 두지 않으신다(마 28:20). 사람은 배반하고 회피할지라도 성령께서 유일한 돕는 배필로 세상 끝 날까지 함께하신다. 그래서 인간 세상에서 의지할 대상을 찾으면 반드시 실패한다. 우리의 정복 싸움은 실제적으로는 주위 사람이 다 떠나고 홀로 감당해야 하는 싸움이 영적인 전쟁이다(마 26:31; 요 6:66). 하나님의 일은 언제나 사람을 배제하기에 하나씩 다 떨어져 나가게 만들어 홀로 하나님을 대면하게 하는 방법으로 양육하신다. 아브람에게도 본토-친척-아비 집을 떠나라고 명하셨고, 마침내 홀로 남았을 때 나타나 언약을 주시고 복 주셨던 역사적 사건을 성경에 기록하여 남기심으로 잘 알게 되었지 않은가(창 13:14-17). 왜냐하면 하나님만 의지하게 하려고 그리하시는 것이다(고후 1:8-10). 그러므로 언제든지 홀로 남은 것 같은 외로움을 느낄 때, 그래도 하나님은 나와 함께 하신다는 이 한 가지 사실을 잊지 말고(요 16:32), 주어진 사명을 끝까지 잘 감당해 내는 것이 중요하다. 우리 주님처럼 아버지 하나님만 의지하고 사명을 잘 감당하여, 하나님 아버지께 영광을 돌리려는 중심을 놓지 말아야 한다(요 17:1).

1) 신약에서 외적 정복의 사명과 복

(1) 복음서의 정복

예수 그리스도의 십자가와 부활 후에 제자들에게 준 선교 명령은 예수의 공생애 전반에 나타나는 전도와 제자들의 파견, 영혼 구원의 긴급성에 대한 언급과 불가분리 관계에 있다. 예수님은 제자들을 거느리고 이스라엘 국경을 수시로 넘나들면서 선교하셨다. 대표적인 경우는 사마리아와 두로, 시돈 지방의 전도 여행이다. 예수의 정복 전쟁은 하나님의 말씀을 유대인은 물론 이방에게도 전하는 것이었다. 이 정복 전쟁에 반드시 필요한 것은 성령의 능력이며, 정복 전쟁을 완수하려면 반드시 받아야 할 복이 성령의 능력이다(행 1:8; 10:38).

> "사람이 먼저 강한 자를 결박하지 않고야 어떻게 그 강한 자의 집에 들어가 그 세간을 늑탈하겠느냐 결박한 후에야 그 집을 늑탈하리라"(마 12:29)

그래서 주께서는 제자들을 파송할 때 권능을 주셨다고 성경은 기록하고 있다(눅 10:19). 이것이 영적 전쟁의 무기다. 하나님은 이렇게 항상 어떤 일을 맡기기 전에 먼저 그 일을 감당할 수 있는 복(성령, 능력 등)을 주신다.[126]

> "예수께서 그 열두 제자를 부르사 더러운 귀신을 쫓아내며 모든 병과 모든 약한 것을 고치는 권능을 주시니라"(마 10:1)

예수께서 먼저 이스라엘의 구원을 위해서 활동한 것은, 잃어버린 양을 위한 것이라고[127] 전제하신 것처럼 먼저는 유대인이요, 나중은 이방인으로의 계획을 말씀하신 것이다(롬 1:16). 이같이 하나님의 뜻은 온 세상을 정복하는 일이지 결코 혈통적 이스라엘에 국한된 것이 아니다. 이방인에게 베푼 기적들은 이방인을 위한 새 시대가 이미 예수 안에서부터 시작했음을 보여주는 것이다. 즉 선교의 대명령은 예수께서 전 인류를 위한 십자가의 고난과 영광의 부활 후 제자들에게 준 것인데, 그의 구속 사건은 이스라엘과 이방 민족 사이의 장벽을 헐어버리는 것으로 나타났다(엡 2:12-19).

(2) 사도행전의 정복

유대인들은 지중해 연안 전역에 흩어져 살고 있었으며, 바벨론 포로 시대에 시작한 회당 예배를 통해서 유대교 특유의 개종 운동을 열심으로 수행하고 있었다. 이 방대한 지역에 흩어져 있는 유대인 회당은 초대 교회 선교 수행에 결정적인 도움을 주었다. 이 회당들이 초대 교회 세계 선교의 매개체 역할을 AD 90년까지 감당했다. 사도행전의 선교 명령(행 1:8)은 시간적 개념이 아니라 지리적 개념 위에 서 있다. 예루살렘-유다-사마리아-땅끝(이방)까지라는 순서를 강조한 것이라기보다는, 모든 지역으로의 확장이 선교의 대상이라는 점을 가르치고 있다. 여기에서 이방인 선교에 대한 명령이 구체적으로 그 실천에 옮겨지기까지에는 네 단계의 준비 과정이 필요했다.

1단계는 오순절 성령 강림이며, 모든 나라에서 온 유대인들과 개종한 이방인들이 복음의 첫 열매가 됐다.

2단계는 스데반의 순교와 신자들의 피난으로 유대와 사마리아, 그리고 갈릴리 전도가 시작되었다. 그 결과로 지방에 교회가 세워지고 성장해 갔다.

3단계는 하나님이 이방인의 사도로 부르신 바울의 소명과 회심 사건으로 본격적인 이방 선교의 장이 열렸다.[128]

4단계는 고넬료의 회개로 성령이 임하고, 베드로는 그 가정에 세례를 주었다. 베드로의 보고는 논란 후에 받아들여졌으며, 또한 그 결과로 이방인 선교가 하나님의 뜻으로 공인받게 되었다. 이 사건은 예루살렘교회 안에 이방 선교의 문호가 열린 것을 의미할 뿐만 아니라, 이방 선교에 진출하는 역사적 전환점(당위성)이 되었다.

오순절 전에 제자들이 받은 선교의 명령을 지상명령으로 생각하고, 오순절 후에 구체적으로 이방에로의 선교 계획을 수립했고, 그 실천을 위하여 기도하고 열의를 가지고 추진했다는 기록은 찾아볼 수 없다. 그뿐만 아니라 그들은 오순절 후에도 주 예수의 지상명령을 상기하고 이방 선교에 진력했다는 기록도 볼 수 없다. 즉 예루살렘교회 사도들의 소극적인 태도는 같았으나 성령께서 사도행전 11:18까지의 준비 단계에 적극적으로 개입하고, 관여했을 뿐 아니라 이방 전도의 주관자로 주도권을 행사하고 있음을 보게 된다. 사도들과 초대 교회는 이방 선교에 민족적 우월의식이라는 제동을 걸어놓고 제자리걸음하고 있었다. 선교의 명령은 이미 주어졌으나 사도들은 움츠리고 움직이지 않았다. 성령께서는 이 상황을 타개하기 위해서 안디옥 교회를 세우게 하고, 바울과 바나바를 선교단으로 내보내심으로 예수의 선교 명령이 실천에 옮겨지게 했다. 그래서 안디옥 교회가 바울과 바나바를 이방 선교에 파송한 것은 중요한

의의가 내포되어 있다.

첫째, 기독교 교회사에 새 시대가 시작되었다는 점이다. 땅끝까지(당시에는 스페인-서바나) 가서 선교하라는 명령이 실천에 옮겨지기 시작했다.

둘째, 세계 선교의 준비 단계를 거쳐서 세계 선교의 문호가 열린 후 이방 세계에 진출한 것은, 예루살렘교회 지도자인 사도들이 아니라, 헬라 문화권에서 성장한 이중 언어를 구사하는 바울이었다는 점이다. 그는 문화충격을 받지 않고 선교할 수 있었다.

셋째, 안디옥 교회는 기독교 선교 역사에 피 선교지 교회의 모델로 연구될 수 있을 것이다. 성령의 개입을 통해 안디옥 교회는 피 선교지 교회에서 급속히 탈피하여 선교하는 교회로 급성장했다.

(3) 선교를 통한 정복 전쟁

신약 성경에는 세계 선교의 명령이 네 곳에 등장한다.[129] 즉 이스라엘 국경을 넘어서 온 세상(만민, 열국)에 복음을 전할 것, 복음의 메시지는 십자가에 죽고 부활한 예수 그리스도를 통해서만 사죄를 받을 수 있으며(행 4:12), 세상 끝 곧 모든 백성으로 주의 제자 삼아 그리스도의 거룩한 교회를 세워나가는 일이었다. 모든 백성은 유대인과 이방인을 포함하므로 유대인과 이방인 선교가 동시에 수행되어야 할 것을 강력히 시사하고 있다. 이중 특히 구체적인 선교 명령을 보여주는 것이 마태복음 28:18-20이다.

"예수께서 나아와 일러 가라사대 하늘과 땅의 모든 권세를 내게 주셨으니 그러므로 <u>너희는 가서 모든 족속으로 제자 삼아</u> 아버지와 아들과 성령의 이름으로 세례를 주고 내가 너희에게 분부한 모든 것을 가르쳐 지키게 하라. 볼지어다 내가 세상 끝 날까지 너희와 항상 함께 있으리라 하시니라"(마 28:18-20)

이 글에는 일반적으로 4개의 명령이 포함되어 있는 것으로 알려져 있다. 한글 번역은 선교 명령을 4대 명령으로 본다. 즉 가라-제자 삼으라-세례 주라-가르치라. 그러나 만일 "가서"를 명령 동사로 보지 않고 분사로 본다면, 세 개의 명령으로 구분할 수 있다. 즉 가서 제자 삼으라-세례 주라-가르치라. 이것을 현대 교회에서는 전도와 교육이라는 2단계로 분류하여 결과는 "가르치라"에 핵심을 둔다. 그러나 헬라어 원문에 관한 연구는 선교의 명령이 단 하나의 명령으로 되어 있음을 보여준다. 유일한 목적을 나타내는 명령은 "제자 삼으라"만 명령 동사이고, 다른 동사들은 주동사에 소속한 '분사 동사'이다. 이를 정리하면 "그러므로 너희는 가서, 아버지와 아들과 성령의 이름으로 세례 주고, 내가 너희에게 명한 모든 내용을 지키도록 가르쳐서, 모든 민족을 <u>제자 삼으라</u>." 즉, 성경 본문의 목적이 모든 주의 가르침을 지키는 일에 있으며, 따라서 신자의 영적 성장이 궁극적 목적인 것 같은 인상은 여기서 찾아보기 어렵고, "제자 삼으라"는 명령이 분명하게 그리고 보다 더 선명하게 나타난다. "가서"는 수단을 뜻하기에 명령이 되지 못한다. "세례를 주고 가르치라"고 번역된 두 분사도 수단이지 결코 명령이 아니다.

온 세상을 향한 주의 명령 수행(마 28:19-20), 특히 주 예수의 증인이 되는 일은 인간의 의지나 노력으로 될 일이 아니라, 오직 성령의 능력으로 정복하는 사역이란 점을 분명히 한다(행 1:8). 예루살렘교회의 외부를 향한 진출이, 비록 예루살렘과 유다와 갈릴리 그리고 이웃인 사마리아 지방에 거의 한정되는 것같이 보이나, 그것도 성령의 능력에 의한 역사였다. 하나님은 예수 그리스도를 세상에 보내셨고, 그같이 예수도 교회를 세상에 보냈다. 성령의 능력을 받기 위해 기다리던 제자들은 오순절에 성령의 능력을 받아 예루살렘 거리로 나갔으며, 또한 유다와 갈릴리와 사마리아 지방으로 확장해 갔다. 그들은 가서 세례를 주고 가르치는 사역을 통해 주의 제자 삼는 일에 힘썼다. 그들의 복음을 통한 사귐은 예루살렘의 놀라운 사건이었으며, 구원받는 수가 점점 더해갔다(행 2:41-47).

성령의 역사는 분명코 하나님의 세계 안에서의 현존을 의미하며, 또한 예수 그리스도의 활동을 보여준다. 성령의 개입과 인도로 초대 교회는 이방 선교에 나서게 되었으며, 예수 그리스도의 특별계시로 인하여 바울은 이방 선교의 사도로 활동했다. 바울의 선교활동은 땅끝까지 나가기 위한 활동이었으며, 그가 복음을 전하여 세례를 주었고, 교회를 세우는 일에 헌신했다. 바울은 그 자신의 행적에 대해 "내가 예수를 본받은 것 같이 너희도 나를 본받으라"(고전 11:1)라고 가르치면서, 선교의 대열에 참여하여 고난을 받으라고 초청했다. 여기서 나를 본받으라는 초청은 자기의 잘한 면, 혹은 성공적인 선교사역을 말함이 아니라, 이방인을 제자 삼는 일에 헌신하여 고난 받는 그 일을 본받으라는 초청이었다. 그는 또 교회에서 집중적으로 성경 공부를 인도했는데, 이 같은 그의 가르치는 활동은 그에게 확실한 목표가 있었음을 보여주는 것이다. 복음을 받아들이는 사람이 예수를 믿고 '구원받을 뿐만 아니라' 예수의 충성된 제자요, 예수 그리스도의 몸 된 교회의 능동적인 지체가 되어, 주를 위하여 헌신하게 하는 데 있었다(빌 1:29). 고난을 기쁘게 받으면서 제자 삼는 일과 은혜 안에서의 성장을 이원화시키지 않았다. 그들은 선교 명령에 나타난 유일한 목표인 제자 삼는 일은 지상 목표였다. 바울은 선교활동을 통하여 철저하게 예수의 제자 삼는 운동을 전개하여, 결신자를 얻고, 세례를 주고, 그들을 모아서 주의 몸 된 교회를 세웠다. 이처럼 그의 선교는 주의 제자 삼는 일뿐만 아니라 교회를 세워 하나님 나라를 확장하는 일에 힘썼다.

2) 신약에서의 내적 정복 전쟁과 복

예수께서 산에서 교훈을 선포한 것(산상수훈)을 마치 모세가 시내 산에서 받은 하나님의 율법을 백성들에게 말한 것과 같다고 연결한다(참고. 5:17). 산상수훈은 예수께서 하나님 나라의 새로운 기준을 선포하신 법으로서, 이는 구약시대의 율법과 같은 기능이며 십계명과 같이 기능하는 것으로서, 위로는 하나님을 사랑하고(1-4계명), 아래로는 이웃을 사랑하라는(5-10계명) 것이며, 또한 천국 백성의 삶으로서 진정한 복이란 이 세상에서 하늘의 것, 보이지 않는 천국을 소유하는 것이라고 말씀하신다. 예수께서 이 땅에 오신 순간부터 임한 천국(현재 천국)의 복이 무엇인지 분명히 하고자 하심이다.

신약에서는 복의 개념을 일반적이고 인간적인 개념을 깨고 내적이며 영적인 복의 개념으로 전환하는 것을, 복음서 특히 주의 가르침에서부터 확실하게 알려준다. 일반적으로 내적 정복의 복은 주로 바울서신과 기타 일반서신에 잘 나타난다. 물론 이 복은 기본적으로 주 예수의 팔복을 근거로 함은 물론이다(마 5:3-10). 신약에서 다루는 복의 개념은 구약과 다르게 영적인 면, 곧 내적인 면을 주로 언급한다. 그것은 현재 천국에서 분명하게 제시하는 복이다. 신약시대에 이 현재 천국의 복을 맛보지(혹은 누리지) 못하는 신자는 가나안 정복의 맛(젖과 꿀이 흐른다는 의미)을 모르는 불쌍한 자이다. 그들은 끝내 사사 시대의 이스라엘과 같은 삶을 살다가 인생을 끝내는 신세를 면치 못할 것이다. 그런 의미에서 팔복은 '예수 그리스도께서 가르치시고자 하는 천국의 세계관이자 영적 원리'로 생각할 수 있겠다. 그 기본적인 원리를 간략하게 살펴 정복의 복과 연계성을 정리해 보려고 한다.

(1) 성경이 가르치는 복; 내적인 복

산상수훈의 그 긴 여정(마 5-7장)의 초입에 해당하는 팔복은, 하나님의 일이 현실에서 어떤 절차와 단계를 통해 이뤄지는지를 정확하게 보여준다. 팔복은 비움에서 채움으로, 안에서 밖으로, 성품에서 사역으로, 나 자신에게서 시작해 세계로 나가는 길을 가르쳐준다.[130] 먼저 천국의 복은 환경에 따라 다르게 주어지는 것이 아니라, 인간의 내면으로부터 시작하여 외부의 환경과 상황을 대하는 자세가 달라지는 것으로 발전한다는 사실을 가르친다. 따라서 복을 누리거나 누리지 못하는 것은, 전적으로 신자 자신에게 달려 있다는 점을 간과해서는 안 된다. 하지만 이런 말을 할 때도 조심해야 하는 것은 팔복이 전적으로 사람에게만 책임을 전가하는 복이 아니란 점이다. 왜냐면 각 복을 시작할 때마다 "복이 있는"(마카리오이) 상태를 나타내는 형용사로 시작한다는 점 때문이다. 하나님은 이렇게 항상 먼저 복을 선언하시고(주시고) 사명을 주거나 혹은 명령하신다(창 1:28; 시 1:1). 특히 창세기 1:28의 복을 말씀하실 때 강조 용법(피엘형)을 사용하셨고, 시편 1:1의 복은 행복을 누리는 상태를 묘사하고 있다. 따라서 성경이 가르치는 복 혹은 행복은 세상의 어떤 것들을 소유하거나 누리는 것이 아닌, 전혀 다른 방향을 지시하고 있다는 점을 알아야 한다. 따라서 신약에서의 정복은 이런 복을 받는 방법을 향한 전쟁이라고 말할 수 있다. 구약에서도 처음 시작을 오복으로 시작하신 것처럼(창 1:27-28), 신약에서도 주의 입을 통해 주어지는 이 팔복을 어떻게 받아 누려야 하는지를 가르치는 사역으로 시작하고 있다는 점에 주목해야 한다. 구약 율법의 핵심이 '십계명'이라면 산상수훈의 핵심은 '팔복'이라고 할 수 있을 만큼 이 부분은 중요하다. 한편 "복이 있나니…"의 형식을 반복하고 있는 팔복은, "복 있는 사람은…"으로 시작하는 시편 1편의 내용과 일맥상통하는 점이 있다고 하겠다.

> 팔복은 하나님의 일이 시작되는 지점, 진행되는 방향, 그리고 마지막 목적지를 보여줍니다. 첫 번째 복인 가난하며 비워진 심령에 천국이 임합니다. 자신에게 마땅히 있어야 할 것이 없으며 오래전에 없어졌어야 할 것이 여전히 자신 안에서 움직이고 있는 것을 보며 애통해하는 자가 두 번째 복인 은혜의 위로를 받습니다. 이렇게 하나님의 위로가 채워진 사람에게 세 번째 복인 온유가 자연스럽게 찾아와 땅을 복으로 받고, 이렇게 온유로 채워진 자에게 비로소 네 번째 복인 의를 향한 갈구가 일어난다고 성경은 말합니다. 결국 이 모든 복이 종국에 이를 때 그는 의를 위하여, 여덟 번째 복인 하나님의 나라를 위하여 박해받는 자리까지 갈 수 있게 됩니다. 비움에서 채움으로, 내면에서 세계로 나가는 길이 보이지 않습니까?[131]

(2) 세상이 추구하는 복과 비교

바로 앞서서 말했지만, 성경 원문을 보면, 팔복의 메시지는 항상 "복이 있나니"라는 말로 시작한다. 헬라어로는 '마카리오이'인데, 원형이 '마카리오스'이다. 이 단어는 어떤 환경에 기초한 행복이 아니다. 환경이 긍정적이고 좋기 때문에 느끼는 행복이 아니라는 말이다. 이것은 어떤 환경이나 상황에 영향을 받지 않는 행복감이다. 그러나 세상으로부터 무엇인가를 얻어야 행복해지는 것은 헬라어로 '유다이모니아'라고 한다(성경에는 쓰이지 않았다).[132] 그러니까 헬라어로 '유다이모니아'는 현세적인 조건이 사라지면 소멸되는 행복감이다. 반면에 '마카리오스'는 없어지지 않는다. 호르몬을 빌려 설명하자면 '유다이모니아'는 도파민이 나오는 행복으로 비유할 수 있겠고, '마카리오스'는 세로토닌이 나오는 행복에 비유할 수 있겠다. 현대인들은 돈과 명예와 권세를 추구하는 경향이 있다. 그런 것들이 채워져서 마음이 넉넉해져야 행복할 것으로 착각한다. 그런데 성경은 정반대로 말한다. 그런 세상의 좋은 것들로 채워진 마음을 비우는 것으로 시작해서 애통으로, 점진적으로는 주께 잘 길들여지는 단계로 나아가야 참 행복을 누릴 수 있다고 강조한다.

> "불법이 사함을 받고 죄가 가리어짐을 받는 사람들은 복이 있다. 주께서 그 죄를 인정하지 아니하실 사람은 복이 있도다" (롬 4:7-8)

자기의 불법을 용서받은 사람, 자기의 죄가 가려진 사람은 얼마나 행복하겠는가? 사망의 죄에서 벗어난 사람의 행복감은 영원히 사라지지 않는다. 팔복에서 말하는 복이 그런 복이다. 외부적인 어떤 조건이나 상황에 따라서 느끼는 복이 아니다. 예수께서 약속하시는 '마카리오스'는 소멸하지 않는 복이다. 하나님으로부터 주어지는 충만하고 완전한 복이다. 오히려 일시적으로 요동하는 삶의 환경이나 조건들에 따라서 바뀌는 감정에서 완전히 해방된 그런 기쁨과 충만함이다. 완전하고 절대적이며 영원한 기쁨이 바로 '마카리오스'이다. 이 복이야말로 현재 천국이 보장하는 복이며(롬 14:17), 항상 기뻐하고 범사에 감사할 수 있도록 하는 복이다(살전 5:16-18).

(3) 내적인 복으로 자기를 정복하려면?

그러면 어떻게 성도가 '마카리오이'의 복으로 자기를 정복할 수 있을까? 그것은 하나님이 주시는 것이기 때문에 스스로 가질 수는 없다. 신자가 자기 머리(이성, 육신의 생각)로 살아가는 동안에는 이루어지지 않는다. 그 복은 자기를 부인하고 하나님을 전적으로 신뢰할 때 가능하다. "팔복의 말씀은 신자를 바닥에 꿇어 엎드려 항복하게 한다. 팔복은 하나님을 아는 자라면 누구든지 자기의 무력함을 철저하게 드러나게 하여 복을 준다는 사실을 깨닫게 한다."(로이드 존스) 우리는 주의 말씀 앞에서 우리 자신의 무력함을 깨닫고 느끼고 성찰할 수 있어야, 주의 약속이 성취되는 맛을 보고 감사하며 찬송할 수 있다. 이 일은 오직 성령의 역사를 통한 말씀의 능력에 의해 이루어진다(히 4:12-13).

산상수훈의 주제 전개는 예수께서 설명하신 현재 천국 생활의 순서라고 말할 수 있다. 이는 하나님의 성품인 사랑의 삶을 향한 점진적 성장의 단계라고 말할 수 있을 것이다. 그 출발점인 마태복음 5:3-10에 기록된 여덟 가지 복은 어떤 품성을 가진 사람이 하나님의 사람인지, 복의 사람들의 본질적 성품이 무엇인지 가르친다. 이는 마치 아브라함이 처음 '복의 사람'으로 부름 받을 때 상황을 떠올리게 한다. 아브람에게 있는 본토-친척-아비 집을 떠나는 것이 곧 팔복에서 첫 번째 복인 자기 비움의 모습과 같기 때문이다. 그리고 마태복음 5:11-12에서는 세상이 이 신령한 복으로 채움을 입을 사람들에게 어떤 반응을 보일 것인지 미리 말씀하시며, 세상이 너희를 박대해도 이상히 여기지 말라고 당부하신다. 13-16절에서는 하나님의 백성과 세상의 관계를 말씀하신다. "너희는 세상의 일반적인 사람들처럼 그냥 잠시 왔다가 가는 안개나 들풀 같은 인생이 아니라(약 4:13-14; 벧전 1:24), 세상의 빛이요 소금"이라고 강조하신다. 지금까지는 전혀 생각지 못했던 신자의 정체성, 즉 새 피조물인 우리가 하나님 앞에서 어떤 존재인지 말씀하신 후에, 본격적으로 하나님의 백성은 어떤 복으로 자기를 채워야 하며, 그 복으로 세상을 이기고 정복해야 하는 존재가 되어야 할 지를 가르치셨다.[133]

3) 산상수훈에서의 팔복

주께서 가르치신 팔복은 주께서 제자의 자격이라고 할 수 있는 제자 삼는 원리의 확장(디테일)이라고 말할 수 있다. 이는 마치 구약의 십계명을 주신 것과 같다고 말할 수 있다. 그것은 자기를 부인하는(첫째 복) 일로 시작하여, 자기 십자가를 지는(여덟째 복) 자리까지 나아가는 자라야 한다는 말씀이다(참고. 히 6:1-2).[134] 이를 도표로 비교하면 다음과 같이 할 수 있을 것이다.

십계명(율법의 대강령)	팔복(새 계명의 대강령)
하나님 사랑(1-4계명)	자기 부인(1-4째 복)
이웃 사랑(5-10계명)	자기 십자가(5-8째 복)

팔복 가운데 1-8째 복은 십계명의 구성과 달리 단계적인 과정이다. 십계명은 두 개의 큰 강령 안에 각각 독립적으로 주어진 계명인 반면, 팔복은 자기를 부인하고 자기 십자가를 지기까지의 단계별 과정이란 의미다. 이제 세상을 정복하는 과정에서 자기 정복을 위한 단계의 계단을 하나씩 밟으며 올라가 보자.

첫 번째 복; 자기 비움

"심령이 가난한 자는 복이 있나니 천국이 저희 것임이요." (마 5:3)

자신을 비운 상태를 헬라어로 '케노스'(κενός)라고 한다. 예수께서는 영적으로 가난하게 된 사람 즉 '자기 비움'('겸손'이라고 표현할 수도 있겠다)을 현재 천국의 가장 중요하고 으뜸가는 덕목으로 삼았다. 이는 인간의 영적 성장과 영성 생활의 가장 일차적인 요소와 원리가 바로 '자기 비움'이란 사실을 의미한다. 이는 주께서 다른 말로 가르치신 것과 맥이 통하는데, 그것은 주께서 친히 본을 보이신 것이고(빌 2:5-8), 제자들을 향하여 자기를 부인하라고 가르치신 내용이다. 겸손의 성경적 근거는 하나님 앞에서 흙과 먼지에 불과한 인간의 '자기 이해'에서 비롯된다. 신자의 마음을 깨끗하게 비울 때, 곧 겸허해질 때 우리 안에 내주하시는 진리의 영인 성령이 그만큼 강하게 역사하신다.

신자의 안을 채우고 있는 것이 무엇이기에 영의 상태가 가난해질 정도로 비워야 한다는 것일까? 세상에 속한 것들(약 4:4; 요일 2:15-16), 기득권(빌 2:6-7), 탐심으로 대표되는 땅의 지체들(골 3:5), 육신의 생각(롬 8:5-8) 등이 가득하다는 것으로 이해된다. 지금껏 교회가 마주한 위기는 늘 하나님이 아닌 것이 하나님의 자리를 차지하고, 하나님이 계셔야 하는 자리에 인간적인 것들이 들어가 있었기 때문에 나타난 것이었다. 하나님은 이런 상태를 죄악이 관영했다고 지적하시며, 악하다고 보신다. 중요한 것은 인간이 어떻게 보고 생각하느냐가 아니라, "하나님 보시기에 어떠냐?"가 중요하다는 이 한 가지 사실을 잊지 않는 것이다.[135] 왜냐면 인간의 행위에 대해 최종적으로 평가하시는 분이 하나님이시기 때문이다.[136] 그리스도를 효과적으로 섬기기 위해 만든 제도, 행정, 전통, 관행이 어느 사이에 교회의 주인이 되어, 예수 그리스도는 어디에도 보이지 않을 정도로 주객이 바뀌게 되었다. 곁가지에 마음을 빼앗겨 기독교의 본질을 상실한 것이다. 이는 외적 성장과 사람이 보기에 좋은 것을 추구하는 외형을 중시한 결과다. 모든 문제의 원인은 바로 여기에 있다고 진단할 수 있다.[137]

겸손의 반대는 교만이며, 이는 하나님이 가장 원하지 않으시는 인간의 마음 상태이다. 인간의 타락과 불행의 역사는 바로 교만으로부터 시작됐다. 타인에게 가장 불쾌감과 혐오감을 주는 것은 교만하고 오만한 사람이다. 그래서 이 자기 비움은 천국 소유의 제1 원리이며, 현 생활에서 행복의 최고 원리이다. 팔복을 제대로 이해하여 자기의 것으로 만드는 일이 정복이요, 현재 천국의 맛(젖과 꿀)을 누릴 수 있는 복이다. 영적인 곤고를 극복하고 세상이 줄 수 없는 풍요와 기쁨, 경이로 가득한 진정한 하늘에서 부어주는 은혜의 세계를 맛볼 수 있을 것이다. 이같이 '참 복'으로 채워진 신자의 내면에 먼저 신령한 성품이 형성되고(참고. 벧전 1:3-7) 바른 태도가 만들어지면, 그 존재가 빛을 발하면서 자연스럽게 소금과 빛의 존재로 드러나는 것(마 5:13-16; 엡 5:8)이 산상수훈의 원리다.

이런 가르침은 세상적 시각으로는 이해하기 어려운 궤변이라고 공격 당할 수 있다. 그러나 그것이 역설적으로 기독교의 힘이요, 천국이 이 땅에 현존하는 어둠의 세상에서 존재하는 방식이다. 팔복은 상황을 뒤엎는 복의 근원이자, 상식을 깨는 기쁨의 원천이 어디에서, 어떻게, 어떤 방향으로 나아가는지 보여주는 주의 산상수훈 가운데 첫 일성(一聲)이다. 따라서 '현재 천국'이란 기뻐할 수 없는 상황 속에서 기뻐하고, 평안할 수 없는 상황 속에서 평안을 누리는 것이며, 감사할 수 없는 상황 속에서 감사하고, 요동치는 현실의 각종 상황 속에서 고요한 평화를 누리는 것이다.[138] 그래서 약속의 땅 가나안이 현재 천국으로 상징될 수 있는 이유다. 몰아내야 할 원주민(옛사람)이 있고, 전쟁이 필요해도 젖과 꿀이 흐르는 곳이다. 이런 현재 천국의 특성을 모르니 오해할 수밖에 없고, 현재 천국의 기쁨을 맛보지 못하며(참고. 롬 14:17) 감사가 나오지 않는 것이다. 주께서 공생애 가운데 가르치신 "천국은 이와 같으니…"의 비유들이 바로 현재 천국의 모습과 특성을 보이신 것이다.

"심령이 가난"하다는 말은 하나님 앞에서 완전히 자아가 부서진 상태를 의미한다. 이 복을 누리는 자는 자신의 존재 한계와 불가능을 깨달은 자다. 이 땅에 살면서 자신이 가진 물질로도, 명예(스펙)로도, 인맥으로도, 권력으로도 행복을 채울 수 없고, 만족할 수 없다는 것을 인정하는 사람이다. '심령이 가난한 자'는 지금까지 자기가 소중하다고 생각하고 쌓아온 세상의 가치들이 무익한 것임을 깨닫는 사람이다(예; 바울, 빌 3:8). 이 사람은 세상의 좋은 것들, 곧 부와 명예가 사람의 내면에서 일어나는 욕구(필요)를 채울 수 없다는 것을 이해하며, 오직 하나님으로만 만족할 수 있다는 사실을 알고, 하나님만 의지하는 중심을 가지고 사는 자다. 이렇게 심령이 가난해진 자는 하나님의 형상인 그리스도(고후 4:4)로 채워야 비로소 채워지는 사람의 영적 상태를 깨닫는 자다. 심령이 가난하다는 말을 가장 잘 표현한 말씀을 시편 42:1-2에서 찾을 수 있다.

"하나님이여 사슴이 시냇물을 찾기에 갈급함같이 내 영혼이 주를 찾기에 갈급합니다. 내 영혼이 하나님 곧 생존하시는 하나님을 갈망하나니 내가 어느 때에 나아가서 하나님 앞에 뵈올꼬?" (시 42:1-2)

하나님을 향해 목말라하는 사람은 하나님의 존재 자체를 그리워하며, 하나님 한 분으로 만족해한다(합 3:17-18).

두 번째 복; 영적 애통

"애통하는 자는 복이 있나니 저희가 위로를 받을 것임이요" (마 5:4)

예수께서는 팔복 가운데 두 번째로 "애통하는 자는 복"이 있다고 가르치셨다. 세상적 시각으로는 너무 이상한 말씀만 하신다. 전혀 인기 있는 가르침이 아니다. 그리고 그 결과로 "위로를 받을 것"이라고 하신다

(눅 6:21). 슬퍼할 때 위로받는 것은 세상에서도 당연한 일이 아닌가? 그런데 그게 복이라고 가르친다는 것은 좀 이상하다. 그게 뭐 큰 복이라도 되는 것처럼 복이라고 강조하시는가? 예수께서는 우리가 일반적으로 생각하는 세상의 것들이 부족하거나 이루지 못해 고통스러워 '애통' 하는 상태를 말씀하시는 것이 아니다. 솔직하게 말해서 세상을 살아가는 일에 필요를 채우지 못해서 부족하거나 가난한 삶이 결코 좋은 것이거나 행복하다고 느낄 수 있는 요소는 아니다. 그런 것이 충족되지 않으면 육신이 불편하고 어깨가 움츠러드는 것은 인지상정이다. 그런 상태를 복이라거나 행복하다고 하는 사람이 오히려 비정상이다. 성경도 그렇게 가르친 적이 없다.

예수께서 "애통하다"(πενθέω)라는 단어를 사용하신 의도는, 애간장이 녹을 만큼 통곡한다는 것이 정확한 표현이다(참고. 창 37:25-36). 제자들이 세상 것이 부족해서 애통해야 한다고 가르치는 것이 아니라, 자신의 '죄'에 대해 침상이 뜰 정도로(시 6:6) 애통해야 한다는 의미로 말씀하신 것이다. 왜냐하면 우리가 우리의 '죄'를 깨닫는다는 자체가 복이요, 그로 인해 슬퍼할 때 우리 마음은 회개하는 방향으로 나아가기 때문이다(고후 7:10). 자신의 극복되지 않는 죄 때문에 아파하고 고통 하는 사람, 곧 거친 세상 한복판에 살면서 삶의 무게에 치여 죄 문제를 해결하지 못해서 말 그대로 애통해하는 사람이 복이 있다는 것이다. 그래서 구약의 시편 기자도 자기 죄로 인해 마음이 상했고, 그로 인해 심히 애통했다고 기록하고 있다. 그리고 하나님이 구하시는 제사가 바로 이런 자세를 가진 자의 마음이라고 고백한다(시 34:18; 51:17). 그러나 악인은 긍휼히 여길 일을 생각지 아니하고, 가난하고 궁핍한 자와 마음이 상한 자를 핍박하여 죽이려고 한다(시 109:16). 하지만 진실로 영이 가난하고 중심이 상한 자는 애통하여 그로 인한 참 위로의 복을 받는다(시 109:22, 28).

베드로는 주를 부인하는 죄를 짓고 통곡했다고 하지 않았는가(마 26:75; 눅 22:61-62). 주께서 신자가 자기 죄를 깨닫고 애통할 때 위로를 받을 것이라고 말씀하시는 이유는, 하나님께서 우리의 죄를 용서하시고 우리 마음에 위로를 주실 때 진정한 죄의 해방을 얻을 것이기 때문이다. 이런 자유가 얼마나 귀한 것인지 깨닫는 자는 실제 죄로 인해 애통해 본 자만이 안다(롬 8:1-2). 하나님을 향해 나아가고자 하는 열망이, 육신의 연약함에 자신을 내던지고자 하는 열망을 충분히 제압하고도 남을 만한 신앙 연조가 되었는데도, 여전히 수시로 넘어지고 영적 전투에서 패배하고 실패하는 자신을 보며 비통한 마음이 된다. 정직한 사람일수록 이런 자신을 발견한다(롬 7:15-24). 누구나 말씀을 삶의 현장에서 실천하려고 시도하면, 자기 안에 실천할 힘이 없다는 것을 곧바로 알 수 있다. 옛사람에게 속한 죄의 열망이 얼마나 크고 강력한가를 여실히 보게 된다. 그때야 비로소 우리는 자신의 의지를 내려놓고 그 빈자리에 하나님의 은혜를 사모하는 마음으로 채운다. 하나님의 은혜가 일하시도록 맡기게 되는 복종이 이루어지는 것이다.

또한 우리가 우리의 죄에 대해 애통해한다면, 그것은 곧 우리가 하나님께서 죄로 여기시는 것과 같은 방식으로 죄를 깨닫게 됐다는 증거이기도 하다. 그러므로 우리의 깊은 애통과 슬픔은 우리를 참 회개로 인도하고, 하나님의 긍휼을 불러일으키며, 성령의 인도 하심을 따르게 하기에 복이 아닐 수 없다(참고. 고후 7:5-11). 진정한 자백을 통해 깨끗해지고(요일 1:9), 또 그리스도 예수 안에 있는 하나님의 위로를 받기 위해 우리는 수고와 무거운 짐을 주께 내려놓고 애통해야 한다. 여기서 무거운 짐이란 일반적으로 인생에서 겪는 고난, 스트레스, 불안, 슬픔 등의 여러 가지 어려움을 의미할 수도 있고, 사회적인 규율(당시 유대인이 지켜야 할 율법의 규례들)로 인한 압박일 수도 있다. 그러나 성경의 가르침이나 이후에 나타나는 주의 가르침을 종합할 때, 그런 외적인 무거운 짐보다는 내적인 죄의 중압감을 가리킨다고 생각된다.

"마음이 온유하고 겸손하니 나의 멍에를 메고 내게 배우라. 그리하면 너희 마음이 쉼을 얻으리니 이는 내 멍에는 쉽고 내 짐은 가벼움이라" (마 11:29)

그래서 마음의 상태 곧 온유와 겸손으로 '주의 멍에'(그분의 가르침을 따르고 그분의 길을 걷는 것)를 메면 주의 평안과 자유가 찾아온다는 가르침이다. 인간은 죄로 인해 무거운 죄책감과 영적 부담을 느낀다. 예수님은 이러한 죄와 죄책감을 덜어주고 자유롭게 하시겠다는 의미로 말씀하셨다. 성경은 죄에서의 자유와 해방을 중요하게 말씀하는 관계로, 주의 말씀의 의도 또한 죄로 인한 무거운 중압감을 해결해 주시겠다는 의도로 읽힌다. 그리하면 성령의 인도하심과 위로를 통해 마음의 쉼(위로와 평강)을 얻게 될 것이다(마 11:28-30). 이것이 하나님 나라의 특성이다(롬 14:17). 따라서 신자의 애통은 영혼의 깊은 속에서부터 터져 나오는 애통함과 슬픔이어야 한다. 이는 하나님 앞에서 자신의 거짓됨과 위선과 부패함과 죄의 발견과 함께, 그 모든 무거운 짐에 대한 깊은 뉘우침과 통회의 슬픔을 말한다. 교회와 지도자들의 영적 빈곤과 불의와 타락 현상에 대해 애통해야한다. 깊고 영적인 자기 성찰과 그에 따른 애통 그리고 자백은 영적 성숙의 지름길이다. 신자의 하루하루는 늘 새로워져야 한다(고후 4:16). 그때마다 하나님의 위로, 하늘의 위로가 주어지는 복을 누리게 된다(참고. 눅 6:23). 현재 신자가 날마다 마주치는 삶의 현장에서…

성경은 세상의 일이 자기 뜻대로(소원대로) 이루어지지 않아서 애통해 하는 사람이 아니라 영적으로 가난한 사람, 가난하다 못해 구걸하는 심령이 되어 하나님의 영을 향해 열려 있는 사람이 복이 있다고 말씀한다. 그런 가난한 심령을 가진 사람은 자연스럽게 자신에 대해서든, 자신이 살고 있는 이 세상의 시대정신에 대해서든 애통해할 수밖에 없다. 주님 안에서 애통하면 복이 있는 사람이다. 무슨 말인가 하면 주와 연합하여 주님이 걸어가신 길에 동행하는 자는 애통의 의미는 물론 언제 애통해야 하는지 잘 알게 된다. 팔복 전체가 한결같이 일상생활에서 겪는 일이라는 사실을 아는 것은 중요하다. 어떤 특별한 사건이거나 특별한 사람만이 도달할 수 있는 신비하거나 특별한 일이 아니고, 신자가 겪는 일상적인 일들이며 신자라면 누구에게나 적용되는 일이다. 그러므로 주께서 가르치시는 영적 정복의 전쟁은 일상생활 속에서 신자가 매일 겪으며 체험하는 일들에 관한 것임을 알 수 있다. 우리의 영적 싸움은 이렇게 일상생활에서 겪는 일들이다. 그 전쟁에서 이기면(순종하면) 하늘의 복(상급)이 따르는 것이 현재 천국의 약속이요, 열매다.

예수는 우리의 질병과 고통을 너무 잘 아시는 분이다. 인간이 흘리는 눈물의 의미를 아는 분이다. 예수께서는 언제 눈물을 흘리셨는가? 하나밖에 없는 오빠를 잃고 슬퍼하는 마리아를 보시고 눈물을 흘리셨다(요 11:35, 그 눈물의 의미가 어떠하든지). 그리고 거룩한 성 예루살렘 안에 종교의 외식이 넘쳐나고, 종교의식은 거창하게 행해지지만 정작 하나님을 찾는 온전한 예배자, 주님을 경배하는 사람은 찾기 어려움을 보시고 눈물을 흘리며 탄식하셨다(마 23:37). 또 자기 사명의 길을 걸으시며 겟세마네 동산에서 십자가를 앞두고 심한 통곡과 눈물로 간구하셨다(히 5:7).

하나님께서는 이같이 여러 가지 이유로 인해 애통하고 통곡하는 신자를 자기 곁으로 가까이 불러들이신다. 그것을 '파라칼레오'(παρακαλέω)란 단어로 표현하셨다. 어둠의 터널을 지나갈 때까지 잘 견딜 수 있도록 함께 하시는 것이 바로 '위로'의 복이다(마 28:20; 요 16:32). 하나님은 주께서 아버지의 뜻을 다 이루도록 애통하며 사명을 감당하신 일을 외면하지 않으시고 하나님 우편에 앉게 하셨다.[139] 이것이 위로란 용어를 사용하신 근본 의미다. 하나님은 세상에서 일어나는 모든 일에 민감하게 반응하는 분이다. 그 일들로 인해 마음에 공감하시고, 그에 따라 반응하신다. 그래서 어떤 일들은 하나님을 기쁘시게 하고, 슬프게 하기도 하고, 그분을 거룩한 분노에 휩싸이게 만들기도 한다(렘 31:20).

세 번째 복; 온유함

"온유한 자는 복이 있나니 저희가 땅을 기업으로 받을 것임이요"(마 5:5)

온유함이란 길들여지지 않은 야생말이 주인에게 절대적으로 순종하는 말로 길들여진 상태를 생각하면 이해에 도움이 될 것이다. 성경은 들짐승(늑대, 이리)과 가축(양)을 구별하듯이(마 10:16; 행 20:29) 하나님의 말씀(명령)에 잘 순종하는 자로 길들여지는 것이 중요하다(세상의 영웅은 필요 없다. 창 10:8-9). 온유는 팔복 가운데 처음으로 '타인에게 관심을 갖기 시작하는 지점'이다. 첫째 복과 둘째 복의 단계를 거치면서 갖게 된 내적 성품이 외적 성품으로 나타내 보여지는 것이 바로 온유다. 주께서 여덟 가지 복에 대한 정의를 내리며 가르치실 때, 그 복들을 신자가 안팎으로 누리며 사는 데는 그 정복의 순서가 중요하다. 예수께서는 그 복을 순서 없이 나열하신 것이 아니라, 첫 번째 복인 '심령이 가난한 사람'부터 시작해서 마지막 복인 '의를 위해서 핍박을 받는' 단계까지, 하나하나의 복이 그다음 복을 이루는 과정으로 설계하셨다. 다시 말해 심령이 가난해져서 하나님을 찾고자 하는 열망이 차고 넘치면, 자기 안에 있어야 할 것은 없고 없어져야 할 것들로 가득 차 있다는 사실을 깨닫게 되고, 자연스럽게 심령이 상하여 애통하는 자리로 나아가게 된다. 따라서 앞 단계가 없으면 다음 단계로 나아가는 길이 없다는 의미이며, 한 가지씩 단계적으로 정복해 나가는 일이 필요하다는 이야기다. 각개전투하듯 누구는 이 복, 어떤 이는 저 복을 정복하여 각기 다르게 누리는 것이 다르다는 말이 아니다. 신자 개개인이 첫 번째 복부터 정복해 나가며 누리도록 하셨다는 말이다. 궁극적으로 의를 위해 핍박을 받는 자리까지 자라나고 성숙해져야 한다. 이 정복이 완성될수록 인격적 성숙은 물론 다스리는 복으로 이어지게 된다. 이 모든 복을 통틀어 그리스도의 장성한 분량까지 자라난다(엡 4:13-15)고 말씀하신 것이다.

 이 세 번째 온유의 성품은 자기가 결심해서 열심히 노력한다고 되어지는 성품이 아니다. 갈라디아서 5:22-23에 소개된 성령의 열매가 신자의 노력이나 결심으로 맺혀지는 것이 아니라, 성령이 신자 안에서 역사하신 증거로 나타나는 결과(열매)이듯이, 팔복도 같은 원리다. 앞에서도 말했지만 먼저는 가난한 심령으로 자기를 비우는 단계가 필요하고, 그 비워진 자리에 하나님을 구하고 찾아 채울 때, 자기의 영적 곤고함과 비참함에 대해 눈이 떠지면서 애통해하는 심령이 된다는 말이다. 그래서 일차적인 단계는 자기를 비우고 심령이 가난해지며 낮아지는 것이 가장 기본적인 순서이다. 이 과정 또한 자기 스스로 하지 못하는 경우가 다반사다. 하나님의 개입이 있어야 비로소 이 과정의 복을 밟는 일이 시행되는 것이 어쩔 수 없는 인간의 현주소다.

이 과정에서 주님의 위로를 경험하며 천국이 신자 마음에 채워졌을 때, 하나님과의 내적 만남이 주는 풍요로움이 자연스럽게 외적 성품으로 발현된다. 이 덕목이 온유다. 첫 번째, 두 번째 복의 내적 관계가 성품으로 발현된 것이다. 온유란 가난한 심령과 애통해하는 심령을 통해 생긴 내적 능력, 즉 하나님을 신뢰하는 내적 확신이 외적 성품으로 자연스럽게 표현된 것이다. 이런 사람은 다른 사람을 향해 부드럽고 넉넉한 태도를 보이게 된다.

"온유하다"라는 헬라어(πραΰς, 프라우스)의 개념은 70인 역에서 구약의 히브리어 '아니'(עָנִי, 억압받는, 가난한, 괴로움을 당하는, 비천한, 낮은, 겸손한)의 역어와 '아나브'(עָנָו, 억압된, 가난한, 겸손한, 온유한)의 역어로 사용되었다. 폭력, 착취의 의미와 대조되며, 일반적으로 '아니'는 "무방비 상태인 사람, 권리가 없는 사람, 억눌린 사람, 속고 착취당하고 비천한 사람" 등을 의미한다(참고. 시편 9편과 10편). 온유는 고상한 마음을 가진 사람, 즉 모욕을 받고도 화를 내지 않는 현인, 재판에 임하여 인정 많은 재판관, 나라를 다스림에 있어서 자비로운 왕 등이 지닌 성격의 특징을 나타낸다. 그러므로 이 단어들은 이상적 통치자에 관한 묘사나 고위직에 있는 사람에 대한 찬사 속에 자주 등장한다. 온유한 사람은 가난한 처지에서도 마음이 부요하고, 하나님을 신뢰하기 때문에 고난 앞에서도 평정심을 유지한다. 억울함을 당해도 공평하신 그분이 반드시 풀어주실 것을 기다리며 잠잠히 주님을 바라본다. 고난과 핍박 속에서도 자기 자리를 지키며 겸손히 하나님의 도우심을 기다린다. 신약 히브리어 역본에서 마태복음 5:3에 '가난한 자'와 여기에 '온유한 자'에 해당하는 히브리어는 모두 '아니'다. 이것은 '온유한 자'는 '가난한 자'와 같은 사람이라는 사실을 보여준다. 그리고 '아니'는 "가난한, 억압받는"을 뜻한다고 했는데, 첫째 복에서는 자신의 내적 문제인 '가난한(비움)'이란 의미가 더 강조되어 있고, 셋째 복에서는 타자(他者)와 관계에서 자신의 문제인 "억압받는, 괴로움을 당하는, 겸손한"이란 의미가 더 강조되어 있다. 따라서 온유는 자기 자신에 관한 자세인 동시에 타자, 곧 하나님과 인간에 대한 관계에서 나의 자세에 관한 표현이다(바이블렉스 10).

온유함은 약함이 아닌, 오히려 통제하에 있는 힘을 의미한다. 이는 자신을 하나님의 종으로 볼 뿐, 자기를 위해 스스로 주장하는 권리를 내려놓는 자세를 뜻한다.

"가라사대 아바 아버지여 아버지께는 모든 것이 가능하오니 이 잔을 내게서 옮기시옵소서 그러나 나의 원대로 마옵시고 아버지의 원대로 하옵소서 하시고"(막 14:36)

이 구절이 온유함의 대표적인 모습이다. 그래서 주께서는 "나는 온유하고 겸손하니"라고 말씀하신 것이다(마 11:29). 곧 이런 주님의 마음을 본받는 자가 바로 온유한 자이다. 온유하다는 말은 권세(힘)와 소원이 있어도 자기를 위하여 사용하지 않는다는 것을 전제하는 용어다. 온유한 자는 성령의 능력으로 가능한 최고의 자기 통제(절제)를 하는 사람이다(갈

5:23).

"땅을 기업으로 받을 것"이라고 하는 복의 약속은 자본주의 사회를 사는 현대인에게 솔깃한 복이긴 하지만, 사실 세상의 현실을 보면 온유한 사람은 주위의 온갖 나쁜 사람들에게 있는 땅조차 빼앗길지도 모른다는 불안감이 더 큰 게 사실이다. 사기를 당하거나 권력을 앞세워 이런저런 핑계나 개발이라는 명목(혹은 유혹)으로 빼앗아 가는 일이 비일비재하다. 그런데 성경은 "온유한 자"에게는 "땅을 기업으로 받을 것"이라고 약속하니, 여기서 말하는 "땅"의 의미는 무엇일까? 실제 부동산의 땅일까 아니면 다른 무엇일까?

이 말씀은 시편 37:11 "그러나 온유한 자들은 땅을 차지하며 풍성한 화평으로 즐거워하리로다"라는 말씀을 인용한 것으로 생각할 수 있다. 따라서 여기서 말하는 땅은 문자적으로 보면, 자연적인 특정 지역을 말하는 땅(earth)일 수 있으나, 이것을 영적인 관점에서 살피면 이는 곧 하나님의 나라를 의미한다고 여겨진다(약 2:5; 계 21:1-7). 그런데 온유한 자에게 땅을 '기업'(κληρονομέω)으로 약속하시는데, 기업은 신약에서 '상속자'와 같은 의미로 쓰였다. 그런 개념을 적용할 때, 하나님 나라(땅)를 기업으로 상속받는 후사가 되는 복을 받게 될 것이란 의미다. 땅은 하나님의 소유다(레 25:23). 그래서 이러한 기업 또는 상속은 상속자 자신의 노력 여하와 상관없이 아버지로부터 받게 되는 것이다. 그럼, 성경에서 '기업'이란 무엇을 의미할까?

"우리 주 예수 그리스도의 하나님, 영광의 아버지께서 지혜와 계시의 영을 너희에게 주사 하나님을 알게 하시고 너희 마음의 눈을 밝히사 그의 부르심의 소망이 무엇이며, 성도 안에 그 '기업'의 영광이 풍성함이 무엇이며, 그의 힘의 위력으로 역사하심을 따라 믿는 우리에게 베푸신 능력의 지극히 크심이 어떠한 것을 너희로 알게 하시기를 구하노라" (엡 1:17-19)

사도 바울이 에베소 교회를 향한 간구에서 '기업'(κληρονομία)이라는 표현이 나오는데, 이는 곧 에베소 교회는 하나님의 자녀로서 하나님의 기업이 되고, 또 하나님이 우리 신자들의 기업이 되시는 그 영광스러움을 가리킨다. 그리고 때로는 이와 같은 부르심으로 이루어진 교회를 '상속자'라는 말로 사용하기도 한다.

"자녀이면 또한 '상속자' 곧 하나님의 상속자요 그리스도와 함께 한 상속자니" (롬 8:17)

여기서 '상속자'라는 말은 위에서 본 '기업'이라는 말의 어군에 속하는 '클레로노모스'(κληρονόμος)가 쓰였다. 그리고 사도 바울이 이방인을 위하여 갇힌 자 된 자로서, 하나님의 '은혜의 경륜'을 따라 이방인들이 "복음으로 말미암아 그리스도 예수 안에서 함께 상속자가 되고, 함께 지체가 되고, 함께 약속에 참여하는" 자가 되었다(엡 3:1-6)고 할 때도 역시 같은 단어를 사용하고 있다. 사람은 자신(옛 자아)을 정복한 후에야 비로소 남을 다스릴 수 있다. 자신을 통제하지 못하는 자는 남을 다스릴 수 없다. 자신을 하나님의 통치 가운데 완전히 내어 맡기는 온유한 인격을 갖춘 사람은, 진정한 자유와 화평을 맛보며 가장 가치 있는 것을 얻은 사람이 된다.

그래서 성경은 하나님의 나라를 유업(기업)으로 받지 못할 자들에 대한 경고를 잊지 않는다.[140] 어떤 자들이 하나님의 나라를 유업으로 소유하지 못한다고 하는가? 혈육의 사람이다. 육에 속하여 육신의 생각을 따라 사는 자들이다. 따라서 온유한 자가 땅을 기업으로 받는다는 말은, 부동산의 땅을 가리키기보다는 땅 위에 사는 사람들(곧 하나님의 나라 유업)을 얻는다는 뜻으로 보는 게 훨씬 문맥에 가깝다(참고. 시 2:8). 하나님 나라는 땅이 아니라 기본이 사람이기 때문이다. 물론 하나님이 땅을 창조하시고 그 위에 사람을 살게 한 이상 땅을 배제해서는 안 된다. 하나님의 나라도 땅 위에 세워지도록 계획하시지 않았는가! 세상 나라를 그리스도의 나라로 완성하여 하나님 아버지께 드리는 것이 하나님의 영광이요 하나님의 목표다(계 11:15).

그러면 구약의 모세는 모든 사람보다 온유하다고 했는데, 왜 가나안 땅을 기업으로 얻지 못했을까?

"이 사람 모세는 <u>온유함</u>(아나브)이 지면의 모든 사람보다 더하더라" (민 12:3)

형용사 '아나브'는 고난의 목적인 경건한 자의 도덕적, 영적 상태를 강조한다. 여기에서 고난의 목적은 이 상태가 고난의 의도적인 결과, 즉 겸손을 만들어 낸 것을 뜻한다. 모세에 대한 묘사에서 그러한 사람은 거만하게 자랑치 아니하며(민 12:3), 단지 그의 처지를 그대로 말하는 자란 의미이다. 즉 하나님을 절대적으로 의지한 자가 모세요, 그래서 온유한 자라고 가르친다(참고. 행 20:19). 이런 해석을 뒷받침할 만한 내용이 구약에 기록되었다.

"그들이 이르되 '여호와께서 모세와만 말씀하셨느냐? 우리와도 말씀하지 아니하셨느냐' 하매 여호와께서 이 말을 들으셨더라. 이 사람 모세는 온유함이 지면의 모든 사람보다 더하더라"(민 12:2-3)

모세의 사건에 대해 이상하게 "여호와께서 이 말을 들으셨더라"라고 기록되어 있다. 모세에게는 하나님은 알고 계신다는 영적 확신, 시시비비는 하나님이 가려주신다는 내적 신뢰가 있었다는 사실을 짐작할 수 있게 하는 대목이다. 그렇기에 사람들이 이러쿵저러쿵하는 말에 일일이 반응하지 않고, 잠잠히 침묵한 것이다. 모세는 하나님을 향한 철저한 신뢰가 있었다(다니엘과 세 친구도 마찬가지다. 단 3:14-18).

이같이 모세는 분명히 성경에서 누구보다 온유한 사람으로 인정받았지만, 그가 가나안 땅을 기업으로 받지 못한 이유는, 특정 사건에서 믿음을 쓰지 않고 불순종했기 때문이라고 성경은 말한다(민수기 20장). 모세의 불순종은 잠깐의 실수나 잘못이 아니라 하나님이 민감하게 여기시는 '거룩'을 훼손한 죄였다. 하나님이 친히 모세의 편을 들어가면서까지 자기와 대면한 사람은 모세라고 인정했건만, 모세는 그런 하나님의 거룩을 드러내지 못했다. 거룩은 하나님의 영광과 직결되는 아주 중요한 부분이다(레 11:44-45; 벧전 1:16). 이 사건으로 인해 하나님께서는 모세와 아론에게 가나안 땅에 들어가지 못할 것이라고 선언하셨다.

"여호와께서 모세와 아론에게 이르시되 너희가 나를 믿지 아니하고, 이스라엘 자손의 목전에서 나의 거룩함을 나타내지 아니한 고로 너희는 이 총회를 내가 그들에게 준 땅으로 인도하여 들이지 못하리라 하시니라"
(민 20:12)

즉, 모세가 온유했지만, 이 사건에서 하나님의 명령을 정확히 따르지 않은 불순종(반석에게 명해야 했는데 친 것, '우리가 너희를 위해'라며 하나님의 영광을 드러내지 않은 것 등, 민 20:6-11)이, 결과적으로 하나님을 신뢰하지 못함과 그로 인해 하나님의 거룩(영광)을 훼손한 것으로 정죄당하고 말았다. 문제는 이스라엘 백성들의 악함(불평/원망)으로 인한 사건이었지만, 하나님이 모세를 대함과 같이(민 12:7-8), 모세는 하나님의 거룩과 영광을 드러내지 않은 것이 결정적인 죄가 되었다. 하나님은 모세에게 율법의 온전함을 요구하신 것이다(마 5:43-48). 본래 모세는 율법의 대표자로서 가나안에 들어갈 수 없는 운명이었다.[141] 이는 또한 신자에게 온유함이란 덕목이 성령의 열매로서 중요하지만(갈 5:22-23), 하나님을 믿는 믿음과 하나님의 영광을 드러내는 것(순종)이 더욱 중요하다는 교훈을 준다(히 5:7-9).

온유와 불순종 사이의 관계를 고려할 때, 하나님의 관점에서 무엇이 더 중요한지 이해하는 것이 중요하다. 성경은 온유함을 덕목으로 강조하지만, 불순종은 심각한 죄로 간주한다. 온유함의 중요성은 온유함이 성품의 중요한 덕목이란 점이다(마 5:5). 온유함은 사람과의 관계에서 사랑과 겸손, 인내를 나타내는 중요한 태도이다. 그러나 성경에서 가르치는 순종은 하나님과의 관계에서 절대적으로 중요한 문제로 강조하고 있다는 점을 간과해서는 안 된다. 하나님의 명령에 순종하는 것은 믿음의 표현이며, 하나님의 뜻을 따르는 온전한 행위다(삼상 15:22).

모세의 사례는 이 두 가지 개념이 어떻게 상호작용하는지를 잘 보여준다. 모세는 온유한 사람이었지만, 특정 상황에서 하나님께 불순종함으로써 그에 따른 결과가 얼마나 치명적인지를 보여준다. 모세는 이미 과거에 저들과 함께 운명을 함께 할 것이라고 하나님께 구한 적이 있다(참고. 출 32:32-33). 그래서 모세는 출애굽 세대와 함께 할 운명이었다. 그러므로 저들이 약속의 땅에 들어가지 못한다면 모세 또한 가나안에 들어갈 수 없었다 신자에게 온유함과 같은 성품의 덕목은 중요하지만, 하나님께 대한 절대적인 순종은 하나님의 거룩을 드러내는 태도로서 그 무엇보다 우선한다(히 12:14). 하나님께 대한 절대적인 순종이 모든 덕목의 기초라는 점을 놓치면 큰 실수를 범할 수밖에 없다. 진정한 온유함은 하나님의 말씀에 겸손히 순종하는 태도를 포함하는데, 순종함으로써 자기의 온유함을 실제로 증명할 수 있다.

따라서 온유함으로 땅(하나님의 나라)을 기업으로 받는 복이 약속되었지만, 이 약속을 자기의 것으로 정복(성취)하려면 반드시 따라야 하는 덕목이 '순종'이란 점을 기억해야 할 것이다. 자신을 거울에 비춰보고 자기의 못난 모습에 애통해하면서(베드로처럼), 주님 앞에 부르짖어 십자가의 은혜를 붙든 사람만이, 그 은혜에 감격한 사람만이 세상의 빛과 소금의 맛을 낼 수 있는 성품을 소유하게 된다. 이 사람만이 누가 뭐라고 해도 주님을 위해서라면 입술을 다물기도 하고, 하나님께서 말하라고 하시면 독재자(권력자)가 입을 막아도 입을 열어 할 말을 할 수 있는 성품으로 자라가는 것이다. 이런 성품이 온유다. 그러나 현대인들 그리고 필자를 포함한 소인배들이 복을 받지 못하는 이유는, 억울함을 견디지 못하기 때문이다. 대개 여기서 넘어진다. 욥도 이 부분에서 결국 무너졌는데, 하나님이 붙드시고 깨우쳐 복을 유지하게 되었다. 억울함을 견디지 못하는 사람은 자기를 방어하느라 주님이 주시는 위로와 은혜를 걷어차 버린다.

그래서 우리에게는 인내가 절대 필요하다고 성경은 자주 가르친다.[142]

"예수께 입을 맞추려고 가까이하는지라 예수께서 이르시되 유다야, 네가 입맞춤으로 인자를 파느냐 하시니 좌우가 그 될 일을 보고 여짜오되 '주여 우리가 검으로 치리이까' 하고 그중에 한 사람이 대제사장의 종을 쳐 그 오른편 귀를 떨어뜨린지라 예수께서 일러 가라사대 <u>이것까지 참으라</u> 하시고 그 귀를 만져 낫게 하시더라" (눅 22:48-51)

예수 그리스도를 통해 시작된 새로운 땅, 하늘에 있는 새 예루살렘 그 땅을 자신이 발 딛고 있는 현실 속에서 누리는 온유한 자가 되는 복을 기대하고 인내하라.

네 번째 복; 의에 주리고 목마름

"의에 주리고 목마른 자는 복이 있나니 저희가 배부를 것이요" (마 5:6)

앞에서 다룬 하나님의 위로를 받게 되는 온유의 복은, 하나님 앞에서 순종하여 주의 거룩을 나타내고, 사람들 앞에서는 온화한 사람이 되는 덕목인데, 이는 성령의 열매에 속하기도 한다고 했다. 영적으로 자기를 비워 가난해지고, 자기 내면에서 일어나는 각종 육에 속한 생각이나 성품들로 인해(마 15:11, 18-20) 애통하고, 자기 내면의 문제를 인지하여 고통하는 신자에게 성령의 은혜가 임해 온유해진 사람은 자신을 성찰해 늘 하나님께로 돌이키는 생활을 지속하게 된다. 이런 신앙의 단계를 하나씩 정복해 나가는 신자는, 자기 신앙의 성장에 따라 신앙의 강조점도 점진적으로 변하기 시작한다. 이런 변화와 성장은 베드로 사도도 비슷한 논지로 밝힌 적이 있다.

"그의 신기한 능력으로 생명과 경건에 속한 모든 것을 우리에게 주셨으니 이는 자기의 영광과 덕으로써 우리를 부르신 자를 앎으로 말미암음이라 이로써 그 보배롭고 지극히 큰 약속을 우리에게 주사 이 약속으로 말미암아 너희로 <u>정욕을 인하여 세상에서 썩어질 것을 피하여 신의 성품에 참여하는 자가 되게 하려 하셨으니</u> 이러므로 너희가 더욱 힘써 너희 믿음에 덕을, 덕에 지식을, (6) 지식에 절제를, 절제에 인내를, 인내에 경건을, 경건에 형제 우애를, 형제 우애에 사랑을 공급하라 이런 것이 너희에게 있어 흡족한즉 너희로 우리 주 예수 그리스도를 알기에 게으르지 않고 열매 없는 자가 되지 않게 하려니와 이런 것이 없는 자는 소경이라 원시치 못하고 그의 옛 죄를 깨끗하게 하심을 잊었느니라 그러므로 형제들아, 더욱 힘써 너희 부르심과 택하심을 굳게 하라 너희가 이것을 행한즉 언제든지 실족지 아니하리라" (벧후 1:3-10)

여기서 잠시 팔복의 전체적인 구조(대조)를 살피고 지나가자.

팔복의 구조(대조)	
1. 심령이 가난한 자	4. 의에 주리고 목마른 자
2. 애통하는 자	5. 긍휼히 여기는 자
3. 온유한 자	6. 마음이 청결한 자
7. 화평케 하는 자(장성한 자의 모습)	
8. 의를 위하여 핍박받는 자(장성한 자의 모습)	

* 심령이 가난한 자는 의에 주리고 목마른 자와 짝을 이루고, 애통하는 자는 긍휼히 여기는 자와 짝을 이루는 구조를 가지는 것으로 파악할 수 있다. 온유한 자는 마음이 청결한 자와 짝을 이루는 방식으로 그렇게 점진적으로 성장한다.

팔복의 결과(대조)	
1. 천국이 저희 것이다.	4. 배부를 것이다.
2. 위로를 받을 것이다.	5. 긍휼히 여김을 받을 것이다.
3. 땅을 기업으로 받을 것이다.	6. 하나님을 볼(알) 것이다.
7. 하나님의 아들들로 불릴 것이다.	
8. 천국이 저희 것이다. = 하늘의 상이 크다.	

* 앞선 대조표에서 짝을 이루듯이 천국이 저희 것으로 배부를 것이며, 위로를 받는 것은 긍휼히 여김을 받는 것으로 나타난다. 땅을 기업으로 받는 복은 하나님을 아는 것으로 결과된다.

팔복의 구조는 첫째 복인 심령이 가난한 자는 넷째 복인 의에 주리고 목마른 자와 연계되고, 둘째 복인 애통하는 자는 다섯째 복인 긍휼히 여기는 자와 연계되며, 셋째 복인 온유한 자와 여섯째 복인 마음이 청결한 자가 연계되는 구조를 이루는 것으로 보인다. 그리고 일곱 번째 복은 그야말로 팔복의 단계를 통해 성장하여 완성 단계에 이르면 하나님의 아들로 불릴 정도로 화평케 하는 온전한 모습으로 자라는 것을 가리킨다. 누구든지 하나님의 성령으로 인도를 받는 자들은 하나님의 아들들이다(롬 8:14). 피조물도 이런 하나님의 아들들이 나타나기를 고대하고 있다(롬 8:19). 이것이 그리스도의 장성한 분량에 이르기까지 자라난 모습이다(엡 4:13-15). 그런 상태라야 비로소 '의를 위하여'(주로 인하여) 핍박받는 일을 즐거워하며 잘 감당하는 진정한 구원 운동(주의 영광을 위한 사역)을 하게 된다는 결론이다(행 4:13-21; 5:40-41). 이런 비교와 대조는 창세기 1장의 천지창조 때의 구조와 비슷한 구조다(창 1:3-31; 2:1-3). 이는 주께서 새 창조를 시작하는 즈음에 주신 하늘의 신령한 복을 말씀하시는 것이기에 기능상 같은 원리를 제시한다고 하겠다.

의에 주리고 목마른 자는 배고픈 사람이 음식에 대한 욕구를 느끼듯, 의를 강력한 욕구로, 열망으로 느끼는 사람에게 복이 있다는 뜻이다. 따라서 의를 갈급해하는 일은 곧 하나님(그리스도)을 찾는 일이다(시 116:5). 여기서 말하는 의는 세상의 정의, 혹은 인간의 의가 아니다. 하나님은 의로운 분이시며, 율법 외에 하나님의 의가 나타나 우리를 의롭다고 하시며 구원으로 이끄시는데(롬 3:21-26) 그것이 하나님의 은혜라고 말한다. 또 인간의 의를 내세우며 열심 낼수록 하나님의 의를 방해한다고도 지적한다(롬 10:2-3). 자기를 비우고 가난한 상태가 되면 성령의 내주(內住)가 있게 되고(요 14:16-21; 16:13-14), 그때 자기 내면에 자리하고 있는 옛사람의 더러움이 보여 애통하며(롬 7:24), 하나님의 은혜를 구하게 되는 단계로 나아가게 된다. 이런 일련의 일들이 성령의 내주하심으로 인하여 일어나는 역사다. 그 성령의 인도하심을 따라 온유-의에 갈급한 상태-긍휼의 모습-마음의 청결로 이어져 마침내 화평의 사람인 하나님의 아들로 나타나게 되는 것이다.

여기서 우리가 주리고 목말라야 할 '의'란 무엇일까? '디카이오쉬네'(의)는 두 가지 뜻이 있다. 첫째, 하나님께로부터 오는 의로서 신앙적인 의(righteousness), 즉 하나님과 바른 관계를 맺고자 하는 열망을 가리킨다. 우리는 자기가 죄인이라는 사실을 뼈저리게 느끼기 전에는 절대 의에 주리고 목이 말라 갈급해할 수 없는 존재라는 사실을 알아야 비로소 하나님의 은혜로 주어지는 하나님의 의로 배부른 만족에 도달할 수 있다.

둘째, 유대인들이 대단히 중요하게 생각한 '의'(Justice), 즉 윤리적인 차원의 '정의와 공의'를 포함한다. 이는 사람들이 주로 내세우는 정의, 공평, 공정의 의미인 윤리적인 의다. 하나님은 아모스 선지자를 통해 그분이 기뻐하시는 세상이 무엇인지 보여주셨다. 마태복음의 의는 여기에 집중하고 있다. "정의가 강같이, 공법이 하수같이 흐르는 세상" 말이다(암 5:24).

마태복음 6:33에서 주님은 "그의 나라와 의를 구하라"고 가르치셨다. 여기서 '그의 나라'는 물론 하나님의 나라를 가리킨다. '하나님의 나라'(Kingdom of God)는 하나님의 주권과 통치가 실현되는 곳을 의미한다. 이는 단순히 물리적인 장소나 국가가 아니라, 하나님이 왕으로 다스리시는 영적 영역을 가리키는 표현이다. 이 나라는 예수 그리스도를 통해 이 땅에 임했으며, 궁극적으로는 하나님의 완전한 통치가 이 땅에 온전히 이루어질 미래를 바라보게 한다(마 6:10; 계 11:15, 천년왕국). 그리고 '하나님의 의'(Righteousness of God)는 하나님과의 바른 관계, 즉 하나님의 뜻에 순종하며 올바르게 사는 삶을 의미한다. 이는 윤리·도덕적 자세와 행동뿐만 아니라, 예수 그리스도를 믿음으로 의롭게 되는 상태를 포함한다. 하나님의 의는 인간의 노력으로 이루어지는 것이 아니라, 예수 그리스도의 구속 사역을 통해 주어지는 것(칭의)이며, 궁극적으로 하나님의 뜻이 이루어지는 것을 가리킨다. 따라서 "먼저 그의 나라와 그의 의를 구하라"는 말씀은 하나님의 통치와 그분과 올바른 관계를 우선적으로 추구하라는 의미다. 이는 물질적인 필요나 세속적인 걱정보다 하나님의 뜻과 그의 계획을 삶의 최우선 순위로 삼으라는 가르침이다. 결론적으로 예수께서는 제자들에게 이방인의 특징인 일상의 걱정과 염려에서 벗어나(마 6:31), 하나님께서 주시는 공급과 보호를 믿고 신뢰하며(마 6:32), 하나님의 뜻을 먼저 구하는 삶을 살라고 강조하는 부분이다.

그러므로 알 것은 하나님과 바른 관계를 좇는 사람이 하나님의 정의가 이뤄지기를 원하는 사람이란 사실이다. 그래서 하나님과 바른 관계를 맺는 일에 둔감해지면, 점점 마음이 어두워져 영혼이 빛을 잃어가고, 어느새 죄를 인지하지 못하게 된다. 존귀에 처했으나 깨닫지 못해 결국엔 멸망하는 짐승같이 되고 만다(시 49:20). 하나님과 바른 관계를 맺고 사는 것에 갈급해서 자기 안에 있는 죄와 싸우는 사람, 피 흘리기까지 죄와 투쟁하는 사람(히 12:4)은 몸과 영혼이 고달프기는 하나, 곧 하나님께서 하나님의 의로 배부르게 채워주신다. 자기 육신이 원하는 세상 것들로 채워지지 않았어도, 자기 육신의 생각대로 되지 않아도 자족함과 만족함을 주신다는 의미다. 이것이 다윗이 따른 하나님의 의에 주린 모습이었다. 다윗은 자신이 사울의 시기로 인한 도망자 신세를 견뎌야 하는 인고의 세월을 보내더라도, 하나님의 의를 위해, 그의 나라를 위하여 사울 왕을 죽일 수 있는 기회(속히 이스라엘의 왕좌에 오를 수 있는, 하나님의 뜻을 인간의 힘으로 이룰 수 있는)가 여러 번 주어졌으나 끝까지 하나님의 손에 맡겼다. 다윗은 이같이 자신의 안위나 이익보다 하나님의 의를 더욱 갈망했다. 이것이 의에 주리고 목마른 사람의 모습이다. 우리 주께서도 동일하게 하나님의 의(율법을 지킬 의무, 요 19:30; 갈 5:3)를 이루셨다.

> "이때 예수께서 갈릴리로서 요단강에 이르러 요한에게 세례를 받으려 하신대 요한이 말려 가로되 내가 당신에게 세례를 받아야 할 터인데 당신이 내게로 오시나이까 예수께서 대답하여 가라사대 <u>이제 허락하라 우리가 이같이 하여 '모든 의'를 이루는 것이 합당하니라</u> 하신대 이에 요한이 허락하는지라" (마 3:13-15)

자신이 가지고 있는 보잘것없는 의(인간의 의)에 배가 부른 사람은, 순간의 인간적인 것(방법)들로 인한 유혹에 넘어가기 쉽다. 죄에 익숙한 사람은 의를 향한 주림과 갈증이 무엇을 말하는지도 모른다. 그들은 자기들의 행위가 부끄러운지도 모르고(렘 6:15; 8:12), 죄를 짓는 일을 물 마시듯 하는 영이 죽은 상태에 놓인다(전 8:11). 지금까지 신앙생활 하면서 자기 육신 생활의 안팎에 있는 문제에만 함몰되어, 이 세상 한복판에 임한 하나님 나라를 보지 못했다면, 현재 천국의 은혜와 복을 누리지 못하는 불쌍한 자다.

다섯 번째 복; 긍휼

"긍휼히 여기는 자는 복이 있나니 저희가 긍휼히 여김을 받을 것임이요"
(마 5:7)

지금 살피고 있는 팔복은 신자가 구약의 율법처럼 의무적으로 행해야만 하는 행위를 강조하는 것이 아니다. 말 그대로 하나님의 은혜로 주어지는 성령의 감동과 인도를 자기의 자유의지로 결단하며 수행하는 복이라고 가르친다. 주님은 세상이 강요하는 삶의 방식을 거슬러 하늘을 바라보며 나아가는 삶을 장려하며 동기부여하고 계신다. 지금까지 신자 내면에서 일어날 복, 곧 영적인 분별과 하나님과 관계에서 온전해지는 복을 말했다면, 이제부터는 본격적으로 세상에서 그리스도의 제자로서의 선한 영향력을 나타내기 시작하는 모습을 보인다. 이때부터 신자는 세상의 빛과 소금의 모습으로 선한 영향력(착한 행실)을 나타내기 시작한다는 말이다. 긍휼은 심판을 이기고 자랑한다고 야고보 사도는 말했다

(약 2:13).

먼저는 신자 안에 있는 세속적이고 육신에 속한 더러운 것들을 비우고, 하나님이 기뻐하시는 상한 심령으로 주께 나아가는 복을 말씀하시고, 그런 심령에서 자연스럽게 흘러나오는 성품이 온유함이라고 하셨다. 그러나 그런 좋은 성품이 나온다고 해서 반드시 주님이 바라시는 진정한 그리스도인, 천국을 온전히 소유한 제자가 된 것은 아니다. 어둠에 속한 세상은 의롭지 못한 것들로 가득 차서 불법이 성행하며(마 24:12), 하나님이 기뻐하시지 않는 더러운 것들이 하나님의 자리에 앉아 있는 모습을 보면서(참고. 사 5장), 옳은 것에 대해 간절히 사모하고 애타는 심령이 마음에 자라기 시작한다. 신자들조차도 외식과 불법으로 만연한 세상에 속화되어 점점 더러워지는 안타까운 현실을 보면서도, 주의 신실한 제자들은 의에 주리며 목말라하는 상한 심령의 상태가 된다. 베드로는 롯과 같은 신앙인도 소돔과 고모라 같은 세상에서 고통받았다고 전한다(벧후 2:7-8). 주께서 다시 오실 마지막 때도 세상은 이와 같을 것이라고 말씀하신 주의 경고를 새겨들어야 할 것이다.

성경이 가르치는 긍휼은 단순히 다른 사람을 불쌍히 여기는 동정심 정도의 의미가 아니고(세상에서 행하는 일반적인 의미), 상대의 심정까지 파고들어가 그의 처지를 깊이 이해하고, 그의 형편에서 함께 아파하고 울어주며 함께 고통을 나누는 중심이 바로 진정한 긍휼이다(롬 12:15). 하나님이 죄를 지은 사람에게 내리는 사랑이 은혜라면, 긍휼은 죄악의 결과로 비참한 처지에 있는 사람에게 내리는 자비다. 인간은 죄의 결과로 서로에게 고통을 줄 수밖에 없는 존재인데, 바로 그런 고통에 처한 사람을 안타까워하여 살펴주는 것이 주께서 말씀하시는 긍휼이다. 죄는 사람을 영적 수렁으로 몰고 가지만, 긍휼은 죄의 결과를 정죄하는 대신 불쌍히 여긴다.[143] 이런 의미에서 성경이 가르치는 긍휼을 베푼 가장 대표적인 예가 누가복음 10:25-37에 기록된 '선한 사마리아인'의 비유다. 선한 사마리아인은 강도 만난 사람을 보며 그 사람이 왜 강도를 만나 이런 불행을 당했는지 따지지 않고, 또 그 사람이 당한 고통과 불행한 모습에 불쌍한 마음이 생겨서 단순하게(일시적으로) 돌봐준 것으로 끝내지 않고, 끝까지 즉 그가 회복될 때까지 그를 돌보겠다는 의지를 보여준다. 이것이 진정한 긍휼 곧 이웃을 사랑하는 마음이 어떤 것인지 가르친 비유다. 감정적으로 불쌍한 마음이 들어서 어느 정도 돌보다 그만두는 것은 착한 동정심이라고 인정할 수는 있어도 성경이 가르치는 참 긍휼은 아니다. 물론 그런 동정의 마음조차도 보기 어려운 강퍅하고 삭막해진 세대이지만, 그리스도인 특히 제자로서의 삶을 추구하는 신자라면 반드시 정복해야 할 긍휼의 복이다. 긍휼을 베푸는 일은 하나님의 성품에 속하는 귀한 속성이다.

시편 25:6-7을 보면, 긍휼이라는 덕목은 하나님의 성품이며, 하나님에게서 나오는 자비로서 긍휼의 근원지는 하나님이라고 말한다.

"여호와여, 주의 긍휼하심(라함)과 인자하심(헤세드)이 영원부터 있었사오니 주여, 이것을 기억하옵소서. 여호와여, 내 젊었을 때의 죄와 허물을 기억지 마시고 주의 인자하심을 따라 나를 기억하시되 주의 선하심을 인하여 하옵소서"

그래서 신자가 긍휼을 베푼다는 것은, 자기에게서 나오는 어떤 인간적인 동정심이나 자비가 아니라, 하나님으로부터 받은 사랑을 구체적으로 실천하는 일을 말한다. 그리스도인은 예수의 가슴에 불타고 있던 하나님의 사랑이 내면에서 솟아 나와야 한다. 그런 모습이 주께서 우리 안에서 사시는 증거로(갈 2:20) 세상에 드러나는 모습이다. 그때라야 비로소 신자 자신이 그리스도가 자기 안에서 사는 모습이 이루어진 열매를 확인하고 산 믿음을 증명하는 증인 노릇을 하는 것이다. 바로 이런 열매와 사역을 위해 성령의 권능을 받아야 한다(행 1:8). 긍휼의 실천은 타인을 '섬김'이다. 긍휼의 실행 단계는 관심으로 시작하여 기도하며, 상대의 필요를 채우는 일로 나아가야 한다(약 2:13, 14-18). 긍휼은 시행하는 그 자체로 하나님의 사랑을 체험하는 보상을 받게 된다. 하나님의 마음을 느끼며 감사와 기쁨이 따른다는 이야기다. 그래서 성경은 긍휼을 베푸는 일에 억지가 아니라 반드시 즐거움으로 하라고 가르친다(롬 12:8). 하나님은 긍휼히 여길 자를 하나님이 선택하신다고 말씀하셨다(롬 9:15). 따라서 긍휼은 하나님으로부터 나오는 사랑과 자비다. 따라서 신자에게 다른 사람을 긍휼히 여길 마음이 생겼다는 것은 하나님의 감동이요, 그분의 선하신 뜻이 자신에게 임한 것이다. 성경이 가르치는 긍휼은 결코 죄악 된 인간의 마음에서 나올 수 있는 성품이 아니다.

성경은 '긍휼'에 대하여 세 종류로 구분하여 다루고 있다. 첫째는 하나님의 긍휼하심이며, 둘째는 예수 그리스도의 긍휼하심, 그리고 마지막으로 인간의 긍휼이다.

첫째로 하나님의 긍휼하심은, 인간에게 필요한 일반적인 은총(햇빛과 비)을 공급해 주시는 자비하심(마 5:45)과 예수 그리스도를 보내셔서 우리를 영원한 죽음에서 구속하신 것(특별은총)으로 나누어 설명하고 있다.

"<u>긍휼에 풍성하신 하나님</u>이 우리를 사랑하신 그 큰 사랑을 인하여 허물로 죽은 우리를 그리스도와 함께 살리셨고(너희가 은혜로 구원을 얻은 것이라)"
(엡 2:4)

둘째로 예수 그리스도의 긍휼하심은, 말세에 구세주로 오셔서 예수 그리스도를 구주로 영접하는 자에게 구원을 베푸심은 물론, 죄와 상관없이 다시 오시겠다는 약속을 믿고 환란의 현실을 인내하되, 즐거움으로 견디며 연단을 받는 것으로 충성을 다한 주님의 일꾼들에게 상 주시고 (각종 면류관) 영화롭게 하실 것으로 말씀하고 있다(딛 3:4-7).

셋째로 인간의 긍휼은, 이 세상에서 사는 동안 긍휼이라는 선(善)을 훈련해야 하는 것으로 말씀하신다. 인간이 행하는 긍휼은 자기 것이 아니라 하나님으로부터 거저 받은 긍휼을 드러내는 것뿐이다. 자기 것이 아니기 때문에 남을 긍휼히 여기는 것이 아주 서툴 수밖에 없다. 그래서 우리가 타인에게 긍휼을 어떻게 베풀며 살아야 하는지, 성경은 여러 모양으로 우리에게 가르치고 있다. 하나님께서 우리에게 원하시는 것은, 하나님께서 우리에게 긍휼을 베푸신 것처럼 모든 이들에게 긍휼을 베푸는 일이다. 무엇보다도 주의 종들과 가난한 사람과 고아와 과부와 나그네(오늘날엔 다민족)를 긍휼히 여기길 원하시며, 가족과 이웃과 심지어 원수까지 사랑하며 긍휼을 베풀 것을 바라신다.

하나님께서는 우리의 죄를 용서해 주신 것처럼 우리도 우리에게 죄를 지은 자를 용서하라고 명하신다(마 6:12; 18:24-35). 이것이 긍휼의 마음이며 예수께서 우리에게 가르치신 것이다. 긍휼과 믿음은 공통된 부분이 있는데 그것은 선물로 받은 것이며, 받은 자는 반드시 거저 주어야 한다는 조건이 따른다는 점이다. 이는 각종 은사를 받아 일하는 자들은 다른 사람에게 대가 없이 베풀라는 말씀과 일치한다. 은사란 말 자체가 선물이란 의미를 함축하기 때문이다(마 10:8).

"긍휼을 행하지 아니하는 자에게는 긍휼 없는 심판이 있으리라 긍휼은 심판을 이기고 자랑하느니라"(약 2:13)

마음속에 천국(현재 천국)이 임하지 않은 사람은 결코 긍휼한 마음이나 온유한 마음이 될 수가 없다. 그래서 "회개하라 천국이 왔다"(마 3:2; 4:17)라고 선포한 것이다. 그러므로 팔복은 회개하여 천국이 임한 자들이 점진적으로 장성한 하나님의 아들들로서의 실력을 갖추며, 제자로서의 실력을 갖추어 가는 정복의 단계라고 말하는 것이다. 세상과 피조물은 이런 하나님의 아들들이 나오기만을 학수고대하고 있다(롬 8:19). 그런데 누군가에 대하여 긍휼함이 없을 때 나오는 것이 바로 '분노'다. 이는 동전의 양면과 같아서 분노와 긍휼은 양극단에 있지만 하나다. 어떤 마음으로 상대를 바라보고 결정하느냐, 나는 어떤 사람이었는가를 생각하는 중심이 없다면 긍휼의 마음은 어렵다. 상대에게 분노를 쏟아붓는 그 순간에는 긍휼함이나 불쌍히 여기는 마음은 이미 사라진 상태이다. 따라서 화를 낼 상대는 우리의 마음속에서 멸하기로 작정한 상대를 가리키며, 긍휼을 베풀며 사랑하는 사람은 그를 대하여 오래 참고 관용하기로 작정했다는 것을 뜻한다. 하나님께서는 우리에게 베푸신 그 긍휼함과 인자하심을 따라 우리도 서로 용서하며, 불쌍히 여기며, 사랑하며 살라고 하신다(마 6:14-15; 엡 4:30-32). 자기 생각대로 되지 않는다고 분노하고 다투고 혈기를 내지 말고, 자기와 다르게 생각하는 사람을 이해하며 용서하며 살아야 한다. 왜냐하면 상대방도 역시 나를 이해하며 불쌍히 여기며 살아야 할 자이기 때문이다. 우리가 하나님의 긍휼하심을 받은 사람이라면, 진정으로 곁에 있는 가족과 이웃을 하나님의 마음으로 긍휼히 여겨야 마땅하다. 우리의 태도로 우리 자신이 하나님의 용서를 받은 사람인지, 그렇지 않은 사람인지를 증명하는 기준이 된다. 사람의 됨됨이는 열매로 안다고 하지 않았는가(마 7:16; 눅 6:44).

하나님은 인간이 육신의 본능을 따라 욕망의 노예가 되어 원하는 바 선은 행하지 않고, 원치 않는 악을 행하며 살 수밖에 없는 현실을 아신다(롬 7:19-25). 마음은 원이로되 육신이 약해서 결심한 대로 지키지 못하는 연약함도 아신다(마 26:41; 막 14:38). 그래서 주님은 우리 안에 있는 죄악은 미워하시지만, 그것에 묶여 고통받는 우리 자신은 긍휼히 여기신다. 우리는 주의 십자가와 부활의 복음으로 감당할 수 없는 주의 사랑과 긍휼을 입었고, 지금도 그 긍휼을 통한 하나님의 은혜로 살아가고 있다. 자신이 값없이 하나님의 긍휼을 입은 자라는 사실을 확실히 인지한 신자는 다른 이도 긍휼의 눈으로 바라볼 수 있고 긍휼의 마음으로 하나 된다. 그래서 하나님의 심장으로 '죄'는 미워하되(하나님도 죄를 미워하시니까), 그 죄에 매여 종노릇 하는 '사람'(죄인)은 불쌍히 여기게 된다. 그리고 원수 된 죄로 인해 고통 하는 피해자를 긍휼히 여긴다. 왜냐면 같은 피해를 당한 경험이 있기에 동질감을 느끼는 것이다. 신자가 타인을 긍휼히 여기는 삶을 사는 일에 걸림돌이 있는데, 아이러니하게도 사회질서와 약자를 돕기 위해 만들어진 법과 정의(세상의 정의)다. 오늘날 현대 사회를 보라. 법을 내세우고 정의를 내세운 사회가 얼마나 시끄럽고 갈등과 분노와 다툼을 일으키는지…

구약을 보면 하나님께서 이스라엘 백성에게 객과 고아와 과부를 보살피라는 말씀을 반복해서 하신다. 그런데 이 말씀을 하시는 배경으로 항상 이스라엘 백성의 과거를 상기시킨다. 애굽 땅에서 종노릇 하였던 때를 기억하여 그들 중에 있는 객과 고아와 과부를 홀대하지 말라고 명하신다(신 10:19). 이스라엘의 현재가 그들의 의지와 노력으로 얻은 것이 아니라, 하나님께서 보잘것없는 인생을 살던 그들을 이끌어 약속의 땅 가나안으로 인도하는 복을 주셨으니, 받은 은혜와 사랑을 기억하여 약한 사람들을 긍휼히 여기라는 말씀이다. 약육강식의 원리가 집어삼킨 듯한 정글 같은 이 세상에서, 신자들이 긍휼을 베풀며 살아야 한다는 것은 실현 불가능한 삶처럼 보인다. 이런 분위기가 현대 교회 안에까지 흘러들어왔고, 교회는 수많은 타인의 집합체처럼 이질화되어 버렸다. 용서받은 죄인들이 서로 사랑하며 불쌍히 여기는 공동체가 아니라, 어느 순간에 법을 내세우며 판단하고 정죄를 일삼는 바리새인 같은 자칭 의인들의 집단이 되었다. 이 다섯 번째 복을 정복하지 못한 자에게 있을 긍휼 없는 심판이 두렵다.

여섯 번째 복; 마음의 청결

"마음이 <u>청결한</u>(카다로스) 자는 복이 있나니 저희가 하나님을 볼 것임이요." (마 5:8)

성경은 하나님을 볼(알) 수 있는 길을 분명하게 제시하고 있다. 그런데 왜 하나님을 보는 것이 복일까? 하나님은 어차피 영이시기에 육신의 눈으로는 볼 수 없는 분이 아니시던가. 그러니까 영이신 하나님을 영으로 보는 것이 복이라는 영적 해석이 필요해 보인다. 주께서 "귀 있는 자는 들으라"라고 선언하실 때 육의 귀가 아닌 영의 귀를 말씀하셨던 것처럼, 영의 눈이 열린 자는 영이신 하나님을 볼 수 있다는 이야기가 성립된다. 영의 눈으로 하나님을 보려면 마음이 청결해야 한다고 하는데, 마음이 청결하다는 의미는 무엇일까? 육신은 물로 닦아내면 깨끗해질 수 있지만, 마음은 무엇으로 닦아낼 수 있다는 말인가? 회개, 뉘우침, 기도로 깨끗해지는 것일까? 먼저 마음이 깨끗해진다는 의미부터 접근해 보자.

헬라어에는 "순결, 정결"을 의미하는 두 개의 형용사, 즉 '하그노스'(ἁγνός)와 '카다로스'(καθαρός)가 있다. '하그노스'는 본래 "거룩한"을 의미하는 어떤 어근과 관계가 있는 말로 하나님(신적 존재)이나 그와 관련된 사물이나 사람(제사 물건이나 제사하는 사람)에게 속해 있는 질적인 "거룩함"이나 "순결함"을 의미한다. 이보다 더욱 일반적인 용어로는 '카다로스'와 이 단어의 동족어들이 있는데, 이 단어들은 사람이나 사물의 제의적, 육체적 혹은 도덕적 청결을 의미한다. 예를 들어 이스라엘 백성이 하나님의 선택을 받은 후 하나님을 사랑하지 않은 적이 없다. 그 사랑은 하나님께 예물을 갖다 바치지 않은 적이 없는 것으로 나타냈다. 그럼에도 불구하고 하나님이 이스라엘 백성을 보면서 진노하신 이유는 그들이 이중 플레이를 했다는 지적이다(사 1:10-18). 하나님을 섬기면서 바알 신, 아세라 신 같은 이방 신을 동시에 섬겼다고 지적하신다. 하나님은 이런 자기 백성의 사랑을 더러운 것이요, 참된 신앙이 아니라고 탄식하셨다. 두 마음을 품고 사랑하는 것은 진정한 사랑이 아니다. 예레미야 선지자는 이런 인간의 완악한 마음 상태를 다음과 같이 폭로했다.

"만물보다 거짓되고 심히 부패한 것은 마음이라"(렘 17:9)

예수께서도 예레미야 선지자의 말에 호응하셨다.

"마음에서 나오는 것은 악한 생각과 살인과 간음과 음란과 도둑질과 거짓 증언과 비방이니 이런 것들이 사람을 더럽게 하는 것이요"(마 15:19-20)

"청결하다"라는 뜻으로 번역된 '카다로스'(καθαρός)는, "깨끗한, 순수한, 순결한"이라는 뜻을 가진 형용사다. 여기서 '카타르시스'(catharsis)가 유래되었다. 따라서 순결하다는 의미는 "겉과 속이 같다"라는 뜻이다. 예수께서 가장 경계하라고 말씀하신 사람들이 누구였는가? 표리부동(表裏不同)한 바리새인들이었다. 그들은 겉보기에는 거룩한 자요 경건한 자들이었다. 하지만 그것은 '페이크'(fake)였고, '페르소나'(persona)였으며, 실상(fact)은 사랑도 자비도 없는 외식의 모습이었다. 바리새인 신앙을 가진 종교인으로 생활하면서 겉은 번지르르하지만, 속에서는 시체 썩는 냄새가 난다고 비판하셨다(회칠한 무덤, 마 23:27; 열린 무덤, 시 5:9; 롬 3:13).

"잔과 대접의 겉은 깨끗이 하되 그 안에는 탐욕과 방탕으로 가득하게 하는도다"(마 23:25)

참으로 가슴 아프며 한편으로 회개의 기도가 절로 나오게 하는 책 「불편한 진실, 내 안의 바리새인」이란 책에서는, 화려한 기독교적 배경이 있어도 좋은 열매를 맺지 못하고(4장), 의롭게 살려다가 자기의 의에 빠지며(5장), 바른 교리를 지킨다고 하지만 사랑이 없고(6장), 공적 모습과 사적 모습이 다르며(7장), 성경보다 전통이 사역에 더 영향을 미치고(8장), 복음을 지킨다면서 자유를 싫어하며(9장), 세상과 구별을 강조하면서 예수는 닮지 못하고(10장), 영적으로 건강하다지만 어느 날 갑자기 무너지는(11장) 등 바리새인을 닮은 오늘날 현대 교인의 모습을 구체적으로 폭로하고 있다.[144]

우리는 자기의 상태를 직시하고 거짓 없이 하나님 앞에 상한 심령을 가지고 나아가 정한 마음을 구해야 한다.

"하나님이여, 내 속에 정한 마음을 창조하시고 내 안에 정직한 영을 새롭게 하소서" (시 51:10)

사람은 너무 쉽게 '확증편향'으로 기울어져 잘못된 인식과 고정관념의 무지로 인해 마음이 강퍅해져서 마음의 문이 쉽게 열리지 않는다. 인간은 마음의 죄악과 탐욕을 품고 악과 죄인 줄을 알면서도 악을 즐기려 하는 성향이 강하기 때문에, 자기를 정화할 수 있는 눈물이 메말랐다. 우리는 이중적인 사고를 하며, 두 마음을 품고 하나님을 섬긴다고 고백한다. 두 마음이란 갈라진 마음이요, 육의 생각과 영의 생각, 옛사람과 새사람, 돈과 하나님을 따르는 두 주인을 섬기는 것을 의미한다(마 6:24). 우리에게는 전심으로 하나님을 사랑하지 못하고, 속된 말로 어장 관리하듯이 양다리를 걸치고 하나님을 사랑한다고 하는 이율배반적인 모습이 있다. 주께서는 이런 우리에게 "네 마음을 다하고 목숨을 다하고 뜻을 다하여 주 너의 하나님을 사랑하라."고 말씀하신다 (신 6:5; 마 22:37).

"두 마음을 품은 자들아, 마음을 성결하게(하그니조) 하라" (약 4:8)

앞에서 잠깐 언급했지만, '하기오스'가 항상 거룩한 것의 힘과 권능에 대한 사상을 포함하고 있는 반면에, '하그니조'는 항상 부적합한 것의 제거를 표현하고 있으며(의복의 세탁, 출 19:10; 금주, 민 6:3), 특히 죄나 더러움으로부터 자신을 정화한다는 의미로 사용되고 있다(히브리어 '하타'의 히트파엘형, 민 8:21; 19:12)(참고. Hauck, H. baltensweiler). 우리는 마음이 청결한 자의 복을 사모하며, 언행일치(혹은 표리일체)의 삶을 살되 정한 마음을 창조하시는 새 언약을 따라서 자기 안에 정직한 영과 일치된 삶을 통해 하나님을 날마다 뵙는 삶을 기대해야 할 것이다.

마음이 청결하여 하나님을 보려면, 우리의 마음이 하나님과 하나로 온전하게 연합해야 한다. 그것은 자기 생각을 주의 생각에 복종시켜야 하며(고후 10:5), 주께서 겟세마네 동산에서 십자가를 앞두고 기도한 내용에서 그 모범을 발견할 수 있다(마 26:39). 속절없이 흔들리는 우리 인간의 두 마음이 한마음으로 합쳐지는 은혜를 구해야 한다. "내 원대로 마옵시고 아버지의 원대로 하옵소서"의 기도가 우리 입을 통해서도 나와야 한다. 비록 자기 앞에 죽음이 닥쳤고 그 죽음을 하나님께서 요구하시는 상황에서라도 말이다. 이것이 마음이 청결(순결)한 상태다. "뜻이 하늘에서 이루어진 것같이 땅에서도 이루어지기를 원하나이다" 이 주의 기도가 어떻게 완성되었는가? 예수께서 자기의 뜻을 내려놓는 기도를 통해 하나님 아버지의 마음과 하나가 되었기 때문에 가능했다. 참으로 하나님을 뵙기(알기) 원하는가? 두 마음을 하나의 마음 곧 주의 마음으로 일치시키는 참된 연합을 하라. 자기의 모든 생각을 사로잡아 그리스도께 복종시키는 일만이 그 일을 가능하게 할 것이다. 우리가 그런 자세로 주의 명을 순종할 때 주께서도 "이제야 네가 나를 경외하는 줄 알았다"라고 응답하실 것이다(창 22:12).

일곱 번째 복; 화평하게 하는 자

"화평케 하는 자들(에이레네포이오이)은 복이 있나니, 저희가 하나님의 아들들이라 칭함을 받을 것임이요" (마 5:9)

말로만 평화를 외치고, 마음으로만 평화를 사랑해서는 이 땅에 참된 화평을 이룰 수가 없다. 그러면 우리가 어떻게 해야 화평하게 하는 자(peacemaker)가 될 수 있을까? 무엇보다 먼저 자신이 화평의 사람이 되어야 한다. 그럼 자기가 어떻게 화평의 사람이 될 수가 있을까? 자주 언급하는 내용이지만 예수를 품고 예수 그리스도의 생각과 뜻에 자기의 생각과 소원을 맞춰 온전히 하나가 되어야 한다. 왜냐하면 예수가 '화평'(에이레네)이시기 때문이다(눅 2:14; 엡 2:14).

"평안(에이레네)을 너희에게 끼치노니 곧 나의 평안을 너희에게 주노라. 그러니 근심하지도 말고 두려워하지도 말라" (요 14:27)

이 말씀 이후에 주님은 십자가에서 죽은 후 3일 만에 부활하셨다. 그리고 다락방에 숨어 있는 제자들을 찾아가 "너희에게 평강이 있을지어다"(요 20:19)라며 또 평안을 말씀하셨다. 예수의 탄생과 함께 이 땅에 평화가 임했다고 선포되었는데, 예수께서 십자가에서 죽은 후 제자들에게는 평화가 사라졌다. 그러나 부활하신 예수께서 그 다락방에 찾아오심으로 두려움과 어둠이 엄습했던 그들에게 다시 평화가 임했다. 이것이 무엇을 의미하는가? 예수가 아니고서는 우리가 화평의 사람이 될 수 없다는 분명한 증거다.

예수 그리스도를 믿었다고 해서 모두가 곧바로 화평하게 하는 사람(peacemaker)이 되는 것은 아니다. 그때부터 시작일 뿐이다. 아직 온전한 화평을 이루는 사람이 되지 못했다. 그러면 무엇을 통해서 우리가 화평을 이룰 수 있을까? 가장 먼저 자기 안에 오신 그리스도와 온전한 연합이 이루어져야 한다. 그 온전한 연합이 이루어지려면 철저한 자기 부인과 자기 십자가를 통한 희생이 따라야 한다. 그러니까 팔복을 시작할 때부터 반복된 이야기지만 자기 비움, 영이 가난해지는 단계가 없으면 불가능한 일이다. 주님께 모든 주권을 넘기고, 의의 종이 되어 죽기까지 순종하는 자세가 되어야 비로소 화평의 사람이 될 수 있다. 다른 길은 없다. 타협의 방법도 없다. 오직 그 좁은 길 하나만이 화평케 하는 사람이 되는 길이며, 그것이 이루어질 때 하나님의 아들들이라고 인정받아 세상(땅)을 '정복'하라는 명을 성취하는 때가 된다.

그런데 한편으로 거짓 평화가 있다는 사실을 알아야 한다. 성경은 명확하게 "여호와께서 말씀하시되 악인에게는 평강(샬롬)이 없다"(사 48:22)라고 하셨다. 여기서 악인은 이스라엘이 아닌 이방 불신자들을 말하기도 하지만, 이스라엘 내에 있는 이방인(불신자)을 가리키기도 한다. 혈통적으로는 이스라엘 백성이라고 할지라도 하나님만을 유일신으로 믿고 의지하지 않는 자, 그래서 자기 힘으로 살아가는 자, 그 역시 '악인'이고(성경에서 악인이라고 말하는 대부분이 이런 자들이다) 또한 악인이면 그에겐 평강이 없다는 이야기다.

"그들은 평강의 길을 알지 못하며, 그들의 행하는 곳에는 공의가 없으며, 굽은 길을 스스로 만드나니 무릇 이 길을 밟는 자는 평강을 알지 못하느니라." (사 59:8)

여기서도 "평강의 길을 알지 못하는" 그들은 누구인가? 이스라엘 백성들이다. 신약의 표현으로는 소위 신자들이다. 구약의 이스라엘 백성들이 평강의 길을 알지 못한다고 지적한다. 그들이 죄 가운데 사는 관계로 평강의 길을 잃어버렸다.

"그들이 내 백성의 상처를 심상히 고쳐주며 말하기를 평강하다, 평강하다 하나 평강이 없도다." (렘 6:14; 8:11)

평강이 없으면서도 스스로 "평강하다, 평강하다"라며 세뇌하는 것은 가스-라이팅하는 것이다. 죄악 가운데 떨어진 유다 백성들이 그렇다는 말이다. 대표적으로 거짓 선지자들이 "너희들은 평안하다, 평안하다. 하나님이 너희를 사랑하시니 지켜줄 것이고 그래서 평안하다"라고 입에 발린 소리를 지껄여 대는 것이다. 악을 행하는 신자에게 "부족한 것이 없을 것", '평강할 것'이라는 헛된 확신만 심어주는 거짓말을 하는 것이다. 거짓 선지자들이 앞장서서 그랬다. "하나님의 보호 아래 있으니까, 예수 믿는 택한 백성이니까 잘될 것"이라면서 그릇된 확신만 자꾸 집어넣어 주는데 이게 거짓된 평화다. 이런 거짓 선지자는 어느 시대에나 있다. 희망을 말하고, 죄가 있는데도 그것을 덮으면서 "항상 평안할 것이다. 우리는 주의 백성으로서 복을 받을 것이다"라는 쪽으로 몰고 간다. 이것은 선동이요 '프로파간다'(선전)이지 결코 신앙적 소망을 주는 메시지가 아니다. 신약시대는 어떤가? "하나님은 사랑"이란 사실을 내세우며, "사랑으로 모든 죄를 덮고 가자"라고 선동하면 거짓된 평강에 빠지게 된다. 죄를 덮어두고 서로 상처가 안 되는 선에서 사이좋게 지내자(?). 물론 남의 죄나 허물을 다 까발리라는 말이 아니다. 그것은 옳지 않고 하나님도 기뻐하지 않으신다. 그러나 공(公)과 사(私)는 구별해서 처리해야 하며, 사적인 것은 덮어주는 것이 옳다.

사람이 화평케 하는 자가 되지 못하는 근본 원인은, 일차적으로 하나님과 화목을 가로막고 있는 죄 때문이다(렘 5:25). "화평케 하는 자들"의 헬라어는 '에이레네포이오스'(εἰρηνοποιός)로서, 이 단어에서 유래한 단어가 골로새서 1장에 쓰였다.

> "그의 십자가 피로 <u>화평케 하사</u>(에이레네포이에오) 만물 곧 땅에 있는 것들이나 하늘에 있는 것들을 그로 말미암아 자기와 화목케 되기를 기뻐하심이라." (골 1:20)

하나님께서 그리스도를 내세워서 하늘과 땅의 만물까지도 자신과 화해하도록 섭리하셨다. 즉 십자가에서 흘리신 예수 그리스도의 피로써 화목을 이루셨다. 따라서 주(Lord)는 '화평'이시다. 하나님께서 아들 예수를 내세워서 자신과 우리를 화목하게 하셨다는 이야기다. 그러므로 예수는 화평이고, 또 '화평케 하는 자'다. 그러니까 본문에서 "화평케 하는 자들"

이라고 할 때, 그 뿌리는 화평이신 예수 그리스도를 가리킨다. 그러므로 예수를 믿으면 천국 간다고 굳게 믿는 확신을 갖는 것으로 끝이 아니고, 예수 그리스도를 믿음으로 주와 연합했으면 그 관계가 끊임없이 연합을 유지하는 실질적인 내용(열매, 증거)을 가지고 있어야 한다.

> "내가 그리스도와 함께 십자가에 못 박혔나니, 그런즉 <u>이제는 내가 산 것이 아니요 오직 내 안에 그리스도께서 사신 것이라</u>. 이제 내가 육체 가운데 사는 것은 나를 사랑하사 나를 위하여 자기 몸을 버리신 하나님의 아들을 믿는 믿음 안에서 사는 것이라." (갈 2:20)

나의 존재는 법적으로는 십자가에 꽝꽝 못 박아 버린 상태(곧 죽은 상태)로서, "육체와 함께 그 정과 욕심을 십자가에 못" 박은 자란 사실을 잊지 않아야 한다(갈 5:24; 골 3:3). 그런데 신자가 여전히 육체를 가지고 정과 욕심을 버리지 못한 채 사는 것은 왜일까? 그리스도 안에서 산다는 것, 이것은 무슨 의미일까? "하나님의 아들을 믿는 믿음 안에서 사는 것"이다. 신자는 세례받을 때 그리스도 안에서 죽었다고 성경은 말한다.[145] 그 때부터 법적으로 '나'라는 존재는 죽어 없어진 상태이며, 그리스도께서 신자 안에서 왕 노릇 하시며 머리로 사는 것이다. 신자의 옛사람이 십자가에 못 박혀 죽었으니까 신자 개인의 본성(옛사람)은 없는 거나 다름없지 않은가(롬 6:6). 하지만 그리스도 안에서 산다고 할 때, 신자의 본성은 십자가에 못 박혀 죽은 것으로 말하면서, 육체의 죽음에 이를 때까지는 여전히 옛 본성이 남아 있는 문제에 관해 설명해야 하지 않겠는가? 그래서 화평의 사람이 되는 일에 실패하는 일이기에 이 문제는 너무 중요하다고 하겠다.

예수를 믿어 구주로 영접한 이후에도, 여전히 육신의 본성(옛사람)은 강하게 역사하고 주님과 반목하는 자리로 끌고 가기 때문에, 예수를 굳게 믿는 믿음이 현재적으로 늘 요구되는 것이다. 예수 그리스도를 믿어 죄에서 구원받았으니 '이제 죽으면 곧바로 천국'하고 끝나는 일이 아니라고 몇 번 강조했다. 현재 실질적인 구원받은 자로서 삶의 내용을 가지고 있어야 한다는 말이다. 그래서 복음의 핵심은 전부 '예수 안에서' 혹은 '그리스도 안에서'이다. 반드시 기억해야 할 사항은 예수 믿는 순간부터 법적으로 '나'는 없다. 주와 함께 죽었기 때문이다. 이것이 신자 개개인에게 사실화되기까지(그리스도와 온전한 연합상태가 되는 성화) 그 신자의 신앙생활은 껍데기 종교 생활로 나타날 수밖에 없다. 이 부분이 어렵다. 거듭난 신자가 반드시 기억해야 할 사실은, 신자의 남은 인생은 사실상 그리스도께서 신자 안에서 사는 생활뿐이란 사실을 잊지 말아야 한다. '예수 그리스도 안에서'라는 말이 성경에 자주 언급되며 도식화되어 있는데, 이는 신자는 그리스도와 떼려야 뗄 수 없을 정도로 강력하고도 신령하게 연합이 되어 있다는 의미다.[146] 그리스도와 신령하게 연합해 하나 된 현실의 모습은 어떻게 나타나야 하는가? 무엇을 열매로 증명할 것인가? 화평케 하는 자가 된 모습이다. 왜냐하면 주님이 화평이시기 때문인데, 신자 안에서 주가 사신다면 마땅히 주의 열매인 화평의 열매가 맺혀져야 하는 것은 논리적으로 당연한 일이다. 이게 신자에게 요구되는 현실이요, 마땅히 감당해야 할 직책이자 사명이다.

"그런즉 누구든지 그리스도 안에 있으면 새로운 피조물이라 이전 것은 지나갔으니 보라 새것이 되었도다 모든 것이 하나님께로 났나니 저가 그리스도로 말미암아 우리를 자기와 화목하게 하시고 또 우리에게 화목하

밑줄 게 하는 직책을 주셨으니 이는 하나님께서 그리스도 안에 계시사 세상을 자기와 화목하게 하시며 저희의 죄를 저희에게 돌리지 아니하시고 화목하게 하는 말씀을 우리에게 부탁하셨느니라 이러므로 우리가 그리스도를 대신하여 사신이 되어 하나님이 우리로 너희를 권면하시는 것 같이 그리스도를 대신하여 간구하노니 너희는 하나님과 화목하라."(고후 5:17-20)

하나님께서 그리스도를 내세워 우리를 자기와 화목하게 하셨다고 하고, 또 우리에게 화목하게 하는 직책을 주셨다고 한다. 바울은 사람이 하나님과 화목하지 못하는 핵심이 '죄' 문제라는 사실을 드러낸다. 죄는 신자 상호 간에, 이웃 간에 담을 쌓게 한다. 이게 하나님이 기뻐하지 않는 죄다. 그러므로 죄의 문제로부터 해방된 화평은 위로부터 난 지혜라고 말씀한다.

"그러나 너희 마음속에 독한 시기와 다툼이 있으면 자랑하지 말라 진리를 거슬러 거짓말하지 말라 이러한 지혜는 위로부터 내려온 것이 아니요, 세상적이요, 정욕적이요, 마귀적이니 시기와 다툼이 있는 곳에는 혼란과 모든 악한 일이 있음이라. 오직 위로부터 난 지혜는 첫째 성결하고 다음에 화평하고 관용하고 양순하며 긍휼과 선한 열매가 가득하고 편견과 거짓이 없나니 화평하게 하는 자들은 화평으로 심어 의의 열매를 거두느니라"(약 3:14-18)

그렇기에 마귀에게 속한 죄의 사람들에게 하나님의 깊은 사랑을 전해야 한다. 그 사랑을 만나면 택한 백성은 자기 죄를 발견하게 되고, 성령의 감동을 통해 회개하고 하나님께 돌아온다. 이때 하나님과 막혀 있던

벽이 허물어지는 것이다. 다음으로 '성령께서 거하는 전'(고전 6:19)이라고 하는 자기를 사랑하는가? 깨지고, 망가지고, 실수하고, 넘어지는 나, 믿음이 약해서 쉽게 좌절하기도 하지만, 그럼에도 하나님이 나를 통해 하실 일이 있다는 것을 믿는가? 그래서 하나님의 형상으로 빚어진 '자기'라는 존재와 화목 하는 일이 또한 중요하다. 누가 뭐라고 해도, 현재 모습이 맘에 들지 않을지라도 신자는 주님의 피 값으로 산 자들이며, 하나님께 받아들여진 사람이다. 그런 자들의 인생은 크든 작든, 사소하든 중요하든 하나님이 주신 선물이다.

(1) 막힌 담을 허는 화평의 직책

"<u>그는 우리의 화평이신지라</u> 둘로 하나를 만드사 원수된 것 곧 중간에 막힌 담을 자기 육체로 허시고 법조문으로 된 계명의 율법을 폐하셨으니 이는 이 둘로 <u>자기 안에서 한 새 사람을 지어 화평하게 하시고</u> 또 십자가로 이 둘을 한 몸으로 하나님과 화목하게 하려 하심이라 원수 된 것을 십자가로 소멸하시고 또 오셔서 먼 데 있는 너희에게 평안을 전하시고 가까운 데 있는 자들에게 평안을 전하셨으니 이는 그로 말미암아 우리 둘이 한 성령 안에서 아버지께 나아감을 얻게 하려 하심이라 그러므로 이제부터 너희는 외인도 아니요, 나그네도 아니요 오직 성도들과 동일한 시민이요 하나님의 권속이라" (엡 2:14-19)

화평은 연합하는 것이고, 화평에 반대는 '분리'이며, 분리의 원인은 '갈등'이다. 예수께서 성육신하신 초대 교회 시대에 주님과 갈등한 대상은 대표적으로 바리새인과 율법 학자들을 꼽을 수 있다. 이들은 주님과 치열한 갈등 관계에 있었는데 갈등 관계가 깊어지면 무서운 결과를 초래한다. 죽여버리고 짓밟아 버린다. 구약 역사 속에서 이스라엘 백성들도 하나님과 연합(화평)이 안 돼서 결국 하나님이 멸망의 길을 걷도록 "내버려" 두셨다. 결과는 우리가 잘 아는 대로 이방에게 짓밟히고 멸망하는 비극이었다. 따라서 화평은 하나로 '연합'하는 것이고, 화평의 반대는 분리의 결과를 부르는 '갈등'이다.

막힌 담은 구약에서 상징적으로 여리고 성이 대표적이다. 이스라엘과 가나안의 원주민들(옛사람의 표상) 사이를 가로막는 담으로 기능하고 있다. 이것을 무너뜨리는 일에 모세가 아니고 이스라엘도 아니라, 예수 그리스도를 예표 하는 여호수아가 앞장섰다. 여리고 성을 무너뜨리는 일이 어떻게 이스라엘과 이방이 하나 되게 하는 모형으로 설명할 수 있을까? 가나안 원주민은 하나님이 진멸하라는 명이 떨어진 대상으로 모두 없애야 하는 관계인데, 그런 이방과 하나님의 백성 사이에 화평이라는 주제에 연결할 수 있는 문제인가. 이는 "화평"이란 단어의 의미를 깨달을 때 이해할 수 있다. 신약의 "화평"은 '에이레네'로서 이는 "연합하다, 하나가 되다"는 뜻이다. 이때 연합은 타협으로 이루어지는 것이 아니다. 한쪽으로 통일하는 일방적인 평화를 가리킨다. 소위 흡수통일의 개념이 가장 적합한 용어일 것이다. 한쪽은 머리로서 명령하고 다른 한쪽은 순종해야 하는 위치로 결합하는 것이다. 예수 그리스도와 우리 신자 사이의 연합도 이 개념으로라야 제대로 된 설명이 가능하다. 하나님은 우리와 의논하거나 타협하지 않으신다. 일반적인 언약과 단독 역사로 구속을 이루시고, 믿음도 선물로 주셔서 믿게 하신다. 그리스도와의 연합개념도 역시 일방적이다. 예수의 죽음과 합하여 우리도 죽고 예수의 부활과 합하여 우리도 산다(롬 6:3-4). 거기에 우리의 의견이나 바램은 아무 소용이 없다.

우리의 정과 욕심을 십자가에 못 박아 죽이고, 우리의 생각을 그리스도께 복종시키는 연합만이 성경이 가르치는 참 연합이요 화평의 길이라고 가르친다. 한쪽이 항복하든지 진멸 당하든지(자기 생각, 권리를 완전히 포기) 그래야 하나가 될 수 있다. 그래서 "연합하다, 하나가 되다"란 '에이레네'란 단어가 "화평"이란 뜻을 가지는 것이다.

그런데 이 여리고 성을 다시 세우는 자는 저주를 받을 것이라고 했는데(수 6:26), 훗날 '히엘'이 여리고 성을 재건했다가 저주를 받았다(왕상 16:34). '히엘'은 벧엘 출신으로, 그의 이름은 "하나님이 살아 계신다"라는 의미다. 이름을 보면 믿음의 계통인데 어찌 금령을 어겨 저주를 자초했을까? 이는 어느 시대든지 이런 종류의 사람들이 나온다. 초대 교회 때 바리새인과 율법사들이 똑같은 짓을 저질러 저주를 받는 비극의 사람들이 되었다. 그들은 주께서 무너뜨린 율법의 의식들을 다시 세우려 주님과 치열한 논쟁을 벌였으며 끝내 메시아를 죽이는 악을 범했다. 주께서는 율법의 담을 무너뜨리려 저들과 끊임없이 부딪히며 논쟁했고, 저들을 저주했다(참고. 마 23장). 오늘날도 주께서 무너뜨린 여리고 성 같은 담을 다시 쌓는 자들이 누구인가? 두려움으로 돌아봐야 할 것이다. 유대인과 이방인을 하나로 새 창조하신 주님의 사역을 수포로 만들려는 악한 자들이 누구인가? 의외로 믿는다고 하는 자들 가운데 있다. 그가 목사, 교수, 학자, 교회 직분자, 일반 신자를 가리지 않고 누구든지 저주의 사람이 될 수 있다. 화평케 하는 주를 영접한 신자가 어찌 그런 자리에 빠져 베드로처럼 사단화 되어야 하겠는가? 베드로 사건을 기록하여 우리에게 전하신 주의 교훈을 아직도 깨닫지 못한다는 이야기인가. 순전히 육신의 생각, 사람의 일을 생각하다 보면 세속화되는 것은 시간문제다.

(2) 화평과 화목의 구별

"그의 십자가 피로 화평케 하사(에이레네포이에오) 만물 곧 땅에 있는 것들이나 하늘에 있는 것들을 그로 말미암아 자기와 화목케 되기를(아포캇달랏소) 기뻐하심이라." (골 1:20)

① 화평(에이레네, Peace)

"화평"은 성경에서 주로 하나님의 평화, 즉 영적인 평화와 내적 평온을 의미할 때 자주 쓰였다. 이는 하나님과의 관계가 올바르게 되었을 때 경험하는 상태를 말한다.

"그러므로 우리가 믿음으로 의롭다 하심을 받았으니 우리 주 예수 그리스도로 말미암아 하나님과 더불어 화평을 누리자" (롬 5:1)

여기서 화평은 하나님과 올바른 관계로부터 오는 평화를 말한다. 또한 예수를 '우리의 화평'이라고 부르며, 그분이 유대인과 이방인 사이의 장벽을 허물고 하나로 만드셨다고 설명한다(엡 2:14).

② 화목(카탈랏소, Reconciliation):

"화목"은 성경에서 주로 관계의 회복을 의미한다. 이는 하나님과 인간, 혹은 사람들 사이의 깨어진 관계가 회복되는 신학적 의미를 뜻한다.

"모든 것이 하나님께로서 났으며 그가 그리스도로 말미암아 우리를 자기와 <u>화목하게 하시고</u> 또 우리에게 <u>화목하게 하는</u> 직분을 주셨으니 곧 하나님께서 그리스도 안에 계시사 세상을 자기와 <u>화목하게 하시며</u>" (고후 5:18-19)

여기서 "화목"(카탈랏소)은 하나님과 인간 사이의 관계 회복을 강조한다.

"곧 우리가 원수 되었을 때 그의 아들의 죽으심으로 말미암아 <u>하나님과 화목하게 되었을진대</u> 화목하게 된 자로서는 더욱 그의 살아나심으로 말미암아 구원을 받을 것이니라" (롬 5:10)

이는 예수의 죽음과 부활로 인해 인간과 하나님 사이의 관계가 회복되었음을 설명하고 있다. 따라서 '화평'은 하나님과 올바른 관계에서 오는 평화와 평온함을 의미하며, 신앙생활 속에서 경험하는 내적인 평안을 강조한다. '화목'은 깨어진 관계의 회복을 의미하며, 특히 예수 그리스도의 구속 사역을 통해 하나님과 인간, 그리고 사람들 사이의 관계가 회복되는 것을 강조한다. 이 두 개념은 서로 긴밀하게 연결되어 있으며, 화목을 통해 화평을 경험하게 되는 성경적 원리를 보여준다고 하겠다.

세상 사람과 그리스도인의 가치관이 구별되는 지점이 화평케 할 수 있는 여부에 따라 달라진다. 그리스도인은 세상 사람과 달라야 하는데, 몸은 비록 세상에 속해 있지만, 우리의 시민권은 하늘에 있다는 사실을 항상 인지하는 것이다. 그래서 세상사는 방식과 가치관이 일반 세상 사람과는 달라야 한다. "선으로 악을 이기라"(롬 12:21)는 하나님의 권면을 따라 살 때, 화평케 하는 열매를 맺혀 하나님의 아들들이란 평가를 듣게 될 것이다(마 27:54; 막 15:39). 이렇듯 화평을 이루는 신자가 되려면, 반드시 하나님과 관계가 진정으로 회복되어야 한다.

여덟 번째 복; 정복의 완성

"의로 인하여 핍박받은 자들은 복이 있나니 천국이 그들의 것이기 때문이다"(마 5:10)

이제 정복의 복을 성취하는 마지막 단계인 여덟 번째 복인 의를 위하여 박해받는 자리까지 왔다. 지금까지 주께서 제시한 복을 소화하며 따르는 것이 쉽지 않았는데, 마지막이라고 제시한 완성의 모습이 '박해'라니 선뜻 상상이 안 된다. 이 복이 신자의 삶에 실제로 적용된다면, 육적으로는 달갑지 않은 결과를 보게 될 것이란 점이 가장 걸림돌이다. 그것은 역설적이게도 최종 승리라고 보기 어려운 고난과 박해와 핍박이 따라온다는 가르침이다. 앞선 7가지 복의 단계도 육신의 생각으로는 썩 맘에 들지 않는 요소라고 생각했는데 마지막은 더 심하다. 의를 위하는 일에 왜 박해가 따르는가? 이 말은 세상은 의를 좋아하지 않는다는 배경이 깔린 가르침이다. 성경은 마지막 때가 가까울수록 세상은 불의하고, 불법이 성행하고, 악(어두움)의 절정에 달한다고 계시한다.[147]

(1) 의를 위해 받는 박해의 내용(10-11절)

그래서 의를 구하는 자들은 오히려 세상으로부터 기대하지 않던 대접을 받게 될 터인데 그것을 크게 두 가지로 말하고 있다. 하나는 예수 때문에 욕먹고, 다른 하나는 예수로 인해 박해받는다고 한다. 한 마디로 예수로 인한 악한 말과 핍박을 받는 대접이 기다리고 있다는 말이다. 모두 예수로 인하여 받는 욕과 악담, 그리고 고난이다. 성경은 경건하게 살고자 하는 자는 핍박을 받을 것이라고 말한다(딤후 3:12). 이는 토기를 만드는 일에 비유하자면, 마지막 단계인 불 가운데 넣어 굽는 단계를 생각할 수 있을 것이다. 이 마지막 과정을 위해 지금까지 다룬 일곱 가지의 복이 필요했다고 말해야 할 것이다. 하나님은 반드시 불로 그 사람의 공력을 점검하신다고 하신다(고전 3:12-15). 그러므로 주의 제자라면 반드시 거쳐야 할 점검(테스트, 연단)이라고 생각해야 한다.

"너희 믿음의 시련이 불로 연단하여도 없어질 금보다 더 귀하여 예수 그리스도의 나타나실 때 칭찬과 영광과 존귀를 얻게 하려 함이라"(벧전 1:7)

신자에게 주어지는 이런 환난, 연단은 영광과 존귀를 주고자 하시는 하나님의 깊은 뜻이 담긴 양육의 방법이란 사실을 깨닫고 잘 견뎌야 한다. 하지만 상당수의 기독교인은 예수로 인해 세상에서 환영받고 대접받는 것을 기대한다. 예수로 인해 건강하고 돈 버는 것, 시험에 합격하거나 승진하는 것만 복으로 안다. 그러나 솔직히 예수로 인하여 욕먹거나 무시당하고 어려움을 겪는 것은 전혀 복다운 복이 아니라고 생각해서 싫어한다. 손해 보고 억울한 일 당하는 것도 싫어하며, 그런 일을 당하면 짜

증을 내고 불평한다. 신자가 예수 믿으면서 하나님이 주고자 하는 진짜 복이 무엇인지 모르는 경우가 많다. 아니 알고도 모른 체 한다고 해야 옳을 것이다. 왜냐면 맘에 들지 않기 때문이다. 성경이 가르치는 많은 복(구약에서 제시하는 대표적인 복, 신 28:1-17)이 있는데, 왜 별로 마음에 와닿지 않는 복만 강조하느냐고 불만이다. 그럼, 정말 신명기 28장에 제시한 복과 저주를 그 말씀대로 시행한다면 어떨 것 같은가? 독자 여러분은 하나님께서 정말 그 성경대로 행하기를 원하는가? 큰일 난다. 하나님이 그 이상의 것, 곧 율법으로 규정하신 하나님의 공의를 넘어서는 은혜와 자비를 우리에게 주시는 분이란 사실이 은혜요 자비이며 우리를 살게 하신다. 이 사실을 잊지 말라.

그럼에도 이런 하나님의 하나님 되심을 알지 못하고 여전히 편안하고 안전한 세상적 삶만 추구한다면(살전 5:3), 믿음의 본질이 잘못되어 있다는 증거다. 현세주의와 이기주의, 물량주의가 교회에까지 깊숙이 침투되어 있다. 그리고 믿음의 본질을 변형시켜 버렸다. 물론 예수 믿으면 세상적인 복도 일시적으로 받을 수 있으며, 하나님이 필요에 따라 필요한 사람에게 허락하신다. 그러나 그러한 복이 믿음의 본질은 아니며, 그런 복(육적으로 좋은 것)은 '덤'이고(마 6:33), 잠시 '위로' 차원에서 주시는 일시적인 은혜로 주시는 좋은 것이다. 덤은 사회에서 가장 많이 통용되는 용어로서 "은혜, 선물"의 개념이다. 원래의 가치보다 더 주고받는 물건이란 뜻으로 쓰이는데, '있으면 좋고 없어도 그만'이라는 의미다. 그러므로 믿음의 본질과 복은 영적인 것에 있으며, 육적인 것은 덤에 속한다는 사실을 확실하게 깨닫는 것이 올바른 신앙에서 중요하다.

(2) 신자로서 의를 위해 박해를 받을 때 어떻게 해야 할까(12절)?

"기뻐하고 즐거워하라" 박해를 당하고 애매한 욕을 먹을 때 기뻐하라는 것이다. 역발상의 사고를 하지 않으면 도대체 이해하기 어려운 말씀이다. 더구나 그 박해도 어떤 박해를 말씀하시는가 하면, 원어로 "계속 추적해서 따라오는 박해"(핍박, δεδιωγμένοι)를 말씀하고 있다. '데디오그메노이'(δεδιωγμένοι)의 원형은 '디오코'(διώκω)로서 "쫓아오며 괴롭히다"라는 뜻의 완료 수동태이다. 완료의 의미는 "과거에 시작된 일이 현재까지도 계속되고" 있다는 뜻이다. 더구나 스스로 선택한 일이 아니라는 의미로 수동태가 쓰였고, 외부의 여건과 상황에 의해 받게 되는 고난을 가리킨다. 이것이 여덟 번째 복의 특성인데, 그리스도인은 어떤 상황에 처했을 때 일정한 태도로 처신하고 생각하며 행동하는 자들이다. 다시 말해서 그리스도 예수처럼 생각하고 행동하는 자들(곧 거룩하고 경건에 속한 자들)이란 의미다. 그래서 원치 않는 고난이 찾아오는 것이다. 과거에 예수를 쫓으며 핍박하고 괴롭혔던 사탄의 공격이 오늘날에는 예수의 이름으로 일컬어지는 그리스도인들에게 지속적으로 찾아와 괴롭힌다는 것이다. 이것이 의를 위하여 박해받는 신자의 삶이다. 예수로 인하여 핍박을 받는 신자의 삶이다. 그래서 그런 삶의 결과가 너무 대단하기에(천국이 저희 것이라, 5:3의 천국<시작>과 수준이 다른 천국<완성>) 복이라고 선언하시는 것이다. 바울이 이런 사실을 깨닫고 핍박과 고난이 있을 때 기뻐했으며,[148] 자기를 본받으라고까지 당당하게 말할 수 있었다(빌 3:17). 성경은 이런 삶을 살며 걸어간 믿음의 선배들을 본받으라고 추천한다(히 13:7; 요삼 1:11).

주께서 겪으신 박해를 생각해 보라. 사탄의 시험과 공격이 끊임없이 계속되었다. 마태복음 4장에서 세 가지 시험을 한 사탄은, 예수께 보기

좋게 당했으면 떨어져 나가 다시는 덤벼들지 않아야 마땅할 것 같은데, 그놈은 결단코 포기하지 않고 계속해서 자기 수하들을 동원하여 공격했다. 처음 시험을 시작한 핵심 공격이 "네가 하나님의 아들이라면"이었다(마 4:3, 6; 눅 4:3, 9). 공생애 과정에서 사탄은 자기 수하인 바리새인과 유대인들(요 8:44)을 동원해서 수없이 공격의 기회를 노렸다. 주께서 하나님의 아들이란 점을 드러내셨을 때, 저들은 공격의 좋은 기회라도 얻은 양 짐승처럼 달려들어 물고 찢었다(요 10:29-33). 그리고 마지막 십자가 아래에서는 어리석고 무지한 군중을 동원해서 "네가 하나님의 아들이라면 십자가에서 내려와라. 그러면 우리가 믿겠다"라고 야단법석을 떨었다(마 27:39-44). 이 모든 행위는 주께서 이루실 일을 포기하라는 미혹과 위협이었다. 따라서 저들이 예수를 믿지 못하는 것은 당연하다. 왜냐면 그들은 예수의 양이 아니기 때문이다(요 10:25-28). 악을 행하는 자들은 정말 부지런하기도 하다. 사탄·마귀는 지치지도 않고 쉬지도 않는다. 마귀는 주를 넘어지게 하는 일이라면(하나님의 뜻을 막는 일이라면) 우는 사자와 같이 세상을 두루 돌아다니면서 먹잇감을 찾는 일에 열심이 특심할 정도다(욥 1:6-7; 벧전 5:8). 사실 사탄의 사명이 하나님을 대적하는 일이 아닌가. 그것을 생각하면 그는 자기 역할에 충실한 것이다. 문제는 우리도 우리의 사명, 정체성이 무엇인지 정확하게 알고 그 역할에 충실해야 하는데 그게 잘 안 되니 문제다.

그러면 왜 박해를 받을 때 기뻐하라고 말씀하셨을까? 도대체 박해는 고통스러운 일인데 기뻐할 일이 무엇인가? 12절에서 두 가지를 찾아볼 수 있다. 하나는 하늘에서 상이 크기 때문이며, 다른 하나는 전에 있던 선지자들도 박해받았던 역사가 있기 때문이라고 하신다. 우리는 믿음에 대해 말할 때면 언제나 예수 그리스도나 바울의 신앙을 본받아야 한다고 말한다. 그러면서도 정작 현실에서 추구하는 것은 정반대의 것들 곧 세상에서의 잘 됨이나 잘남을 증명하는 일이다. 세상은 짐승처럼 약육강식의 원리가 장악한 곳이다. 그래서 크고 많으면 좋다는 외적 기준이 세력을 얻는 곳이 세상이다. 그러나 그런 원리는 짐승의 세계요, 육에 속한 세계의 특징이다. 돈이 많고, 힘이 세고, 사람의 숫자가 많은 등 철저하게 육적인 기준이 세력을 잡은 곳이 세상이다. 그런데 교회가 그에 동조하며 따른다는 것은 타락한 증거요, 병든 증거다. 그래서 기독교인 수가 줄어들고 정체되는 문제에 대해선 탄식하면서, 정작 기독교의 선한 영향력이 줄어든 일에는 크게 애통해하지 않는다.[149] 그러면서 세상 이익에는 어찌 그리 발 빠르게 움직이고 시대정신을 따르는 일 역시 기막히게 지혜롭다. 이런 이중 자세는 참 편리한 발상이며, 어떻게 그리 현실적이며, 육적인지 이해가 안 될 정도로 전환이 빠르다. 하나님이 이런 신앙인(이스라엘)을 얼마나 혐오하고 배척했는지 알지 않는가. 현대 신자들 역시 어떤 것이 성공이고 어떤 것이 실패인지 쉽게 잊는 무지와 착각으로 인생을 허비하고 있다. 믿음의 본질을 잊어버리고 믿음의 부스러기만 추구하고 있는 모습이 만연하고 있다.

(3) 의를 위해 박해를 받는 자는 어떤 복을 받게 될까?

첫째, 천국이 그들의 것이라고 약속하신다(10절).

"천국이 그들의 것임이라" 의를 위하여 곧 예수를 위해 박해를 받는 자의 복은 세상적인 복이 아니다. 천국의 복이다. 그런데 많은 사람은 천국의 복보다는 현금을 원한다. "주여! 천국도 좋지만, 이 세상을 사는 동안 똘똘한 아파트 하나는 있어야 하겠습니다." 또는 "주여! 천국의 복도 좋지만 우선 멋진 교회는 건축해야 하겠습니다" 이런 마음을 가진 신앙이 오늘날 대다수 믿음의 형태라는 지적이 솔직한 고백이 아닐까. 하지만 이런 인간적인 생각과 관계없이 천국이 정말 어떤 곳인지 안다면, 다시는 그런 헛소리는 안 할 것이라고 확신한다. 삼층천을 다녀온 바울의 간증을 들어보면 천국의 상황에 대해 일절 입을 다물고 있는 것을 발견하게 된다(고후 12:1-4). '내가 다녀온 천국', '내가 본 천국' 등 헛소리로 소설을 쓰는 가짜들이 많은 세상에서 바울만큼 진실한 간증자를 어디서 볼 수 있을까. 삼층천에 다녀온 이후 바울의 변화를 보면, 누가 진짜 천국에 다녀왔는지 금방 구분할 수 있을 것이다. 그래서 바울은 "이 세상에서 좋게 여기던 것을 해로 여기고 배설물과 같이 여겼노라"라고 고백한다(빌 3:5-9). 천국의 영광은 이 세상의 영광과는 족히 비교할 수 없다는 사실이 언제나 믿어질 수 있을까. 인간의 신념으로 만들어지는 짝퉁 믿음으로 미혹할 일이 아니라 성령의 감동과 도우심을 구해야 할 것이다.

둘째, 천국에서 큰 상을 받는다고 약속하신다(11-12절).

"하늘에서 너희의 상이 큼이라" 의를 위해 박해를 받는 사람은 천국에서 상이 크다고 약속하신다. 우리가 예수를 믿는 믿음은 하나님의 선물로서(엡 2:8) 그 결과로 영혼의 구원(죄 사함)을 얻는다.[150] 그러나 이때 주의할 것은 구원이라고 해서 똑같은 구원이 아니란 점을 알아야 한다. 분명 영광스러운 구원이 있는가 하면, 불 가운데서 얻는 구원이 있다(고전 3:12-15). 이것은 영광스러운 구원과 그렇지 못한 구원이 있다는 구분이 아닌가.[151] 큰 상을 말씀했다는 것은 비교될 만한 작은 상도 있다는 이야기가 아닌가. 천국에 차별이 없다고 하는 생각에만 꽂혀서 크고 작은 것을 구별하는 공의는 미처 생각하지 못하는 경우가 있다. 성경은 분명히 큰 자와 작은 자,[152] 그리고 큰 상과 작은 상 받는 구원을 구별하고 있다. 그 상이 무엇이냐는 차후의 문제이며 하나님의 소관이다. 분명한 것은 이는 차별이 아니라 하나님의 공의가 시행되는 것이다. 상의 크고 작음은 인간의 기준으로 크고 작음이 아니다. 하나님이 생각하시는 크고 작은 상으로서 우리는 그것이 무엇이며 어느 정도 차이가 나는지 가늠하기 어렵다.

그런데 이런 내용이 현실에서는 모두 약속뿐이다. 현실에서는 깨닫지도 못하고 잘 경험하지 못하여 손에 쥔 것이 없다. 그래서 믿음이 필요한 것이다. 근시안을 가진 인생들이 그래서 예수를 믿지 못하는 것이며, 성경 말씀을 무시하는 경향이 나타난다. 성경은 하나님과 예수 그리스도를 아는 것이 영생이라고 강조한다(요 17:3). 처음 팔복을 시작할 때 복의 결과가 무엇이었는지 기억하는가? 영적으로 가난한 자들에게 천국이 그들의 것이라고 분명히 말씀하셨다. 그런데 팔복의 마지막을 장식하는 여덟 번째인 의를 위해 핍박을 받는 자들에게도 똑같은 복을 약속하고 있다. 시작과 끝이 같다. 쓰인 단어나 구조가 같은 것 같지만, 주어지는 천국의 상태는 질적으로 다르다고 여겨진다. '시작의 천국'과 '완성의 천국' 차이라고나 할까.

(4) 그러나 주의해야 할 신념

모든 박해가 의를 위해 받는 것이 아니란 점은 유의해야 한다.

"죄가 있어 매를 맞고 참으면 무슨 칭찬이 있으리요 오직 선을 행함으로 고난을 받고 참으면 이는 하나님 앞에 아름다우니라"(벧전 2:20)

죄를 지어 박해(고난)받으면서 자기는 의를 행하다가 박해받는다고 안하무인격의 해석을 하는 신자들의 문제를 많이 보아왔다. 참 양심이 무디어지고 무지한 자들이 많다. 신자의 상태가 이 정도라면 그 사람은 소망이 없다. 반대로 자기 확신과 열심을 가지고 자기 의를 드러내다가 무례해지고 지나치게 호전적인 사람이 되었던 사울(바울의 이전 모습)과 같은 신자도 문제가 된다(빌 3:6). 이런 신자들의 열심은 일종의 광신(狂信)에 가까운 바람직하지 않은 모습이다. 이 모두가 바른 신앙의 모습이 아니다. 그러므로 여덟 번째의 복은 분별이 중요하다. 자기의 잘못된 행실로 욕먹는 일을 두고도 신앙인으로서 믿음을 지키느라고 핍박받는다고 자의적으로 해석하는 일이 비일비재하기 때문이다. 자기의 모난 성격이나 무지하고 비상식적인 행동을 보이며, 광신적 행동을 합리화하는 신앙생활을 하다가 핍박을 받는 것은 의를 위한 박해와 아무런 상관이 없다. 한편 어떤 대의명분이나 정치적 신념을 위해 헌신하는 것은 개인적인 선택사항이지만, 그 또한 여덟 번째 복에 연계시키는 일은 전혀 사리에 맞지 않는 일이다. 그리고 그저 착하게 살다가 어려움을 당하는 일도 의를 위해 고난받는 것과 다르다는 점을 간과하지 말아야 한다.

의를 위해 박해를 받을 때 분별의 요소로 중요한 점은 '그리스도의 향기'가 나는지 확인하는 것이다. 자기 신념과 자기의 의 때문에 핍박받는 것인지 아닌지 분별하려면, 자기가 정당하다고 생각하는 행위의 바탕에 혐오, 적개심, 증오, 두려움, 불안, 편견 등이 깔려 있는지 솔직하게 들여다보아야 한다. 자기 경험을 지나치게 맹신한다든지, 눈에 보이는 가시적 목표에 지나치게 집착한다든지, 특정 사람이나 정파, 혹은 종교에 혐오감이나 적개심으로 가득 차 있는 여부를 냉정하게 진단해야 한다.[153]
의를 위해 박해를 받는다는 기준은 예수로 인하여 받는 박해로서, 세상과 다른 가치관과 정체성을 가지고 생각하고 행동하기 때문이다. 주 예수를 너무 사랑하기에, 그분을 닮아가려는 마음으로 성경의 가르침을 실천하다가 어려움을 당하는 것이다. 세상은 왜 옳은 길 가려고 하는 사람을 박해할까? 불의와 불법으로 점철된 어둠에 속해 있기 때문이다. 그들의 영혼이 죽어 있기에 무지할 수밖에 없는데, 그들은 영적으로 시각장애인이요, 청각장애인이요, 온통 자기 사랑 외에는 관심이 없도록 프로그램된 DNA를 가지고 태어나기 때문이다. 반면에 신자들은 예수와 성령에 의해 눈과 귀가 열리고 영혼이 살아난 새 피조물이기에, 그들과 다른 것을 보고 듣고 이해할 수 있게 된 것이다. 이 차이가 핍박을 불러오는 것이다. 목표가 달라지고, 삶의 방식(life style)이 달라졌으니, 세상과 부딪힐 수밖에 없다. 이래서 겪는 핍박과 박해가 진짜 의를 위해 받는 박해다.

그리스도인이라면 세상을 사는 이유, 삶의 목표, 소망 등이 세상 사람들과 달라야 한다. 이것을 거룩하다고 말한다. 주님을 사랑해서 그 뜻대로 사는 사람은 다를 수밖에 없다. 사람들은 자기와 다르면 불편해하고 부담스러워한다. 왜 불편할까? 자신의 부끄러운 부분이 드러나기 때문이다. 빛은 어두움에 감춰진 부분, 숨기려는 부분을 드러낸다. 그래서 싫어하고 미워한다. 주 예수와 그의 형제 된(히 2:11) 하나님의 아들들은 세상의 빛이기에[154] 존재 자체만으로도 어두운 세상에 더러움과 부패함을 드러낸다. 신자들이 자기가 사는 삶의 현장에서 그리스도의 향기를 나타내면, 세상은 자기와 너무 다른 신자들의 그 향기가 싫어 배척하는 것이다. 그래서 그 빛을 끄기 위해 핍박하고 죽이려고 공격하는 것이 신자에게는 박해로 나타나는 것이다. 신자가 진리와 상봉(相逢)할 때, 하나님의 말씀이 우리의 신념과 정면으로 부딪치게 될 때, 진리는 절대 우리를 먼저 위로하지 않는다. 우리의 등을 두드려 주지도 않고 오히려 우리를 흔들어 깨우고, 불편하게 하고, 마음이 요동치도록 흔들어 댄다. 그러나 그때 흔들리는 마음은 영원한 것이 아니라, 우리 안에 오래전부터 가라앉혀 있던 어두운 부분(육에 속성들, 마 15:8-11, 15-20)을 들춰내는 것이며, 우리는 이런 빛의 역사(엡 5:8-13)를 일시적으로 감당하기 어려워하고 부끄러워하는 것이다. 거룩한 성도는 불편한 진리를 읽거나 들으면, 그 말씀이 심령 안에 들어올 때, 그 진리에 직면해서 자신의 영혼을 열어 육신의 부패성을 인정하고 솔직하게 들여다보며 싸워 정복해야 한다. 그것이 의로 인해 박해받을 때 기뻐하며 즐거워하는 자세로 나타나는 것이다. 가장 사랑하는 것을 만나면 그것 외에 다른 것으로는 행복해지지 않는 법이다. 사랑하는 것(사람)을 위해 고생하고 희생해도 즐거워하고 그것을 기쁨으로 여긴다(야곱이 라헬을 사랑하는 때 심정을 참고하라. 창 29:20). 주님을 사랑하는 이유로 당하는 어려움을 넉넉하게 받아들이고 인내함으로, 마침내 승리할 때 주어지는 영광은 천국을 소유하는 복이다(롬 8:17). 이때의 천국은 예수 믿고 처음 얻는 현재 천국(첫 번째 복)과는 비교가 안 될 정도로 크다는 특징을 말씀하고 있다.

4) 정복 전쟁의 교훈

신약에서 말하는 영적인 정복 전쟁에서 가장 중요한 것이 무엇인가? 자기 안에서 정복 전쟁을 방해하는 걸림돌인 정과 욕심(옛사람)일 것이다.

"그리스도 예수의 사람들은 육체와 함께 <u>그 정과 욕심을 십자가에 못 박</u>

았느니라."(갈 5:24)

그리스도 예수의 사람들은 믿음과 세례로 "육체와 함께 그 정과 욕심을 십자가에 못 박았다".[155] 이 단어는 성적(性的)인 영역뿐만 아니라 갈라디아서 5:19-21에서 언급한 육체에 속한 것들을 모두 포괄한다. 본문은 육체에 기반을 둔 모든 충동은 그리스도인들 안에서 십자가에 못 박혔고, 죽어 없어진 것이라는 사실을 한마디로 요약하여 강조하고 있다. 로마서 7:5에서 '죄의 정욕'으로 표현된 말은 그리스도를 믿기 이전, 곧 "육체에 있을 때"의 삶의 특징을 보여준다.

"우리가 육신에 있을 때는 율법으로 말미암는 <u>죄의 정욕이 우리 지체 중에 역사하여</u> 우리로 사망을 위하여 열매를 맺게 하였더니"

이같이 육에 속한 삶은 율법으로 말미암아 죄의 정욕이 안에서 일어나서 지체들 가운데에서 역사한다는 것을 의미한다. "죄의"란 말은 정욕의 성질을 묘사한다. "죄의 정욕"은 마침내 죄로 인도하거나 죄의 결과를 경험하게 만든다. 그래서 바울은 탄식했다(롬 7:17-20). 이런 현상이 구약에서는 가나안 정복 전쟁 초기에 아간에게서 나타났다. 아간은 '헤렘'(하나님께 드려진 것)을 범했고, 하나님의 명을 거역했다. 그의 범죄는 공동체 전체를 위태롭게 했으며, 신약의 '아나니아와 삽비라'의 죄에 버금가는 죄를 저질렀다(드려진 것 일부를 취해 숨긴 죄). 아간이 저지른 죄는 또한 하와가 선악과를 탐내어 따 먹은 것과 같은 죄였다(하나님이 금한 것을 탐내어 취한 죄). 이들이 저지른 죄의 공통점은 모두 하나님께서 어떤 새로운 일을 시작할 때 범한 죄란 점이다. 하와는 인류의 시조로서 첫 언약을 범했고, 아간은 가나안 정복 전쟁에서 처음 것을 하나님께 드려야 한다는 규칙을 범한 죄였으며(이는 이제 첫발을 디딘 약속의 땅 가나안에서 쫓겨날 수도 있는 엄한 죄), 아나니아 부부는 초대 교회의 문을 여는 첫 시작에서 성령을 속이는 죄를 범한 것이다. 그래서 그들의 죄는 전체를 죄로 병들게 하는 악한 행위로써 엄히 다스려야 했다. 그들이 범한 죄의 결과에 따른 형벌이 그래서 그렇게 엄했다. 홀로(혹은 부부나 가족의 공범) 범한 죄얼이 온 인류에게, 이스라엘 전체에게, 초대 교회 전체에게 영향을 미친다. 따라서 시작부터 이 부분을 철저하게 끊어내야 했다.

그러나 육체의 정욕(정과 욕심)을 죽이는 것으로 만족하거나 끝내면 안 된다. 그것은 정복 전쟁의 시작에 불과한 것으로 이스라엘이 정복 전쟁에서 실패했던 과거를 답습하는 꼴이 된다. 남겨 놓은 것이 있으면 절대 안 된다. 정말 냉정하게 믿음으로 판단하고 싸워야 정복 전쟁에서 최후 승리를 할 수 있을 것이다. 그렇게 1차적으로 모든 더러운 것, 죄악 된 요소를 씻어내고 제거하는 것이 중요하다.

그리고 다음으로 반드시 해야 할 일이 성령으로 행하는 일이다.

"만일 우리가 성령으로 살면 또한 성령으로 행할지니" (갈 5:25)

성령으로 행하는 삶이란 성령이 충만하여 온전히 성령의 지배를 받으며, 성령의 인도를 따라 사는 삶을 말한다. 그렇게 완벽한 삶을 사는 사람이 어디 있을까? 사실 찾아보기 어려울 것이다. 더구나 오늘날같이 현대의 모든 삶이 편안과 안전을 추구하며, 돈이 하나님 자리에 올라간 세대에는 더욱 찾기 어렵다. 하지만 아무리 상황과 조건이 어렵다고 할지라도, 신자는 성령을 따라 행할 책임(사명)이 있다는 사실을 알고 살아내야 한다고 성경은 강력하게 권면하고 있다. 성령에 의해서 거듭나 새 생명을 얻은 그리스도인이라면, 누구나 성령의 능력을 힘입어 살아갈 조건을 갖춘 자들이다. 그래서 성령의 능력을 받으라고 권한 것이고(행 1:8), 그 성령의 능력으로 주의 증인 노릇을 하며, 주를 섬기며 세상의 빛과 소금의 역할을 하는 것이 곧 성령으로 행하는 길이다. 이런 신자에겐 정죄함이 없다고 성경은 말한다(롬 8:1-2).

믿는 자들에게는 내주하시는 그리스도의 영, 곧 하나님께로부터 오신 보혜사가 내주하신다(요 15:26). 성령께서는 구할 바를 알지 못하는 신자들의 기도를 도우시고(롬 8:26; 유 1:20), "하나님의 뜻대로 성도를 위하여 간구"(롬 8:27) 하신다. 그분은 또 믿는 자들을 의로 이끄시고(갈 5:16-18), 그분께 전폭적으로 항복하는 자들 안에 성령의 열매가 맺히게 하신다(갈 5:22-23). 성도는 그렇게 하나님의 뜻에 순종하기 위해서 성령을 따라 행해야 한다. 성령으로 행한다는 말은 실제적인 일상생활에서 나타나야 하는 아름다운 열매를 기대하는 것이다(요 15:1-8). 그리스도인의 삶은 긴 마라톤과 같은 여정인데, 일관되게 앞으로 나아가야 하되 끝까지 주 안에서 인내하며 순종하는 길을 걸어가는 여정이다. 다시 말해, 성령께서는 중생을 통하여 우리에게 하나님의 생명을 주셨고(요 3:6), 우리는 날마다 성령 안에서 하나님의 생명으로 살아가야만 한다. 육의 생명으로 살면 땅에 속한 것(세상)을 바라보게 되고, 하나님의 생명으로 살면 위에 속한 것을 바라보게 된다(골 3:1-4).

성령을 따라 행한다는 것은 우리가 그분의 통치에 굴복하고, 그분의 인도를 따르며, 그분이 우리 삶에 전폭적인 영향을 끼칠 수 있도록 자기를 내어드리는 것을 의미한다. 이런 신앙의 자세가 참된 헌신이다. 그리스도의 사람들은 이제 자기를 위해 사는 자들이 아니라, 신자 안에서 예수 그리스도가 사시도록 자기를 온전히 내어드리는 자들이다(갈 2:20). 이것이 또한 그리스도와 진정한 연합이 완성된 모습이다. 그 자리까지 나아가도록 소망하며, 모든 신자는 장성한 분량에 이르도록 힘써야 한다고 성경은 가르친다(엡 4:13-15). 성령을 따라 행하는 것은 그분을 거부하거나 그분을 근심케 하는 것과는 반대의 모습이다(엡 4:30). 갈라디아서 5장은 믿는 자 안에서 행하시는 성령의 사역을 잘 설명하고 있다. 그 문맥은 모세의 율법으로부터의 자유로 시작한다(갈 5:1). 성령을 따라 행하는 자들은 "믿음을 따라 의의 소망을 기다리며"(5절), 율법으로부터 자유하여(18절), "육체의 욕심을 이루지 않는다"(16절). 죄의 지배 아래 놓인 타락된 본성인 육체는 성령과 직접적으로 갈등을 일으킨다(17절). 육체가 지배할 때는 그 결과가 명백하다(19-21절). 그러나 성령이 통치할 때는 율법의 구속과는 상관없이 우리 안에 거룩한 인격(성품)을 만들어 내신다(22-23절). 따라서 믿는 자들은 "육체와 함께 그 외부에서 일어난 사건으로 야기된 감정과 금지된 욕망(갈망)을 십자가에 단단하게 못을 박았으며"(24절), 이제 성령으로 행하는 자가 되었다(25절)는 사실을 확실하게 인지해야 할 것이다.

그럼 사도 바울이 갈라디아서에서 말한 성령으로 행하는 일이란 무엇이며, 구체적으로 어떻게 하는 일이라고 가르치고 있을까? 그것은 자기 자신을 성령으로 정복하는 일부터 시작한다.

5) 자기를 정복하는 전쟁

이는 가나안의 원주민은 새 언약에서 신자의 옛사람을 상징하는 것으로 이해할 때 벌어지는 내적 전쟁이며 영적 전쟁이다. 이 전쟁은 신자 스스로의 실력(능력)을 동원하여 싸우는 싸움으로는 불가능하며, 반드시 성령의 능력으로 도우심을 힘입어 싸워야 승리가 가능한 전쟁이다. 이것이 또한 현재 천국에서 일어나는 영적 전쟁이란 사실을 모형적으로 잘 보여준다.[156]

(1) 성령으로 자기를 정복하려면

① 헛된 영광을 추구하지 말아야 한다(갈 5:26).

성경은 영광에도 헛된 영광이 있고 참된 영광이 있다고 구분한다. 헛된 영광은 기본적으로 모든 인간이 추구하고 쟁취하려는 세상의 영광과 관련이 있다. 이런 영광을 성경은 '풀의 꽃'이라고 묘사한다(약 1:10-11; 벧전 1:24). 성경은 세상에서 사람과 관련된 인기 있는 모든 명예, 출세, 권세, 부자 되는 일들이 잠시 잠깐은 좋은 것이지만 헛된 영광이라고 평가절하한다. 이런 사실을 깨닫지 못하거나 부정한다면, 그 사람에게 주께서 말씀하시는 진정한 영광은 없다. 참된 영광을 얻을 자격은 물론 알 수 있는 길도 없을 것이다. 그런데 왜 사람과 관련된 모든 일이 헛된 영광이라고 단정하는 것일까? 단순하게 답하자면 성경이 그렇게 가르치기 때문이다. 먼저 구약에서 최고의 지혜자로 불린 솔로몬이 그렇게 말했다.

"전도자가 가로되 헛되고 헛되며 헛되고 헛되니, 모든 것이 헛되도다. 사람이 해 아래서 수고하는 모든 수고가 자기에게 무엇이 유익한고 … 만물의 피곤함을 사람이 말로 다 할 수 없나니 눈은 보아도 족함이 없고 귀는 들어도 차지 아니하는 도다. 이미 있던 것이 후에 다시 있겠고 이미 한 일을 후에 다시 할지라 해 아래는 새것이 없나니 무엇을 가리켜 이르기를 보라 이것이 새것이라 할 것이 있으랴 우리 오래전 세대에도 이미 있었느니라 이전 세대를 기억함이 없으니 장래 세대도 그 후 세대가 기억함이 없으리라"(전 1:2-11)

"나 전도자는 예루살렘에서 이스라엘 왕이 되어 마음을 다하며 지혜를 써서 하늘 아래서 행하는 모든 일을 궁구하며 살핀즉 이는 괴로운 것이니 하나님이 인생들에게 주사 수고하게 하신 것이라. 내가 해 아래서 행하는 모든 일을 본즉, 다 헛되어 바람을 잡으려는 것이로다"(전 1:12-14)

중요한 것은 모든 인생의 경험상, 과연 지혜의 왕으로 불리는 솔로몬의 말이 하나도 그른 것이 없다는 사실을 경험으로 안다. 그럼에도 인생들은 불을 향해 죽는 줄도 모르는 채 달려드는 불나방처럼 헛된 영광이라는 외침에도 불구하고 인생을 낭비한다. 이런 생각은 인생을 너무 부정적으로만 보는 것이 아닐까? 긍정적인 사고방식을 강조하며 가르치는 누군가 말했듯이, 그래서 전도서는 '지푸라기 성경'으로 취급해도 괜찮은 것일까? 하지만 성경은 무슨 부정적인 사고를 강조하거나 나타내려고 전도서를 기록한 것이 아니고, 필자 또한 마찬가지다. 사실이 그렇기에 실제를 인정하자는 이야기다. 우리 신자의 긍정적인 사고는 그리스도 안에서 비로소 가능한 사고다. 만물보다 귀한 것이 사람인 것은 사람에게 하나님의 형상이 있기 때문이며, 이는 새 언약으로 말미암는 그리스도 안에 거할 때라야 비로소 올바로 적용되는 말이다. 하나님을 모르고 부인하는 인생, 하나님의 형상을 잃어버린 인생에게는 '헛된 영광' 이외에 달리 소망이 없다는 것은 기본적인 상식이다. 사실 인간이 헛된 영광을 구하는 일은 최초 아담의 때부터 시작됐고, 이후에도 끊임없이 반복된 일로서 인간 내면에 이미 DNA화 되었다고 해도 과언이 아니다. 인간 영웅(hero)을 만들어 내고, 우상화하며, 열광하는 껍데기 인생들의 허무함(허전함)을 채울 수 있는 진정한 분은, 오직 하나님 한 분뿐이란 사실을 언제나 깨달을 수 있을까. 구약에서는 돌이나 나무 혹은 금속으로 우상을 만들어 놓고 춤추며, 절하며, 열광하더니, 현대로 올수록 사람(연예인이나 기타 정치인)을 우상화하여 춤추며, 뛰놀며, 열광한다. 이 어리석은 인생들을 어이할꼬!

사람이 만들어질 때를 생각해 보라. 기본 재료가 흙이다. 그것도 흙 가운데 티끌(먼지)로 만들어졌다. 그 자체만 보면 무슨 소망이 있는가. 무엇이 귀한가. 아무 쓸모가 없는 상태가 아닌가? 거기에 하나님의 형상, 하나님이 불어넣은 숨, 하나님이 함께 하시며 주신 복과 사명 등이 있기에 천하보다 귀한 존재가 된 것이다. 그렇게 존귀한 자로 창조되었지만 깨닫지 못하는 자는 어떤 자라고 지적하는가? 짐승 같다고 단호하게 말한다(시 49:12, 20; 참고. 단 4장의 느부갓네살). 하나님을 모르거나 떠난 인생을 향하여 성경은 한결같이 말한다. 인생은 티끌이고(시 90:3), 바람과 같고(시 78:39), 잠깐 있다가 사라질 안개와 같고(약 4:14), 한때 꽃을 피웠다가 시드는 풀과 같다(시 90:5-6; 벧전 1:24)고 말한다. 거기서 무슨 영광을 찾는가. 참으로 어리석은 인생들이여!

주께서도 사람에게서는 영광을 취하지 않는다고 말씀하셨다(요 5:41). 사람은 어리석게도 자기끼리 서로 영광을 취하는 한심한 존재라고 일갈

하시며(요 5:44), 그런 무지함은 하나님을 사랑하지 않기 때문에 나타나는 현상이라고 말씀하셨다. 한 마디로 사람은 어쩔 수 없는 존재다. 어떤 사람이든 마찬가지다. 따라서 어떤 사람이 만일 자기는 "하나님을 사랑"한다고 말하면서 자신의 영광(기쁨, 만족)을 추구한다면, 그가 입술로 "하나님을 사랑"한다는 말은 거짓말이요, 사실 그의 신앙생활은 우리 주님을 믿는 것과 아무런 관계가 없는 자신의 종교 놀이에 불과한 것이다(마 15:8). 오직 참된 영광은 하나님의 영광을 구할 때만 그 영광은 영원하며 가장 위대한 것이다(고전 10:31). 참된 영광은 오직 하나님께로 나오는 영광이기 때문이다. 신약에서 헤롯이 모여든 어리석은 군중의 찬사를 즐기다가 벌레 먹어 죽은 사건이 기록된 것처럼(행 12:23), 인간이 주는 영광은 하나님의 심판을 부를 뿐이다. 그래서 칭찬은 좋은 것으로서[157], 사람의 칭찬에 감사하면서 다른 한편으로는 사탄이 주는 교만의 함정에 빠질까 주의해야 한다(눅 6:26). 그러므로 칭찬은 사람을 연단하는 도구이니(잠 27:21), 사람의 칭찬에 일희일비하지 말고 오직 하나님에게서 오는 칭찬을 구하는 것이 지혜일 것이다.[158]

② 육신의 생각을 버리고 성령의 생각을 좇아야 한다(롬 8:5-8).

"육신을 좇는 자는 육신의 일을, 영을 좇는 자는 영의 일을 생각하나니 육신의 생각은 사망이요 영의 생각은 생명과 평안이니라 <u>육신의 생각은 하나님과 원수가 되나니</u> 이는 하나님의 법에 굴복치 아니할 뿐 아니라 할 수도 없음이라 육신에 있는 자들은 하나님을 기쁘시게 할 수 없느니라"(롬 8:5-8)

성령의 생각이 성령의 일을 행하게 한다는 말은 지극히 상식적인 말이다. 그러므로 성령으로 행한다는 말이 성립되려면 마땅히 영의 생각을 따라야 한다. 그러니 육에 속한 자(그리스도 밖에 있는 자와 그리스도 안에서 어린아이)는 절대로 성령의 생각과 일을 행할 수 없다. 육신의 생각은 태초에 뱀이 사람 속에 집어넣은 생각이다(참고. 요 13:2). 그래서 주께서 베드로에게 "사탄아, 물러가라"라고 책망하신 배경이 그것이며(마 16:23), 베드로에게 "네가 사람의 일을 생각하여 하나님의 일을 방해"한다고 질책하신 것이다. 여기서 사람의 일이란 바로 사람의 생각에서 나온 것이요, 그것은 곧 사탄의 생각임을 지적한 것이다. 따라서 주의 말씀을 통해서 사람의 생각은 하나님과 원수라고 한 사도 바울의 가르침이 진리임을 확증한 것이 아닌가. 그래서 베드로에게 "사탄아, 물러가라"라고 엄하게 책망하신 것이다. 사탄은 하나님의 원수이기 때문이다.

육신의 일을 생각할 수밖에 없는 사람의 생각은, 육을 가진 인간으로서는 어찌 보면 당연한 일이 아닌가. 사람인데 어찌 사람의 일을 생각하지 않을 수 있는가. 맞다. 그래서 주님은 "나를 따르려거든 자기를 부인하고 자기 십자가를 지라"고 명하신 것이다. 주를 따르고 주의 영광을 보려면 마땅히 성령으로 행해야 하는데(고전 2:10, 성령은 하나님의 깊은 것까지 통달하고 계시기 때문이다), 성령으로 행하려면 반드시 자기의 자아(육적인 감정과 욕망)를 십자가에 못을 박지 않으면 불가능하다(갈 5:24). 그것이 현실적으로는 자기의 모든 생각을 사로잡아 그리스도께 복종하는 모습으로 나타난다(고후 10:5). 이 육체에 속한 생각과 싸우는 전쟁이 진정한 영적 전쟁이라고 성경은 가르친다. 그러므로 속지 마라. 외부에서 공격하는 미혹과 위협도 분명히 신자가 싸워야 할 영적 전쟁이지만, 더 무섭고 반드시 먼저 싸워 이겨야 할 싸움은 자기 안에서 일어나는 육신의 생각이다. 이 싸움에서 이기신 대표적인 모델은 역시 우리 주님이시다.

"가라사대 아버지여 만일 아버지의 뜻이어든 이 잔을 내게서 옮기시옵소서 그러나 내 원대로 마옵시고 아버지의 원대로 되기를 원하나이다 하시니"(눅 22:42)

이 싸움이 힘들다고 하는 것은, 외부의 적은 주위의 동료(믿음의 형제자매)와 힘을 합해 싸울 수 있지만, 자기 안에서 일어나는 육신의 생각과 싸움은, 성령 외에는 절대 다른 이가 도울 수 없는 외로운 싸움이기 때문이다. 주께서 십자가를 지기 위한 사명을 앞두고 주와 함께 죽을 수 있다고 큰소리치던 제자들에게, "내 마음이 심히 고민이 되어 죽을 지경"이라고 고백하면서 나를 위해 함께 기도해달라고 하셨으나(마 26:38), 제자들은 주께서 기도하는 동안에 함께 깨어 기도하지 못하고 모두 잠이 들었다고 하는 기록을 남긴 이유가 무엇일까(막 14:32-40)를 생각해 보라.

"돌아오사 제자들의 자는 것을 보시고 베드로에게 말씀하시되 시몬아, 자느냐? 네가 한시 동안도 깨어 있을 수 없더냐? 시험에 들지 않게 깨어 있어 기도하라 마음에는 원이로되 육신이 약하도다 하시고"(막 14:37-38)

어차피 주의 사명을 이루는 여정은 홀로 감당해야 하는 싸움이란 의미다. 아무리 가까운 사람(제자들)의 진심 어린 고백과 장담(혹은 맹세)이 있었을지라도(마 26:33-35; 막 14:29-31) 절대 사람을 믿거나 의지해서는 안 된다. 왜냐면 그 사람의 잘못이 아니라 주께서 이르신 대로 "마음은 원하겠지만 육신을 가진 인간은 약하기" 때문이다. 이후에 주의 처절한 기도에 동참하는 일에 실패했던 제자들은, 실제 그런 일(주께서 십자가에 못 박힐 일)이 현실로 닥칠 때 모두 도망가고 말았다(막 14:50-52). 그때 주께서 말씀하신 내용이 오늘날 모든 신자가 반드시 기억해야 할 말씀으로서 압권이다.

"너희가 다 나를 버리고 도망가리라"(막 14:27)

"때에 예수께서 제자들에게 이르시되 오늘 밤에 너희가 다 나를 버리리라 기록된바 내가 목자를 치리니 양의 떼가 흩어지리라 하였느니라"(마 26:31)

하나님과 원수가 되고 사망에 이르게 하는 육신의 생각을 제압하려면, 자기를 부인하고 자기 십자가를 지는 방법 외에는 없다. 이 방법 외에는 다른 그 어떤 것으로도 육신의 생각을 제거하거나 이길 방법은 없다는 사실을 알고 스스로 속지 말아야 한다. 이런 육신의 생각을 제거하는 일에 그 무엇도 아껴보지 말고 남겨 놓지 않아야, 정복의 복을 온전히 누리며 정복 전쟁을 승리로 마무리할 수 있을 것이다.

③ 교만하지 말아야 한다(갈 6:3).

성령으로 사는 자는 항상 자기를 성찰하게 되어 있다. 그래서 나보다 남을 낮게 여기고(빌 2:3), 선 줄로 생각하다가 넘어지는 일이 있다는 사실을 알고 근신하게 된다(고전 10:12; 딤후 1:7). 선 줄로 생각한다는 자체가 이미 헛된 영광에 빠진 증거다. 교만은 모든 악의 근원이라고 생각해도 과언이 아닐 정도로 강력하고 무서운 죄라고 성경은 지적한다(잠 16:18; 18:12). 아무리 조심해도 언제 그렇게 가까이 내 곁에, 그리고 안에 들어와 뱀처럼 똬리를 틀고 앉았는지 분별하지 못할 정도로 가만히 들어와 자리 잡는다. 그래서 항상 깨어서 근신하지 않으면 언제 사탄에게 공격당해 먹잇감이 될지 모른다(벧전 5:8). 근신한다는 말은 세상 것에 취하지 않는 것이고(엡 5:18), 세상을 분별하며, 악한 영을 분별하며, 세속화되는 상태가 어떤 것인지를 분별할 수 있도록 항상 깨어 있는 자세를 가리킨다. 믿음의 분수 이상을 생각하지 않고(롬 12:3) 자기가 맡은 일에 성실하며, 악을 미워하며 선에 속하기 위해 힘쓰는 자세를 견지한다. 이 일에 게으르면 언제든지 교만에 빠져 사탄에게 이용당하여 실패하게 된다(롬 12:9-11).

교만의 미혹을 넘어서려면 성령으로 살아야 하는데, 성령으로 산다는 것이 어려운가, 쉬운가? 하지만 이 일은 반드시 행해야 하는 일로서, 정복의 복을 받아 성취하기를 원한다면 피할 수 없는 길이다. 자기를 부인하되 항상 성령의 인도를 받기 위해 깨어 근신하며 생각 싸움에서 이겨야 할 것이다. 이 무서운 교만의 죄를 극복한다면 참으로 정복의 7부 능선을 넘어 목표인 고지가 눈앞에 있게 될 것이다. 사탄은 이 교활한 교만의 경계선을 넘어 무너지도록 만들기 위해 쉬지 않고 미혹하며, 우리의 자존심을 건드리며 할 수 있는 모든 수단과 방법을 동원하여 공격할 것이다. 이기주의, 개인주의, 육신의 욕망을 부추기며 세속화의 물을 강 같이 토하여 우리를 휩쓸려 가게 만들려고 할 것이다(참고. 계 12:15). '지피지기면 백전불태'(知彼知己 百戰不殆)라는 말이 있듯이 적(사탄)을 알면 이길 수 있으니, 성령을 힘입어 사탄의 궤계를 분별하여 승리하도록 하자.

사탄의 대표적인 속성이 교만이기 때문에, 사탄은 교만의 달콤한 맛을 잊지 못하게 만들기 위해, 우리를 교만하게 만들 세상의 각종 좋은 것들(보암직하고 먹음직하며 탐스러운 선악과)을 보여주며 미혹하고 충동질할 것이다. 세속적 성공, 육신의 명예, 돈, 권력, 힘, 외모 등 각종 동원할 수 있는 모든 육신적인 것들을 동원해서 우리를 무너뜨리려고 할 것이니, 정신 바짝 차리지 않으면 정말 감당하기 힘든 싸움이 될 것이다. 그래서 교만의 덫에 걸리지 않으려면 자기를 부인하는 것이 가장 우선해야 할 일이다. 교만은 패망의 선봉(잠 16:18; 18:12)이란 사실을 항상 잊지 말고 늘 기억하여, 자기를 쳐서 복종시키며 다스리는 지표로 삼아야 할 것이다. '섰다' 하는 자리 혹은 상황, 어느 분야든지 뭔가 이루고 성공했다고 느껴질 때가 가장 조심해야 할 때다.

이 모든 내용을 정리하면 정복은 성령의 지배를 온전히 받아, 성령의 감동과 말씀의 인도를 따를 때 비로소 주어지는 영광이요 열매다. 성령의 사역은 신자에게 주의 말씀이 생각나게 하시며(요 14:26), 진리 가운데로 인도하신다(요 16:13). 따라서 성령을 따라 행하면 반드시 성령의 열매를 맺히게 되어 있으므로, 열매를 보고 그 사람을 안다는 말씀처럼 성령을 따라 사는 사람인지, 육체를 따라 사는 사람인지는 그가 맺히는 열매를 보고 판단할 일이다. 그리고 그때 맺히는 성령의 열매가 곧 정복의 깃발이다. 따라서 세상을 두려워하지도 말고 세상에 미혹당하지도 말라. 주께서 이미 정복하신 것이니 주 안에서 함께 정복의 기쁨과 담대함(평안)을 누리라.

"이것을 너희에게 이름은 너희로 내 안에서 평안을 누리게 하려 함이라 세상에서는 너희가 환난을 당하나 담대하라 내가 세상을 이기었노라 하시니라" (요 16:33)

5. 다스림의 복; 왕 같은 제사장

　신약 성경에서 다스림의 다양한 측면, 즉 세속적 권위, 교회 내의 리더-십, 그리고 예수의 가르침에 따른 섬김의 리더-십 등을 다룬다. 예수께서는 제자들에게 세속적인 다스림과는 다른 섬김의 리더-십을 가르치셨고(마 20:25-28), 성경은 또한 세속적인 권위에 대한 그리스도인들의 복종이 중요하다는 사실도 가르쳤다(롬 13:1-7). 이 구절은 세속 정부와 권력에 대한 크리스천의 태도를 설명하는 데 악용하는 사례도 있어서 성경 해석과 적용에 주의를 요한다. 교회의 지도자들에게 주어진 교훈으로, 섬김의 리더-십을 강조하는 말씀으로 베드로 사도의 말씀을 귀담아들어야 할 것이다(벧전 5:2-3). 그런데 신약은 다스림도 은사 가운데 하나라고 말하는 부분에 관심을 가질 필요가 있다(고전 12:28). '다스림'이란 의미의 '퀴베르네시스'(κυβέρνησις)란 단어는 신약에서 은사를 다루는 이곳에서 단 한 번 쓰였다. 이 단어의 기원은 라틴어로서 '사공이 노를 젓는 키로 배의 방향을 조종'하는 의미로 쓰였다.

　예수께서 제자들에게 다스림의 복에 관해 이야기하신 구절들은 주로 복음서에 나타난다. 예수는 제자들에게 충성스럽게 자기를 따르는 자들에게 주어질 상과 그들이 다스림에 참여하게 될 것임을 여러 차례 언급하셨다.[159] 제자들은 예수와 함께 그의 나라에서 다스리는(κρίνω; 판결하다, 선고하다) 위치에 있게 될 것이며, 그들의 충성과 헌신에 대한 보상으로 주어질 것을 약속하셨다. 예수께서는 다스림을 섬김의 맥락에서 가르치며, 하나님 나라에서의 리더-십은 섬김과 충성에서 비롯된다는 점을 강조하셨다. 따라서 신약에서의 다스림은 구약의 다스림(강력한 통치)과 다르게 새 언약 아래에서의 다스림(섬김의 다스림)으로 그 성격이 확 달라져 가르쳐진다는 사실을 알 수 있다.

신약에서 또 하나 다스려야 하는 부분은 자기 자신을 다스리는 것이다. 즉 절제와 자기 관리를 강조하는 말씀을 여러 곳에서 만날 수 있다. 이러한 말씀은 신앙생활에서 중요한 덕목으로 자제력을 권장하며, 개인의 영적 성장과 성숙에 필수적인 요소로 강조하고 있다.[160] 바울의 "이 세대를 본받지 말고 오직 마음을 새롭게 함으로 변화를 받아 하나님의 선하시고 기뻐하시고 온전하신 뜻이 무엇인지 분별하도록 하라"(롬 12:2)는 권면은 자기 자신을 하나님께 드리고, 세상의 영향을 받지 않도록 자기 마음을 다스릴 것을 강조한 것이다. 다스림의 복은 통치권과 연계되는 용어로서 싸우는 대상에게 승리한 정복자 혹은 이긴 자에게 따르는 권세다. 성경은 이기는 자에 대한 말씀을 자주 강조한다. 특히 아시아의 7 교회에 주시는 말씀에서 이기는 자에 대한 상급에 관한 말씀을 각각의 교회마다 다르게 주셨다.[161] 그 가운데 대표적으로 주께서 받으셨던 철장 권세를 약속받은 교회가 의외로 두아디라 교회에서 남은 자요, 이긴 자에 대한 것이다.

"두아디라에 남아 있어 이 교훈을 받지 아니하고 소위 사단의 깊은 것을 알지 못하는 너희에게 말하노니 다른 짐으로 너희에게 지울 것이 없노라 다만 너희에게 있는 것을 내가 올 때까지 굳게 잡으라 <u>이기는 자와 끝까지 내 일을 지키는 그에게 만국을 다스리는 권세를 주리니 그가 철장을</u> 가지고 저희를 다스려 질그릇 깨뜨리는 것과 같이 하리라 나도 내 아버지께 받은 것이 그러하니라"(계 2:24-27)

여기서 철장 권세로 묘사된 내용이 창세기 1:28에서 다스림의 복의 내용과 일맥상통한다. '빠라크'의 복이 이런 내용이다. 이 단어는 고대 절대 왕권을 지닌 제왕이나 정복자가 백성들이나 포로들에 대해 생사여탈권(生死與奪權)을 가지고 있듯이, 절대 주권을 휘두를 수 있는 위치에서 권력을 행사함을 가리킨다. 요한계시록에서는 이기는 자들이 다스림의 권세를 가지게 된다는 사실을 분명히 한다. 요한계시록은 특히 종말론적인 관점에서 이기는 자들에게 주어지는 약속을 강조하며, 이들은 하나님의 나라에서 특별한 역할과 권위를 부여받게 된다고 말한다. 이러한 약속들은 이기는 자들에게 영적인 승리와 함께 다스림의 권세가 주어질 것임을 분명하게 보여준다.

1) 구약과 신약에서의 다스림의 차이점

(1) 구약의 다스림

① 신정 정치

구약에서는 다스림의 개념이 신정 정치(신이 통치하는 정치 체제)에 뿌리를 두고 있다. 하나님은 이스라엘의 궁극적인 왕이시며, 인간 왕들은 하나님이 세운 하나님의 대리자로서 역할을 했다. 이런 구조는 인간 왕은 백성 위에 군림하는 자가 아니라 하나님의 뜻을 순종하는 위치임을 보여준다. 이스라엘 백성이 이방 왕과 같은 왕을 요구했을 때, 하나님께서 몹시 언짢아하면서 사무엘에게 말씀하신 내용을 통해서, 하나님이 직접 그들(이스라엘 백성)을 다스리시는 것을 기뻐하셨다는 의지를 읽을 수 있다(삼상 8:7). 하나님이 정하신 왕의 역할은, 구약에서 왕은 하나님의 율법을 준수하고 백성을 정의롭게 다스릴 책임이 있는 것으로 말씀하고 있다(신 17:14-20; 왕상 3:9).

② 선지자와의 관계

왕들은 하나님의 말씀을 대언하는 선지자들의 경고와 충고를 듣고 하나님의 말씀에 순종해야 했다(삼하 12:1-15). 나단 선지자가 다윗 왕을 책망하는 장면에서 볼 수 있듯이, 예언자들은 왕들을 지도하고 바로잡는 역할을 했다.

(2) 신약의 다스림

① 영적 왕국

신약에서는 다스림의 개념이 구약보다 영적이고 내면적인 차원으로 깊이 있게 확장된다. 예수께서는 하나님의 나라의 일을 가르치시며, 이 나라는 세속적이거나 정치적인 왕국이 아니라 영적인 통치의 영역이란 사실을 누차 강조하셨다.[162] 그러나 이스라엘(제자들)은 여전히 자기들의 민족적인 조국을 염두에 두고 질문하는 한계를 벗어나지 못하는 모습을 보였다(행 1:6).

② 섬김의 리더-십

신약에서는 다스림이 섬김의 리더-십으로 정의한다. 예수께서는 제자들에게 세속적인 권력을 추구하지 말고 섬김으로써 다스릴 것을 가르치셨다(마 20:25-28; 요 13:1-17). 구약에서처럼 피라미드 형식의 상하 조직도가 아니라 앞장서서 본을 보이며 인도하는 "나를 따르라"(요 12:26; 21:29, 22)라는 수평적 구조의 통치 방식을 가르치며 본을 보이셨다.

③ 이기는 자의 보상

신약에서는 믿음을 지키고 끝까지 견디는 자들에게 다스림의 권세가 주어질 것이라고 약속했다. 이기는 자에게 만국을 다스리는 권세를 주시겠다는 약속은 신약의 다스림이 영적 승리와 연결되어 있음을 보여준다(계 2:26-27). 이기는 자가 예수와 함께 보좌에 앉게 될 것이라는 약속은 최후의 영광과 보상의 측면에서 다스림이란 사실을 보여준다(계 3:21). 이는 마치 하나님 아버지가 주님께 천하만국의 모든 권세를 주신 것과 같은 이치다.[163]

(3) 비교 요약

① 구약

다스림은 주로 세속적이고 정치적인 차원에서 이루어지며, 하나님의 대리자로서 왕들이 백성을 다스리고 율법을 준수해야 하는 책임을 강조한다. 그러나 개인적으로는 "자기 마음을 다스리는 자가 성을 빼앗는 것보다 낫다"라는 가르침도 잊지 않았다(잠 16:32).

② 신약

다스림은 영적이고 내면적인 차원으로 확장되며, 예수의 가르침과 본을 따라 섬김의 리더-십과 영적 승리를 강조한다. 그래서 낮아지고 자기를 부인하며 자기 십자가를 지라는 제자도가 얼마나 중요한지 알게 한다.

이상에서 구약과 신약 모두에서 다스림은 하나님의 뜻을 따르고, 그분의 법을 지키는 것을 중심으로 하지만, 구약에서는 주로 세속적이고 정치적인 통치를 보이며 강조한 반면, 신약에서는 영적이고 내면적인 통치를 강조한다. 역사와 현실 속의 사건으로 나타내는 모형과 하나님 나라에서 이루어지는 영적 실체의 차이를 보인다고 여겨진다.

2) 구약의 왕들이 다스림에 실패한 이유는 무엇일까?

구약의 왕들은 예수 그리스도를 예표하기도 하지만, 영적으로는 신약의 신자들을 상징하기도 한다. 그런 의미에서 그들의 통치(다스림)의 성공과 실패는 오늘날의 우리 신자에게도 상당히 중요한 본이 되는데, 저들이 대표적으로 실패한 이유가 무엇일까? 물론 저들의 교만과 권력 남용(삼상 13:8-14), 그리고 불순종과 우상숭배[164] 등 분명하게 드러나는 잘못을 기록으로 남겨 교훈하고 있지만, 가장 중요한 실패의 원인으로는 저들이 하나님의 말씀을 지키고 백성을 영적으로 이끌어야 했지만, 많은 왕이 영적인 지도력의 소홀로 실패했다는 점이다. 이 모든 요인은 결국 하나님의 심판을 불러왔으며, 이는 왕국의 몰락으로 이어졌다. 이런 이야기는 하나님의 말씀에 대한 순종과 신실함의 중요성을 강조하며, 왕들

뿐만 아니라 오늘날의 모든 신자에게 중요한 교훈을 준다.

3) 그렇다면 신약에서 '왕 같은 제사장'으로서 다스림에 성공하려면 어떡해야 할까?

하나님과 올바른 관계를 유지하고, 예수 그리스도를 본받는 삶을 살아가는 데 중요한 요소들이므로 주의를 기울여 새겨야 할 것이다.

(1) 예수 그리스도를 본받기

예수 그리스도는 왕이자 대제사장으로서 완벽한 모델이다. 그래서 그의 삶과 가르침을 따르는 것이 중요하다.

첫째, 예수께서는 제자들의 발을 씻기며 겸손하게 섬기는 모습을 통해 새 언약 시대의 리더-십이 무엇인지, 섬김의 다스림이 어떤 것인지 친히 보이셨다(요 13:1-17). 구약과 신약에서 발 씻김의 의미는 몇 가지 공통된 주제들을 보여준다.

- ⊙ 겸손과 섬김: 다른 사람을 겸손하게 섬기는 행위를 상징한다(요 13:12-15).
- ⊙ 정결과 준비: 신체적 청결과 더불어 영적 정결과 준비를 나타낸다(출 30:19-21).
- ⊙ 환대와 사랑: 타인에 대한 환대와 사랑을 표현한다(창 18:1-5; 요 13:35).
- ⊙ 회개와 용서: 발 씻김은 자백과 그로 인한 용서를 상징한다(눅 7:36-50).

이 모든 요소는 예수의 가르침과 행위에서 절정에 이르며, 신앙생활에서 중요한 덕목들을 상기시킨다. 발 씻김은 단순한 행위 이상의 깊은 영적 의미를 담고 있으며, 신자들에게 겸손, 사랑, 섬김, 정결, 그리고 용서의 중요성을 강조한다.

둘째, 순종과 헌신: 예수께서는 하나님 아버지의 뜻에 온전히 순종하셨다(마 26:39). 신자들은 주를 본받아 하나님의 뜻에 자기의 생각과 계획을 온전히 내려놓고 순종하며, 죽기까지 자신의 삶을 헌신해야 하는 제자 훈련에 힘써야 할 것이다(빌 2:8; 계 12:11).

(2) 하나님의 말씀 사랑하기

하나님의 말씀을 사랑하여 공부하고 묵상하며, 그 말씀에 따라 살아가는 것이 중요하다. 성경을 꾸준히 읽고 묵상하며, 하나님의 뜻을 깨닫기 위해 성령의 조명을 구하며, 깨달은 말씀에 따라 순종하는 삶을 살아가야 한다(딤후 3:16-17). 그리고 하나님과의 친밀한 관계를 유지하기 위해 중단하지 않고 기도하는 삶을 유지해야 한다(살전 5:17). 이는 이론만이 아닌 실제 실천하는 순종이 따라야 가능한 이야기다. 이는 내가 믿고 따르며 순종해야 할 분이 내 위에 계신다는 인식이 없으면 불가능한 태도이다.

(3) 성령의 인도 따르기

성령은 신자들이 하나님의 뜻을 따르고, 영적으로 성장하도록 돕는 진정한 배필이다. 성령의 인도가 효과적으로 적용된 신자에게는 반드시 성령의 열매가 맺혀진다. 그래서 성령의 열매를 확인하라는 표지로서,

성령의 열매로 어떤 성품의 덕목들이 맺혀지는지 성경에 기록하여 안내하고 있다(갈 5:22-23). 따라서 신자가 성령의 인도와 감동을 따르며, 하나님의 뜻(계획)을 이루는 일에 진심이어야 한다(롬 8:14). 새 언약 시대에 성령의 인도는 옛 언약에서처럼 꿈, 이상, 환상, 음성 들리기 같은 방식보다는(물론 성령의 역사를 제한하지 않는 범위 내에서) 성경에 기록된 대로 말씀을 가지고 인도하며 역사하시는 방법을 사용하신다(요 14:26; 16:13-15).

(4) 공동체와의 연합에 힘쓰기

신앙생활은 혼자 하는 것이 아니라, 다른 신자들과의 교제를 통해 성장할 수 있도록 구성되었다. 교회 공동체에 속하여 함께 예배드리고, 서로 격려하며, 그리스도의 사랑을 나누어야 한다(히 10:24-25). 짐승의 특성을 가진 사탄은 항상 공동체에서 떨어져 홀로 뒤처져 있는 신자들을 공격하여 먹잇감으로 삼는다(벧전 5:8). 그래서 신자들은 이웃을 사랑하며(롬 13:9), 그 사랑을 실천하며 하나로 결속되어야 한다(전 4:12; 요 13:34-35). 교회는 개인이 아니라 공동체를 일컬을 때 통용되는 용어다. 그리스도를 머리로 하여 하나 되는 지체로서의 교회로 묶여 있어야지(엡 1:22; 골 2:19), 신자 개인은 성령을 모신 성전이라고 할지라도 사탄의 공격 대상으로 약하기 짝이 없다.

신약에서 다스림의 권세는 신자가 '왕 같은 제사장'이란 표현에서도 드러난다고 했다. 여기서 핵심은 '제사장'이란 직책과 사명이지 왕이 아니다. "왕 같은"이라고 번역한 '바실레이온'(βασίλειον)은 "왕다운, 왕의"란 뜻을 가진 형용사다. 따라서 이런 자들의 다스림의 권세는 권력을 휘두르는 통치 개념이 아니라 '섬김'이다. 제사장직을 생각해 보면 이해가 될 것이다.

"그러나 너희는 택하신 족속이요, 왕 같은 제사장들이요 거룩한 나라요, 그의 소유된 백성이니, 이는 너희를 어두운 데서 불러내어 그의 기이한 빛에 들어가게 하신 자의 아름다운 덕을 선전하게 하려 하심이라" (벧전 2:9)

구약에서는 멜기세덱(창 14:18-20)과 같은 인물이 왕과 제사장으로서의 역할을 예표했다. 멜기세덱은 살렘의 왕이자 지극히 높으신 분의 제사장으로서, 이 두 가지 역할을 동시에 수행했다. 예수 그리스도는 신약에서 '왕'과 '제사장'으로 묘사하고 있다. 그는 다윗의 자손으로서 왕의 혈통을 잇고 있으며, 멜기세덱의 반차를 따라 영원한 제사장이 되셨다. 히브리서에서 "너는 영원히 멜기세덱의 계통을 따르는 제사장"(7:17)으로 그분을 설명하고 있다. 구약에서는 이스라엘 백성이 하나님의 특별한 백성으로 선택받아 왕과 제사장의 역할을 맡도록 부름받았다는 사상이 여러 구절에 나타나 있다.[165] 예수 그리스도는 신약에서 이 예언을 성취하셨고, 그의 제자들도 그를 따르며 왕과 제사장의 역할과 기능을 수행하는 사명을 받게 된다.

4) 현재 천국에서 다스리는 복

새 언약이 성취된 현재 천국에서는 예수 그리스도로 말미암아 구원을 얻은 하나님의 백성들을 향해 "너희는 택하신 족속이요, 거룩한 나라요, 왕 같은 제사장"이라고 묘사한다. 구약의 제사장 제도는 신약에 와서 이미 없어진 제도가 아닌가. 그런데 왜 우리를 향해 제사장이라고 하는지를 알아야 우리의 권리와 책임 등을 바로 알고 대처할 수 있게 된다. 불신자들에게 우리의 구원과 예수 그리스도의 주되심을 증언하는 증인 역할이 우리의 책임이라는 차원에서 제사장 직분을 이해할 수 있다. 그러나 왜 왕 같다고 했느냐면, 다스림의 복과 사역이 따르기 때문이다. 신약의 신자들이 전하는 복음이, 사실은 영원을 좌우하는 사활의 문제요, 운명의 문제이기 때문에 그 직분의 위대함과 소중함을 이해할 수 있게 한다.

베드로가 한 말을 이해하고 나면, 우리야말로 온 우주의 유일한 왕이신 하나님께서 그가 창조하신 모든 피조 세계에 대하여, 왕이 베푸시는 모든 은혜와 복과 사랑과 은총에 대해 우리를 증인 삼아 전달하시기 때문에, 사람이 마치 모든 자연계(피조물)에 대하여 하나님의 은혜와 복을 나누어 주는 자로서 책임을 맡고 있다는 사실을 접하게 된다. 그런 하나님의 청지기(대리자)로서 일하는 자이기에 "왕 같다"라는 말이 붙는 제사장일 수 있는 것이다. 그래서 이 처음 창조에서 설명되는 인간의 그 영광된 지위, 또 하나님과 맺어진 관계의 밀접성 같은 것들이, 얼마나 중요한 내용으로 기록되었느냐는 것은 타락한 다음에 나타나는 모습과 비교할 때 분명해진다.

창세기 3:8에 보면 범죄한 이후의 아담과 하와의 반응과 태도에 대해 "동산의 거니시는 여호와 하나님의 음성을 듣고 그분의 낯을 피하여" 숨었다고 기록한다. 저들이 타락하여 죄를 짓자, 하나님과의 관계가 깨어져서 하나님을 두려워하게 된 것이다. 에덴의 동산에 두셨던 하나님의 안식, 평강, 하나님과의 교제 등이 다 깨지고, 하나님의 대리자로서 왕 노릇 해야 할 존재가 죄인이 되어 피하여 숨는 꼴이 된 모습을 적나라하게 묘사하고 있다. 그래서 이제 구원받은 신약시대의 성도들에게 처음 하나님이 인간을 만드시고, 복 주셨고, 목적하셨던 그 일을 회복하셨다는 사실을 알림으로써, 첫 창조 때 하나님이 사람을 만드셨을 때 어떤 영광과 귀한 것으로 계획하셨고, 또 새 창조의 구원이 도대체 어떤 하나님의 은혜와 복 주심의 구원이요, 사람 창조의 복이 무엇인가를 확인할 수 있게 되었다는 사실에 관해 베드로가 증언하는 것이다.

그 대표적인 구절로 골로새서 3:15-17에서 바울이 증언하는 내용을 보라.

> "그리스도의 평강이 너희 마음을 주장하게 하라. 평강을 위하여 너희가 한 몸으로 부르심을 받았나니, 또한 너희는 감사하는 자가 되라. 그리스도의 말씀이 너희 속에 풍성히 거하여 모든 지혜로 서로 가르치며, 권면하고, 시와 찬미와 신령한 노래를 부르며, 마음에 감사함으로 하나님을 찬양하고, 또 무엇을 하든지 말이나 일이나 다 주 예수의 이름으로 하고 그를 힘입어 하나님 아버지께 감사하라."

이 구절에서 중심되는 그 내용이 '평강'과 '감사'다. 그러니까 처음 사람이 만들어졌을 때 하나님이 사람에게 그 어떤 것도 부족함이 없게 하셨을 뿐만 아니라, 넘치는 영광과 풍성한 만족 속에 살도록 하나님이 사람에게 대단한 복을 주셨다는 사실을 확인해야 한다. 그리고 사람이 죄 가운데서 살면서는 그 안전과 안식과 평안과 또 복된 것들, 인간의 인간 된 가치들, 영광들 이런 것들을 다 놓치고 살았다는 것을 확인하게 된다.

그랬던 인간을 주님이 구원하셨다는 의미가 그런 죄 가운데 살던 때의 제반 문제들을 가장 먼저 해결한 것이다. 다만 그런 사실을 아는 일에 눈이 가려져 여전히 무지와 혼돈 속에서 사망의 종노릇 하는 것이 문제다. 그리스도 안에 들어온 이상 우리는 겁날 것이 없고, 신자는 이제 이 세상 것으로 우리가 하나님의 자녀 된 신분 회복을 바꿀 수가 없다는 사실을 확인해야 한다. 그래서 성경을 통해서 그리고 때마다 말씀 선포의 설교를 들으면서 확인하고 감사하며, 평강을 누리는 복된 자들이 된 것이다. 다만 종말론적으로 죽어서 천국 간다는 식으로 미래적인 소망을 붙들고만 있으라는 이야기가 아니라, 현실적으로도 지금 당장 우리가 누리는 신자 된 기쁨(현재 천국의 기쁨을 누리는)은, 우리가 왕 같은 제사장이라는 사실을 깨닫는 일에서 확증되어야 한다. 이런 일들은 우리 성도들에게 굉장히 부족한 부분이니까 분명히 하도록 하라는 것이 베드로의 증언이다.

다스림은 이긴 자의 몫이요 권리다. 사이비 이단자들이 자기를 '이긴 자'라고 주접떠는 헛소리 말고, 성경은 어떤 자가 이긴 자라고 하는가를 밝히 알아 미혹되지 말고 옳게 분별해야 할 줄 안다. 성경에서 '이긴 자'라는 표현은 여러 구절에서 사용되며, 이는 신앙의 여정을 끝까지 충실하게 지키고 승리한 자를 의미한다. 믿음으로 이겨서 세상에 사는 동안 어떤 보상을 받게 되는 것을, 이긴 자의 영광이라고 말하는 것이 아니다. 믿음을 지키느라고 실패해도, 손해를 봐도 심지어 죽임을 당해도 이긴 자가 되는 것이다. '이긴 자'에 대한 개념은 신약 성경, 특히 요한계시록에서 자주 등장한다. 시험과 유혹을 이기고 믿음을 끝까지 지킨 자(계 2:7)로서 최종적인 심판(둘째 사망의 해)에서 구원받고 영원한 죽음을 피할 것이라는 약속이 주어진다(계 2:11). 이긴 자는 예수 그리스도를 믿음으로 세상을 이기는 자를 의미한다(요일 5:4-5). 세상을 이긴다는 말은 세상에 속한 것들의 유혹과 위협을 감당해 내는 것을 가리킨다(약 4:4; 요일 2:15-17). 세상을 이기려면 신자가 자기 안에서 솟아나는 육신의 생각을 잘 다스리는 '자기 통치'가 선행되어야 할 것이다. 이렇게 자기를 먼저 정복하고 다스릴 수 있는 자가 세상을 이길 수 있으며, 이기는 자가 예수와 함께 보좌에 앉아 다스리는 권세를 가질 것이다(계 3:21).

신약 성경에서 다스림에 관한 내용은 주로 요한계시록에서 찾아볼 수 있다고 말했다. 요한계시록은 이기는 자에게 주어지는 약속들과 그들의 역할을 상세히 설명하고 있기에, 여기서는 개인적인 다스림보다는 세상을 이기고 다스리는 문제를 정리해 보려고 한다. 신자의 궁극적인 다스림(미래의 다스림)은 그리스도와 함께 왕 노릇하는 일이기에 천년왕국의 문제를 간과할 수는 없다. 신자가 세상을 이기는 방법은 총칼 같은 무력으로 이기는 것이 아니다. 세상이 감당치 못할 사람이 되는 방법이다(히 11:33-38).

"또 우리 형제들이 어린 양의 피와 자기의 증언하는 말을 인하여 저를 이기었으니, 그들은 죽기까지 자기 생명을 아끼지 아니하였도다"(계 12:11)

세상이 감당치 못하는 사람이란 자기 목숨을 아까워하지 않고 주를 위해 박해를 당하면서도 굴하지 않고 증언하는 자들이다.[166] 이런 사람들의 특징은 주를 위하여 핍박과 박해를 받으면서도 오히려 즐거워하고 기뻐한다는 사실이 세상으로 하여금 어찌하지 못하게 만든다(행 5:41). 이런 자들이 '다스리는 복'을 쟁취하는 자들이다. 이런 자들이 받을 큰 상에 대해 주께서는 팔복 가운데 마지막 완성의 단계(여덟 번째 복)에서 가르치셨다. 그들이 얻는 천국은 천국의 통치권 곧 주와 함께 다스림의 복이란 하늘에서의 큰 상이 어떤 것인지 드러난다.

> "의를 위하여 핍박받은 자는 복이 있나니 천국이 저희 것임이라 나를 인하여 너희를 욕하고 핍박하고 거짓으로 너희를 거스려 모든 악한 말을 할 때는 너희에게 복이 있나니 기뻐하고 즐거워하라 하늘에서 너희의 상이 큼이라 너희 전에 있던 선지자들을 이같이 핍박하였느니라" (마 5:10-12)

만국을 다스리는 권세와 질그릇을 깨뜨리는 것과 같은 철장으로 다스리는 권세를 약속받은 두아디라 교회는 사랑과 신앙, 봉사와 인내가 있다는 칭찬을 받았다. 이는 그들이 열심히 사랑을 실천하고, 믿음 안에서 헌신하며, 인내하며 하나님을 섬겼다는 사실을 알 수 있다. 그러나 그들에게도 약점은 있었으니, 그것은 이세벨의 가르침과 같은 거짓 가르침을 전하는 자를 용납하여, 교인들을 미혹하고 우상숭배와 음행하게 했다고 책망받았다는 점이다. 그래서 이런 상태의 교회에서 이기는 자가 되려면, 거짓 가르침을 따랐던 일을 회개하며 칭찬 들었던 믿음을 끝까지 인내하며 지키는 것이다.

5) 천년왕국에서 다스리는 복

최종적인 다스림의 복의 완성은 현재 천국의 때, 의를 위하여 핍박받은 자들에게 주어질 약속이 그리스도와 함께 왕 노릇하는 천년왕국의 때 온전하게 성취될 것이다. 그러나 그때까지는 현재 천국 안에서 왕 같은 제사장으로서의 다스림이 있다. 이는 영적인 다스림이요 섬김의 다스림이다. 이것이 무천년설에서 주장하는 천년왕국에 대한 가르침이다. 하지만 필자는 전천년설을 더 나은 해석으로 여기는 사람으로서 무천년설에서 주장하는 영적인 해석은 현존하는 현재 천국(영적인 하나님 나라)에서 일어날 일이라고 생각하며 동의한다. 다만 계시록 20장에 기록된 천년왕국은 현재 천국이 끝나는 마지막 단계로서의 미래적인 하나님 나라로서 문자적인 천년왕국이라고 해석한다.

"또 내가 보좌들을 보니 거기 앉은 자들이 있어 심판하는 권세를 받았더라. 또 내가 보니 예수의 증거와 하나님의 말씀으로 인하여 목 베임을 받은 자의 영혼들(프쉬케)과 또 짐승과 그의 우상에게 경배하지도 아니하고 이마와 손에 그의 표를 받지도 아니한 자들이 살아서 그리스도로 더불어 천 년 동안 왕 노릇 하니" (계 20:4)

요한계시록 20:4에서 언급된 "예수의 증거와 하나님의 말씀을 인하여 목 베임을 받은 자들(프쉬케; 혼들 혹은 사람들)"과 "짐승과 그의 우상에게 경배하지 아니하고 이마와 손에 그의 표를 받지도 아니한 자들"은 특정한 그룹의 신자들을 가리키며, 이들이 그리스도와 함께 천 년 동안 왕 노릇한다고 말한다. 여기서 분석할 수 있는 내용으로는 천년왕국에서 그리스도와 함께 왕 노릇 할 수 있는 대상들이 누구인가라는 부분이다. 두 부류로 나뉘는데

(1) 순교자들; "예수의 증거와 하나님의 말씀으로 인하여 목 베임을 받은 자의 영혼들."

이들은 복음을 전파하고, 하나님의 말씀에 충실했기 때문에 순교한 신자들을 가리킨다. 예수의 증인으로서 박해와 죽임을 당한 자들로, 초대 교회의 순교자들이 대표적인 예다. 이들은 그들의 믿음과 증언으로 인해 목숨을 잃었지만, 부활해서 예수 그리스도와 함께 통치하는 자들로 묘사한다. 그렇다면 이는 가깝게는 예수 초림-마지막 때까지 복음을 증언하다가 순교 당한 자들을 가리킨다. 하지만 멀게는 창세 이후로 하나님의 말씀으로 인하여 순교 당한 모든 자들을 포함한다. 그래서 같은 저자가 쓴 계시록에서 순교자들의 탄원에 '함께 종 된 자'의 수가 차기까지 기다리라고 말씀하는 장면이 언급되기도 했다(계 6:11). 따라서 '함께 종 된 자'의 수가 차기까지란 말씀은 마지막 때 추가될 순교자들이 남았다는 것으로 이해한다.

(2) 짐승과 그의 우상에게 경배하지 않은 자들; "짐승과 그의 우상에게 경배하지도 아니하고 이마와 손에 그의 표를 받지도 아니한 자들."

이들은 계시록 13장에 등장하는 마지막 때 적그리스도(짐승으로 묘사)와 그의 우상에게 경배하거나 짐승의 표를 받지 않음으로써 신앙을 지킨 자들을 가리킨다. 요한계시록에서 짐승의 표는 적그리스도와 그의 체제를 따르는 자들을 식별하는 방법으로 알려졌으며, 이를 받지 않은 자들은 믿음을 끝까지 지킨 신자들로 구분한다. 아주 구체적으로 계시록 13장의 짐승과 관련된 내용을 언급하는 것으로 보아 두 부류의 대상을 어느 시기, 어떤 대상을 기준으로 나누는지 분명해진다. 현재 천국에서 이런 대상을 직접적으로 구체화할 수 있을까?

(3) 천년왕국에서의 왕 노릇

앞에서 나눈 두 그룹의 신자들은 그리스도와 함께 1,000년간 왕 노릇 할 자들이라고 사도 요한은 구분하고 있다. 이 기간에 그들은 살아서(부활하여) 예수 그리스도와 함께 다스리는 영광을 누리게 된다고 말한다. 이는 목숨을 걸고 충성한 하나님의 신실한 종들에게 주어지는 특별한 보상을 가리킨다. 예수 그리스도의 재림 이후에 지상에서의 천년왕국의 필요성에 대해 반문하는데, 이에 대해서는 종말론을 다룰 때 다룰 것이다. 성경 전체적인 맥락을 중시하여 해석할 때 충분히 그 필요성을 증명할 수 있다.

요한계시록 20:4에서 언급된 주와 함께 왕 노릇 할 자들은, 순교자들과 적그리스도의 체제에 굴복하지 않고 믿음을 지킨 신자들을 가리킨다. 그런데 여기서 '짐승에게 절하지 않고 믿음을 지킨 자들이 누구냐?'라고 할 때, 그들 역시 짐승에 의해 순교 당한 자들이라고 여겨진다. 결국 종합적으로 생각할 때, 순교자들이 천년왕국의 때 그리스도와 함께 왕 노릇 할 자들이 아닌가 생각한다. 그렇게 주장하는 이유가 무엇인가? 이를 설명하기 위해 성경 본문(계 20:4)의 구조분석이 필요하다.

2532	3588	5590	3588	3990	1223
καὶ	τὰς	ψυχὰς	τῶν	πεπελεκισμένων	διὰ
접대	관목여복	명목여복	명대소남복	동분완수소남복	전목
또		자들을		목 베임을 당한	때문에

● 번역 정리; 또 목 베임을 당한 자들을

3588	3141	2424	2532	1223	3588	3056	3588	2316
τὴν	μαρτυρίαν	Ἰησοῦ	καὶ	διὰ	τὸν	λόγον	τοῦ	θεοῦ
관목여단	명목여단	명소남단	접대	전목	관목남단	명목남단	관소남단	명소남단
	증거	예수의	와	때문에		말씀		하나님의

● 번역 정리; 예수의 증거와 하나님의 말씀 때문에

2532	3748	3756	4352	3588	2342	3777	3588
καὶ	οἵτινες	οὐ	προσεκύνησαν	τῷ	θηρίῳ	οὔτε	τὴν
접대	형형관주남복	부형	동직과능복3	관여중단	명중단	접대	관목여단
또	자들이	않은	경배하지		짐승에게	과	

● 번역 정리; 또 짐승에게 경배하지 않은 자들이

1504	846	2532	3756	2983	3588	5480	1909
εἰκόνα	αὐτοῦ	καὶ	οὐκ	ἔλαβον	τὸ	χάραγμα	ἐπὶ
명목여단	명대소중단3	접대	부형	동직과능복3	관목중단	명목중단	전목
우상에게	그의		않은	받지		표를	위에

● 번역 정리; 그의 우상과 …위에 표를 받지 않은 (자들이)

3588	3359	846	2532	1909	3588	5495	846
τὸ	μέτωπον	αὐτῶν	καὶ	ἐπὶ	τὴν	χεῖρα	αὐτῶν
관목중단	명목중단	명대소남복3	접대	전목	관목여단	명목여단	명대소남복3
	이마	그들의		위에		손	그들의

● 번역 정리; 그들의 손 위와 이마

2532	2198	2532	936	3326	5547	3588	5507	2094
καὶ	ἔζησαν	καὶ	ἐβασίλευσαν	μετὰ	χριστοῦ	τὰ	χίλια	ἔτη
접대	동직과능복3	접대	동직과능복3	전소	명소남단	관목중복	형기목중복	명목중복
	살아서		다스렸다	함께	그리스도		천	년

● 번역 정리; 살아서 그리스도와 함께 천년을 다스렸다.

이 문장에서 눈여겨 살펴야 할 부분이 두 가지로 생각되는데, 첫째는 문장구조 문제로서, 사도 요한이 환상으로 본 내용이다. 그가 본 내용은 보좌들에 앉아 심판하는 권세를 가진 모습이었다. 그리고 또 본 것이 예수의 증거와 하나님의 말씀 때문에 목 베임을 당한 자들을 보았다. 그리고 이어지는 내용은 주어가 바뀐다. 즉 지금까지는 요한이 보았다는 내용이 주를 이룬 것으로 '주어'가 요한이었다. 그러나 이어지는 내용은 계시록 13장에 등장한 짐승의 우상에게 절하지 않고, 그들이 손과 이마에 표를 받게 한 정책을 따르지 않고 끝까지 믿음을 지킨(그러다가 죽었을 수도 있었을 것) 자들에 관한 이야기다. 이들이 혹시 계시록 6장에서 언급된 순교자의 탄원에 대한 응답으로 말씀한 자들이 아닐까(참고. 계 6:9-11)? 하고 생각한다.

둘째는 "살아서"라고 번역한 '에제산'(ἔζησαν)의 과거 능동태 해석 문제다. 헬라어에서 과거 시제는 문맥에 따라 다양한 방식으로 해석되며, 특히 신약 성경을 해석할 때 중요한 역할을 한다. 헬라어에는 여러 가지 과거 시제가 있으며(단순(부정) 과거(aorist), 미완료 과거, 완료 과거), 각각의 용법과 의미는 다르다. 헬라어의 과거 시제는 단순히 행동이 과거에 일어났다는 시간개념을 넘어서, 그 행동의 성격과 지속성, 그리고 결과를 풍부하게 표현한다. 일반적으로 과거시제는 단순한 과거 행동을 나타내며, 영어의 단순 과거 시제에 해당한다. 그 용법으로는 특정 시점에서 일어난 단일 사건을 나타내고(순간적 행동), 사건의 전 과정을 단일 행위로 묘사할 때 사용한다(총체적 사건). 그래서 신약 성경을 해석할 때, 각 시제의 의미를 정확히 이해하는 것이 중요하며, 문맥과 용법을 고려하여 신중하게 해석해야 한다. 헬라어의 과거 시제를 올바르게 해석하는 것은, 성경의 메시지를 정확하게 이해하고 전달하는 데 있어 매우 중요한 요소다.

이런 해석 원리에 따라 해석할 때, 본문의 "살았다"라는 말은 어떤 의미일까? 죽었다가 살아난 부활의 개념으로서 "살아서"일까, 아니면 그냥 일반적으로 산 상태의 유지란 개념의 "살아서"일까? 이 단어의 사용 용례를 살펴보면 도움이 될 것인데, 이 단어로 동사 직설법/과거/능동태로 쓰인 용례는 모두 7번이다. 그 가운데 6회가 모두 죽었다가 살아난 부활 혹은 회생의 개념으로 쓰였다는 것은 시사하는 바가 크다.[167] 그 사례가 영적이든 육적이든 마찬가지다. 성경에서 과거 시제가 반드시 과거에 일어난 사건만을 의미하지 않고, **'예언적 과거'로 사용될 때도 있다**. 예언적 과거는 미래에 일어날 확실한 사건을 마치 이미 일어난 것처럼 서술하는 문학적 기법으로서, 이는 사건의 확실성을 강조하기 위해 사용한다.

① **예언적 과거의 특징**

a. **확실성 강조**: 예언적 과거는 미래의 사건이 너무 확실하여 이미 일어난 것처럼 서술한다. 이는 문맥을 통해 그 시제의 의미를 이해해야 하는데, 단순히 시제만으로는 예언적 과거인지 여부를 판단하기 어렵기 때문이다.

b. **성경의 예언적 문맥**: 주로 예언서나 묵시 문학적 문맥에서 발견된다.

② **예언적 과거의 예시와 구별 방법**

a. **예시**; 고난받는 종의 노래에서, 예수 그리스도의 고난을 묘사할 때 과거 시제를 사용했다. 이사야서가 기록될 당시에는 미래 사건이었

지만, 과거 시제로 서술되었다.

"그는 멸시받아 사람들에게 버림받았으며" (사 53:3)

b. 구별 방법

가. 문맥 확인: 문맥을 통해 사건이 실제 과거인지, 미래 사건을 예언적 과거로 표현한 것인지 확인한다.

나. 구약의 예언서: 예언적 문맥에서 사용된 과거 시제는 예언적 과거일 가능성이 크다.

다. 문법적 분석: 원문 헬라어나 히브리어의 문법적 형태를 분석하여 시제의 용법을 파악한다.

③ 요한계시록 20:4의 문맥

요한계시록 20:4에서의 '에제산'(ἔζησαν)과 '에바실루산'(ἐβασίλευσαν)도 이 원칙을 적용하여 해석할 수 있다.

a. **문맥**: 요한계시록은 묵시 문학적 성격을 지니고 있어, 예언적 과거의 용법을 사용할 부분이 있을 수 있다. 요한계시록 20:4의 경우, "살았다"와 "다스렸다"라는 사건이 부활 후 천년왕국의 통치로 해석되며, 이는 미래의 확실한 사건을 나타낸다고 여겨진다.

b. **예언적 과거의 가능성**: 이 구절이 예언적 과거로 쓰였다면, 이는 부활과 통치가 확실히 일어날 미래의 사건임을 강조하는 내용으로 충분

히 이해할 수 있다.

따라서 예언적 과거는 문맥과 본문의 내용, 문법적 분석을 통해 구별할 수 있다. 요한계시록 20:4의 경우, 이들이 그리스도와 함께 천 년 동안 다스리는 것이 확실한 미래의 사건임을 강조하기 위해 예언적 과거 시제를 사용했을 가능성이 있다.

이런 필자의 분석을 받아들일 수 있다면, 이어지는 '첫째 부활'의 대상들 역시 '순교자들'이란 결론이 나온다. '첫째 부활'이 어떤 사람들의 주장처럼 밑도 끝도 없이 툭 이런 자리에서 "중생"(영적 부활)이란 해석이 도입된다면, 그런 해석이야말로 더욱 혼란을 부추기는 해석이 아닌가. 혹은 "모든 신자의 부활"이라고 해석하는 것도 역시 난제를 피할 수는 없는 선택이다. 어쨌든 이들(두 부류의 대상들)은 그리스도와 함께 천년을 다스리게 되며, 이는 세상 나라가 그리스도의 나라가 되어(계 11:15) 영광과 권세를 함께 나누며 누릴 것을 의미한다. 이 해석은 신자들에게 주의 재림과 마지막 때 이 땅에 세워질 하나님 나라의 최종적인 모습을 기대하며, 믿음을 지키고, 끝까지 인내하며, 신실하게 살아갈 것을 권면하는 중요한 메시지를 담고 있다.

6) 그리스도와 함께 왕 노릇 하려면

다스림의 복을 성취하는 데 있어서 가장 중요한 것은 예수 그리스도와 함께 다스리는 것이다. 신약 성경은 신자들이 예수 그리스도와 연합하여 그의 다스림에 참여하는 것을 강조한다. 언제? 안타까운 일이지만 옛 언약 아래의 신자들에게는 적용하기 어렵고, 새 언약에서 현재 천국이 임했을 때 적용된다. 왜냐면 분명히 '그리스도와 함께'라는 전제가 있기 때문이다. 그러면 그리스도와 함께 다스리는 삶을 살기 위해 신자들이 해야 할 몇 가지 중요한 원칙을 다시 한번 정리하려고 한다.

(1) 그리스도와의 연합

신자들은 예수 그리스도와의 실제적이며 깊은 연합을 통해 그의 다스림에 참여하게 된다. 이것이 궁극적인 신자가 왕 노릇하는 복의 절정이다. 성경은 그리스도 안에서의 새로운 삶이란 신자들이 예수 그리스도와 함께 십자가에 못 박히고, 그와 함께 부활하여 새로운 삶을 살게 되는 것으로 가르치고 있다(롬 6:4; 갈 2:20). 성령을 통해 신자들은 그리스도와 하나로 연합되며(머리와 몸의 관계, 부부관계 등), 그의 인도와 능력을 받아 그리스도의 지체(몸)로 살아가는 존재가 된다(롬 8:9-11).

(2) 그리스도의 주권에 복종

그리스도를 삶의 주인으로 모시고, 그의 주권에 자발적으로 복종하며 살아갈 때 실패하지 않는 다스림이 완성된다. 그래서 예수 그리스도의 가르침과 명령에 절대 순종하며 살아가는 것이 너무 중요하다(요 14:15). 그렇기에 기도를 통해 하나님의 뜻을 구하고, 모든 일에 하나님께 의지하는 겸손한 자세가 요구되는 것이다(요 15:7; 고후 10:5).

(3) 그리스도의 다스림에 참여

신자들은 그리스도의 다스림에 적극적으로 참여하며 그의 사역을 이어가야 한다. 그 방법은 그리스도를 '머리'로 자기는 '몸'이란 인식(하나 됨)을 분명하게 해야 한다(창 2:24; 엡 5:22-24, 28-32). 머리의 명을 따라 몸은 '일사불란'(一絲不亂)하게 따르는 주와 온전하게 하나 됨만이 그리스도의 통치(다스림)에 참여하는 영광을 누릴 수 있다. 그리스도의 다스림에 동참한다는 말에 의견의 불일치는 있을 수 없다. 대표적인 예로는 삼위 하나님의 하나 됨에 조금도 이의가 없이 자기 위치를 지키는 모습이다.[168] 예수의 지상명령을 따라 복음을 전하고 제자 삼는 일을 잊지 말고 실천해야 할 것이다(마 28:19-20). 또 그리스도의 사랑과 정의를 세상에 나타내며, 사회적 약자를 돌보고 불의에 침묵하지 않는 행동하는 양심을 따라 행하는 일도 잊지 말아야 할 것이다(마 25:34-40; 약 1:27).

(4) 성령의 인도와 능력을 받아야 함

성령의 인도를 받고, 그의 능력을 통해 그리스도의 다스림을 실현해야 한다. 성령으로 충만하여 그 능력으로 살아가야 한다(엡 5:18). 성령의 충만은 바꾸어 말하면 말씀 충만이다. 성령 충만은 곧 능력 충만으로 오해하지 않아야 한다. 물론 성령의 은사적인 면이 능력으로 나타나는 것을 부정하는 것은 아니다(행 10:38). 그러나 성경이 성령의 충만을 이야기할 때는 말씀을 중심하여 역사하는 면을 가리키기 때문이다. 성령의 능력 또한 말씀(말)을 기반으로 이루어지는 것이지(마 21:21), 말씀을 배제한 상태에서 사람이 생각하는 능력(은사) 위주의 능력 사역을 하는 것이 아니다. 이를 오해하지 말아야 한다. 성령의 열매를 보더라도 거기에 어디 외적 능력의 요소가 있는지 보라. 인격적이고 성품적이지 않은가. 따라서 성령을 통해 그리스도의 성품을 나타내야 한다는 것이 성경의 가르침이다(갈 5:22-23).

신약에서 "왕 같은 제사장"으로서 다스림에 성공하기 위해서는 예수 그리스도와 깊은 연합을 이루고, 그의 주권을 인정하며, 그의 다스림에 적극적으로 참여해야 한다. 성령의 인도를 받고 그분의 능력을 의지하며, 그리스도의 몸 된 교회와 함께 다스림을 실현하는 것이 중요하다. 이를 통해 신자들은 그리스도의 지체로서 주와 함께 다스리는 사역과 영광을 함께 할 수 있게 된다. 따라서 신자는 어찌하든지 주와 하나 되는 실제적인 연합에 힘쓰는 신앙에 초점을 맞추어야 한다. 예수 믿고 의롭다 하심을 얻는 칭의(법적 용어)의 단계를 넘어 실질적으로 의로워지는 수준으로 성장해야 하는 것처럼, 주와의 연합도 마찬가지다. 세례를 통해 주와 함께 죽고 사는 연합의 단계(골 2:12)를 넘어 실질적으로 주와 온전히 연합하는 성화의 완성을 향해 자라날수록 다스림의 '완성도'도 높아질 것이다.

여기 본서를 마무리하는 즈음에 구약의 오복과 신약의 오복이 펼쳐지는 성경을 비교하는 도표를 참고하라고 대략적으로 만들어 보았다.

구약의 오복과 신약의 오복 비교

종류	구약의 오복	신약의 오복
생 육	아브라함(창세기)	예수의 성육신(복음서)
번 성	이삭-요셉(창세기)	12제자-많은 제자(복음서)
충 만	출애굽-광야	복음 전파(사도행전)
정 복	여호수아	로마서-서신서
다스림	사무엘서-역대기	요한계시록

* 신약의 오복은 구약만큼 명확하게 구분하기는 어렵다. 왜냐하면 많은 부분에서 혼재되어 설명되고 있기 때문이다. 한 예로 복음서 안에서도 생육-번성-충만-정복-다스림의 교훈이 모두 나타나기 때문이다. 그러나 오복의 흐름은 신약에서도 면면히 흐르고 있다는 것을 알 수 있다.

지금까지 구약에서의 사람에게 주신 다섯 가지 명령(문화명령, 창 1:28)이 하나님이 주신 복을 통해 어떻게 실행 되어졌고, 그 결과 구약에서는 그리스도가 오셔서 완성하기까지 실패할 수밖에 없었다는 사실을 밝혔다. 반면에 신약에서 그 최초의 다섯 가지 명령이 또한 성경의 주인공이신 우리 주님을 통해 어떻게 실현되고 완성되는지를 살폈다. 따라서 '하나님 나라와 오복'이란 주제로 신구약 성경 전체를 관통하는 하나의 성경 신학적 고찰을 해보았다. 생소한 주제이긴 했으나 나름대로 성경을 대하는 시각의 변화를 꾀하는 시도였다고 자평한다.

나가며

　오랜 시간 하나님 나라와 오복이란 주제를 놓고 생각했고, 주위 동료와 이 주제에 관해 이야기도 나누었다. 한번 글을 써도 좋겠다는 격려와 새로운 시도라는 동기부여를 받고 글을 쓰기로 결심하여 어느덧 글을 마감하는 시점에 이르렀다. 누군가 이 글을 읽고 도전과 인사이트를 얻어 더 나은 하나님의 영광을 나타낼 새로운 깨달음의 자리에 이른다면 더할 나위 없는 영광이겠다. 혹 필자의 글에 반대하며 비판하는 분이 있을지라도 그 또한 또 다른 인사이트로 인도할 글감으로 알아 기꺼이 수용할 수 있다.

　지금 이 시대는 기독교가 시대정신에 밀려 너무 어려움을 겪는 시대라는 느낌을 지울 수가 없는 때다. 기독교에 대한 세상의 관심이나 비판 그리고 교회를 떠나는 젊은이들의 통계를 보더라도 암울하다. '다음 세대'가 아닌 '다른 세대'가 되어가는 이 시대의 청소년과 젊은이들을 바라보는 기존 교회들의 마음은 찢어질 것이다. 이제는 하나의 용어로 자리 잡은 '가나안 교인'들의 모습에 안타까운 마음이 든다. 본서에서도 언급했지만, 구약에서 하나님의 정복 사역에 약속의 땅 가나안 정복이 있었다. 그 가나안은 오늘날의 가나안과는 다른 의미로 쓰이지만, 어쨌든 용어가 같아 '언어유희'를 하자면 '이 시대의 가나안'을 정복해야 한다. 이 시대의 가나안을 정복하는 방법은 구약의 때와 마찬가지로 오로지 하나님의 인도와 능력으로만 가능하다. 그 사실은 변치 않는다.

우리가 해야 할 일이 무엇인지 도대체 감을 잡을 수 없는 앞이 캄캄한 현실에서 나름대로 이 모양 저 모양의 방법을 동원하여 갖가지 방법들이 소개되고 있고 일부는 효과를 보는 듯도 하다. 한편 아이디어가 좋다는 생각과 함께 살아남기 위해 몸부림치는 듯한 모습에 뭐라 표현해야 좋을지 선뜻 적합한 말이 떠오르지 않는다. 그들의 여러 가지 시도에 대해 왈가왈부할 마음이 없다. 필자도 같은 시대의 똑같은 고민을 하는 동료이기 때문이다. 다만 하나님의 긍휼과 자비가 있기 바라며, 참으로 이 시대를 어떻게 극복하고 통과해야 할지 성령께서 친히 조명하시고 감동하시면 좋겠다. 하여튼 같은 시대의 아픔과 어려움을 함께 겪는 종으로서 응원한다. 아자!!!

본서의 제목이 된 '하나님 나라와 오복'이란 명칭에 대해, 이전부터 생각은 해 왔으나 선뜻 글로 옮기지 못하고 주저주저했던 이유는, '오복'이란 용어 문제 때문이었다. 오복은 세상에서 더 유명한 용어가 아니었던가. 그래서 일부에서는 기독교의 복이 왜 오복이냐고 지적하기도 했다. 그래서 망설였다. 좋은 의도로 글을 쓰고자 하는 중심이 공연히 용어로 인하여 오해받거나 잘못 인식되면 안 쓰느니만 못할 것 같아서였다. 그러다가 용기를 내어 그대로 쓰게 된 데는 성경 자체가 말하고 있기에 결단했다.

"하나님이 그들에게 복을 주시며, 그들에게 이르시되 생육하고 번성하여 땅에 충만하라, 땅을 정복하라, 바다의 고기와 공중의 새와 땅에 움직이는 모든 생물을 다스리라 하시니라" (창 1:28)

본문은 하나님이 분명히 '그들에게'(사람, 남녀) 복을 주셨다고 시작한다. 복을 주신 것이 '먼저'란 이야기다. 이런 분석은 중요하다. 왜 명령 이전에 복을 먼저 주시는가? 명령을 이행할 힘이 필요하기 때문이다. 피조물인 인간은 하나님으로부터 복을 받지 못하면 주어진 사명을 감당할 능력이 없다. 그래서 하나님은 자비하게도 주어진 명령을 이행할 수 있는 복을 먼저 주시고 명하신다. 그래서 다섯 가지 명령을 수행하려면 다섯 가지 복이 필요하다고 생각한 것이다. 각각 그 명령에 따른 복으로 이해한 것이다. 생육의 복, 번성의 복, 충만의 복…

그렇게 시작한 본서가 이제 마무리하며 끝낼 시간이 왔다. 기독교의 복은 무한하다. 긍정적인 상황과 조건에서도 복이 되고, 부정적인 상황과 조건에서도 복이 될 수 있는 것이 기독교의 복이다. 육적인 복도 복이요, 영적인 복도 분명히 복이다. 그 반대도 가능하다. 육적으로 받은 복이 화가 되기도 하고, 영적인 은혜를 크게 입은 것이 도리어 교만해져 화가 될 수도 있다. 어떤 상황에서든 하나님의 말씀을 기억하여 순종하면 악조건에서도 복이 되고, 아무리 환경과 조건이 좋은 상태에서도 불순종하면 화가 된다는 이 한 가지 사실만 안다면, 삼가 조심하며 일체의 비결을 배울 수 있을 것이다.

아무쪼록 본서의 집필 목적에 부합하게, 이 글을 읽는 모든 사랑하는 동료 종들과 신자들이 하나님을 알고, 하나님의 뜻에 순종하는 복을 받아서, 이 땅에 하나님 나라 건설을 위해 성령의 능력에 힘입어 충성하길 소망한다. 그리고 우리를 부르신 하나님의 영광을 찬송하며 기뻐하는 신앙생활이 되기를 간절히 소원한다.

참고문헌

<국내 서적>

고성준, 케노시스: 자기 비움. 서울: 규장, 2023.

구자수, 원어로 설교 작성하기. 인천: 헤이스 출판사, 2020.

_____, 선악나무 생명나무. 파주: 낙서당, 2023.

_____, 어쩔 수 없는 인간. 고양: 낙서당, 2023.

김신동, 바울과 야고보의 대척점. 군산: 하움, 2021.

박수암, 신약신학 주제사전. 서울: 장로회신학대학교출판부, 2012.

송길영, 시대예보: 핵 개인의 시대. 서울: 교보문고, 2024.

윤석준, 한국교회가 잘못 알고 있는 101가지 성경 이야기. 서울: 부흥과 개혁사, 2011.

이상학, 비움. 파주: 넥서스, 2020.

이승희, 오늘도 아말렉과 싸운다. 서울: 두란노, 2021.

이진희, 성경의 압축파일을 열어라. 서울: 쿰란출판사, 2014.

이학재, 맛싸 성경 원문표준역. 남양주: 홀리북클럽, 2023.

임봉대, 아말렉의 비밀. 서울: 조명문화사, 2014.

최상훈, 하나님의 DNA. 서울: 규장, 2024.

한 홍, 뷰티풀 광야. 서울: 규장, 2022.

<번역서>

Green James Benjamin, 웨스트민스터 표준문서 대조해설, 김남식 옮김, 서울: 성광문화사, 1980.

가바사와 시온, 당신의 뇌는 최적화를 원한다, 오시연 옮김, 서울: 쌤앤파커스, 2018.

그레고리 K. 비일, 성전 신학, 강성열 옮김, 서울: 새물결플러스, 2104.

그레고리 빌·미첼 킴, 성전으로 읽은 성경 이야기, 채정태 옮김, 서울: 부흥과개혁사, 2016.

데이비드 베이커, 구약과 신약의 관계, 임요한 옮김, 서울: 부흥과개혁사, 2016.

알버트 머틴, 잃어버린 경외, 오찬규 옮김, 파주: 넥서스, 2017.

월튼 존 H., J. 월튼 하비, 가나안 정복의 잃어버린 세계, 안영미 옮김, 서울: 새물결플러스, 2023.

제이슨 S 드루치, 구약 어떻게 해석할 것인가?, 정옥배 옮김, 서울: 죠이선교회, 2019.

조엘 비키·폴 스몰리, 개혁파 조직신학 2, 신론, 박문재 옮김, 서울: 부흥과개혁사, 2021.

찰리 트림, 하나님은 정말 인종청소를 명하셨는가, 노동래 옮김, 서울: 새물결플러스, 2024.

D. A. 카슨, 하나님의 사랑, 황영광 옮김, 서울: 죠이선교회, 2019.

허베스톨 톰, 불편한 진실, 내 안의 바리새인, 이경미 옮김, 서울: 홍성사, 2012.

<외국 서적>

Carson D. A., The Gagging of God: Christianity Confronts Pluralism, Grand Rapid: Zondervan, 1996.

Heiser Michael S., The Unseen Realm: Recovering the Supernatural Worldview of the Bible, Bellingham, WA: Lexham, 2015.

Jewish Publication Society, JPS Hebrew-English Tanakh 2nd., Philadelphia: TJPS, 1999.

Schaeffer Francis A., How Should We Then Live?: The Rise and Decline of Western Thought and Culture, Illinois: Crossway, 2022.

Stern D. H., Complete Jewish Bible, Clarksville: JNTP, 1998.

Witten Marsha Grace, All is Forgiven, The Secular Message in American Protestantism, Princeton: Princeton Univnsity, 1993.

<논문 및 잡지>

구자수, "가나안의 저주는 노아의 실수인가", 성경신학저널 제6권, 2015. 11월. (46-68).

최창호, "여호와 이레에 대한 해석", 크리스찬 저널. 2021.04.21.

<기타>

박지훈, "종교인 2명 중 1명은 기독교인이지만…", 국민일보, 2024.06.25.

손덕호, 이주호, 서이초 20대 교사 죽음에 "심각한 교권 침해 의혹…중대한 도전", 조선 비즈, 2023.07.20.

이승렬, 오복, 한국민족문화대백과사전. https://encykorea.aks.ac.kr/Article/E0038267

이정우, "광야를 지날 때", 국민일보, 2010.02.03.

https://www.kmib.co.kr/article/view

https://israelbiblicalstudies.com/ko/

https://www.kcjlogos.org

https://youtu.be/UleTlrljg6g?t=2018

https://mybiblenotes.tistory.com/434

미주

1 이승렬, "오복", 한국민족문화대백과사전. https://encykorea.aks.ac.kr/Article/E0038267

2 그의 저서 How Should We Then Live?에서 이러한 개념을 체계적으로 설명했다. Francis A. Schaeffer, *How Should We Then Live?: The Rise and Decline of Western Thought and Culture*, (Illinois: Crossway, 2022).

3 https://youtu.be/UleTlrljg6g?t=2018

4 더 자세한 내용을 알고자 하면 다양한 글을 접할 수 있을 것이다. 필자의 다른 책들도 참고 바란다.

5 시 85:12; 렘 5:25; 17:6-7; 눅 11:13.

6 마 3:2; 4:17; 행 1:3.

7 James Benjamin Green, 「웨스트민스터 표준문서 대조해설」, 김남식 옮김, (서울: 성광문화사, 1980), 11.

8 출 25:40; 26:30; 민 8:4.

9 어린아이의 공부를 가르치는 선생.

10 마 19:27-29; 막 10:28-30; 눅 18:28-30.

11 요 1:12; 롬 8:15; 9:4.

12 서로의 뜻이나 행동이 잘 맞는다는 의미다. 부부 사이에는 '부창부수'(夫唱婦隨)란 말이 쓰이는 것과 같다. 옷이나 그릇을 열 벌 묶어 세는 단위인 '죽'에서 유래된 말이다. 옷이나 그릇이 딱 열 벌로 숫자가 잘 맞춰진 것을 '죽이 맞다'고 한 말에서 유래되었다.

13 필자의 책 「어쩔 수 없는 인간」이란 책을 읽어보기를 권한다.

14 자연스럽게 흘러가는 물리적 시간인 '크로노스'(Chronos)와 특별한 의미가 부여된 시간인 '카이로스'(Kairos)로 나뉜다.

15 대하 20:7; 사 41:8; 약 2:23.

16 '사생자'는 법률적으로 부부가 아닌 남녀 사이에서 태어난 자식을 말한다. 서자는 사생자가 아버지의 인지를 얻으면 '서자'가 된다.

17 하나님은 같은 여섯째 날에 창조된 땅의 짐승들과 사람을 구별하셨다.

18 베드로는 변화 산에서 놀랍도록 희게 변하신 주의 모습과 예수와 모세 그리고 엘리야 셋이 담소 나누는 모습을 보고 너무 감동한 나머지 이곳에 초막 셋을 짓자고 제안한다. "여기가 좋사오니"라는 고백은 "여기가 천국입니다"라는 고백과 다를 게 없다. 그러나 그 산 아래에서는 귀신이 들려 고통받는 인생과 그 문제를 해결하지 못해 쩔쩔매는 다른 제자들이 일이 전개되는 대비를 이루고 있다(마 17:4, 14-18). 이 사건이 가르치는 것이 무엇일까 생각하라.

19 요한복음 1:42을 보면 예수께서 베드로를 앞으로 '게바'(Cephas)라 부르겠다고 하신다. 사도 바울도 베드로를 '게바'라고 불렀다. 베드로는 그리스어(헬라어)이고, 게바는 예수 시대에 갈릴리 지방에서 쓰던 아람어. 게바도 베드로와 마찬가지로 "바위, 반석"이라는 뜻을 가졌다. 어부였던 시몬은 "사람을 낚는 어부가 되게" 하시겠다는 예수를 따라 그물을 버리고 제자의 길로 나섰다. 예수께서는 시몬에게 "너는 베드로라 내가 이 반석 위에 내 교회를 세우리니…"라고도 말씀하셨다(마 16:18). 그러나 참 '게바'(베드로)가 되는 게 이름만 바꾼다고 될 일이 아니라, 주님이 그렇게 만드셔야 가능한 일이다.

20 '헤게모니'는 국가나 사회가 어떤 실체를 존속하기 위해서는 지배계급의 집행력을 갖춰야 할 뿐만 아니라 피지배계급을 승복시켜야 하며, 이는 강제적인 힘과 더불어 전체사회의 동의 획득 혹은 합의가 따를 때 얻을 수 있는 패권(권력)이다.

21 그래서 사람이 개인적인 미래를 아는 것이 그다지 좋지 않다. 앞일을 미리 알면 잘 대처할 것 같지만 대개는 실패로 끝난다. 왜냐면 인간은 너무 자기를 사랑해서 자기에게 유리한 일도 지나치게 끼어들어 문제를 일으키고, 자기에게 불리하면 수단/방법을 동원해서라도 바꾸려고 하기 때문이다. 어느 쪽으로든 개인사의 예언은 유익이 없다.

22 '프로파일링'(Profiling)은 어떤 개인의 심리적, 행동적 특성을 분석함으로써 특정 상황이나 영역에서의 행동을 예상하는 것을 가리킨다.

23 참고. 삼상 2:6-7; 대상 29:11-12; 사 45:5-7; 마 10:29-31.

24 창 32:26; 민 25:4; 삼하 21:6, 9, 13; 렘 6:8; 겔 23:17, 18.

25 히트파엘형은 상호작용이나 재귀적 기능(피엘형 자체에 의지가 포함되어 있는데 연속적이거나 반복적으로 나타나고 있는 것)을 나타낸다. 그러므로 히트파엘이 나오면 주의를 기울여 살펴야 한다. "피엘이 의지적인

연속"의 의도가 담겨있다(예; 연쇄살인범). 피엘형에서 출발했지만, 질적으로도 강조하여 강조 중의 강조이다.

26　미완료는 반복이나 진행 또는 과거의 습관을 표현한다. 히브리어 미완료형은 과거진행과 현재진행, 그리고 현재와 미래까지도 표현할 수 있다.

27　"이겼다"라고 번역한 단어가 '야콜'인데 그 뜻은 "가능하다', 문자적으로 ('할 수 있다', '할 수 있었다'), 또는 도덕적으로('해도 좋다', 했으면 한다) :- 가능하다, 적어도 어느(정도로는) 얻다, 할 수 있다(할 수 없게 하다,【할 수 없다】), 할 수 있었다, 참다, 했을지도 모른다, 이기다, 능력이 있다, 극복하다." 등의 뜻이 있다.

28　참고. https://israelbiblicalstudies.com/ko/

29　<יִשְׂרָאֵל> n.pr.m. et gent. Israel – El persisteth, perseverth (or. juss. Let El persist, usu. Let El contend) –> 고유명사(בֵּן). 남성(m). 사전에서는 기원형도 설명하고 있다.

30　르우벤은 생물학적인 장자이지만, 아비의 침상을 더럽힌 죄로 장자에서 떨어져 나간다(창 35:22; 49:3-4). 르우벤은 그의 죄로 인해 장자의 지위를 잃었고, 그 지위는 요셉과 그의 후손에게로 넘어갔다(창 48:22).

31　대하 13:21, 참고. 수 1:8; 시 1:3.

32　대홍수가 그치는 상황을 반대로 묘사한다. 깊음의 샘들이 터지며, 하늘의 창이 열리며, 비가 쏟아졌다는 반대의 상황을 말한다(창 8:1-3).

33　그러나 실제로는 아라비아 광야에서 3년을 보낸 것이 아니고, 다마스쿠스(다메섹)에서 복음을 전한 기간이다(행 9:20, 27). 아마도 광야에서의 기간은 대략 40일 정도로 추정한다.

34　참고로 성경에서는 사도행전 9:23의 "여러 날"과 같이 '여러 날'을 3년의 기간이나 혹은 3년 6개월로 말씀한다(왕상 2:38-39; 18:1).

35　한 홍, 「뷰티풀 광야」, (서울: 규장, 2022).

36　마 6:24; 19:21; 막 10:21; 눅 18:22; 골 2:2-3.

37　롯의 처를 생각하라, 창 19:17, 26; 눅 17:31-32.

38　사실 이 '번성의 복'은 약속이 없는 서자 이스마엘에게도 주셨음을 기억하라(창 17:20). 창 17:2, 6; 26:4, 24; 28:3.

39　일반적으로 성화를 뜻하는 헬라어 '하기아스모스'는 신약에 10회 나오는

데(롬 6:19,22; 고전 1:30; 살전 4:3,4,7; 살후 2:13; 딤전 2:15; 히 12:14; 벧전 1:2), 이것은 그리스도인이 예수를 본받아 거룩한 삶을 사는 것을 가리킨다. 그것은 '육에 속한 자'가 '신령한 자'로 되어가는 것이다. 박수암, 「신약신학주제사전」, (서울: 장로회신학대학교출판부, 2012), 213.

40 출 33:16; 민 14:9; 삿 6:13 등.

41 이정우, "광야를 지날 때", 국민일보, 2010.02.03. https://www.kmib.co.kr/article/view

42 시련이란 다양하게 나타난다. 한마디로 말하자면 환경의 불편함과 고난이 따르는 일로서, 배고픔과 목마름, 경제적인 위기, 질병, 근심, 걱정, 두려움, 원망, 불평, 분노, 억울함 등의 다양한 감정이 생기는 것으로 나타난다.

43 손덕호, 이주호, 서이초 20대 교사 죽음에 "심각한 교권 침해 의혹… 중대한 도전", 조선비즈, 2023.07.20.

44 출 3:8, 17; 13:4; 33:3 등 20회.

45 출 24:13; 33:11; 민 11:28; 수 1:1.

46 임봉대, 「아말렉의 비밀」, (서울: 조명문화사, 2014), 107.

47 이승희, 「오늘도 아말렉과 싸운다」, (서울: 두란노, 2021), 58.

48 이진희, 「성경의 압축파일을 열어라」, (서울: 쿰란출판사, 2014), 94-97.

49 고대 근동 지역에서는 전쟁이나 중요한 사건 전에 저주나 축복을 통해 신의 도움을 얻으려는 시도가 일반적이었다. 이는 바알 종교의 영향으로 인해 발생한 것으로 알려져 있다. 이런 행위는 신의 힘을 빌려 상대방을 저주하거나 자신에게 유리한 결과를 얻기 위한 마법적이고 종교적인 의례의 일부였다. 구체적으로, 민수기 22장에서 발락은 이스라엘이 그의 왕국을 위협할 것을 두려워하여, 유명한 점술가이자 예언자인 발람을 초대해 이스라엘을 저주해달라고 요청했다. 발람은 당시 그 지역에서 명망 있는 인물이었고, 그의 저주나 축복이 강력한 효과를 발휘한다고 믿었다. 이런 요청은 그 시대 사람들에게 신의 뜻을 구현하려는 자연스러운 행동으로 여겨졌다. 이 사건은 고대 근동에서 마법, 예언, 저주, 축복 등 종교적, 영적 관행이 일상생활과 정치에 깊이 뿌리내려 있었음을 보여준다. 발락의 요청은 이러한 맥락에서 이해될 수 있다.

50 이에 대한 해석은 다음의 책을 참고하라. 윤석준, 「한국교회가 잘못 알고 있는 101가지 성경 이야기」, (서울: 부흥과 개혁사, 2011).; 구자수, 「원어로

설교 작성하기」, 인천: 헤이스 출판사, 2020), 345-353.

51   구자수, "가나안의 저주는 노아의 실수인가", 성경신학저널 제6권, 2015. 11월.(46-68).

52   창 5:32; 9:18-27; 10:6; 14:5; 시 78:51; 105:23; 106:22.

53   찰리 트림, 「하나님은 정말 인종 청소를 명하셨는가」, 노동래 옮김, (서울: 새물결플러스, 2024).

54   그러나 어떤 이는 가나안 족속을 멸하는 이유가 네피림의 후손을 근절시키는 것에 있다고 주장하기도 한다. Michael S. Heiser, *The Unseen Realm: Recovering the Supernatural Worldview of the Bible* (Bellingham, WA: Lexham, 2015), 210-211.

55   르바임, 엠, 호리, 수스, 아낙.

56   헷, 가나안, 아모리, 히위, 여부스, 브리스, 기르가스, 블레셋 등.

57   창 10:15; 신 7:1; 삿 3:5.

58   창 10:16; 삿 1:34-36; 왕상 9:20-21.

59   창 10:16; 삿 3:3; 삼하 24:7.

60   수 3:10; 24:11; 스 9:1.

61   창 10:16; 수 3:10; 대상 1:14.

62   창 21:32; 수 13:3; 삼상 4:13.

63   시 22:19; 28:8; 46:1; 59:17; 사 12:2; 합 3:19.

64   창 15:1; 시 18:2; 19:14; 31:3; 62:2; 91:2 등.

65   민 34:1-12; 겔 47:15-20; 48:1-28. 참고. 수 15:1-4.

66   필자의 다른 책에서도 이 주제를 자세히 다루었으니 참고 바란다. 구자수, 「선악 나무 생명나무」, (파주: 낙서당, 2023), 308-324.

67   타락한 천사와 인간 여자의 결합으로 태어난 자, 당시의 권세 잡은 자, 영적으로 셋의 후손(하나님의 아들들)과 가인의 후손(사람의 딸들) 사이의 결합으로 나온 자 등.

68   헤렘은 최악의 범죄자(사형)에게 판결을 집행하는 것이라는 견해가 대표적이다. 존 H. 월튼, J. 하비 월튼, 「가나안 정복의 잃어버린 세계」, 안영미 옮김, (서울: 새물결플러스, 2023), 21. 헤렘에 대한 다양한 사용 방식에 대

	해 알려면 다음의 책을 참고하라. 찰리 트림, 79-80.
69	구자수, "구약의 여호와의 전쟁에 나타난 헤렘의 이중성 연구," 미간행박사학위논문, 서울성경신학대학원대학교, 2013.
70	최상훈, 「하나님의 DNA」, (서울: 규장, 2024), 41.
71	그레고리 빌·미첼 킴, 「성전으로 읽은 성경 이야기」, 채정태 옮김, (서울: 부흥과개혁사, 2016), 19-33. ; 그레고리 K. 비일, 「성전 신학」, 강성열 옮김, (서울: 새물결플러스, 2104), 541-543.
72	하나님의 주권적 다스림은 섭리로 설명된다. 이는 하나님의 작정의 실행이다. 조엘 비키·폴 스몰리, 「개혁파 조직신학 2, 신론」, 박문재 옮김, (서울: 부흥과개혁사, 2021), 794-800.
73	신 7:7; 10:15; 28:63; 시 147:11; 습 3:17.
74	사울 왕은 사람의 생각에 맞는 조건을 갖춘 왕으로 키가 컸고, 세상 왕의 기준을 따라 외모로 취한 왕으로 등장하는 일종의 들러리 역할로 그친다. 실제 이스라엘 백성들은 우리에게 이방 왕과 같은 왕을 달라고 아우성쳤다(삼상 8:4-5). 이는 이스라엘의 진정한 왕이신 하나님을 거부한 것이었다. 그러나 하나님은 그들의 요구를 수용하시되 사람의 외모(사람이 가진 어떤 조건)를 보지 않으신다고 분명히 말씀하셨다(삼상 16:7; 참고. 행 10:34; 갈 2:6).
75	제이슨 S 드루치, 「구약 어떻게 해석할 것인가?」, 정옥배 옮김, (서울: 죠이선교회, 2019), 268-272.
76	마 24:42-43; 25:13; 26:38, 40-41; 막 13:33, 35, 37; 14:34, 37-38; 눅 12:37; 21:36. 사도들도 깨어 근신할 것을 자주 강조했다. 고전 15:34; 16:13; 엡 6:18; 골 4:2; 살전 5:6, 8; 딤후 2:26; 4:5; 벧전 1:13; 4:7; 5:8; 계 16:15.
77	왕상 15:34; 16:2; 16:19, 26; 22:52.
78	왕하 21:9, 17, 20; 24:3; 대하 33:9, 22.
79	이것은 연약한 우리에게 요구한 계명이다. 그러나 하나님의 사랑은 우리에게 요구한 이런 사랑을 뛰어넘는 사랑이다. 하나님을 대적한 죄인, 반역한 자, 원수 된 자를 위해 죽는 사랑이다(롬 5:7-10).
80	출 31:14-15; 레 20:1-3; 24:15-16; 수 7:25.
81	이사야 42장부터는 여호와 종의 노래가 네 번에 걸쳐 등장한다. 42장은 여호와 종의 사명, 49장은 여호와 종의 스토리, 50장은 여호와 종의 믿음, 그

리고 마지막으로 52-53장은 여호와 종의 고난과 상급이 무엇인지 각각 언급하고 있다.

82   마 21:28; 행 21:21; 계 12:5; 호격으로 친절히 말을 걸 때, 마 21:28; 눅 2:48; 눅 15:31.

83   마 2:18; 3:9; 눅 3:8; 행 2:39; 13:33. 강조적으로 진짜 자손, 진정한 후손, 요 8:39; (여인들에 대해) 자녀들로 간주한다. 벧전 3:6.

84   요 11:25; 14:6; 고전 15:45-47.

85   요 6:63; 행 5:20; 빌 2:16; 요일 1:1.

86   물과 성령으로 거듭나는 해석에 관해 좀 더 자세한 설명을 원하면 필자의 책을 참고하라. 구자수, 「어쩔 수 없는 인간」, (고양: 낙서당, 2023), 151-167.

87   히 9:12-14, 22; 10:21-22; 벧전 1:2, 18-19; 계 7:13-14; 22:14.

88   구자수, 「선악 나무 생명나무」, 254-261.

89   눅 5:11; 마 4:20-22, 19:27.

90   마 16:24; 눅 9:23; 막 8:34.

91   마 11:15; 눅 8:8; 14:35; 계 2:7, 11, 17, 29; 3:6, 13, 22; 13:9.

92   롬 8:15; 갈 4:5; 엡 1:5.

93   '계대 결혼법'(繼代結婚法)은 가족 중의 한 형제(장자)가 대를 이을 아들을 낳지 못하고 죽었을 경우, 다른 형제가 죽은 형제의 아내를 취하여 아들을 낳아 그 가문과 기업을 잇게 해 주는 규례를 말하는 것으로 일명 '형사 취수'(兄死娶嫂) 제도라고 한다. 이 제도는 고대 앗수르와 히타이트, 가나안 민족에게도 퍼져 있었다. 이는 유목 민족에게서 자주 나타났으며, 일례로 고대 한국의 흉노, 부여, 고구려에서도 그 기록들이 발견된다. 형이 죽으면 형수와 결혼하는 것은 유교적 한국 사회에서는 있을 수 없는 것이다. 현재의 법으로도 근친 간으로 분류되어 금지되어 있을 뿐 아니라(4촌 이내 결혼 금지) 조선 시대에서도 '수혼(獸婚)'이라고 규정하였다. 즉 짐승들 간 가능한 혼인이지 사람의 일이 아니라는 것이다.

94   민 27:8, 10-11; 36:8; 신 25:5-6.

95   '서자'는 양민의 첩에게서 태어난 자녀를 뜻하고, '얼자'는 천민 노비에게서 태어난 자녀를 일컬었다. 그래서 얼자는 자녀임에도 아비를 아버지라고 부르지도 못했고 재산 상속권은 당연히 없었다. 오늘날의 시각으로는

참 나쁜 제도이지만, 그 시대에는 그것이 법이었다. 그런 의미로 본다면 이스마엘의 신분도 '얼자 신분'이었다.

96 창 21:10-13; 25:1-11; 갈 4:21-31.

97 수 11:4; 사 10:22; 48:19; 마 7:26; 롬 9:27; 계 12:7.

98 시 34:18; 51:17; 사 42:3; 61:1.

99 최창호, "여호와 이레에 대한 해석", 2021.04.21. 크리스찬 저널(https://www.kcjlogos.org)을 요약하며 보충 정리한 것이다.

100 D. H. Stern, *Complete Jewish Bible*, (Clarksville: JNTP, 1998). ; *JPS Hebrew-English Tanakh* 2nd., (Philadelphia: TJPS, 1999).

101 원문을 번역한 맛싸 성경은 '여호와 이레'(그분이 보실 것이라)고 표시하며, "이것은 여호와의 산에서 보여지실 것"이라고 번역했다. 이학재, 「맛싸 성경 원문표준역」, (남양주: 홀리북클럽, 2023).

102 신약 성경이 만들어지기 이전, 구약을 번역한 칠십인 역은 이 동사의 주어를 분명히 '주님(kuvrio")'으로 따로 또렷하게 표시하고 있다.

103 창 3:15; 12:1-3; 26:3-4; 28:13-14; 출 3:14-15; 마 1:1-23; 22:31; 눅 2:1-14; 요 1:12-14; 3:16; 갈 4:4-7.

104 마 16:15; 28:19-20; 눅 9:60; 행 1:8; 딤후 4:2.

105 마 5:34; 약 5:12; 참고. 마 23장.

106 요 4:14; 6:35; 10:10.

107 살전 5:19; 롬 6:16, 12:1.

108 갈 5:16; 엡 5:19-21; 골 3:16-17.

109 송길영, 「시대예보: 핵 개인의 시대」, (서울: 교보문고, 2024).

110 눅 1:15, 41, 67; 행 2:4; 4:8, 31; 9:17; 13:9.

111 눅 4:1; 행 6:3, 5; 7:55; 11:24, 52; 엡 5:18.

112 출 7:5, 17; 10:2; 14:18; 왕상 20:13, 28; 사 49:23; 겔 6:10, 13, 14; 7:4, 27; 11:10, 12; 12:15, 16, 20; 13:9, 14, 21, 23; 14:8; 15:7; 20:38, 44; 22:16; 23:49; 24:24, 27; 겔 25:5, 7, 11, 17… 특별히 이런 표현이 에스겔서에 집중되어 있는 이유는, 이스라엘(유다 포함)이 모두 망하고 디아스포라가 된 상태이기에 하나님을 알릴 기회가 과거보다 적었기 때문이다. 멸망 전에는 성전과 제사제도 등 율법

이 형식으로라도 지켜지고 있었는데, 포로 이후에는 그 모든 것이 사라져 그나마도 하나님을 알릴 기회가 줄어든 때문이다.

113   D. A. 카슨, 「하나님의 사랑」, 황영광 옮김, (서울: 죠이선교회, 2019), 11.

114   Marsha Grace Witten, *All is Forgiven, The Secular Message in American Protestantism* (Princeton: Princeton Univnsity, 1993), 40.

115   D. A. Carson, *The Gagging of God: Christianity Confronts Pluralism* (Grand Rapid: Zondervan, 1996).

116   D. A. 카슨, 20-21.

117   신 4:37; 7:7-5; 10:1-15

118   성경에서 가르치는 하나님 경외는 세 가지로 요약할 수 있다. 첫째, 하나님 경외가 없다면 그런 신앙은 성경에서 벗어난 것이고, 구원을 이루는 면에서도 멀리 빗나간 것이다. 둘째, 진정한 영적 신앙의 척도는 하나님을 경외하는 삶이 얼마나 증대했느냐에 달렸다. 셋째, 하나님을 경외한다는 것이 무엇인지 모르는 신자는 기독교의 기본적이고도 본질적인 진리를 모르는 자다. 알버트 머틴, 「잃어버린 경외」, 오찬규 옮김, (파주: 넥서스, 2017), 36-37.

119   D. A. 카슨, 27-31.

120   승리에만 익숙한 신자들, 혹은 성령께서 돕는데 어떻게 질 수 있느냐는 단순한 신앙이 신자의 성장을 방해한다. 이런 견해에 익숙한 신자들은 그래서 신자가 영적 전쟁에서 실패하면 무조건 자책감 내지는 인과율에 따라 잘못을 찾는 데 익숙하다. 그러나 성경은 신자의 실패와 이해하지 못할 사건이나 고통을 통해서도 얼마든지 우리를 키우며 자라게 하신다는 하나님의 능력과 지혜를 나타낸다. 이걸 믿고 아는 자가 그리스도 안에서 장성한 자다.

121   가바사와 시온, 「당신의 뇌는 최적화를 원한다」, 오시연 옮김, (서울: 쌤앤파커스, 2018).

122   곧장 가나안 남부 지역으로 입성하였더라면 대략 열닷새길(15일) 정도의 여정이었을 것이다(신 1:2).

123   요 1:47; 롬 9:6-13, 참고. 히 1:1-2.

124   창 7:13; 10:1; 11:31; 36장; 46장 등.

125   딤전 1:18; 6:12; 딤후 4:7.

126	마 12:28; 눅 11:13; 요 3:34.
127	마 10:6; 15:24; 눅 19:10.
128	예수 탄생부터 바울을 통한 이방 선교의 연대기(부록)를 참고하라. 김신동, 「바울과 야고보의 대척점」, (군산: 하움, 2021), 349-360.
129	마 28:18-20; 눅 24:44-49; 요 20:19-20; 행 1:8.
130	이상학, 「비움」, (파주: 넥서스, 2020), 13.
131	앞의 글, 14.
132	소크라테스는 '행복'이 모든 인생의 궁극적 목적이라고 천명한 사람이다. 아리스토텔레스는 "쾌락주의자"들과 자신을 구분했다. 그래서 '에피쿠로스'(쾌락)가 아니라 "유다이모니즘", 즉 '행복론'을 자기 철학으로 삼았다. 그런데 그가 말하는 행복론은 세상에서 추구하는 "좋은 것"이 채워져야 하는 행복이다. 거기에는 쾌락도 있고, 우정과 사랑도 있고, 명예와 돈도 있어야 한다. 인간이 성취할 수 있는 탁월한 모든 것이 있어야 행복이다. 이것이 세상이 가르치는 행복이다.
133	앞의 글, 28-29.
134	마 16:24; 막 8:34; 눅 9:23.
135	창 1:4, 10, 12, 18, 21, 25, 31; 신 6:18; 21:9; 삼하 11:27; 왕상 14:22; 15:5, 11, 26, 34…
136	시 33:15; 렘 11:20; 롬 8:27; 14:11-12; 살전 2:4.
137	이상학, 20-21.
138	고성준, 「케노시스: 자기 비움」, (서울: 규장, 2023).
139	마 22:44; 26:64; 막 12:36; 14:62; 16:19; 눅 20:43; 22:69; 행 2:25, 35; 7:55-56; 롬 8:34; 골 3:1; 히 1:3, 13; 8:1; 10:12; 12:2; 벧전 3:22.
140	고전 6:9-10; 15:50; 갈 5:19-21.
141	요 1:17; 약 2:10, 참고. 레 4장.
142	롬 5:1-4; 살전 5:14; 히 10:36; 약 5:7; 계 14:12.
143	이상학, 108-109.
144	톰 허베스톨, 「불편한 진실, 내 안의 바리새인」, 이경미 옮김, (서울: 홍성사, 2012).

145 롬 6:3-6; 골 2:12; 갈 3:3, 27.

146 창 2:22-24; 마 19:6; 막 10:9.

147 마 24:12; 롬 13:12; 엡 5:8; 살전 5:5; 요일 5:19.

148 빌 2:18; 3:1; 4:4; 살전 5:16.

149 박지훈, "종교인 2명 중 1명은 기독교인이지만…", 국민일보, 2024.06.25.

150 엡 1:7; 골 1:14; 벧전 1:9.

151 어떤 이는 이런 상급의 구분 자체를 부정한다. 이는 하나님의 공의의 판단을 부정하는 악이다. 성경은 분명하게 하늘에서 상급이나 큰 자와 작은 자를 구분하고 있다.

152 마 18:4; 23:11; 눅 1:15, 32; 9:48.

153 이상학, 162-163.

154 마 5:14; 요 8:12; 9:5.

155 롬 6:6; 7:4; 8:13; 골 3:5.

156 현대의 학자들은 일반적으로 모형론을 성경 자체에 근거하여 역사적 해석의 형태로 이해해야 한다는 점에서는 동의한다. 모형론에 대해 프리치(Fritsch)(1946)가 제시한 정의는 "모형은 효과적으로 기독교와 연결된 진리를 '예시'히는 하나님이 제정한 제도, 역사적 사건이나 인물이다." 데이비드 베이커, 「구약과 신약의 관계」, 임요한 옮김, (서울: 부흥과개혁사, 2016), 222.

157 잠 10:7; 27:2; 행 10:22; 16:2; 22:2; 롬 14:18; 고전 11:2; 고후 8:18.

158 롬 2:29; 고전 4:5; 고후 10:8; 벧전 1:7.

159 마 19:28; 24:45-47; 눅 22:28-30;

160 고전 9:25-27; 갈 5:22-23; 딤후 1:7; 벧후 1:5-6; 약 1:19.

161 예수께서 이기는 자에게 계시록 2-3장의 7 교회에 복을 약속하셨다. 복의 내용은 낙원에 있는 생명나무 과실(열매), 생명의 면류관, 둘째 사망의 해를 면함, 감추었던 만나, 흰 돌, 만국을 다스리는 철장, 새벽별, 흰옷, 생명책에 녹명, 하나님 성전의 기둥, 하나님과 거룩한 성 새 예루살렘의 이름과 예수의 새 이름을 기록하여 주시며, 예수의 보좌에 함께 앉게 해 주시는 것 등이다(계 2:7, 10-11, 17, 26-28; 3:4-5, 12, 21).

162　　마 4:17; 눅 17:21; 행 1:3.

163　　마 28:18; 엡 1:20-22; 빌 2:9-10.

164　　삼상 15:10-23; 왕상 11:4-10; 왕하 21:1-16.

165　　출 19:5-6; 사 61:6; 시 110편.

166　　마 10:39; 16:25; 눅 9:24; 빌 2:30; 딤후 1:8.

167　　눅 15:32; 롬 14:9; 계 2:8; 13:14; 20:4-5.

168　　요 8:28-29; 10:30; 14:10, 26; 16:13-14; 17:11.